ফিলিপিজমস

৩৩৩৩ ম্যাক্সিমস
আপনার জীবনকে সর্বাধিক উন্নত করতে

এর ইংরেজি সংস্করণ "Fillipisms 3333 Maxims to Maximize Your Life" থেকে বাংলায় অনুবাদ করা হয়েছে

প্রতীপ ভি. ফিলিপ

Ukiyoto Publishing

সমস্ত বিশ্বব্যাপী প্রকাশনা অধিকার দ্বারা সংরক্ষিত

Ukiyoto Publishing

২০২৩ সালে প্রকাশিত

কন্টেন্ট কপিরাইট © Prateep V Philip

ISBN 9789360161996

প্রথম সংস্করণ

সমস্ত অধিকার সংরক্ষিত।
প্রকাশকের পূর্বানুমতি ব্যতিরেকে এই প্রকাশনার কোনো অংশ পুনরুৎপাদন, প্রেরণ, বা পুনরুদ্ধার ব্যবস্থায় সংরক্ষণ করা যাবে না।
যে কোনো উপায়ে,
ইলেকট্রনিক, যান্ত্রিক, ফটোকপি, রেকর্ডিং বা অন্য কোনোভাবে প্রতিলিপি করা যাবে না।
লেখকের নৈতিক অধিকার নিশ্চিত করা হয়েছে।

এই বইটি এই শর্ত সাপেক্ষে বিক্রি করা হচ্ছে যে এটি ব্যবসার মাধ্যমে বা অন্যভাবে, প্রকাশকের পূর্ব সম্মতি ব্যতিরেকে, ধার দেওয়া, পুনঃবিক্রয় করা, ভাড়া করা বা অন্যভাবে প্রচার করা হবে না, এটি যেটিতে রয়েছে তা ব্যতীত অন্য কোন প্রকার বাঁধাই বা কভারে প্রকাশিত করা যাবে না। এই শর্ত লঙ্ঘিত হলে উপযুক্ত আইনি ব্যবস্থা গ্রহণ করা হবে।

www.ukiyoto.com

উৎসর্গীকৃত

তাদের সকলের প্রতি নিবেদিত,

পরিবার, বন্ধুবান্ধব এবং অনুসারীরা,
ইয়োরের ঋষি এবং চিন্তাবিদরা,
যারা গত বহু বছর ধরে আমাকে ধারাবাহিকভাবে উৎসাহিত করেছেন
এবং
আমি সোশ্যাল মিডিয়াতে ফিলিপিজম শেয়ার করেছি সেখানেও
আমার পরিবার, বন্ধুবান্ধব এবং অনুসারীরা

যারা বিগত বছর ধরে ধারাবাহিকভাবে আমাকে উৎসাহিত করেছেন।

স্বীকৃতি

প্রথমত, আমি সর্বশক্তিমান ঈশ্বরের আধ্যাত্মিক মিলন এবং অনুপ্রেরণাকে স্বীকার করি যিনি প্রতিটি ফিলিপিজমের পিছনের চিন্তাকে অনুপ্রাণিত করেছিলেন। আমি সোশ্যাল মিডিয়ায় আমার পাঠকদের প্রতি আমার আন্তরিক কৃতজ্ঞতা জানাতে চাই যারা গত দশ বছরে আমাকে গঠনমূলক প্রতিক্রিয়া দিয়েছেন; একজন ইন্টার্ন মিস্টার মোসেস যিনি প্রথম খসড়াটি কম্পাইল করতে সাহায্য করেছিলেন, আমার ব্যক্তিগত সহকারী মিঃ আর জেয়াসেকার, মিঃ ওয়াল্টেয়ার সুন্দর সিং এবং মিঃ বাবু কে ভার্গিস যারা গত কয়েক মাস ধরে এই প্রথম খসড়াটি সম্পাদনা করতে এবং প্রকাশ করতে সাহায্য করেছিলেন। ফিলিপিজম

আমার প্রকাশক জনাব নাইজেল ফার্নান্দেসকে আন্তরিক ধন্যবাদ। আমার বন্ধু এবং স্কুল সহপাঠী ডেভিড লোবো যিনি একজন মহান অভিব্যক্তিবাদী এবং একটি চিত্র ভাগ করেছেন যা তিনি একচেটিয়াভাবে বইটির জন্য করেছিলেন। তাছাড়া তরুণ ও প্রতিভাবান স্থপতি আদর্শ জ্যাকব বইটির জন্য তার শিল্পকর্ম শেয়ার করেছেন। একত্রিশটি আর্ট ইলাস্ট্রেশন আমাদের বড় মেয়ে নিমিশা সারা ফিলিপের আসল কাজ। COVID-19 মহামারী লকডাউনের প্রায় দুই মাস ধরে তিনি শ্রমসাধ্য কাজ করেছেন। মিঃ ব্রায়ান ট্রেসি, মূল বক্তা, সেমিনার নেতা এবং 70 টিরও বেশি বইয়ের আন্তর্জাতিকভাবে সর্বাধিক বিক্রিত লেখক ফোরওয়ার্ড দেওয়ার জন্য যথেষ্ট সদয় হয়েছেন। আমি ডাঃ জন ডেমার্টিনির কাছেও কৃতজ্ঞ, মানব আচরণ বিশেষজ্ঞ, আন্তর্জাতিকভাবে প্রশংসিত লেখক এবং ব্যবসায়িক পরামর্শদাতা; ডঃ ফিল কুক, মিডিয়া কনসালটেন্ট এবং ফিল্ম মেকার; বইটির জন্য মূল্যবান অনুমোদনের জন্য মার্কিন যুক্তরাষ্ট্রের ডালাসের বিশিষ্ট বক্তা ও লেখক শ্রী কৃষ ধানম।

আমি আমার ভালো বন্ধু জনাব সঞ্জয় পিন্টো - অ্যাডভোকেট, লেখক এবং প্রাক্তন আবাসিক সম্পাদক, এনডিটিভির ঘন ঘন পর্যালোচনা এবং পরামর্শকেও স্বীকার করি; ডঃ ফ্রান্সিস জেভিয়ার, একজন অষ্টবয়সী এবং স্ব-উন্নতির ক্ষেত্রে পঞ্চাশটি শিরোনামের লেখক, জনাব এম.এস. শিবকুমার, হেড-লার্নিং অ্যান্ড ডেভেলপমেন্ট, বাহওয়ান সাইবারটেক প্রাইভেট লিমিটেড। মিঃ জে. সুরেন্দ্রন, প্রতিষ্ঠাতা এবং সিইও, সাকসেস জ্ঞান; এবং মিস্টার শিবকুমার বেলান-মার্কেটিং কনসালটেন্ট এবং ব্র্যান্ড স্টোরিটেলার,

সিম্পল অ্যান্ড স্মার্ট সলিউশন যারা বইটির জন্য আমাকে মূল্যবান মতামত ও পরামর্শ দিয়েছেন। আমি জোশুয়া স্যামুয়েল এবং সি সুবিন এর কাছে ঋণী, একটি চমৎকার বই বিন্যাস তৈরি করার শ্রমসাধ্য প্রচেষ্টার জন্য । আমাদের ছোট মেয়ে নিশালা ইসাবেল ফিলিপকে ধন্যবাদ যিনি প্রচ্ছদটি ডিজাইন করেছেন যা সর্বজনীন ধারণার থিমকে অন্তর্ভুক্ত করে। সবশেষে, কিন্তু অন্তত নয়, আমি সুরেশ গডউইন এবং দিল্লি বাবুর অনেক প্রচেষ্টা এবং সপ্তাহ ধরে ধৈর্য সহকারে কভার ডিজাইনটি সম্পাদন এবং নিখুঁত করার জন্য প্রশংসা করি এবং স্বীকার করি।

অবতরণিকা

লেখক ডঃ প্রতীপ ভি. ফিলিপের সাথে আমার দেখা হয়েছিল যখন তিনি চেন্নাইতে আমার সেমিনারে যোগ দিয়েছিলেন। আমি অবাক হয়েছিলাম যে তিনি তেরো বছর বয়স থেকে আমার বই পড়ছেন। এ সময় তিনি আমাকে তাঁর একটি বই উপহার দেন। তিনি আমাকে ইতিবাচক চিন্তাভাবনার বিকল্প সম্পর্কেও বলেছিলেন যা তিনি ডিজাইন এবং বিকাশ করেছিলেন

- একটি চিন্তা প্রক্রিয়া যাকে "ইকথিঙ্কিং" বলা হয়। আমি অবিলম্বে মন্তব্য করেছি যে এটি একটি দুর্দান্ত ধারণা ছিল।

আসলে কথাই জীবন দেয়। এটাই সত্য. বাকি সব ধোঁয়া। "প্রতীপ" নামটির ব্যুৎপত্তি সংস্কৃত থেকে এসেছে এবং এর অর্থ হল 'গভীর আলো'। রূপক, শ্লেষ এবং অন্যান্য ভাষাগত শৈলীর তার প্রতিদিনের খাবার সারা বিশ্বে চিন্তা ও ধ্যান করার জন্য আন্তরিক ব্যক্তিদের উদ্দীপনা হিসাবে কাজ করে। প্রতীপ এমন একটা গাডফ্লাই যে আমাদের জড়তা থেকে বের করে দেয়। এটি দুর্দান্ত যে তিনি বিশ্বব্যাপী এবং ঐতিহাসিকভাবে যে কোনও ভাষায় একজন একক ব্যক্তির দ্বারা রচিত সর্বাধিক মূল উদ্ধৃতিগুলির জন্য রেকর্ড ধারণ করেছেন। তাঁর প্রহরী শব্দটি ছিল "উৎকর্ষতা একটি কাজ নয় বরং একটি অভ্যাস" (এরিস্টটল) । তিনি একজন দূরদর্শী ভাববাদী এবং কৌশলগত চিন্তাবিদ।

তিনি আমাকে যে বইটি উপস্থাপন করেছেন তার পাশাপাশি দশ বছর ধরে লেখা তার বর্তমান কাজ থেকে আমি চিনতে পেরেছি যে তার অনুপ্রেরণার প্রাথমিক উৎস হল ভাল বই। ঈশ্বর তাকে জ্ঞান, বিচক্ষণতা এবং মানুষের অবস্থার গভীর অন্তর্দৃষ্টি দিয়েছেন ঠিক স্বপ্নে সলোমনের মতো (1 কিংস 3:9, বাইবেল), প্রতীপ এই জিনিসগুলি চেয়েছিলেন। তাই, তিনি "ফিলিপিজম" ভাষায় কথা বলতে পারেন, তাঁর দ্বারা একটি চমৎকার মুদ্রা (সলোমনের 3000 প্রবাদের রেকর্ড অতিক্রম করা - 1 কিংস 4:32) বিশ্বকে বৃহত্তরভাবে চিন্তা, বিস্ময় এবং ভুল করে না।

ব্রায়ান ট্রেসি

মুখবন্ধ

আধুনিক জীবনের তাড়াহুড়োতে, বিশ্বের মনোযোগ 140 অক্ষর বা তার কম কমিয়ে দেওয়া হচ্ছে। উপদেশ বা ম্যাক্সিমগুলি অনেক মূল্যবান এবং হাতে থাকা কয়েকটি দরকারী একটি ইতিবাচক মানসিকতা, একটি সুখী জীবন তৈরি করতে আরও বেশি কিছু করতে পারে যে পরিমাণে আমরা হাত দিতে পারি না বা তা জীবনে ঢালার সময় নেই। আমি আমার শৈশব থেকেই ইতিহাসের বিখ্যাত ব্যক্তিত্বদের প্রবাদ এবং উদ্ধৃতিগুলি পড়তে এবং প্রতিফলিত করতে আকৃষ্ট ছিলাম। এগুলি আমার মনের উপর একটি আশ্চর্যজনক এবং রূপান্তরকারী প্রভাব ফেলেছিল। আমার কিশোর বয়সে, আমি এই ম্যাক্সিমগুলির নিজস্ব সংস্করণ লিখতে শুরু করি।

এই বইটি ম্যাক্সিমগুলির একটি সংকলন যাকে আমি "ফিলিপিজম" বলি যা আমি গত কয়েক দশক ধরে লিখেছি। এর বেশিরভাগই গত দশ বছরে প্রতিদিন এক বা দুই হারে লেখা হয়েছে। সোশ্যাল মিডিয়াতে প্রচুর সংখ্যক নিয়মিত পাঠকদের দ্বারা ফিলিপিজমগুলি পছন্দ বা মন্তব্য করা হয়েছিল যা আমাকে এই ম্যাক্সিমগুলি ক্রাফ্ট চালিয়ে যেতে উৎসাহিত করেছিল। এই প্রথম খণ্ডে উপস্থাপিত আমার জীবনের উদ্ধৃতিতে নিযুক্ত কিছু শব্দ নতুন শব্দের বানান ভিন্নভাবে এবং একটি স্বতন্ত্র অর্থ বোঝাতে তৈরি করা হয়েছে। কিছু ফিলিপিজম ঐতিহ্যগত জ্ঞানের একটি সংশোধন। কেউ কেউ সমসাময়িক জীবন ও সংস্কৃতির উপর নির্বোধ মন্তব্য।
ফিলিপিজমের এই ভলিউমটি 3333 নিয়ে গঠিত যা ঘটনাক্রমে এখন পর্যন্ত যে কোনও ভাষায় একক ব্যক্তির দ্বারা লিখিত সর্বোচ্চ বা বাণীর বিশ্ব রেকর্ড ভেঙে দেয়। সুবিধার জন্য এবং রেফারেন্সের জন্য 3333টি ফিলিপিজমকে 101টি সর্বাধিকের 33টি অধ্যায়ে সংগঠিত হয়েছে। একজন পাঠক নির্দিষ্ট সময়ের জন্য শুধুমাত্র একটি ম্যাক্সিমকে প্রতিফলিত করতে বেছে নিতে পারেন, প্রতি মাসে একটি পৃষ্ঠা পড়তে পারেন বা একটি সম্পূর্ণ অধ্যায় পড়তে পারেন। নেতৃত্ব, বিশ্বাস, প্রেম, দৃষ্টিভঙ্গি, অনুপ্রেরণার মতো জীবনের সবথেকে গুরুত্বপূর্ণ থিমগুলিকে কভার করার অধ্যায়গুলি জলরোধী নয়। এই থিমগুলির অধীনে শ্রেণীবিভাগ খুব কঠোর নয় কারণ অনেকগুলি থিম ওভারল্যাপ করে। পাঠকদের আমার লেখকত্বের যথাযথ স্বীকৃতি এবং সর্বোচ্চ পদে অন্তর্ভুক্ত নির্দিষ্ট শর্তাবলী এবং ব্যবহারের কপিরাইট সহ ফিলিপিজমগুলি উদ্ধৃত করতে স্বাগত জানাই।

ডঃ প্রতীপ ভি. ফিলিপ,

আইপিএস ডিরেক্টর জেনারেল অফ পুলিশ

প্রতিটি অধ্যায়ের জন্য পেইন্টিংগুলি মিসেস নিমিশা সারা ফিলিপ (31 প্লেট), মিঃ আদর্শ জ্যাকব এবং মিঃ ডেভিড লোবো (একটি প্লেট) দ্বারা সম্পাদিত হয়েছে। তারা চেতনার একটি প্রবাহ হিসাবে প্রবাহিত হয় এবং ধারণাগুলির একটি ছায়াপথের পুনরাবৃত্ত পটভূমির বিপরীতে চিত্র আকারে ফিলিপিজমগুলিকে উপস্থাপন করে। পেইন্টিংগুলি হল তেল, জলরঙ, প্যাস্টেল, এক্রাইলিক, কাঠকয়লা, রঙিন পেন্সিল, কালি এবং ডিজিটাল পেইন্টিংয়ের মিশ্রণ যা বৃদ্ধি এবং অনুপ্রেরণার বিভিন্ন উপায়গুলিকে চিত্রিত করার জন্য, সমস্তই পেইন্টিংগুলির মধ্যে অন্তর্নিহিত।

-মিসেস নিমিশা সারা ফিলিপ

সূচিপত্র

মনোভাব	3
বিশ্বাস	14
যোগাযোগ	26
সৃজনশীলতা	38
আবেগ	49
শ্রেষ্ঠত্ব	61
বিশ্বাস	72
বৃদ্ধি	83
সুখ	94
আশা	105
অনুপ্রেরণা	118
নেতৃত্ব	130
জীবন	142
ভালবাসা	152
ব্যবস্থাপনা	164
মন	176
প্রেরণা	188
শান্তি	199
মানুষ	211
দৃষ্টিভঙ্গি	222
শক্তি	233
উপদেশ	245
সম্পর্ক	254
আত্মা	266
স্পিরিট	277
কৌশল	288
সফলতা	300
ভাবনা	312

মূল্য	323
পুণ্য	334
ভাল হচ্ছে	345
বুদ্ধি	358
গভীর ভাবাবেগ	370

"একজন আশাবাদী হলেন তিনি যিনি কখনই নির্বাচন ত্যাগ করতে চান না।"

শিল্পীর অনুপ্রেরণা:

পেইন্টিংটি সার্ফিংয়ের প্রতি শিল্পীর ভালবাসা এবং একটি তরঙ্গে পৌঁছনোর জন্য প্রয়োজনীয় অদম্য মনোভাবের দ্বারা অনুপ্রাণিত হয়েছিলন যা কেবল একজনকে এমন সাফল্যে পৌঁছে দিতে পারে।

মনোভাব

1. একজন আশাবাদী হল সেই ব্যক্তি যে কখনই নির্বাচন ত্যাগ করতে চায় না।

2. মনোভাবের এক শতাংশ পার্থক্য আচরণ, কর্মক্ষমতা, ফলাফলে-এ শতভাগ পার্থক্য করে।

3. সাহস শারীরিক নয়, শরীরের একটি কাজ। এটি মানুষের মন, হৃদয়, আত্মার শক্তি।

4. অবিশ্বাস হল সেই পর্বত যা জীবনের মরুভূমিতে বিশ্বাসের মরূদ্যান সম্পর্কে আমাদের দৃষ্টিভঙ্গিকে বাধা দেয়।

5. BEST এবং BEAST কে মাত্র 'a' অক্ষর দ্বারা আলাদা করা হয় যা তাদের আলাদা আলাদা মনোভাবে বোঝায়।

6. নিরাশ হবেন না যদি আপনি পাতাহীন বা ফলহীন হন এমনকি একটি শুকনো পাতাবিহীন ডালপালাও বিরল রঙের পাখিদের কাছে এর ব্যবহার রয়েছে এবং এর উপর পার্চ ধরনের।

7. একটি হাঁসকে একটি ডাক দ্বারা বিচার করবেন না।

8. আপনার বিশ্বের দৃষ্টিভঙ্গিকে আপনার জীবনের দৃষ্টিভঙ্গিকে প্রভাবিত হতে দেবেন না।

9. যে ব্যক্তি তার আবেগ এবং তার চিন্তাধারার উপর আঁকড়ে ধরে, তার জন্য জীবন একটি উচ্চ সমতলে আরোহণের জন্য একটি দড়ি। যার হাতে এমন গ্রিপ নেই, তার জন্য হয় এটি একটি নোংরা ন্যাকড়া বা একটি রেশমি রুমাল যা তার হাত থেকে পিছলে যায়।

10. আমাদের মধ্যে বৃহত্তর ধৈর্য সঙ্গে বৃহত্তর শান্তি উৎপন্ন হবে অন্যান্য.

11. নেতৃত্ব হল মনোভাবের এক শতাংশ পার্থক্য যা ফলাফল এবং কর্মক্ষমতার মধ্যে একশো শতাংশ প্লাস পার্থক্য তৈরি করে।

12. একজন ঈগল বা সিংহের মতো বাঁচতে পারে না যখন তার মনোভাব সাপ বা শেয়ালের মতো থাকে।

13. একজন আশাবাদী হতে বেছে নিন তবে তার উপায় না শিখে হতাশাবাদীর মতামতগুলি শেখা উপযুক্ত।

14. আমাদের মনোভাব শুধুমাত্র আমাদের উচ্চতাই নয়, আমাদের অক্ষাংশ এবং দ্রাঘিমাংশও নির্ধারণ করে। এটি নির্ধারণ করে যে আমরা কোথায় অবস্থান করছি এবং আমরা কোথায় যাচ্ছি।

15. আমাদের দৃষ্টিভঙ্গি আমাদের নিজেদের জীবনের বিল্ডিং ব্লক বা হোঁচট খাওয়ার ব্লক হতে পারে।

16. আমরা অতীত, বর্তমান এবং ভবিষ্যত কালের পরিপ্রেক্ষিতে সময়কে বর্ণনা করি বলে মানুষ সব সময় উত্তেজনায় থাকে।

17. মনোভাবের অলৌকিকতা যেকোন ক্ষেত্রের ঘাটতি থেকে সকল ক্ষেত্রে পর্যাপ্ততার দিকে নিয়ে যেতে পারে।

18. সংগ্রাম যে শক্তি নিয়ে আসে তা বিজয়ের জন্মের মতোই মূল্যবান।

19. আপনার মনে যে চিন্তাগুলি জ্বলে তা আপনার চোখে প্রদীপের মতো জ্বলে।

20. বিশ্বের সবচেয়ে শক্তিশালী তিনটি জাহাজ - বন্ধুত্ব, নেতৃত্ব, উপাসনা।

21. স্বাধীনতা হল ব্যর্থতার ভয়, অভাবের দুঃখ এবং সাফল্যের লালসা থেকে মুক্ত হওয়া।

22. স্থিতিশীল হওয়া সক্ষম হওয়ার মতই গুরুত্বপূর্ণ।

23. যখনই আপনি যে কোনও কাজের জন্য যে কোনও স্তরে কাউকে নিয়োগ করবেন, কেবল দুটি দিক পরীক্ষা করবেন: সে সক্ষম কিনা এবং সে স্থিতিশীল কিনা।

24. শান্ত, সহানুভূতি, সৃজনশীলতা, সাহস মানুষের হীরার মতো চারটি সব চেয়ে গগুরুত্বপূর্ণ।

25. আমাদের দৃষ্টিভঙ্গি হল সেই অনুপাত যার দিকে আমরা উঠি বা পড়ি, হাঁটছি, দৌড়াচ্ছি বা উড়ছি।

26. আমাদের কমফোর্ট জোন থেকে চ্যালেঞ্জ জোনে যাওয়ার জন্য আমাদের মানসিকতার পরিবর্তন প্রয়োজন।

27. ছোট হতাশা এবং তার বিপরীতগুলি আমাদের জীবনের বড় সমস্যা এবং দুর্দশার বিরুদ্ধে টিকা দেয় এবং স্থিতিস্থাপকতা তৈরি করে

28. একটি মনোভাব মূলত আমরা কীভাবে অতীত এবং বর্তমানের মধ্যে, জীবনের ইতিবাচক এবং নেতিবাচকতার মধ্যে নিজেদের অবস্থান করি। একটি সুস্থ মনোভাবের অর্থ হল আমরা আমাদের অতীত সম্পর্কে কৃতজ্ঞ এবং আনন্দিত এবং ভবিষ্যতের বিষয়ে আশাবাদী।

29. মনোভাব সবচেয়ে মূল্যবান কারণ মনোভাব এমন একটি গুণ হয়ে ওঠে যা অর্জনে পরিণত হয়।

30. আমাদের অতীতের জন্য কৃতজ্ঞ হওয়া, বর্তমানের জন্য আনন্দিত এবং ভবিষ্যতের জন্য আশাবাদী হওয়া একটি সুস্থ মনোভাবকে সংজ্ঞায়িত করে।

31. মনোভাব হল চিন্তা, আবেগ, ইচ্ছার স্ফটিককরণ। এটি চূড়ান্ত ভাগফল - অন্য সকলের যোগফল এবং সব জিনিসের পদার্থ। আমাদের মনোভাবের ভাগফল নির্ধারণ করবে আমরা কী চাই, আমরা কী লক্ষ্য করি, আমরা কী করি, আমরা কেমন অনুভব করি এবং আমরা কী সিদ্ধান্ত নিই এবং আমরা কী থেকে দূরে চলে যাই।

32. ভাল চিন্তা আকর্ষণ করবে, ভাল চিন্তা ভাল শব্দ আকর্ষণ করবে, ভাল শব্দ ভাল প্রতিক্রিয়া আকর্ষণ করবে, ভাল প্রতিক্রিয়া ভাল কর্ম আকৃষ্ট করবে, ভাল কর্ম ভাল ফলাফল আকৃষ্ট করবে, ভাল ফলাফল ভাল আবেগ আকর্ষণ করবে। একই সাথে, মন্দ চিন্তা দূর করা এবং মন্দ শব্দ, ক্রিয়া, প্রতিক্রিয়া, ফলাফল, আবেগের বিকর্ষণের অনুরূপ প্রক্রিয়াও ঘটবে।

33. আপনি যখন আপনার শিখরে থাকেন তখন নম্র হন।

34. গর্ব একটি লক্ষণ যে আমরা গর্বিত যা আমরা প্রাপ্য না.

35. " behaviour শব্দটি এতে জীবনের সংকেত রয়েছে: আমাদের প্রথমে "be অর্থাৎ হতে হবে"

আগে তারপরে আমরা "have অর্থাৎ ওটা নিয়ে থাকতে পারি"।

36. অন্যদের উপলব্ধিকে আপনাকে সংজ্ঞায়িত করার অনুমতি দেবেন না কিন্তু এটি আপনাকে পরিমার্জিত করার অনুমতি দিন।

37. আপনি স্বল্পমেয়াদে বাস্তবতা পরিবর্তন করতে পারবেন না, তবে আপনি তাৎক্ষণিকভাবে বাস্তবতার উপলব্ধি পরিবর্তন করতে পারেন।

38. অপূর্ণ ব্যক্তিরা নিখুঁত হওয়ার চেষ্টা করে নিখুঁত না পাওয়ার চেষ্টার চেয়ে বেশি আকর্ষণীয়, ফলপ্রসূ এবং চ্যালেঞ্জিং।

39. সাধারন ব্যক্তির একটি উচ্চ সম্ভাবনা আছে এবং উচ্চ পারফরমারের একটি কম সম্ভাবনা আছে.

40. আমরা অনেকেই একটি মাস্টার প্ল্যান তৈরি করি এবং কাজ করি। কিন্তু, এটা মাস্টার্স প্ল্যান কিনা আমরা কি পরীক্ষা করি।

41. যখন সূর্য অস্ত যায়, আমাদের পরিকল্পনা করা উচিত এবং যখন সূর্য উঠবে, তখন আমাদের রোপণ করা উচিত।

42. প্রতিটি পুরুষ এবং মহিলার তিনটি পরিকল্পনা প্রয়োজন: বেঁচে থাকার জন্য একটি অস্তিত্ব (এনেন্স) পরিকল্পনা, উন্নতির জন্য একটি এক্সেল পরিকল্পনা এবং চিরকাল বেঁচে থাকার জন্য একটি প্রস্থান পরিকল্পনা।

43. জীবনের একটি নির্দিষ্ট পর্যায়ে, আমরা বুঝতে পারি যে প্রতিযোগিতা করার চেয়ে আমাদের জীবন সম্পূর্ণ করা আরও বেশি গুরুত্বপূর্ণ।

44. আপনি অর্থ সঞ্চয় করতে পারেন কিন্তু একা টাকা আপনাকে বাঁচাতে পারে না।

45. একটি ভাল ম্যাসেজ শরীরের উপর ছেড়ে যাওয়ার চেয়ে একটি ভাল বার্তা একজন ব্যক্তির মন এবং আত্মার উপর একই বা আরও ভাল প্রভাব ফেলে।

46. একটি বার্তা ছাড়া একটি জীবন, অনন্যার উপর ভিত্তি করে এবং ভাগ করা, বেশিরভাগই একটি জগাখিচুড়ি.

47. বেশীরভাগ মানুষই মন স্থির করেছে এবং এটিকে একটি বৃদ্ধির মানসিকতায় পরিবর্তন করতে হবে, শেখার জন্য উন্মুক্ত, অশিক্ষা, পরিবর্তন, পরিমার্জন, ছাঁটাই, টিউনিং।

48. মানুষের বেশিরভাগ দুর্দশা আমাদের কৃপণ উপায়ের কারণে: আমরা কৃপণ

শুধু আমাদের মধ্যে নয় প্রদান কিন্তু আমাদের ক্ষমা, আমাদের কাজ, চিন্তা এবং অনুভূতি.

49. যাই ঘটুক না কেন ঈশ্বরের সবসময় শেষ হাসি আছে.

50. ঈশ্বর ছাড়া কেউই নিখুঁত নয়, তবে প্রত্যেকেই তার মতো নিখুঁত হওয়ার চেষ্টা করতে পারে.

51. যে কেউ জীবন্ত ঝরনার বিশুদ্ধ জল পান করেছে সে তা থেকে মৃত্যু পান করার জন্য নর্দমায় ফিরে আসবে না।

52. যে কেউ জলের পুকুরের দিকে তাকিয়েছিল সে ঈশ্বরের প্রতিফলন দেখেছে বলে দাবি করতে পারে না কিন্তু তার নিজের দেখে সে ঈশ্বর এবং শয়তানের দেখতে পায়, কিন্তু একই সময়ে দুটিকে কখনও দেখে না।

53. ঈশ্বরের কোন প্রতিশ্রুতির মেয়াদ শেষ হওয়ার তারিখ বা সীমাবদ্ধতার ধারা ছিল না।

54. সাহায্য ছাড়া কেউ একটি নিখুঁত রেখা বা একটি বৃত্ত আঁকতে পারে না। এটি একটি লক্ষণ যে পরিপূর্ণতা অর্জনের জন্য আমাদের জীবনের প্রতিটি ক্ষেত্রে ঈশ্বরের কৃপা প্রয়োজন।

55. আত্মনিয়ন্ত্রণের অভাব, বিচক্ষণতার অভাব বা অত্যধিক প্রচারের অনুরাগী হওয়ার জন্য কেউ ঈশ্বরকে দোষারোপ করেনি। আমরা অন্তত এই দিকগুলিতে তাঁকে অনুকরণ করতে ভাল করতে পারি।

56. কেউ অন্য মোমবাতি উপর একটি মোমবাতি রাখে না. আমাদের সমগ্র জীবন, আমাদের কর্মজীবন, আমাদের পদবী এবং দায়িত্ব, আমাদের সম্পর্কগুলি ঈশ্বরের আলো এবং সত্যের মোমবাতি স্থাপন করার জন্য একটি মোমবাতি ছাড়া কিছুই নয়। ক্যান্ডেলস্টিক যত লম্বা হয়, মোমবাতির আলো তত লম্বা এবং প্রশস্ত হয়। সুতরাং, লম্বা, বড়, শক্তিশালী এবং আরও ভাল হয়ে উঠুন।

57. একটি উট যেমন সচেতন নয় যে এটি একটি কুঁজ বহন করে এর পিছনে, বেশিরভাগ লোকেরা অহংকার, কুসংস্কার, নেতিবাচকতার কুঁজ সম্পর্কে অবগত নয় যে তারা তাদের পিঠে বহন করে।

58. আমার জন্য ভাগ্যের অনিশ্চয়তা নয়, শুধুমাত্র ঈশ্বরের অনুগ্রহের নিশ্চিততা।

59. আপনি যদি ঈশ্বরে বিশ্বাস করেন এবং অনন্তকালের আশা করেন, তাহলে আরআইপি শান্তিতে বিশ্রাম নয় বরং শক্তিতে পুনরুত্থিত হওয়া।

60. ঈশ্বরের সমস্ত সৃষ্টির মধ্যে, কেবলমাত্র মানুষই রূপ ধরে রেখে অভ্যন্তরীণভাবে জঘন্য অভিপ্রায়ের দৈত্যে পরিণত হতে পারে। সে মানুষ থাকার একমাত্র উপায় হল নম্র ও মানবিক থাকা।

61. প্রায়শই গোলাপের পথটি কাঁটার মধ্য দিয়ে বা তার উপর দিয়ে যায়।

62. প্রায়শই, ঈশ্বরের অধীনে থাকার অর্থ কী তা বোঝার জন্য একজনকে নিম্নবিত্ত হতে হয়।

63. একজন ব্যক্তি তখনই নিজেকে সত্যিকারভাবে ভালবাসতে পারে যখন আমরা ঈশ্বরকে সম্পূর্ণরূপে ভালবাসি।

64. একজন দাবিদার না হয়ে ঈশ্বরের মহিমার ঘোষণাকারী হতে পারে না

তার অনুগ্রহীরা।

65. একজন আধ্যাত্মিক শত্রুর সাথে শারীরিক বা এমনকি মানসিক যুদ্ধও করতে পারে না।

66. একটি সমাধির পাথরে বসে এক ঘন্টা ধ্যানের মূল্য একটি শ্রেণীকক্ষে হাজার ঘন্টার চেয়ে অনেক বেশি।

67. ঈশ্বরের দ্বারা ব্যবহার করার জন্য একজনকে ঈশ্বরের সাথে মিশ্রিত করা দরকার।

68. ঈশ্বরের শক্তি অনুভব করার আগে একজনকে প্রথমে ঈশ্বরের ভালবাসা অনুভব করতে হবে।

69. জীবনের শেষের দিকে আমাদের সবচেয়ে বড় প্রশ্নের উত্তর দিতে হবে এবং হিসাব করতে হবে তা হল সৌন্দর্য, মস্তিষ্ক, শক্তি, সম্পদ, ক্ষমতা, অবস্থানের দিক থেকে তিনি আমাদের যা কিছু দিয়েছেন সামান্য বা বেশি তা আমরা কীভাবে ব্যবহার করেছি? , প্রতিভা, ক্ষমতা, সুযোগ, সময় এবং প্রভাব.

70. জীবনের অন্যতম প্রধান উদ্দেশ্য হল ঈশ্বরের চরিত্র আবিষ্কার করা, তার অনুকরণ করা।

71. একটি পরীক্ষা যা চাকরির কখনই সম্মুখীন হয়নি তা হল বেকার হওয়া। তাই সর্বদা আপনার প্রার্থনায় বেকারদের মনে রাখবেন এবং তাদের জন্য চাকরি তৈরি করার জন্য আপনার সাধ্যমতো চেষ্টা করুন।

72. আমরা আমাদের লক্ষ্য পূরণ করতে পারি একটি উপায় হল ফোকাস করা আমাদের প্রত্যাশার উপর নয় কিন্তু ঈশ্বর আমাদের কাছ থেকে যা আশা করেন তার উপর। আমরা যখন তা করি, তখন ঈশ্বর আমাদের প্রত্যাশার চেয়ে বেশি পূরণ করেন। বিশ্বাস হল ঈশ্বর এবং মানুষের মধ্যে প্রত্যাশার বিনিময়।

73. যে কাজ করে সে হল কর্মী। যিনি চিন্তা করেন তিনি চিন্তাবিদ। যিনি খেলেন তিনিই খেলোয়াড়। কিন্তু যে নামাজ পড়ে তার জন্য কোনো কথা নেই যেমন সবাই কোনো না কোনো সময় নামাজ পড়ে।

74. একাকীত্ব থেকে একতা এমন একটি বিষয় যেখানে সম্পূর্ণ একা থাকা সত্ত্বেও, তিনি কখনও একাকীত্ব অনুভব করেন না কারণ তিনি স্রষ্টা এবং সৃষ্টির সাথে একতা অনুভব করেন।

75. শুধুমাত্র যখন গভীর মূল্যবোধের উপর ভিত্তি করে অ-ক্যারিশম্যাটিক এবং সামগ্রিক নেতৃত্বের বিকাশ ঘটবে তখনই জাতি এবং সংস্থাগুলি উল্লেখযোগ্যভাবে এবং অগ্রাধিকার অনুযায়ী অগ্রগতি করবে।

76. একজন আশাবাদী হতে বেছে নিন, আপনি ভাল বোধ করবেন, শক্তিশালী হবেন এবং ভাল করবেন।

77. আমাদের ক্রিয়া এবং প্রতিক্রিয়া পাশাপাশি নিষ্ক্রিয়তা, এর পিছনে চিন্তা প্রক্রিয়া প্রকাশ করে।

78. আমাদের মনোভাব আমাদের ক্ষুধা নির্ধারণ করে।

79. আমাদের মনোভাবগত ভিত্তি আমাদের ভৌগলিক ভিত্তিগুলির চেয়ে অনেক বেশি গুরুত্বপূর্ণ।

80. আমাদের দেহ হল জীবনের ত্রিভুজের ভিত্তিরেখা। আমরা ত্রিভুজটি কতটা বড় করব তা নির্ভর করে আমরা আমাদের আত্মা এবং মন কতটা বৃদ্ধি করি তার উপর।

81. আমাদের গোভাইন এবং সীমিত বুদ্ধি কখনই ঈশ্বরকে সংজ্ঞায়িত করতে পারে না।

82. আমাদের পছন্দ দুঃখ এবং আনন্দের মধ্যে নয় বরং আনন্দ ও পরমানন্দের মধ্যে রয়েছে।

83. কথা বলার প্রস্তুতির আমাদের ডিফল্ট অবস্থা শোনার প্রস্তুতি দ্বারা প্রতিস্থাপিত হওয়া উচিত।

84. আমাদের শত্রু, প্রতিদ্বন্দ্বী, শত্রুরা আমাদের সম্ভাবনাকে আমাদের চেয়ে অনেক বেশি জানে এবং বিশ্বাস করে। আপনার তীব্রতা দ্বারা আপনার সম্ভাব্য বিচার করুন বিরোধিতা করুন এবং নিজেকে আরও গুরুত্ব সহকারে নিন।

85. আমাদের বস্তুগত সম্পদ হল আমাদের প্রকৃত এবং চিরস্থায়ী সম্পদের যোগফল এবং পদার্থ।

86. একটি অনুভূত আশীর্বাদের দখলে আমাদের আনন্দ এবং কৃতজ্ঞতা তার সম্ভাব্য অনুপস্থিতি বা ক্ষতির দুঃখের বিপরীত এবং সমানুপাতিক হওয়া উচিত। এর সহজ অর্থ হল যে যেমন আমরা আমাদের দৃষ্টিশক্তি বা আমাদের অঙ্গপ্রত্যঙ্গ বা আমাদের শ্রবণশক্তি বা আমাদের স্বাস্থ্যের ক্ষতিতে খুব দুঃখিত হব, আমাদের ঠিক ততটাই আনন্দিত হওয়া উচিত যে আমরা এইগুলির একটিও হারাইনি।

87. আমাদের মন হল আমাদের আত্মার মুখ যা আমাদের সব সময় খাওয়াতে হবে।

88. আমাদের নেতিবাচক বিরোধীরা আমাদের মধ্যে ট্রোজান হর্সের মতো বসে আছে যখন আমরা বাইরের শত্রুকে খুঁজে বেড়াই আমাদের ভেতর থেকে ধ্বংস করার অপেক্ষায়।

89. আমাদের আবেশগুলি আমাদের সম্পত্তির দিকে পরিচালিত করে।

90. আপনি যদি আপনার অহংকারকে বেলুনের মতো উড়িয়ে দেন তবে এটি প্রায়শই ফেটে যাবে। পরিবর্তে, এটি সমস্ত আবহাওয়া, সমস্ত ঋতু, স্থিতিস্থাপক, উচ্ছল বায়ুসংক্রান্ত বল করুন।

91. আমাদের পক্ষপাত আমাদের পূর্বাভাসকে প্রভাবিত করে।

92. আমাদের প্রাথমিক এবং প্রভাবশালী হুমকি আমাদের দুর্বলতার কারণে। আমাদের সেকেন্ডারি বা কম হুমকি অন্যদের দুর্বলতার কারণে।

93. আমাদের আসল রং সাদা, কালো বা বাদামী নয় কিন্তু এটি হল বেগুনি নীল, নীল, সবুজ, হলুদ, কমলা এবং লাল আমাদের আত্মার রংধনু।

94. সমান্তরাল সবসময় শুধুমাত্র অসীমে মিলিত হয়: একইভাবে, অতীত, বর্তমান, ভবিষ্যত; আত্মা, মন, শরীর; কারণ, আবেগ, সিদ্ধান্ত; চিন্তা, শব্দ, কর্ম সব বর্তমান মুহূর্তে অনুষ্ঠিত অনন্তকালে একত্রিত হয়.

95. বিশেষ শিশুদের অভিভাবক এবং শিক্ষক সুপার পিতামাতা এবং শিক্ষক, প্রায় অসীম ভালবাসা, ধৈর্য এবং প্রজ্ঞার সাথে তাদের যত্ন নেওয়া দরকার তাদের জন্য.

96. আপনাকে যে হাত দেওয়া হয়েছে তা ব্যবহার করুন। আপনি যদি এটি পছন্দ না করেন তবে এটিকে ফেলে দিন, একটি তাজা হাত ধরুন এবং এটির সাথে খেলুন।

97. পর্বতশৃঙ্গগুলি কেবলমাত্র লম্বা এবং স্থির হয়ে দাড়িয়ে বিশিষ্টতা খুঁজে পায় যখন আমরা মানুষ যে কোনও ক্ষেত্রে পারফরম্যান্সে শীর্ষে উঠে বিশিষ্টতা অর্জন করি।

98. কিছু লোক অন্যদের যোগাযোগ শেখাতে অনুমান করে কিন্তু একটি শিল্প করাতের মত তাদের জিহ্বা ব্যবহার করে।

99. আশীর্বাদ করা চয়ন করুন, বিশৃঙ্খলা না.

100. প্রতিটি প্রাকৃতিকভাবে জন্মগ্রহণকারী মানুষের মধ্যে একটি প্রতারণামূলক ধারা রয়েছে যা তাকে প্রতারণা এবং প্রতারণার কারণ করে।

101. দৈত্যদেরও বিশাল শক্তি এবং দুর্বলতা রয়েছে।

"ঈশ্বরের অদৃশ্য হাত আমাদের পথপ্রদর্শন না করে এবং আমাদের উপর তাঁর প্রজ্ঞার চোখ ব্যতীত, জীবনের বিন্দুগুলি অর্থপূর্ণভাবে সংযুক্ত হতে পারে না।"

শিল্পীর অনুপ্রেরণা:

পেইন্টিংটি শিল্পীর দৃঢ় বিশ্বাস দ্বারা অনুপ্রাণিত হয়েছিল যে আমাদের জীবনের সমস্ত বিভিন্ন ঘটনা একটি দৃঢ় উদ্দেশ্যের সাথে আন্তঃসম্পর্কিত যা ঈশ্বর আমাদের প্রতিটি জীবনের উপর রেখেছেন।

বিশ্বাস

1. ঈশ্বরের অদৃশ্য হাত আমাদের পথপ্রদর্শন না করে এবং আমাদের উপর তাঁর প্রজ্ঞার চোখ না থাকলে, জীবনের বিন্দুগুলিকে অর্থপূর্ণভাবে সংযুক্ত করা যায় না।

2. নম্রদের নম্রতাকে কখনই দুর্বলতা মনে করবেন না কারণ তারা ঠিক একটি প্রশিক্ষিত হাতির মতোই মাস্টারের পণ্যের জন্য অপেক্ষা করে।

3. আক্রমনাত্মক, অহংকারী, দুষ্ট, বিকৃত এবং মূর্খরা জগতকে হারিয়ে ফেলে এবং কেবল নম্ররাই এর উত্তরাধিকারী হয়।

4. আপনার সবচেয়ে খারাপ শত্রুকে পরাজিত করার সর্বোত্তম উপায় - আপনার নিজের নিজেকে সব সময় একটু ভালো করা। আপনি একদিন আপনার সেরা বন্ধু হয়ে উঠবেন।

5. প্রার্থনা হল সবচেয়ে কম জিনিস যা আমরা অন্যদের জন্য করতে পারি, কিন্তু এটি তাদের জন্য সবচেয়ে বড় জিনিস যা আমরা করতে পারি।

6. সত্য একটি সুপারমার্কেটের মতো নয় যেখানে প্রতিটি প্রয়োজনের জন্য এবং প্রতিটি পার্সের জন্য অনেকগুলি বিকল্প রয়েছে।

7. জীবনকে চরিত্রের অভ্যাসে পরিণত করার জন্য স্ব-নির্বাচিত জীবন-সক্ষম বিশ্বাস ও নীতির অভ্যাসগত অনুশীলন প্রয়োজন।

8. আমাদের কাছে মিথ্যার আবিষ্কারক আছে কিন্তু সত্যর আবিষ্কারক নেই। আমাদের ডিফল্ট মোড মানে ছিল সত্য কথা বলা কিন্তু এখন ডিফল্ট মোড হল সাদা মিথ্যা, সরল মিথ্যা এবং রঙিন মিথ্যা।

9. যখন কেউ মিথ্যা বলার অভ্যাস বা মিথ্যা বিশ্বাস করে, তখন উদ্ভাবিত সত্য নতুন বাস্তবতায় পরিণত হয়।

10. বর্তমান মুহূর্তটির অনন্যতা হল এটি চারটি উপায়কে সংযুক্ত করে - অতীত, বর্তমান, ভবিষ্যত এবং অনন্তকাল।

11. বিশ্বাস শব্দের "বিশ্বাস" আছে যার অর্থ রাজত্ব, বোঝায় যে বিশ্বাস আমাদের জীবনকে ঈশ্বরের রাজ্যের অংশ করে তুলতে পারে।

12. প্রতিটি মানুষের চূড়ান্ত লক্ষ্য হল বেঁচে থাকা এবং জীবনের পরে উন্নতি করা।

13. আমরা প্রত্যেকেই আত্মা, মন, শরীরে অনন্য কিন্তু আমাদের চরিত্র, আমাদের ব্যক্তিত্ব, আমাদের ভাগ্য এবং আমাদের জীবনকে তার ধরণের একটি করে তোলা আমাদের উপর নির্ভর করে।

14. আমাদের সামগ্রিক সুস্থতার জন্য, আমাদের অবশ্যই কেবল শারীরিক নয়, আমাদের জীবনের মানসিক, বুদ্ধিবৃত্তিক, আধ্যাত্মিক, সম্পর্কীয় বর্জ্য ত্যাগ করতে হবে বা ত্যাগ করতে হবে একটি দৈনিক এবং নিয়মিত ভিত্তিতে।

15. আমাদের প্রত্যেকের মধ্যে একটি বন্য শিশু এবং একটি মৃদু শিশু রয়েছে। খুব প্রায়ই, বন্য শিশুটি বেরিয়ে আসে যখন আমরা নিজেরাই থাকি এবং হালকা শিশুটি অন্যদের সামনে।

16. কেন ঈশ্বর যীশু নামক ব্যক্তির মধ্যে নিজেকে প্রকাশ করতে বেছে নিয়েছিলেন? তিনি তাঁর অসীম জ্ঞানকে একটি ক্যাচ-অল নীতিতে প্রকাশ করতে পারতেন। তিনি নিজেকে ব্যক্তিগতভাবে উদ্ভাসিত করেছেন কারণ তিনি জানেন যে আমাদের প্রয়োজন আমাদের হৃদয় গলানোর জন্য, আমাদের অপরাধবোধ এবং তিক্ততাকে ধুয়ে ফেলার জন্য, আমাদের গভীরভাবে বসে থাকা ঘৃণা এবং কুসংস্কার দূর করতে, আমাদের সন্দেহ দূর করতে, আমাদের উদাহরণের শক্তি দেখাতে, আমাদের সান্ত্বনা দিতে এবং আমাদের ভেতর থেকে শক্তিশালী করতে তাঁর ব্যক্তিত্বকে আলিঙ্গন করুন।

17. কেন ঈশ্বর কি প্রতিটি মানুষকে আলাদা এবং অনন্য করেছেন, এমনকি আমাদের পিতামাতার থেকেও আলাদা করেছেন, যখন অন্যান্য প্রজাতি কমবেশি একই রকম? কারণ হল যে তিনি আমাদের জবাবদিহি, দায়িত্বশীল এবং সৃজনশীল হতে চান।

18. কেন আমরা ঈশ্বরকে আমাদের শুধুমাত্র দ্বিতীয় সুযোগ দেওয়ার কৃতিত্ব দিই যখন তিনি আমাদেরকে, বাস্তবে, এক মিলিয়ন সুযোগ দেন?

19. কেন আমরা তারার দিকে তাকিয়ে থাকি এবং ভীত হই যখন ঈশ্বর আমাদের প্রত্যেককে তারার চেয়ে শক্তিশালী সৃষ্টি করেছেন এবং আমাদের ক্ষতবিক্ষত বা ভয় পাওয়া উচিত নয়।

www.eqthinking.com   www.prateepphilip.com   www.fillipisms.com

20. কেন ঈশ্বর আমাদের শুধুমাত্র একটি স্ফুলিঙ্গ হিসাবে সৃষ্টি করেছেন এবং একটি পূর্ণ প্রস্ফুটিত শিখা নয় - কারণ একটি শিখা যখন বিরুদ্ধে ফুঁকে যায় তখন নিভে যায় যখন স্ফুলিঙ্গগুলি শিখায় ফেটে যায় এবং আলাদা হয়ে যায়।

21. বুদ্ধি আমাদের মধ্যে বার্ধক্যের সাথে বৃদ্ধি পায় বছরের বৃদ্ধির কারণে নয়, কিন্তু আমাদের মৃত্যুর সংকেত আমাদের মধ্যে অমরত্বের তৃষ্ণা জাগায়।

22. আমাদের পাশে ঈশ্বরের সাথে, অন্য দিকে কে আছে তা কে জানে।

23. মানুষের বোধগম্যতার সাথে, আমরা কেবল জ্ঞানের প্রান্তে, প্রজ্ঞার সীমানা পর্যন্ত পৌঁছাতে পারি। জ্ঞান হল ঈশ্বরের ডোমেইন এবং অঞ্চল। জ্ঞানে প্রসারিত করার জন্য, আমাদের তাঁর সাহায্যের প্রয়োজন।

24. মানুষের সাথে, নিরঙ্কুশ শক্তি একেবারে কলুষিত করে কিন্তু ঈশ্বরের সাথে, পরম শক্তি আমাদেরকে মুক্ত করে এবং সক্ষম করে।

25. আপনার পাশে ঈশ্বরের সাথে, যাই ঘটুক না কেন - আপনি বিজয়ী পক্ষের সাথে যোগ দিয়েছেন।

26. ক্ষুধা ও ভগবানের স্বাদ ব্যতীত, কেউ ঈশ্বরের স্পর্শ পেতে পারে না।

27. জীবন - আত্মা, মন, দেহের একটি ত্রিভুজ না থাকলে আমরা এক ধরণের শ্বাসরোধের সাথে শেষ হব।

28. ঈশ্বর এবং অনন্ত জীবনের আশা ছাড়া, আমাদের সর্বোত্তম জীবন একটি শুকনো হাড়ের ব্যাগ মাত্র।

29. সফ্টওয়্যার এবং অপারেটিং সিস্টেম হিসাবে বাইবেল ছাড়া, মানবজাতি অনেক হার্ডওয়্যার কিছু সময়ের জন্য চারপাশে ভাসছে যতক্ষণ না কেউ আত্ম-ধ্বংস বোতাম টিপে দেয়।

30. দাতব্যের মতো স্বচ্ছতা বাড়িতে শুরু হয়।

31. আপনি যদি শুধুমাত্র আপনার শক্তি দ্বারা নিজেকে সংজ্ঞায়িত করেন, তাহলে আপনি কিভাবে হবে খুঁজে পেতে এবং আপনার দুর্বলতা পরিমার্জিত? প্রামাণিক নিজেকে আবিষ্কার করার জন্য, একজনকে নিজের দুর্বলতার পাশাপাশি শক্তিগুলি জানতে হবে এবং শক্তিগুলি তৈরি করতে এবং দুর্বলতাগুলি কাটিয়ে উঠতে কাজ করতে হবে।

32. আমাদের আত্মার পুনরুজ্জীবন ছাড়া, জীবন পৃথিবীতে একটি শেল বা আধ্যাত্মিক নরক মাত্র।

33. শব্দ ছাড়া, আমরা সমাপ্ত হবে, শব্দ দিয়ে, আমরা সমাপ্ত।

34. আপনি যা খুশি করেন তা বৃদ্ধির দ্বারা আপনার মুছে ফেলা উচিত নয়।

35. আপনি যা মনে করেন, কথা বলেন এবং করেন তা সমস্ত নক্ষত্র এবং গ্রহ একত্রিত হওয়ার চেয়ে মহাবিশ্বকে বেশি প্রভাবিত করে।

36. আপনার উদ্দেশ্য যাই হোক না কেন আপনি যদি প্রয়োজনের দিকে মনোযোগ না দেন তবে এটি অবশ্যই অনেক টেনশনের কারণ হবে।

37. যীশু মানুষের সম্পূর্ণ রূপান্তরের জন্য ঈশ্বরের নিখুঁত অনুবাদ।

38. যখন প্রত্যেকে তার মাইট অবদান রাখে, এটি শক্তিতে অনুবাদ করে।

39. যখন বিশ্বাস এবং সত্যের কথা আসে, তখন কূটনৈতিক বা গোঁড়ামি নয় বরং 'ঈশ্বরবাদী' হন, যার অর্থ এটিকে সময়, ধৈর্য এবং বেছে নেওয়ার স্বাধীনতা দিন।

40. এটি অনুপ্রেরণা আসে, আমরা শুধুমাত্র একটি স্ফুলিঙ্গ প্রদান করতে পারি. তরুণ দহনশীল মনকে আগুন, আবেগ, দৃষ্টিশক্তি ধরতে হবে এবং নিজেদের এবং বিশ্বকে উন্নত করার জন্য একটি মিশন নিয়ে কাজ করতে হবে।

41. যখন আমাদের ইতিহাস লেখা হয়, তখন পতন এবং উত্থান উত্থান এবং পতনের চেয়েও অন্য কিছু ভালভাবে পড়ুন।

42. যখন লোকেরা আপনার পিছনে কথা বলে, তখন এটি দেখায় যে আপনি শক্তিশালী - তারা আপনার সামনে কথা বলার সাহস করে না।

43. যখন অন্য কেউ নিয়ন্ত্রন করে কি এক সাইন করে, সে পদত্যাগ করে।

44. যখন কেউ আপনাকে বলে যে এটিই একমাত্র উপায়, তখন তা হয় সম্পূর্ণ জ্ঞান এবং বিশ্বাসের বাইরে অথবা সম্পূর্ণ অজ্ঞতা এবং অন্ধত্বের বাইরে।

45. পাখিরা যখন টুইটার করে, তখন তারা তিক্ত হয় না, বরং ভাল হয়। কিন্তু লোকেরা যখন টুইটার করে, তারা মাঝে মাঝে তিক্ত হয়ে যায়।

46. যখন ব্যবসা জগত বা এর একটি অংশ বুঝতে পারে যে আধ্যাত্মিক জ্ঞান উৎপাদনশীলতা এবং লাভজনকতার পাশাপাশি মানব সম্পদ উন্নয়নের জন্য ভাল, তারা কর্পোরেটগুলিতে একটি CSO নিয়োগ করবে - প্রধান আধ্যাত্মিক কর্মকর্তা।

47. পুলিশ যখন কেবল আইন ও নিয়ম প্রয়োগ করে, তখন তারা মেকানিক্সের মতো যা ভুল হয়েছে তা নিয়ে টেঙ্কারিং করে কিন্তু যখন তারা সমাজের উন্নতির জন্য পরিবর্তন করার চেষ্টা করে তখন তারা সামাজিক প্রকৌশলী হয়।

48. যখন আমাদের জীবনের বিভিন্ন ঋতুতে নিয়ে যাওয়া হয়, তখন কারণগুলি জিজ্ঞাসা করবেন না, কেবল ঝুঁকে পড়ুন এবং শুনুন যে আমাদের নির্মাতা সেই বিশেষ মুহূর্তগুলিতে কী কথা বলেন যখন তিনি খুব কাছাকাছি থাকেন, এত অন্তরঙ্গ আমরা প্রায় তাঁর পোশাকের হেম স্পর্শ করতে পারি।

49. যখন আমরা মহাবিশ্বের বিশালতা, সৃষ্টির জাঁকজমক বিবেচনা করি, তখন আমরা বুঝতে পারি যে আমাদের মধ্যে সবচেয়ে লম্বাটি এত ছোট, সবচেয়ে ধনী এত দরিদ্র, সবচেয়ে জ্ঞানী এত বোকা, সবচেয়ে শক্তিশালী এত দুর্বল।

50. যখন আমরা একই সময়ে অনেক লোককে অনুসরণ করি, তখন আমরা কাউকে অনুসরণ করি না।

51. যখন আমরা শব্দের লেন্স এবং আয়নার মাধ্যমে বিশ্বকে দেখি, তখন আমরা ক্যালিডোস্কোপের মতো সৌন্দর্য এবং সত্যের আশ্চর্যজনক নিদর্শন পাই।

52. যখন আমরা সন্দেহ করা বন্ধ করি, আমরা সত্যই এবং সম্পূর্ণরূপে বিশ্বাস করি। যখন আমরা সত্যই এবং সম্পূর্ণরূপে বিশ্বাস করি, তখন আমরা সম্পূর্ণরূপে বেঁচে থাকি।

53. যখন আমরা আমাদের ধূসর পদার্থকে সম্পূর্ণরূপে এবং ভালভাবে বিভিন্ন বিষয়ে ব্যবহার করি, তখন আমরা রংধনুর এবং তার পরেও সমস্ত বৈচিত্র্যময় রঙগুলি অনুভব করতে পারব।

54. উপাসনা হল প্রতিদিনের ভাড়া যা আমরা স্থান এবং সময় দখলের জন্য আমাদের নির্মাতার কাছে ঋণী।

55. হ্যাঁ, আশীর্বাদ করুন এবং আমাদের শত্রুদের অভিশাপ দেবেন না কারণ আমরা যখন তাদের আশীর্বাদ করি বা তাদের অভিশাপ দিই এবং যেভাবেই হোক, তারা এটির যোগ্য নয়, এটি আমাদের কাছে ফিরিয়ে দেওয়া হয়।

56. প্রভুর কাছে আত্মসমর্পণ করুন এবং অবশ্যই, তিনি প্রতিটি ক্ষেত্রে আমাদের ফলন বৃদ্ধি করবেন।

57. আপনি এবং আমি তাঁর অনুগ্রহে এক টেক্কা।

58. আপনি একজন ইহুদী বা বিধর্মী যাই হোন না কেন ঈশ্বরের দৃষ্টিতে আপনি একটি রত্ন।

59. আপনি পুরুষদের সামনে বিনয়ী হতে পারেন, কিন্তু আপনি শুধুমাত্র সৃষ্টিকর্তার সামনে নম্র হতে পারেন।

60. আপনি হয় ঈশ্বরের কাছ থেকে লুকানোর চেষ্টা করতে পারেন বা তাঁর মধ্যে লুকানোর চেষ্টা করতে পারেন, প্রথমটি অসম্ভব, দ্বিতীয়টি হল আশীর্বাদ।

61. আপনি আপনার জীবন এবং মনকে লক্ষ লক্ষ চিন্তা, আকাঙ্ক্ষা এবং আবেগ দিয়ে পূর্ণ করতে পারেন কিন্তু ঈশ্বর আশা করেন যে আপনি আপনার হৃদয় শুধুমাত্র তাঁর জন্য রাখবেন।

62. আপনি আপনার সমস্ত ডিম ঈশ্বরের ঝুড়িতে রাখতে পারেন, এবং তিনি পচা সহ প্রতিটি ডিমকে আশীর্বাদের ঝুড়িতে পরিণত করবেন।

63. আপনি আপনার তৈরি করে জীবনে সফল হওয়ার জন্য অতিপ্রাকৃত শক্তিকে ট্যাপ করতে পারেন সৃষ্টিকর্তা আপনার সেরা বন্ধু, পরামর্শদাতা, ব্যবসায়িক অংশীদার এবং জীবনসঙ্গী।

64. বিশেষ উদ্দেশ্যের পাত্র হওয়ার আগে আমাদের ঈশ্বরের সামনে একটি খালি এবং ভাঙা পাত্র হওয়া উচিত।

65. আপনি আপনার সম্ভাব্যতা পূরণ করেছেন যখন লোকেরা আপনার মধ্যে সৃষ্টিকর্তার বিস্ময়করতার অন্তত একটি আভাস দেখতে পায়।

66. আপনি অন্য ব্যক্তির মতো ঠিক একই পরিস্থিতিতে থাকতে পারেন তবে সেই পরিস্থিতিতে ঈশ্বরের প্রতি আপনার স্বতন্ত্র প্রতিক্রিয়া সম্পূর্ণ ভিন্ন ফলাফল দেবে। দুপাশে

ক্রুশবিদ্ধ দুই চোর যীশুর ঠিক একই পরিস্থিতিতে ছিল. তবুও একজন তাকে উপহাস করেছে এবং অন্যজন তাকে রক্ষা করেছে এবং তার প্রতি বিশ্বাস প্রকাশ করেছে। ফলাফল উভয়ের জন্য সম্পূর্ণ ভিন্ন ছিল তাদের মধ্যে।

67. আপনি ভাবতে পারেন যে আপনাকে ঈশ্বরের দ্বারা প্রহার করা হচ্ছে, কিন্তু আপনাকে শুধুমাত্র বৃহত্তর লাভ, ভাল এবং আরো শস্য মাড়াই করা হচ্ছে।

68. আপনি আরও ভাল ট্র্যাকশন এবং গতি পাবেন যখন আপনি ঈশ্বরের জিনিসগুলি আপনার সামনে রাখবেন এবং মানুষের জিনিসগুলি আপনার পিছনে রাখবেন।

69. আপনার বিশ্বাস আপনার "হওয়া", আপনার আচরণ, আপনার জীবন বা রাজ্যকে পরিবর্তন করে।

70. আপনার বিশ্বাস আপনার আশীর্বাদকে সম্ভব বা অসম্ভব করে তোলে।

71. আপনার স্বাস্থ্য আপনি ব্যর্থ হতে পারে. আপনার সম্পদ আপনাকে ব্যর্থ করতে পারে। আপনার হৃদয় ব্যর্থ হতে পারে। আপনার স্মৃতি আপনাকে ব্যর্থ করতে পারে। আপনার বন্ধুরা আপনাকে ব্যর্থ করতে পারে। একমাত্র ঈশ্বর আপনাকে কখনই ব্যর্থ করবেন না।

72. অভ্যন্তরীণ মুকুট যা আপনাকে একজন সত্যিকারের রাজা করে তোলে তা হল আপনার ইতিবাচক চিন্তাভাবনা এবং আবেগ এবং লক্ষ্যগুলির সমষ্টি এবং নেতিবাচক পরিস্থিতি, চিন্তাভাবনা এবং প্রতিক্রিয়াগুলি কাটিয়ে উঠতে আপনার অভ্যন্তরীণ সংকল্প। এটি আপনার মুখে একটি উজ্জ্বলতা এবং অনন্ত আশীর্বাদ আপনার জীবনে একটি প্রবাহ রাখে।

73. আপনার প্রশংসার বই অ্যাকাউন্ট আপনার Facebook অ্যাকাউন্ট থেকে অনেক বেশি গুরুত্বপূর্ণ. একটি খুলতে এবং এটি বজায় রাখার যোগ্য হতে, সর্বদা আপনার আঙ্গুলের ডগায় দশটি জিনিস রাখুন যাতে ঈশ্বরকে ধন্যবাদ ও প্রশংসা করা যায় এবং এটি সম্পর্কে খুশি হন।

74. যখন আপনি একটি জিনিসকে নিজের থেকে সমান বা বেশি মূল্য দেন, তখন তাকে আবেগ বলে।

75. আপনি যখন কাউকে মহান মিথ্যাবাদী বলতে চান, তখন বলুন যে তিনি সত্যের একজন মহান উদ্ভাবক।

76. একজন রাণী বা ক্রীতদাস, রাজপুত্র বা দরিদ্র যাই হোক না কেন, একজনকে চারদিকে হামাগুড়ি দিয়ে আসতে হবে না, কেবলমাত্র ঐশ্বরিক অনুগ্রহ পাওয়ার জন্য হাঁটু গেড়ে বসতে হবে।

77. আপনি বিশ্বাস করেন যে এটি সমস্ত একটি বিগ ব্যাং বা একটি ছোট বিস্ফোরণ দিয়ে শুরু হয়েছিল, আপনি জানতে পেরেছেন যে ইতিহাস একটি সুখী সমাপ্তি সহ একটি গল্প, যা ইতিহাসের টেপেস্ট্রিতে নির্মিত কোটি কোটি গল্পের উপরে রয়েছে। সীমাহীন আনন্দ, শান্তি এবং ভালবাসার এক ওভাররাইডিং গল্প। এটি সেই আশা যা আমাদের আজকের মধ্যে বেঁচে থাকার শক্তি দেয়।

78. অন্যদের প্রতি সহানুভূতিশীল হওয়ার সময়, আমাদের আচরণ করার সময় দৃঢ় এবং নির্মম হতে হবে আমাদের নিজেদের দুর্বলতা নিয়ে।

79. মানুষের সৌন্দর্য যখন দর্শকের চোখে থাকে, তখন প্রকৃতির সৌন্দর্য থাকে দেখার মধ্যে।

80. কে আপনাকে একটি মুখ, একটি মন এবং একটি কণ্ঠ দিয়েছে? যে আপনাকে এটি দিয়েছে তাকে ক্রেডিট আনতে এটি ব্যবহার করুন।

81. আপনি যেই হোন এবং আপনার নাম যাই হোক না কেন, আপনি সর্বদা নিজেকে আমি বলে ডাকেন। এর অর্থ আপনার জীবনে সবচেয়ে গুরুত্বপূর্ণ যা আপনার পরিচয়। কে এবং কি দ্বারা আপনি নিজেকে সংজ্ঞায়িত করেন তা আপনার পরিচয়।

82. আপনি যেই হোন এবং আপনি যাই করুন না কেন, আপনি কি বুঝতে পেরেছিলেন যে আপনি দুইশ মিলিয়নের মধ্যে একজন, যখন আপনি গর্ভধারণ করেছিলেন, আপনি দুইশ মিলিয়নের থেকে জিতে ছিলেন।

83. জ্ঞান পূর্ব বা পশ্চিম থেকে আসে না। এটি উপর থেকে এবং ভিতরে উভয়ের মধ্যে অন্তরঙ্গ সংযোগের মাধ্যমে আসে - উপরে এবং ভিতরে।

84. যে কোন প্রান্ত থেকে বুদ্ধি স্বাগত কিন্তু যারা এটি সবচেয়ে গ্রহণযোগ্য জীবনযাপন করেছেন তাদের কাছ থেকে।

85. কী সম্ভব তা জানার জন্য, সঠিক সিদ্ধান্ত নেওয়ার জন্য এবং ভুলগুলি এড়ানোর জন্য প্রজ্ঞার প্রয়োজন। এটি সম্ভব করার জন্য জ্ঞান প্রয়োজন। যা সম্ভব নয় তা জানার জন্য বোঝা দরকার। মুশকিল এই যে, যাদের বুদ্ধি আছে তাদের জ্ঞান নেই এবং যাদের জ্ঞান আছে তাদের বোধশক্তি নেই।

86. প্রজ্ঞা পছন্দ বা সিদ্ধান্তের সাথে সম্পর্কিত; জ্ঞান কর্ম বা কাজের সাথে সম্পর্কিত এবং বোঝার সম্পর্ক সম্পর্কের সাথে সম্পর্কিত। তাই আমাদের নিকটতম আত্মীয়দের প্রজ্ঞা, জ্ঞান ও উপলব্ধি করা উচিত।

87. বড় কিছু নির্মাণ করতে, অনেক ছোট ইট দিয়ে তৈরি করুন।

88. তোমার হৃদয়ে গান না থাকলে, তোমার ঠোঁটে গানটি সামান্যই কাজে আসে।

89. দুশ্চিন্তা থেকে মনকে শূন্য না করে কিভাবে কল্পনা দিয়ে পূর্ণ করা যায়?

90. নারী মানে পুরুষের জন্য দুর্ভোগ নয় কিন্তু পুরুষের কাছে বিস্ময়।

91. নিছক শক্তি নয়, সমন্বয়ের সাথে কাজ করুন। আমরা যখন বিভিন্ন মানুষের শক্তি জড়িত তার ফলাফল অনেক আলাদা এবং অনেক ভালো।

92. কর্ম-জীবনের ভারসাম্য মানে আমাদের হৃদয়-মস্তিষ্ক, সময়-টাকা, যুক্তি-বিশ্বাস, চিন্তা-আবেগ, সিদ্ধান্ত-ক্রিয়া, কথা-কর্ম, অন্যদের-নিজে, কাজ-অবসর, উপার্জন-দান, বিশ্রাম-এর উপর নির্ভর করতে হবে। ব্যায়াম ছন্দ।

93. যেহেতু আমরা মানুষ নিজেদেরকে কাদা থেকে বা আমাদের নিজস্ব বুটস্ট্র্যাপ দ্বারা টেনে আনতে পারি না, তাই আমাদেরকে জগাখিচুড়ি থেকে বের করার জন্য আমাদের ব্যক্তিগতভাবে এবং সম্মিলিতভাবে মশীহের প্রয়োজন।

94. আপনার সমস্ত লাগেজ নিয়ে আমার কাছে আসতে আপনাকে স্বাগতম কিন্তু দয়া করে আবর্জনা বাইরে ফেলে দিন।

95. তুমি প্রমাণ চাও, সে তোমাকে দেবে না। আপনি প্রভিডেন্স চাইবেন, তিনি আপনাকে দিবেন প্রভিডেন্স যেটা তার প্রমাণ।

96. আপনি শুধুমাত্র চরিত্র এবং কৃতিত্ব দ্বারা রাজপুত্র হন, অবস্থান দ্বারা নয়। প্রিন্স শব্দের অর্থ হল সেই ব্যক্তি যিনি নীতি অনুসরণ করেন, রাজকুমার সম্পর্কে ম্যাকিয়াভেলির লেখা সমস্ত কিছুর বিপরীতে।

97. আপনি এয়ারলাইনদের দোষ দিতে পারেন না যে তারা আপনাকে সতর্ক করেনি - এজন্য তারা এটিকে "টার্মিনাল" বলে।

98. সত্য পথ বিশ্বাস, চিন্তাভাবনা, অনুভূতি, পরিকল্পনা এবং কার্যকর করার মধ্যে নিহিত থাকে - অন্য সবকিছু এক বা অন্য ধরণের প্যাথলজির দিকে পরিচালিত করে।

99. মানুষের সাথে আপস করার চেয়ে ঈশ্বরের প্রতিশ্রুতির উপর নির্ভর করা ভাল।

100. এমনকি একজন সচ্ছল ব্যক্তিও ক্ষুধার্ত বোধ করেন, একজন ধনী ব্যক্তি দরিদ্র এবং নগ্ন বোধ করেন, একজন মুক্ত ব্যক্তি বন্দী বোধ করেন যদি না তিনি শোনেন, খাওয়া এবং প্রতিদিন পুষ্টিকর, সমৃদ্ধ, মুক্তির সত্যের পোশাক না পান।

101. ঈশ্বরের উপস্থিতি মানে সমস্যাগুলির অনুপস্থিতি নয় বরং চ্যালেঞ্জের সাথে, এটিকে মোকাবেলা করার বা পর্যায়ক্রমে দূর করার বিচক্ষণতা।

www.eqthinking.com   www.prateepphilip.com   www.fillipisms.com

WERK MEE
MET DE JONGENS OVER ZEE!
hamol
Remington Rand N.V.
ERVAREN VERKOPER
AANKOMEND VERKOPER
VERKOOPSTER
N.V. A. SCHRODER & Co.
Prima Verkoopster
Kousen-afdeling
CHEMISCH ANALYST(E)
een prima Vertegenwoordiger
ZELFBEWONING
PANDEN te koop
VERKOOPSTER
BUFFETBEDIENDE
Rutex
EEN JONGSTE BEDIENDE
Zuinige huismoeder
Vraag toch
KLOK
POEDER
32 cent

"তোমার কথার কিমা করো না, তোমার কথাগুলো মিন্ট করো।"

শিল্পীর অনুপ্রেরণা:

স্কেচ এবং চারকোল পেইন্টিংটি আজকের মিডিয়া এজেন্সিগুলির সাথে শিল্পীর অভিজ্ঞতা দ্বারা অনুপ্রাণিত হয়েছিল যা জাল খবরের প্রাচুর্যের কারণে একটি প্যারোডি হয়ে উঠেছে।

যোগাযোগ

1. আপনার কথার কিমা করবেন না, আপনার কথাগুলো মিন্ট করুন।

2. একজন ভাল যোগাযোগকারীর "এটি নিন বা ছেড়ে দিন" মনোভাব থাকবে না তবে "এটি নিন এবং এটিকে ভালোবাসুন" এর মত মনোভাব থাকে।

3. একজন ভালো যোগাযোগকারীর অবশ্যই সোনার হৃৎপিণ্ড এবং রৌপ্যের জিহ্বা, ইস্পাতের দাঁত এবং সত্যের ঠোঁট দ্বারা সুরক্ষিত থাকতে হবে।

4. আমরা যদি কোন কিছুর জন্য দ্বিমুখী পরীক্ষা প্রয়োগ করি তাহলে আমরা বলি: "এটা কি....? এটা কি...?" তখন আমরা খুব কম কথা বলে শেষ করব।

5. জীবনে আলো আনতে আপনার শব্দের শক্তি ব্যবহার করুন।

6. জীবনে সাফল্যের জন্য তিনটি জিনিস সবচেয়ে গুরুত্বপূর্ণ: যোগাযোগ, যোগাযোগ এবং যোগাযোগ। আন্তঃ-ব্যক্তিগত, মৌখিক এবং অ-মৌখিক।

7. আমাদের সুরগুলিকে সঙ্গীতের সুরের চেয়ে আরও সূক্ষ্ম সুর করা দরকার কারণ পরবর্তীটি কেবল আমাদের কানকে প্রভাবিত করবে যখন আগেরটি আমাদের ঘর, আমাদের কর্মক্ষেত্র, আমাদের আনন্দ এবং আমাদের গভীর অনুভূতিকে প্রভাবিত করবে।

8. এমনকি একটি সাপও তার লেজ কামড়ানোর জন্য তার মুখ আনে না, তবে এটি প্রতিটি নর-নারীর গল্প যে আমরা আমাদের মুখ দিয়ে আমাদের লেজ কামড়াতে থাকি।

9. যদি আমরা ক্রমাগত প্রাপ্তি ছাড়া প্রেরণে থাকি, আমরা খালি এবং ঠালা হয়ে শেষ হবো।

10. রূপার চামচ নিয়ে জন্ম নেওয়ার চেয়ে সোনার হৃদয় এবং রূপালী হাসি থাকা ভালো।

11. আমাদের প্রতিরক্ষামূলক মুখোশগুলি যেমন আমাদের অজান্তে অন্যের ক্ষতি করা বা অজান্তে ক্ষতিগ্রস্থ হওয়া থেকে রক্ষা করে, তেমনি আমাদের যোগাযোগ এমন হওয়া উচিত যাতে এটি অন্যকে বিরক্ত না করে বা আমাদের বিরক্ত না করে।

12. বুদ্ধিমান হওয়ার চেয়ে নিরলস হওয়া অনেক সহজ।

13. একটি গাভীর গুঞ্জনের ফলে প্রচুর দুধ হয় যখন একজন মানুষের গুঞ্জনের ফলে সামান্য আলোকিত হয়।

14. আমরা যে শব্দগুলি বলি তার সংখ্যা এবং গতি কমানোর জন্য সময়ে সময়ে একটি 'শব্দ দ্রুত' এর শৃঙ্খলা পর্যবেক্ষণ করা ভাল।

15. একটি স্বাস্থ্যকর জিহ্বা একটি ভাঙা হৃদয় নিরাময় করতে পারে।

16. বক্তৃতাকে নিছক শব্দ বলে ঘৃণা করবেন না। এটি প্রকৃতপক্ষে কর্ম - মানুষের মনের উদ্দেশ্য, আবেগ, চিন্তা, জ্ঞান এবং বিশ্বাস দ্বারা পরিচালিত সেই শক্তিশালী পেশী জিহ্বা এবং ভোকাল কর্ডের নড়াচড়া। সঠিক ধরনের শব্দ মানবতার সর্বোচ্চ লক্ষ্য অর্জনের জন্য নিজেকে এবং অন্যদেরকে একাধিক কর্মের মধ্যে নিয়ে যায়। শব্দই কর্ম।

17. এটি ভাইরাল হওয়া অত্যাবশ্যক নয় কারণ এটি সত্যবাদী হওয়া।

18. বক্তৃতা হল আমাদের প্রথম দক্ষতাগুলির মধ্যে একটি, কিন্তু যোগাযোগ হল শেষ দক্ষতাগুলির মধ্যে একটি যা আমরা আয়ত্ত করি।

19. খুব বেশি সমমনা মানুষ নেই কিন্তু যোগাযোগের শক্তির মাধ্যমে আপনি আপনার মনের মতো মানুষকে পেতে পারেন।

20. এই দিন আমাদের গোত্র বৃদ্ধির জন্য লোকেরা আমাদের কামনা করার পরিবর্তে, কেবল ডায়াট্রিবই বাড়িয়ে যাছে।

21. মানসিক ক্ষমতার চেয়ে তার হৃদয়ই একজন মহান পরামর্শদাতাকে আলাদা করে।

22. ভুলের আতঙ্কে থাকবেন না। ভুল করতে থাকুন এবং বাউন্স করতে থাকুন।

কোনো একদিন, কোনো কোনো সময় বাড়ি ফিরবে।

23. অনুপাতে বৃষ্টি ঠিক আছে কিন্তু অতিরিক্ত ভাল নয়, এটি বন্যা সৃষ্টি করে। একইভাবে, যথাযথ অনুপাতে সবকিছু ঠিক আছে, একটি আশীর্বাদ কিন্তু অতিরিক্ত অভিশাপে পরিণত হয়, তা সম্পদ, সৌন্দর্য, আনন্দ বা ক্ষমতা হোক না কেন।

24. যন্ত্রণাদায়ক কেউ অভিযোগ করে না যে জীবন বিরক্তিকর।

25. ব্যস্ত থাকার পরিকল্পনা করুন কিন্তু এত ব্যস্ত হবেন না যে আপনি পরিকল্পনা করতে পারবেন না।

26. প্রেম যদি কষ্ট না দেয় এবং সহ্য না করে, তবে তা ভালোবাসা নয়।

27. একজন কার্যকরী নেতাকে উল্টো নারকেলের মতো হতে হবে, বাইরে থেকে নরম ও কোমল কিন্তু ভেতরে শক্ত ও দৃঢ়।

28. ঠিক যখন মানুষ স্বাভাবিক জীবনে স্থির হয়, অস্বাভাবিক, অপ্রত্যাশিত, আশ্চর্যজনক এবং চমকপ্রদ ঘটনা ঘটে প্যাটার্নটি ভেঙ্গে দেয়, যা একজনকে এর অর্থ চিন্তা করতে, ছড়া এবং যুক্তি সম্পর্কে বিস্মিত করে।

29. মানবজাতি মাল্টি-টাস্কিং থেকে মাল্টি-লিসেনিং-এ চলে গেছে যার ফলে একটিও কণ্ঠ সম্পূর্ণ বা সম্পূর্ণ স্বচ্ছতার সাথে শোনা যাচ্ছে না।

30. মানুষের কানের আকৃতি কমা দিয়ে একটি প্রশ্ন চিহ্নের মতো। এটিতে অনেক বক্ররেখা এবং পাক দেওয়া আছে, এটি একটি ফানেলে শেষ হয়। এটি বোঝায় যে আমরা যা শুনি তা আমাদের মনোযোগ সহকারে শুনতে হবে, এটি সংগ্রহ করতে হবে, একত্রিত করতে হবে এক পর্যায়ে, এটিকে প্রশ্ন করুন, ভাবতে বিরতি দিন, আবার উচ্চারণ করার আগে এটির উপর ঘুমান।

31. আপনার কান হল আপনার মনের নীরব মুখ: আপনি যা শুনছেন তা মনে রাখবেন।

32. লালসা মরিচা অনুরূপ এর ক্ষয়িষ্ণু প্রভাবে কিন্তু মরিচা থেকে ভিন্ন যা প্রথমে বাইরের পৃষ্ঠকে দুর্বল করে, এটি মানুষের অভ্যন্তরীণ মূলকে কলুষিত করে।

33. পারস্পরিক বাহ প্রভাব বন্ধ হয়ে যাওয়ার পরেও সম্পর্ক রক্ষা করার জন্য ঈশ্বরের সামনে একটি বৈবাহিক ব্রত প্রয়োজন।

34. আমরা যে কথা বলেছি তা দিয়ে যোগাযোগ শেষ হয় না বরং কর্ম ও কাজে তার ফল হয়।

35. বিয়ে শুধুমাত্র ঠোঁট এবং নিতম্বের মিলন নয় বরং দুটি আত্মার মিলন।

36. স্বামী / স্ত্রীদের মনে রাখা ভাল যে সঙ্গীর ক্রমাগত অনুপস্থিতি বা বিরতিহীন উপস্থিতি হৃদয়কে অন্য কারও প্রতি অনুরাগী করে তুলতে পারে।

37. মানুষ বীজের প্রাচুর্য খুঁজছে, কিন্তু ঈশ্বর প্রাচুর্যের বীজ খুঁজছেন।

38. মানুষ পরিকল্পনা করে কিন্তু ঈশ্বর রোপণ করেন।

39. মানুষ পৃথিবীতে সব ধরনের জিনিস খোঁজে, কিন্তু ঈশ্বর স্বর্গের একটি অংশ করার জন্য শুধুমাত্র মানুষের হৃদয় অনুসন্ধান করেন।

40. মানুষ একা সাফল্য চায় এবং ব্যর্থতার সাথে কিছুই করতে চায় না। তিনি একাই আনন্দ চান এবং ব্যথার সাথে কিছুই করতে চান না। কিন্তু ঈশ্বর সাফল্য এবং ব্যর্থতা, ব্যথা এবং আনন্দ ব্যবহার করে মানুষকে রূপদান করেন।

41. মানুষ, আপনি যদি সত্যিই সম্পূর্ণ এবং ভালভাবে বাঁচতে চান তবে আপনার ঐশ্বরিক মান্না দরকার।

42. মানবজাতির একটি হবসনের পছন্দ আছে - ঈশ্বরকে বিশ্বাস করা বা মরিচা ধরা।

43. মানবজাতি প্রমাণ করেছে যে আমাদের সাথে করা অন্যায়ের জন্য আমাদের ঈশ্বরের চেয়ে ভাল স্মৃতি রয়েছে।

44. মানবজাতি সর্বদা একটি সংশয়ের মুখোমুখি হয় - ঈশ্বরে লুকিয়ে থাকা বা জীবনের হিংস্রতার মুখোমুখি হওয়া।

45. আপনি যখন একজন সেলিব্রিটি হয়ে উঠবেন তখন আপনি যখন এখনও অজানা থাকবেন তখন আপনি বিশ্বের এবং নিজের সম্পর্কে যা পারেন তা শিখুন, আপনি উভয়ই অগম্য এবং অশিক্ষিত।

46. অনেকেই না হলেও এই প্রজন্মের অধিকাংশ মানুষ মনে করেন এটা ফ্যাশনেবল নয় ঈশ্বর সম্পর্কে কথা বলুন কিন্তু তাদের যা উপলব্ধি করা উচিত তা হল যে সমস্ত ফ্যাশন পুরানো হয়ে গেলেও তিনি এখনও ফ্যাশনেবল, প্রাসঙ্গিক এবং আপ টু ডেট থাকেন।

47. অনেক লোক ঈশ্বরকে আলফা এবং ওমেগা হিসাবে স্বীকার করে, যখন তারা শুরু এবং শেষের মধ্যে মাঝখানে ঘটে যাওয়া সমস্ত কিছুর মালিক থাকে।

48. অনেক লোক মিডাস স্পর্শের সন্ধান করছে যখন মানুষ হিসাবে আমাদের যা দরকার তা হল যীশুর স্পর্শ।

49. অনেক লোক ঈশ্বরের স্পর্শে সন্তুষ্ট হয় যখন তিনি তাদের আলিঙ্গন করতে চান।

www.eqthinking.com   www.prateepphilip.com   www.fillipisms.com

50. অনেকে ভাগ্য সম্পর্কে তাদের বিশ্বাসকে বিশ্বাস বলে অভিহিত করে কিন্তু বিশ্বাস হল ভাগ্য-পরিবর্তনকারী, ভাগ্য-নির্ধারক, ভাগ্য-সংজ্ঞায়িতকারী

51. অনেক লোক সাধারণত মনে করে যে আধ্যাত্মিক হওয়ার অর্থ অব্যবহারিক, দুর্বল, অন্য-জাগতিক হওয়া কিন্তু সত্যে, এর অর্থ হল সামগ্রিক, শক্তিশালী, যোগ্য, জ্ঞানী, ব্যবহারিক এবং কার্যকর হওয়া। যদি এটি আপনাকে তা না করে তবে আপনি আপনার আধ্যাত্মিক তাকে ভালভাবে ফেলে দিতে পারেন।

52. অনেক লোক বলে যে ঈশ্বর তাদের আলফা এবং ওমেগা বা A এবং Z উভয়ই কিন্তু তারা তিক্ত, ধূর্ত, গোঁড়ামি, অহংকারী ইত্যাদি হয়ে A এবং Z এর মধ্যে যা খুশি তা করে। আমাদের ঈশ্বরকে আলফা থেকে ওমেগা হতে দিতে হবে, শুরু থেকে শেষ পর্যন্ত এবং তার পরেও এবং কেবল আমাদের জীবনের শুরু এবং সমাপ্তি নয়।

53. অনেকে মনে করে যে ঈশ্বর মাটি এবং তারাই কুমার।

54. মার্টিন লুথার কে জুনিয়র একটি স্বপ্ন দেখেছিলেন, কিন্তু আমি বুঝতে পারি না কেন বেশিরভাগ লোকেরই কেবল দুঃস্বপ্ন থাকে।

55. পুরুষরা “আমার লক্ষ্য, আমার সোনা, আমার প্রেমিকা, আমার ইত্যাদি" দিয়ে জীবন শুরু করে। এবং "ও মাই গড" দিয়ে শেষ করে!

56. মূসা একজন আবেগপ্রবণ নেতা ছিলেন যখন তিনি তার লোকদের নেতৃত্ব দেন, একজন মহান সেনাপতি যখন তিনি সেনাবাহিনীর নেতৃত্ব দেন, একজন ন্যায়বিচারক যখন তিনি সমস্যা ও বিরোধ নিষ্পত্তি করেন, একজন ছাত্র যখন তিনি জেথ্রোর বিজ্ঞ পরামর্শ শুনেন, একজন নম্র ভাঙ্গা মানুষ যখন তিনি ভেড়া চরাতেন, একজন রাজকীয় যাজক যখন তিনি ঈশ্বরের সাথে মিলিত হন, সর্বদা মহান দৃষ্টিশক্তি, শক্তি এবং প্রজ্ঞার একজন মানুষ। এই কঠিন সময়েও আমাদের চ্যালেঞ্জ হল বহুমুখী নেতা হওয়া।

57. ইতিহাসের মাধ্যমে যা শেখা বলা হয় তার বেশিরভাগই শেখা নয় বরং কন্ডিশনিং। পার্থক্য হল যে শেখা আমাদের মুক্ত করে যখন কন্ডিশনিং আমাদের বন্দী করে, আমাদের আত্মা এবং মনকে বেঁধে রাখে।

58. বেশীরভাগ লোকই জানে না একবার অপব্যয়ী পুত্রের কি হয়েছিল তিনি তার পিতার আলিঙ্গন এবং বাড়িতে ফিরে আসেন. উচ্ছৃঙ্খল পুত্রটি পরবর্তীতে বিস্ময়কর পুত্র হয়ে ওঠে। সে তার শূকর মানসিকতা ছেড়ে দিয়েছে। লোভ এবং নিরাপত্তাহীনতা যা সমস্ত

মানবজাতি এবং সমস্ত জাতিকে প্রভাবিত করে তা একটি শূকর মানসিকতা। আমাদের এই জ্ঞান এবং আশ্বাসে নিরাপদ থাকতে হবে যে পিতার ভালবাসা বর্তমান সময়ে আমাদের সমস্ত প্রয়োজন মেটাবে এবং ভবিষ্যত এবং চিরন্তন যেমন তিনি অতীতে প্রদান করেছেন।

59. অধিকাংশ মানুষ ঈশ্বরকে বলে যে তিনি তাদের জীবনের ভিত্তিপ্রস্তর এবং

তারপর তাকে তাদের জীবনের এক কোণে লুকিয়ে রাখুন। অবশেষে, যখন আমরা সমস্যায় আবদ্ধ হই, তখন আমরা তাকে আমাদের জীবনের কেন্দ্রে ফিরিয়ে আনি।

60. বেশীরভাগ সময় যখন আপনি কারো উপকার করেন, অনুগ্রহ করে কিছু সময়ে সরল কৃতজ্ঞতার পরিবর্তে ক্ষমা প্রার্থনা করুন, তাকে বাধ্য করার জন্য তিনি আপনার বিরুদ্ধে ক্ষোভ পোষণ করবেন।

61. বিশ্বের বেশিরভাগই মনে রাখে যে তিনি একটি মেষশাবক হিসাবে ক্রুশে গিয়েছিলেন কিন্তু আমাদের অধিকাংশই মনে রাখে না যে তিনি সিংহ হিসাবে আবার জীবিত হয়েছিলেন।

62. আপনার বিশ্বাস এবং সাহস জোগাড় করুন এবং মাধ্যাকর্ষণ শক্তিকে প্রতিহত করুন যা আপনাকে ভয়, হতাশা এবং উদ্বেগের ঘূর্ণিতে নামিয়ে দেয়।

63. যীশু স্তূপের নীচে গেলেন এবং আমাদেরকে সেখানে ধরে রাখলেন।

64. আমার চিন্তাভাবনা যখন আমি বাগানে একটি প্রজাপতির কথা ভাবছিলাম: ঈশ্বর আমাদের ডানা নাও দিতে পারেন কিন্তু তিনি আমাদের এর চেয়ে অনেক বেশি দিয়েছেন।

65. প্রায় প্রতিটি লেনদেনই রূপান্তরমূলক ব্যতীত ট্রানজিশনাল।

66. আপনার শত্রুদের দ্বারা অভিভূত বা বিরক্ত হবেন না শত্রুদের যদি আপনার কিছু থাকে তবে তারা আপনার পাদদেশ। তারা আপনার পায়ের মই যদি আপনার অনেক থাকে, যদি কিছু পেতে যান যদি আপনার কাছে কম বা অনেকের জন্য কিছুই না থাকে, তারা আপনাকে আপনার মানুষের ভাগ্যের অবস্থান এবং সম্ভাবনায় আরোহণ করতে সহায়তা করে। তাদের আশীর্বাদ করুন কারণ তারা আপনার পা বিশ্রামের ভিত্তি। তারা পড়ে গেলে আপনার পা পিছলে যাবে

67. কখনই ঈশ্বরের নীরবতাকে তাঁর অস্তিত্বহীনতা, অজ্ঞতা বা উদাসীনতার প্রমাণ বলে মনে করবেন না।

68. আপনি যাকে সাহায্য করেছেন তার কাছ থেকে কখনই সাহায্য আশা করবেন না। তিনি না আসলে ঈশ্বর অন্য কাউকে পাঠাবেন। সাহায্য করতে থাকুন।

69. প্রয়োজন জানুন, কাজ করুন, বীজ বপন করুন, আগাছা কাটুন।

70. কখনও ঈশ্বরকে আপনার হৃদয় এবং ঘর থেকে বের করবেন না - এটি পবিত্র ভূমি যা তাঁর।

71. ঈশ্বরের উপর কখনও হাল ছাড়বেন না কারণ তিনি কখনও আমাদের উপর ছেড়ে দেন না।

72. কষ্টের জন্য কখনই প্রার্থনা করবেন না বরং আনন্দের সাথে স্বাগত জানাবেন, এটি আসে কারণ এটি দেখায় যে প্রভু আমাদের এত কঠিন পরীক্ষার যোগ্য বলে মনে করেছেন, এই মুহূর্তে তিনি আমাদের সবচেয়ে কাছে থাকবেন, আমাদের সহ্য করার জন্য প্রয়োজনীয় শক্তি আছে, জয় আমাদের এবং অন্যদের আরও শক্তিশালী করবে।

73. কোন মানুষই ব্যবধান মেটাতে পারে না: সে যা জানে এবং যা সে জানে না তার মধ্যে ব্যবধান, সে কী এবং কীসের মধ্যে ব্যবধান তার হওয়া উচিত, তার লক্ষ্য এবং স্বপ্ন এবং তাদের পূরণের মধ্যে ব্যবধান, তার চিন্তা, কথা এবং কাজের মধ্যে ব্যবধান, তার চাহিদা এবং তার ক্ষমতার মধ্যে ব্যবধান, মৃত্যু এবং অনন্ত জীবনের মধ্যে ব্যবধান, উদ্দেশ্য এবং কর্মক্ষমতার মধ্যে ব্যবধান, মধ্যে ফাঁক বাস্তবতা এবং আদর্শ, শক্তি এবং প্রতারণার মধ্যে ব্যবধান,

আমাদের প্রতিপক্ষ এবং আমাদের আত্মার প্রধান শত্রু এবং আমাদের নিজেদের, ঈশ্বরের ভালবাসা এবং মানুষের ভালবাসার মধ্যে ব্যবধান, ঈশ্বরের চরিত্র এবং মানুষের মধ্যে ব্যবধান। ঈশ্বরের কৃপাই এই শূন্যতা পূরণ করতে পারে।

74. কোন নেতা, না কিংবদন্তি, বা কোন মানুষই যীশু যা বলেছেন এবং যা করেছেন তার উপর উন্নতি করতে পারেনি।

75. কোনো বিনামূল্যের মধ্যাহ্নভোজ নয় কিন্তু প্রচুর পরিমাণে বিনামূল্যের ধারণা।

76. কেউ একটি সজারুর চামড়ার জন্য তাকে শিকার করেনা. যদি কেউ আপনাকে আক্রমণ করে তবে এটি শুধুমাত্র দেখায় যে আপনার সম্পর্কে বিশেষ কিছু আছে যা তারা চায়।

77. কিছুই ক্ষমাযোগ্য নয় কিন্তু সবকিছুই ক্ষমাযোগ্য।

78. এক মিলিয়ন বিদ্রোহ সত্ত্বেও, আধুনিক ভারতের ধারণা এবং বাস্তবতা বারবার প্রমাণ করেছে যে এটি এক বিলিয়ন ভাগ্যের সাথে হস্তক্ষেপ করবে না।

79. আজকাল, আমরা শব্দের মধ্যে একমাত্র দয়া খুঁজে পাই - মানবজাতি।

80. প্রায়শই একজনকে একটি শব্দের সম্পূর্ণ অর্থ আবিষ্কার করার জন্য তার অনেকগুলি বিপরীত শব্দ অন্বেষণ করতে হয়।

81. প্রায়শই আমাদের নীরবতা আমাদের সহপুরুষদের অপকর্মের আরও বধির রায়।

82. প্রায়শই, আমাদের ধূসর কোষের সংখ্যা কম হওয়ার সাথে সাথে আমাদের জ্ঞান বৃদ্ধি পায়।

83. সর্বজ্ঞতা সর্বদা বিজ্ঞানকে ছাড়িয়ে যায়।

84. মানসিক সমতলে, আনন্দ আমাদের পেশীর সমতুল্য। আমরা যেমন প্রতিদিন আমাদের পেশীগুলিকে পরিশ্রম করি, তেমনি আমাদের আনন্দেরও কাজ করতে হবে। আনন্দময় স্মৃতি, চিন্তাভাবনা এবং আশাগুলি পেশীগুলিকে ধরে রাখে।

85. একজন যোগ্য হবার প্রতিদ্বন্দ্বিতা করে না। বরং, যেহেতু সে একজন যোগ্য, তাই প্রতিদ্বন্দ্বিতা করে।

86. একটি এক্সপোজিশন করার জন্য একজনের অবস্থানের প্রয়োজন নেই, তবে অবস্থানটি এটিকে হাইলাইট করতে সাহায্য করবে এমনকি একটি লম্বা পেডেস্টাল বাতিটিকে একটি বৃহত্তর এলাকা এবং দূরত্বে উন্মুক্ত করে। দুর্ভাগ্যবশত, যারা আজ একটি অবস্থানে আছেন তাদের অধিকাংশেরই কোনো প্রকাশ নেই।

87. একজনকে তার অজ্ঞতার পরিধি বোঝার জন্য জ্ঞানী হতে হবে কারণ অজ্ঞতার অহংকার থেকে বড় অহংকার আর কিছু নেই।

৪৪. একজনের একটি কারণের জন্য মারা যাওয়ার অধিকার থাকতে পারে, কিন্তু কারোর একটি কারণে অন্যকে হত্যা করার অধিকার নেই, তা যোগ্য, ন্যায়সঙ্গত বা বৈধ। এই এক চিন্তা হলেও প্রতিটি উপায়ে প্রতিটি মনে প্রচারিত,

তবেই আমরা সন্ত্রাস, চরমপন্থা ও জঙ্গিবাদ নামক বর্বরতার অবসান দেখতে পাব।

89. যুগ যুগ ধরে নারী-পুরুষের দ্বন্দ্ব, অপরাধ এবং কুসংস্কারের একটি মনস্তাত্ত্বিক শিকড় হল যে আমরা একে অপরকে বিপরীত লিঙ্গ হিসাবে ডাকি এবং বিবেচনা করি যখন একে অপরকে সম্পূরক লিঙ্গ বলি তখনি এর ডাকার অর্থ হবে।

90. যিনি একজন মহান পাবলিক স্পিকার হতে পারেন, তিনি খুব কমই ব্যক্তিগতভাবে কথা বলেন। একজন মুষ্টিযোদ্ধার মতো যে তার আঘাতকে নষ্ট করে না, সে তার কথা সংরক্ষণ করতে বেছে নেয়।

91. শুধুমাত্র একটি খুব অসুস্থ মন একটি মানুষ কাটার জন্য একটি কাস্তে বা একটি মানুষের পুত্র হত্যা একটি বন্দুক ব্যবহার করবে.

92. শুধুমাত্র একটি অবিশ্বাস্য কিংবদন্তি একটি দীর্ঘস্থায়ী এবং বিশ্বাসযোগ্য উত্তরাধিকার রেখে যেতে পারে।

93. শুধু কি সহজ মত বিভ্রান্তিকর.

94. শুধুমাত্র যাদের মানব ইতিহাস সম্পর্কে কোন ধারণা নেই তারাই একক ব্যক্তির উত্থান বা পতনের জন্য উচ্ছ্বাস বা হিস্টিরিয়ায় যায়।

95. হাসি শুধুমাত্র সেরা ওষুধ নয় আমাদের এটিকে আমাদের প্রতিদিনের খাদ্য তৈরি করতে হবে, দিনে অন্তত তিনবার মনপ্রাণ দিয়ে হাসুন।

96. শুধুমাত্র অস্বাভাবিক কিংবদন্তিরা সাধারণের কাছে উত্তরাধিকার রেখে যায়।

97. কোন মানুষ নিখুঁত নয় কারণ তখন তার ঈশ্বরের প্রয়োজন হবে না এবং তখন তিনি নিজের কাছে ঈশ্বর হতে পারেন। আমাদের ব্যক্তিগত এবং সমষ্টিগত অপূর্ণতা নিখুঁত, অদম্য এবং অপরিবর্তনীয় একের জন্য আমাদের প্রয়োজনীয়তাকে আন্ডারলাইন করে।

98. যে নেতারা তাদের অনুসারীদের শোষণ করে তারা নেতৃত্ব নয় বরং 'লিডারশপ' অনুশীলন করে।

99. ঈশ্বর একটি পুণ্যময় পৃথিবী চান কিন্তু আমরা এটিকে শুধুমাত্র ভার্চুয়াল বানিয়েছি।

100. কারও মন্তব্যকে আপত্তিকর বা অকথ্য নয় তা খুঁজে বের করার চাবিকাঠি হল এটিকে বিদ্বেষের পরিবর্তে অজ্ঞতার জন্য দায়ী করা।

101. আমরা যা মনোযোগ দিই তা আমাদের হয় দুঃখজনক বা আনন্দময় করে তোলে।

"সৃজনশীলতা এমন একটি গুণ যা আমরা স্রষ্টার সাথে ভাগ করি কারণ এটি একজন ব্যক্তিকে শূন্য থেকে কিছু তৈরি করতে সক্ষম করে।"

শিল্পীর অনুপ্রেরণা:

পেইন্টিংটি ছয়টি প্যানেলে করা হয়েছিল এবং তারপরে মহাবিশ্বের স্রষ্টার সাথে সৃজনশীলতার মিলনের ফিলিপিজম বের করার জন্য বিনিময় করা হয়েছিল।

সৃজনশীলতা

1. সৃজনশীলতা এমন একটি গুণ যা আমরা সৃষ্টিকর্তার সাথে ভাগ করি কারণ এটি একজন ব্যক্তিকে শূন্য থেকে কিছু তৈরি করতে সক্ষম করে।

2. এমনকি বিজয়ীরা হেরে গেলেও তারা নিশ্চিত করে যে তারা বড়দের থেকে জিতবে।

3. যুদ্ধের সময়, এটি আপনার শক্তি, বীরত্ব, অস্ত্র বা পরাক্রম নয় যা রক্ষা করবে তা হল আপনি কার পক্ষে যুদ্ধ করছেন।

4. শেষ পর্যন্ত শান্ত লাঙলও দ্রুত রেসারের উপর জয়ী হবে।

5. আমাদের লক্ষ্য জয়ের জন্য দৌড়ানো নয় বরং দাঁড়িয়ে থাকা এবং জয় করা।

6. আমাদের ত্যাগের কৌশলগুলি আমাদের বিজয়ী কৌশলগুলির মতোই গুরুত্বপূর্ণ।

7. বিজয়ী হওয়ার পরবর্তী সেরা জিনিসটি হল বিজয়ী পক্ষের সাথে যোগদান করা।

8. জিনিসগুলি আমাদের ভারাক্রান্ত করবে যখন ডানাগুলি আমাদের উপরে উঠবে।

9. মুখ এবং হাতের সাথে হৃদয় এবং মন যদি সামঞ্জস্যপূর্ণ না হয় তবে শব্দগুলি পিচ্ছিল, শূন্য এবং এমনকি দুষ্ট হয়ে যাবে। যদি তা না হয়, শব্দগুলি হল জীবনদানকারী এবং জীবন-বর্ধক শক্তি যা পৃথিবীতে অন্য কিছুই নয় বা পরিচিত মহাবিশ্বের যে কোনও কিছুর জন্য।

10. আপনার কথায় মনোযোগ দিন, কারণ এটি কারও জীবনের বীজ হতে পারে।

11. আপনার উল্লম্ব ঈশ্বরের সাথে সম্পর্ক মানুষের সাথে আপনার অনুভূমিক সম্পর্কের গুণমান নির্ধারণ করবে।

12. হতাশা প্রতিরোধ বা কাটিয়ে উঠতে সর্বদা ঈশ্বরের সাথে জুটি বাঁধুন।

13. যতক্ষণ না আপনার আশীর্বাদগুলি আপনার চ্যালেঞ্জ এবং সমস্যাগুলিকে সমস্ত সংখ্যায় ছাড়িয়ে যায় ততক্ষণ আপনার কাছে খুশি এবং কৃতজ্ঞ না হওয়ার কোনও অজুহাত নেই।

14. জীবনের অভিজ্ঞতার প্রান্ত যা আমাদেরকে ঈশ্বর এবং তিনি আমাদের জন্য কী করতে পারেন সে সম্পর্কে আমাদের জ্ঞান দেয়।

15. আগুন দুই ধরনের, একটি সৃজনশীল, অন্যটি ধ্বংসাত্মক, যা মানুষের হৃদয় ও মনে জ্বলে - একটি যা ভালোর জন্য জ্বলে এবং অন্যটি মন্দের সাথে জ্বলে।

16. এমনকি "ফুয়েল" শব্দের মধ্যেও ঈশ্বর আছে,হিব্রুতে "এল" অর্থ ঈশ্বর।

বিশ্বাস হল প্রদীপের তেল যা তিনি প্রদান করেন।

17. প্রত্যেকে এমন একজনকে খুঁজছে যে তাকে শক্তি দিয়ে কানায় কানায় পূর্ণ করতে পারে কিন্তু শুধুমাত্র ঈশ্বরই পারেন এবং চান।

18. বিবর্তনবাদীরা বিশ্বাস করেন যে সবকিছুই একটি দুর্ঘটনা যখন সৃষ্টিবাদীরা বিশ্বাস করে যে সবকিছুই নকশা দ্বারা - যা একটি ভাল এবং আরও যুক্তিসঙ্গত বিশ্বাস স্পষ্ট।

19. বিশ্বাস হল আমাদের নিরাপত্তা জাল যখন আমরা জীবনে একটি অবাধ পতনের জন্য যাই।

20. ঈশ্বর আপনার এক শতাংশ বিশ্বাসকে শতভাগ বাস্তবে পরিণত করতে পারেন।

21. ঈশ্বর আমাদের প্রতিদিনের রুটি দিয়েছেন কিন্তু আমরা কি তা খাচ্ছি?

22. পর্দার আড়ালে দাঁড়িয়ে থাকা জীবনের অর্কেস্ট্রা এবং সিম্ফনির একমাত্র কন্ডাক্টর হলেন ঈশ্বর।

23. ঈশ্বর ভাল জানেন ফোর্ট নক্সের সমস্ত সোনা কি কঠিন নক কিনতে পারে না - চরিত্র!

24. আমাদের জন্য ঈশ্বরের সেরা উপহার প্রায়ই হয় অদৃশ্য, অদৃশ্য এবং আধ্যাত্মিক।

25. আশা হল সেই দড়ি যা প্রভু আমাদের নিক্ষেপ করেন যখন আমরা জীবনের পাহাড়ের প্রান্তে আমাদের পা হারিয়ে ফেলি।

26. একজন মানুষ অর্থনীতিবিদ হলে, তিনি অভাবের বিশেষজ্ঞ।

27. আপনি সত্য নিয়ে পরীক্ষা করতে পারবেন না (এটি খুব বড়) । আপনি শুধুমাত্র সত্য অনুভব করতে পারেন

28. আপনি আইসক্রিম বা জেলির বেসিনে একটি বীজ রোপণ করতে পারবেন না এবং কিন্তু আশা করি একটি ভাল গাছ পাবেন। একটি শক্ত উদ্ভিদ পেতে আপনাকে শক্ত মাটিতে রোপণ করতে হবে। আপনি যদি আপনার আত্মার কিছু করার আশা করেন তবে আপনার হাত মাটি করতে হবে।

29. শুনুন বন্ধু, আপনার প্রাথমিক ডাক্তার, মনোবিজ্ঞানী, পরামর্শদাতা, পুলিশ, শিক্ষক, প্রশিক্ষক, নেতা, ব্যবস্থাপক হওয়ার ক্ষমতা এবং সংস্থান রয়েছে। তাই এই ভূমিকা ত্যাগ করবেন না।

30. আপনার অনুমান হল আপনার ভিত্তিপ্রস্তর, আপনার জীবনের পুরো ভবনের ভিত্তি। আপনি যদি ধরে নেন যে সম্পদ বা খ্যাতি বা গ্ল্যামার বা ক্ষমতা আপনাকে নিরাপত্তা দেবে, সেটাই আপনার অনুমান, আপনার ভিত্তি। যদি বিশ্বাস আপনার অনুমান হয়, আপনার কাছে একটি নিরাপদ ভিত্তি আছে অন্য সব নড়বড়ে।

31. আপনার মুখ এমন ভাষায় কথা বলে যা আপনার জিভ পারে না। মুখের ভাষা শিখুন।

32. আপনার ফলাফল আপনার আয় নির্ধারণ করে।

33. আপনার আত্মা হল আপনার মধ্যে স্থান বা স্থান যেখানে আপনার চূড়ান্ত আনুগত্য, আপনার সর্বোচ্চ, শক্তিশালী এবং গভীরতম আনুগত্য রয়েছে।

34. আপনার বিজয়ী সফ্টওয়্যার হল আপনার জীবনের কিছু জিনিস যা আপনাকে জিততে সাহায্য করে।

35. জাতি হওয়া এবং জাতি হওয়া দুটি ভিন্ন জিনিস।

36. ঈশ্বরের আত্মা আমাদের অনুসন্ধান করেন যে আমরা তার QR কোড বহন করি কিনা: QL-SSS - শুনতে দ্রুত, কথা বলতে ধীর, রাগ করার জন্য ধীর।

37. সূর্য আমাদের আমন্ত্রণ ছাড়াই আলো দেয় কিন্তু ঈশ্বর কেবল আমন্ত্রণ এবং ব্যস্ততার সাথে আমাদের উপর আলো দেন।

38. বিজয়ের যে উপত্যকাটি আমাদের সকলের অতিক্রম করা উচিত তা মানুষের দুঃখ ও দুঃখের পাহাড় এবং বিশ্বস্ত প্রার্থনার পাহাড়ের মধ্যে অবস্থিত।

39. আমরা নিজেদেরকে যতটা ভালবাসি তত এবং অন্যকে যতটা নিজেদেরকে ভালবাসি তার চেয়ে বেশি ঈশ্বরকে ভালবাসতে হবে।

40. জীবন আমাদের একটি অলৌকিক অফার বা একটি ম্যানাকল কিনা দেয়, সম্পূর্ণরূপে আমাদের দৃষ্টিভঙ্গির উপর নির্ভর করে।

41. ঈশ্বর ছাড়া, আমাদের শক্তি দুর্বল হতে পারে. কিন্তু তাঁর সাথে, আমাদের দুর্বলতাগুলি একটি শক্তিতে পরিণত হতে পারে।

42. একজন মানুষের নিজের প্রতি, ঈশ্বরের কাছে এবং অন্যদের কাছে একটি বাধ্যবাধকতা রয়েছে যে সে সীমিত নির্গমনকে যে সীমিত সংস্করণে পরিণত করতে পারে।

43. আমরা প্রতিদিন যে শত শত প্রকারের খাদ্য গ্রহণ করি তার মধ্যে আধ্যাত্মিক খাদ্যই একমাত্র যার শতভাগ শোষণ এবং শূন্য নিষ্কাশনের প্রয়োজন হয়।

44. প্রতিটি মুহুর্তে, প্রতিটি মানুষ একটি জীবন বাঁচতে বা মিথ্যা জীবনযাপন করার পছন্দের মুখোমুখি হয়।

45. চেষ্টা করা পরিপূর্ণতা হল সমস্ত শ্রেষ্ঠত্বের রহস্য।

46. বাধা, প্রদর্শনী, প্রতিশোধ এড়িয়ে চলুন তবে অন্তর্দৃষ্টি এবং অবদানের জন্য যান।

47. কগনিশন (চিন্তাভাবনা এবং মৃত্যুদন্ড) প্লাস রি-কগনিশন (পুনরায় পরিদর্শন চিন্তা এবং নির্বাহ) প্লাস মেটাকগনিশন (বিশ্বাস এবং প্রার্থনা) স্বীকৃতির দিকে নিয়ে যায় (সাফল্য, সাফল্য, উপলব্ধি)।

48. কাউকে আপনার শান্তি এবং আনন্দকে চুরি, ডাকাতি, হত্যা করতে দেবেন না। আপনাকেই আপনার জীবন বা আপনার ধন রক্ষা করতে হবে যতটা উদ্যোগ সঙ্গে এটি রক্ষা করুন।

49. চিন্তা করে একটি মুহূর্ত নষ্ট করবেন না কারণ এটি একটি একক ধূসর চুলকে কালো বা বাদামী বা স্বর্ণকেশী করে দিতে পারে না, পরিবর্তে চুলের রং ব্যবহার করুন।

50. প্রতিটি অকাল মৃত্যু জীবিতদের জন্য একটি অনুস্মারক যা তাদের জীবনকে তাদের ভালভাবে ব্যবহার করার জন্য।

51. ঈশ্বর আমাদেরকে আমাদের পথে সেট না হয়ে তাঁর পথে আলাদা হতে আহ্বান করেন।

52. আমরা কীভাবে এটিকে প্রশিক্ষণ দিই তার উপর নির্ভর করে মস্তিষ্ক হয় একটি ট্রেন বা ড্রেন হতে পারে।

53. যারা তাঁর উপর ভরসা করে তাদের সাথে ঈশ্বর তাঁর বিশ্বাস রাখেন।

54. আপনি যদি নিজেকে বিশ্বাস করেন তবে কিছু জিনিস সম্ভব, যদি আপনি বিশ্বাস করেন, ঈশ্বর আছেন তবে সবকিছুই সম্ভব এবং কিছুই অসম্ভব নয়।

55. আপনি যদি আপনার জীবনে দুর্দান্ত কিছু অনুভব করেন তবে আপনার জীবনে সেই দুর্দান্ততা প্রতিফলিত করার দায়িত্বও আপনার রয়েছে।

56. এটি একটি বিড়ম্বনা যে আমাদের সবচেয়ে বড় ব্যর্থতা - সর্বজনীন ব্যর্থতা আমাদের শ্রেষ্ঠত্বের নিখুঁত ফলাফল।

57. জীবন একটি রিলে রেসের মতো: আপনি যা কিছু পেয়েছেন তা দয়া, প্রজ্ঞা বা সাহায্য হোক না কেন, তা দিয়ে যান।

58. অনেক লোক যারা নিজেদেরকে যথেষ্ট জ্ঞানী বলে বিশ্বাস করে তাদের বিশুদ্ধ জ্ঞানের প্রতি অত্যন্ত অ্যালার্জির কারণ এটি তাদের দুর্বল পছন্দের কথা মনে করিয়ে দেয়।

59. বেশিরভাগ সময় যখন এটি "স্বয়ংক্রিয় সংশোধন" বলে এর অর্থ "স্বয়ংক্রিয় ভুল" কারণ জিনিসগুলি ঠিক করার জন্য চিন্তা, সময় এবং প্রচেষ্টা লাগে।

60. অধিকাংশ মানুষ এই ধরনের গুণাবলী প্রদর্শন করে যেন তারা বিশ্বাস করে যে নিষিদ্ধ ফল হল প্রেম, আনন্দ, শান্তি, ধৈর্য, দয়া, মঙ্গল, নম্রতা এবং আত্মনিয়ন্ত্রণ।

61. একজনের চরিত্র এবং আচরণ সামঞ্জস্যপূর্ণ এবং অনুমানযোগ্য হওয়া উচিত যখন তার বুদ্ধিমত্তা এবং ধারণাগুলি বৈচিত্র্যময় এবং অপ্রত্যাশিত হওয়া উচিত।

62. একমাত্র ঈশ্বর দুর্ভিক্ষকে আশীর্বাদের বন্যায়, ব্যথার সংকটকে নিরাময়ের ক্যাথারসিসে পরিণত করতে পারেন।

63. শুধুমাত্র ঈশ্বরের ইচ্ছাই প্রকৃত সদিচ্ছা তৈরি করতে পারে।

64. সত্য প্রজ্ঞার প্রতিফলন করুন, প্রকৃত জ্ঞান প্রতিফলিত করুন কিন্তু এটিকে বিচ্যুত করবেন না।

65. পাপ আত্মা sings এবং মানুষের হৃদয় tinges.

66. সাফল্য আমাদের জীবনের বাস্তবতা এবং পরিপূর্ণতার মধ্যে সর্বোচ্চ পরিমাণে ব্যবধান হ্রাস করার মধ্যে নিহিত।

67. লেজ নেতৃত্ব একটি নতুন ধারণা, কিন্তু একটি পুরানো ঘটনা, যা বলে যে মূল্যবোধ, দৃষ্টি, অনুপ্রেরণা, যোগ্যতা এবং গুণাবলীর কারণে বা এর অনুপস্থিতির কারণে যারা একটি প্রতিষ্ঠানের শেষ প্রান্তে থাকা উচিত তারা প্রায়শই সংগঠনের নেতৃত্ব দিচ্ছেন। .

68. ঈশ্বরের অস্তিত্ব নেই এবং তিনি আছেন এই দুটি বিশ্বাসই প্রমাণের বাইরে কিন্তু বিশ্বাস করা যে তিনি আছেন এবং একজনকে তাঁর মূর্তিতে সৃষ্ট করা হয়েছে তার থেকে তিনি অনেক বেশি শক্তিশালী, বাস্তববাদী এবং সক্ষম বিশ্বাস।

69. গড় মানব প্রাপ্তবয়স্কদের ঈশ্বরের আদি সৃষ্টির ভেজাল সংস্করণ দরকার।

70. সত্য বিশ্বাস বা "ধর্ম" © আমাদের আবেগের সাথে বিশ্বাস করতে বাধ্য করে কিন্তু সহানুভূতিশীল আচরণ করে।

71. নতুন বছরের জন্য, আমাদের নিজের জন্য, আমাদের সহকর্মীদের, আমাদের বন্ধুদের এবং পরিবারের জন্য যে সবচেয়ে ভালো জিনিসটি করতে পারি তা হল একটি নতুন কান পেতে - সহানুভূতিশীলভাবে শোনার প্রতিশ্রুতি, সঠিকভাবে পর্যবেক্ষণ করা, আমরা যতবার কথা বলি তার অন্তত দুবার সহানুভূতিশীলভাবে প্রতিফলিত যদি করি।

72. ঈশ্বরের রাজ্য আপনার হৃদয়ের মতই বিশাল।

73. সুখের জন্য সুখী হওয়ার জন্য দুঃখকে অতিক্রম করাই আমাদের স্বাভাবিক অবস্থা এবং দুঃখ হল অপ্রাকৃতিক অবস্থা।

74. সঙ্গীত বা সাহিত্যের সর্বশ্রেষ্ঠ রূপের উদ্দেশ্য বিনোদন নয় বরং আত্মাকে এমন উচ্চতায় উন্নীত করা যা এটি সাধারণত প্রবেশ করতে পারে না এবং গভীরতায় পৌঁছানো যা সাধারণত পৌঁছাতে পারে না।

75. যদিও আমরা সবাই নিজেদেরকে সমাপ্ত পণ্যগুলি হিসাবে বর্ণনা করতে চাই কিন্তু কাজ চলছে, আমরা যদি আমাদের শক্তি এবং প্রজ্ঞার উপর কাজ করা বন্ধ করি এবং আমাদের মেকারকে সহযোগিতা করার জন্য সক্রিয় পদক্ষেপ গ্রহণ করি, প্রক্রিয়াটি দ্রুততর হবে।

76. আমাদের জীবনের মূল্যবান সব কিছুর মূল্য নির্ধারণ করা মানে আমাদের মধ্যে থাকা ঈশ্বরের ভাবমূর্তিকে অপমান করা ।

77. অত্যধিক জ্ঞান এবং খুব কম প্রজ্ঞা এটিকে একটি ক্ষমতা বা সম্পদের চেয়ে আরও বেশি দায় করে তোলে, এটি একজনকে গাধা বানানোর প্রবণতা।

78. এমনকি নিশ্চিত নাস্তিক বা বিবর্তনবাদীর জটিলতা, সৃজনশীলতা এবং সৌন্দর্য এই মিথ্যার সর্বোত্তম প্রমাণ যা তিনি বিশ্বাস করেন, তার সম্পূর্ণ অসম্ভবতা সম্পূর্ণ প্রাকৃতিক প্রক্রিয়া বা নিছক সুযোগ দ্বারা বিবর্তিত হয়েছে।

79. একজন ভাল শিক্ষককে তার শেখানো পাঠটি ভুলে যাওয়ার অনেক পরেও মনে রাখা হয়।

80. শূন্যের মূল্য তখনই থাকে যদি এর আগে এক থাকে এবং সেই এক ঈশ্বর এবং একমাত্র ঈশ্বর।

81. ঈশ্বরের দৃষ্টিকোণ থেকে একটি জিনিসের শেষ তার শুরুর চেয়ে বেশি গুরুত্বপূর্ণ man's - এটা হল শুরু যেমন প্রবাদটি বলে "ভাল শুরু হয়েছে অর্ধেক সম্পন্ন হয়েছে" এবং তাই, মানুষের বেশিরভাগ জিনিসই অর্ধেক হয়ে গেছে বা অর্ধেক বেকড।

82. মূর্খরা একটি বিপত্তির জন্য বিলাপ করে যখন জ্ঞানীরা এটিকে একটি পিট স্টপ হিসাবে ব্যবহার করে এবং কোর্স সংশোধনের জন্য সময় নেয়।

83. একজনের দৃষ্টিভঙ্গি তাকে সম্ভাব্যতার সাথে কার্যকরভাবে মোকাবেলা করতে সহায়তা করে।

84. যদি একজন মানুষকে বাইবেল এবং পিত্তের (রাগ, তিক্ততা) মধ্যে বেছে নিতে হয়, তাহলে বুদ্ধিমানের পছন্দটি সুস্পষ্ট।

85. জীবনের একটি ঘূর্ণায়মান নাচের চেয়ে বেশি বাঁক রয়েছে, একটি ঘূর্ণায়মান রাস্তার চেয়ে বেশি উত্থান-পতন রয়েছে।

86. সত্যিকারের সম্পদ এবং সুখ হল যা আপনি অন্যের জন্য করেন এবং আপনি নিজের জন্য যা জমা করেন তা নয় যা কেউ ব্যবহার করতে পারে না।

87. আমরা আশা করতে পারি এবং ভবিষ্যদ্বাণী করতে পারি যে ঈশ্বর বিশ্বস্ত অবিরাম প্রার্থনার উত্তর দেবেন, কিন্তু তিনি কীভাবে উত্তর দেবেন তা কেউ ভবিষ্যদ্বাণী করতে পারে না।

88. আমাদের মধ্যে যা রয়েছে তা দীর্ঘস্থায়ী আনন্দের উৎস, আমাদের চারপাশে যা রয়েছে তা নয়।

89. যখন ঈশ্বর আমাদেরকে ঈগলদের মধ্যে উড়তে ডাকলেন, আমরা তার বাড়ির উঠোনে কৃষকের মুরগির সাথে একদিন তার রাতের খাবারের অপেক্ষায় বসে থাকতে পেরে সন্তুষ্ট।

90. যখন আমরা সমৃদ্ধিকে সংজ্ঞায়িত করি একজন ব্যক্তি হিসাবে বৃদ্ধি বোঝাতে এবং একই আগ্রহ এবং অধ্যবসায়ের সাথে এটিকে খুঁজি আমরা এখন বস্তুগত সমৃদ্ধি খুঁজি, পরবর্তীটি আমাদের সাধনার একটি নিশ্চিত কিন্তু ঘটনাগত ফলাফল হবে।

91. যখন আমরা মূল্যবান জিনিসকে মূল্য দিই, তখন আমরা কেবল সক্ষমই হই না বরং স্থিতিশীলও হয়ে উঠি।

92. আপনি কে আপনি কি করেন এবং আপনার যা আছে তার চেয়ে অনেক বেশি গুরুত্বপূর্ণ।

93. আপনি বাতাসে শ্বাস নিতে পারেন এবং একই থাকতে পারেন যখন আপনি যদি ঈশ্বরের সান্নিধ্যে শ্বাস নেন তবে আপনি একই হতে পারবেন না।

94. বিশ্বাস ভাসা নয়: যদি আমরা বিশ্বাস করি, আমরাও এটা অনুভব করি, এটা ভাবি, এটা বলি, এটা করি, এটা অনুভব করি, এটা বাস করি।

95. চরিত্রের গভীরতা যত বেশি, আপনি একটি ভাল জিনিস ঘটতে বা খারাপ জিনিস পরিবর্তনের জন্য অপেক্ষা করতে ইচ্ছুক হবেন।

96. যখন আমরা বিজ্ঞানকে লক্ষণের বিপরীতে ওজন করি, তখন লক্ষণগুলি প্রায়শই বিজ্ঞানকে ছাড়িয়ে যায়।

97. অস্তিত্ব সংক্রান্ত প্রশ্নের উত্তর খোঁজার জন্য চিরন্তন অনুসন্ধানের দৃষ্টি হারাবেন না।

98. কার্যকর তত্ত্বাবধানের চাবিকাঠি হল একটি চমৎকার দৃষ্টি বিকাশ করা।

99. উপলব্ধি প্রায়শই বজ্রপাতের মতো তাৎক্ষণিকভাবে আসে না, তবে দীর্ঘ মন্থনের একটি প্রক্রিয়া আমাদের সর্বশ্রেষ্ঠ টার্নিং পয়েন্টের আগে আসে।

100. সত্যিকারের বিশ্বাস আমাদের এক জোড়া ক্রাচ দেয় না বরং প্রতিটি সমস্যা, চ্যালেঞ্জ এবং এমনকি হেডিসের দরজার উপরে ওঠার জন্য এক জোড়া ডানা দেয়।

101. প্রতিক্রিয়াশীল পুনর্বিন্যাস সৃজনশীল, যার অর্থ আমরা প্রতিক্রিয়াশীল হওয়ার পরিবর্তে সৃজনশীল হতে বেছে নিতে পারি।

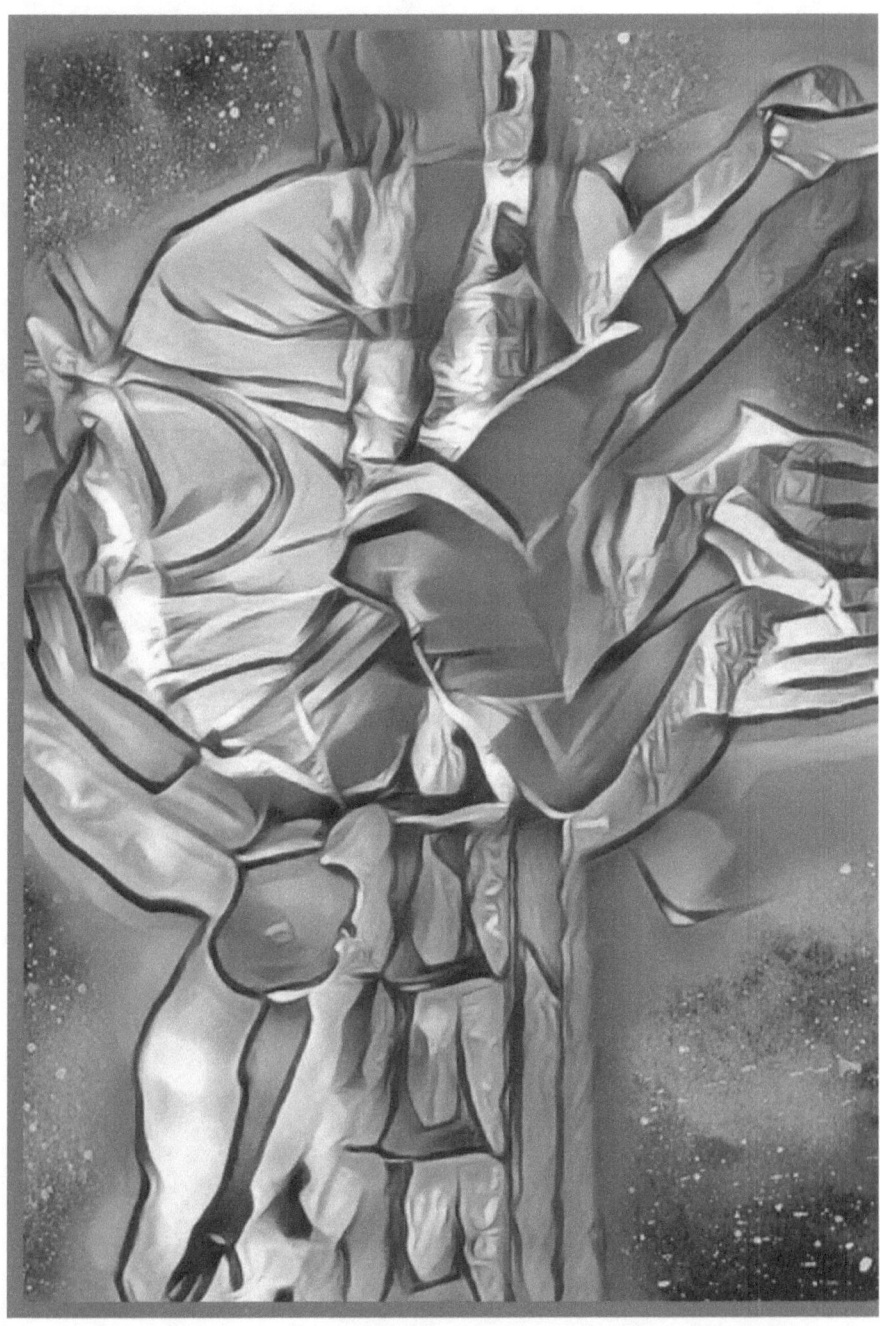

"পুরুষেরা সবসময় সুখের পিছনে ছুটতে ব্যস্ত থাকে যাতে স্থির থাকতে পারে এবং সুখী হতে পারে।"

শিল্পীর অনুপ্রেরণা:

চিত্রকর্মটি শিল্পীর নিজের অভ্যন্তরীণ যুদ্ধের দ্বারা অনুপ্রাণিত হয়েছিল স্থির হয়ে দাঁড়িয়ে থাকা এবং মুহূর্তের সুখ উপভোগ করার জন্য। হাসি খোজার জন্য চোখ মেলান।

আবেগ

1. পুরুষেরা সবসময় সুখের পিছনে ছুটতে ব্যস্ত থাকে যাতে তারা স্থির থাকে এবং সুখী থাকে।

2. এমনকি প্রতিষ্ঠাতা এবং সন্ধানকারীরাও যখন তাদের আসল দৃষ্টিশক্তি হারিয়ে ফেলেন তখন তারা বিভ্রান্ত হন।

3. এমনকি মানুষের মনের শ্রেষ্ঠত্ব একটি বিপরীত চালনি, একটি ফুটো পাত্রের মত - এটি নেতিবাচক চিন্তার ড্রেগগুলিকে ধরে রাখে এবং তার ছিদ্র দিয়ে ভাল এবং ইতিবাচক প্রকাশ করে।

4. যদিও আমরা সবাই বা আমাদের বেশিরভাগই রাজা হওয়ার কাছাকাছি কোথাও নেই, বেশিরভাগ বা অনেকেরই রাজা-আকারের অহংকার রয়েছে।

5. যদিও দশ হাজার মাইল যাত্রার প্রথম ধাপটি সবচেয়ে গুরুত্বপূর্ণ, প্রতিটি পদক্ষেপ, প্রতিদিন, প্রতিটি মাইল এবং মাইলফলক যে কোনও সময় থামার জন্য মূল্যবান, যে কোনও জায়গা ততটা ভাল যেন আমরা কখনই শুরু করিনি।

6. এমনকি যখন আপনার অসাধারণ এবং অসাধারণ কিছু করার জন্য অস্বাভাবিক ঝাঁকুনি থাকে, তখনও সাধারণ স্পর্শ হারাবেন না।

7. রাগ করা ঠিক কিন্তু কখনোই 'বিপজ্জনক' বা বিপজ্জনকভাবে রাগান্বিত হবেন না।

8. আবেগ তাদের নিজস্ব রঙ কোড আছে।

9. আপনার হৃদয় ভেঙ্গে গেলে, মেরামত করার জন্য অন্যের সন্ধান করুন। তারা যেমন জুটি পায়, তারাও পায় মেরামত

10. একজন আবেগগতভাবে বুদ্ধিমান ব্যক্তি হল' উত্তেজক'।

11. মানুষের আবেগ প্রধানত দুই ধরনের: "নেতা আবেগ" এবং ভালোবাসা, আনন্দ, শান্তি, দয়া, ধৈর্য, বিশ্বাস, বিশ্বাস, করুণা এবং আর একটি ঘৃণা, রাগ, হিংসা, অহংকার, লালসা, এর মতো "ব্লিডার ইমোশন" এর মতো বৈশিষ্ট্য। সন্দেহ: নেতার আবেগ

একজনকে নেতৃত্ব দিতে এবং পরিবেশন করার জন্য সজ্জিত করে যখন রক্তপাতকারী আবেগ একজনকে নিজের এবং অন্যদের উভয়ের রক্তপাত ঘটায়।

12. আমাদের শিকড়গুলি আমরা যে রুটে ভ্রমণ করি সেই পথে নিয়ে যায়। আমাদের ডিএনএ আমাদের শারীরিক রুট ধারণ করে। আমাদের অদেখা শিকড়ও আছে: আধ্যাত্মিক মূল, মানসিক মূল।

13. রহস্য এক শটে প্রকাশ পায় না, কিন্তু তেলের মতো লুকিয়ে থাকে, ফোঁটায় ফোঁটায়, মুহূর্তের মধ্যে, দিনে দিনে।

14. কনড হওয়া এড়ানোর রহস্য - অনেক প্রশ্ন না করে কখনোই বিনামূল্যে বা সস্তা বা আকাশের প্রতিশ্রুতি দেওয়া কিছু গ্রহণ করবেন না।

15. উপচে পড়ার রহস্য: জাহাজ যত বড়ই হোক না কেন একটি প্রবল স্রোত বা জলপ্রপাতের নীচে রাখা হলে তা অল্প সময়ের মধ্যেই ভরে যায় এবং উপচে পড়ে। সর্বদা যে কোনও মানুষের চেয়ে অনেক বড়, আরও শক্তিশালী, করুণাময়, সুন্দর এবং প্রেমময় কারও উপস্থিতিতে থাকুন।

16. যদি কেউ কোনো ধরনের ব্যবস্থাপনা না শিখে তবে এটা ঠিক আছে কিন্তু একজনকে অবশ্যই 'আই-ম্যানেজমেন্ট' বা স্ব-ব্যবস্থাপনা শেখা উচিত।

17. মহাবিশ্বের 300 সেক্সটিলিয়ন নক্ষত্রের বিপরীতে আপনি এবং আমি শেষ অঙ্কে আজ পৃথিবীতে মানুষের সংখ্যা আট বিলিয়ন। দুটি সংখ্যার অনুপাত হল নগণ্য মানের একটি প্রান্তিক দশমিক এবং তবুও, আপনি এবং আমি সমস্ত তারাকে একত্রিত করার চেয়ে অনেক বেশি তাৎপর্যপূর্ণ। আমরা তারকাদের শাসন করি এবং এর বিপরীতে নয়।

18. যদি আপনি যত্ন করেন, আপনি শেয়ার করবেন।

19. বোঝাপড়া বিশ্লেষণের মাধ্যমে আসে, যখন সমাধান আসে সংশ্লেষণের মাধ্যমে।

20. মানুষের উৎপাদনশীলতা, সম্পর্ক ইতিবাচকভাবে সত্য বিশ্বাস এবং আধ্যাত্মিকতার দ্বারা প্রভাবিত হবে। মানবসৃষ্ট ধর্ম, অনমনীয় লেবেল, স্টেরিওটাইপ, কুসংস্কার এবং নিয়মগুলির একটি বিভাজনকারী এবং ক্ষয়কারী প্রভাব রয়েছে, আধ্যাত্মিকতা উন্নত করে এবং মুক্তি দেয়।

21. এটি আত্মার চতুর্থ মাত্রা যা অন্য তিনটি মাত্রাকে সংযুক্ত করে এবং এটিকে শক্তি, অর্থ এবং স্থায়িত্ব দেয়।

22. যদি আমরা আমাদের মুখ, কান, হৃদয় এবং মনে কোনোভাবে একটি মিটার স্থির করতে পারি তবে আমরা আমাদের কথায় আরও পরিমাপ করব এবং আমাদের অনুভূতিতে মূল্যবান হব।

23. কেউ তার মস্তিষ্ক দেখেনি কিন্তু তবুও সবাই জীবনের বুদ্ধিবৃত্তিক মাত্রায় বিশ্বাস করে। একই স্থলে, কেন অনেকেই আধ্যাত্মিককে বাস্তব বলে বিশ্বাস করেন না?

24. আমাদের বেশিরভাগ স্থলজ নক্ষত্র ব্ল্যাক হোল, তারা নয় কারণ তারা সমস্ত লাইমলাইট শোষণ করে এবং খুব কম বা কোন আলো দেয় না।

25. আপনি যখন আসলেই একটি তারকা তখন তারকা হওয়ার লক্ষ্য কেন?

26. এমনকি আপনাকে যা দেওয়া হয়েছে তা ব্যবহার না করার জন্য আপনি নিজেকে ক্ষমা করতে পারবেন না।

27. দৈহিক হৃদয়, মানসিক হৃদয়, সম্পর্ক, প্রজ্ঞা, বিশ্বাস, সাহস এবং ভালবাসা সবই একই রকম যে এইগুলি একটি পেশীর মতো - এটি যত বেশি ব্যবহার করা হয়, এটি তত শক্তিশালী হয়।

28. অল্প সময়ের মধ্যে ক্ষমতার একটি বড় মাত্রার চেয়ে দীর্ঘ সময়ের জন্য ক্ষমতার ছোট ডোজ মানুষের জীবনে ভাল প্রভাব ফেলে

29. কখনও কখনও, আমাদের চিন্তা, অনুভূতি এবং কর্মের দৃষ্টান্ত পরিবর্তন করার জন্য আমাদের গমের মতো চালিত করা দরকার।

30. অন্যের জন্য ক্ষতিকর কিছু না ভাবুন, বলুন, না করার চেষ্টা করুন তবে তাদের জন্য যা উপকারী তা ভাবুন, বলুন এবং করুন।

31. শেষ পর্যন্ত, এটি অনুগ্রহ এবং আমাদের প্রতিভা বা ক্ষমতা বা শক্তি নয় যা মানব জাতিকে মুখ এবং টেক্কা উভয় জীবনকে সাহায্য করে।

32. প্রতিবার যখন আপনি কষ্ট পান, নিশ্চিত করুন আপনার একটি খারাপ অংশ মারা যায় এবং আপনার একটি ভাল অংশ জীবনের দিকে বেরে ওঠে।

33. দুঃখ এবং বেদনা আমাদের মন ও দেহের সমস্ত আনন্দের পোর্টালগুলির চেয়ে আশীর্বাদ এবং জ্ঞানের সর্বশ্রেষ্ঠ এবং আরও বেশি প্রবেশদ্বার খুলে দেয়।

34. আপনি যদি সুপার হন তবে আপনি কখনই সুপারফিশিয়াল সম্পর্কে চিন্তিত হবেন না তবে সর্বদা সুপারলেটিভের দিকে মনোনিবেশ করবেন।

35. সমস্ত উদ্বৃত্ত নিশ্চিত প্লাস নয়।

36. কারণ বা অনুপ্রেরণা যাই হোক না কেন, সন্ত্রাস মানুষের ভুলের সবচেয়ে খারাপ রূপগুলির মধ্যে একটি।

37. আজ আপনার জীবনের সবচেয়ে গুরুত্বপূর্ণ দিন কারণ এটি ছাড়া আপনি আগামীকাল সূর্যোদয় দেখতে পাবেন না।

38. আমরা বড় হওয়ার সাথে সাথে আমাদের জিহ্বাকে কম কিন্তু বেশি কাজের জিনিসে ব্যবহার করতে হবে এবং আমাদের কানকে বেশি ব্যবহার করতে হবে।

39. মানুষের জিহ্বা অনেক কিছু করতে পারে: এটি পূরণ করতে পারে, রোমাঞ্চিত করতে পারে বা হত্যা করতে পারে কিন্তু খুব কমই স্থির থাকতে পারে।

40. মানুষের জিভের ওজন এক টন নয় কিন্তু যা বেরিয়ে আসে তা এক টন ইটের মতো এক বা একাধিককে আঘাত করতে পারে।

41. আমাদের live a life অর্থাৎ জীবন যাপন করার বা live a lie অর্থাৎ মিথ্যা জীবনযাপন করার একটি পছন্দ আছে এবং 'f' অক্ষর যা বিশ্বাসের বা faith- র জন্য দাঁড়ায় তাই পার্থক্য করে।

42. আমরা অনুগ্রহের দৌড়ে যোগ দিতে ইঁদুর দৌড় থেকে বেরিয়ে এসেছি। আমরা চিরন্তন অবিনশ্বর মুকুটের দিকে ছুটছি। অবশ্য কারো কারো এক পা ইঁদুর দৌড়ে এবং অন্যটি অনুগ্রহের দৌড়ে। লোটের স্ত্রীর মতো, তারা ঈশ্বরের রাজ্যে প্রবেশ করার সময়ও তাদের সাম্রাজ্যের দিকে ফিরে তাকায়।

43. আমাদের জীবনে দুটি পছন্দ আছে - সাথে ফিউশনের কারণে সমস্ত বিষয়ে স্পষ্টতা ঈশ্বর নাকি সব বিষয়ে বিভ্রান্তি।

44. আমরা মানুষরা, একটি রাজার ব্লুপ্রিন্ট হিসাবে আমাদের ডিজাইন করা হয়েছে, সাধারণ বা জাগতিক জিনিসের জন্য নয়, বা উদ্দেশ্যহীন ঘোরাঘুরির জন্য নয় বরং একটি চিরন্তন নকশা সম্পূর্ণ করার জন্য, আমাদের বাইরে সহ্য করার জন্য শারীরিক অস্তিত্ব।

45. আমরা এমনভাবে বাঁচি যেন ঈশ্বর কোন ব্যাপার না কিন্তু মৃত্যুর সাথে একটি ক্ষণিকের ব্রাশ আমাদেরকে দোষী সাব্যস্ত করবে যে শুধুমাত্র ঈশ্বরই গুরুত্বপূর্ণ।

46. আমরা একে অপরের সীমাবদ্ধতার সম্ভাবনার দিকে নজর দিই। ঈশ্বর আমাদের সীমাবদ্ধতা উপেক্ষা করে আমাদের সম্ভাবনার দিকে তাকায়।

47. আমরা যা জানি তার জন্য আমরা ঈশ্বরকে ভালবাসি এবং যা জানি না তার জন্য তাকে বিশ্বাস করি।

48. আমরা ভুল করি যখন আমরা তাঁর বিস্ময় ভুলে যাই।

49. আমাদের বিশ্বাস করার জন্য আমাদের হৃদয়কে নরম করতে হবে এবং আমাদের ইচ্ছাকে মেনে চলার জন্য কঠোর করতে হবে সৃষ্টিকর্তা।

50. আপনার ব্যক্তিগত সংকট রূপান্তরের শক্তিশালী ট্রিগার হতে পারে।

51. আমাদের মাইট লাগাতে হবে এবং তারপর ঈশ্বর তাঁর শক্তি যোগ করবেন। অতিপ্রাকৃত প্রাকৃতিক একটি স্তর উপর নির্মিত হয়।

52. আমাদের হৃদয়ে ঈশ্বরের জন্য বেদি তৈরি করতে হবে যা উপাসনা, ধন্যবাদ ও প্রশংসার বেদি এবং তিনি আমাদের ভাগ্য পরিবর্তন করবেন।

53. আমরা "ঈশ্বরের কাজ" এর প্রতি খুব কম মনোযোগ দেই এবং আমাদের ভাল কাজগুলি থেকে অনেক কিছু করি।

54. আমরা আমাদের লেখকত্বের অধিকার দাবি করতে ছুটে যাই এবং অস্বীকার করার চেষ্টায় আনন্দিত হই ঈশ্বর কি তার ।

55. আমাদের সর্বদা এমন লোকদের জন্য কৃতজ্ঞ থাকা উচিত যারা আমাদের উপর অন্যায় করে কারণ তারা আমাদেরকে তা করার সুযোগ দিয়ে ক্ষমা করার ঐশ্বরিক অনুগ্রহ শিক্ষা দিচ্ছে।

56. আমাদের জীবনে অনেকগুলি 'কেন পয়েন্ট' আছে যখন আমরা জিজ্ঞাসা করি কেন এটি ঘটেছে কিন্তু আমাদের জীবনের কতগুলি উচ্চ পয়েন্ট ঈশ্বরের উপস্থিতিতে একা সময় কাটানোর সাথে জড়িত?

57. আমরা বেঁচে আছি এবং ডারউইনের প্রাকৃতিক নির্বাচনের কারণে নয় বরং সর্বশক্তিমান ঈশ্বরের অতিপ্রাকৃত নির্বাচনের কারণে জয়ী হয়েছি।

58. শাসক ব্যবস্থা নির্বিশেষে আমরা তিনটি রাজ্যের মধ্যে ট্রানজিট করি ঈশ্বর, শয়তানের রাজ্য এবং মানুষের রাজ্য।

59. আমরা, আমাদের পছন্দের দ্বারা, আমাদের বাড়ি, আমাদের অফিস, আমাদের সমাজ এবং আমাদের পৃথিবীকে হয় মিথ্যাবাদী, চোর, ডাকাত এবং খুনিদের আস্তানা বা উদ্দেশ্যমূলক, ফলপ্রসূ এবং দক্ষ জীবনযাপনের আড্ডায় পরিণত করি।

60. দুর্বলতা মানুষের প্রকৃতির একটি অংশ। পরাস্ত করার শক্তি ঈশ্বরের কাছ থেকে আসে।

61. প্রাচুর্য, আনন্দ এবং শান্তির মুকুট পরুন এবং উদ্বেগ, ভয়, তিক্ততা এবং বিরক্তির ভ্রুকুটি নয়, ভুলভাবে ভাবুন যে জীবন এবং জনগণ, সরকার এবং ঈশ্বর আপনার কাছে আরও ভাল চুক্তির ঋণী।

62. একজন বিজ্ঞানীর কাছে যা পরীক্ষা, একজন বিশ্বাসীর কাছে অভিজ্ঞতা।

63. ঈশ্বরের এই পৃথিবীতে যা সবচেয়ে বেশি মূল্যবান তা হল মানুষের হৃদয়। তাঁর আপনার অর্থ, আপনার প্রতিভা, আপনার পরিষেবার প্রয়োজন নেই তবে তাঁর যা প্রয়োজন এবং যা তিনি লালন করেন তা হল ভক্তির হৃদয়। তাকে আপনার হৃদয় দিন এবং তিনি আপনাকে আপনার হৃদয়ের আকাঙ্ক্ষা দেবেন।

64. যখন আমরা একটি শব্দ দ্বারা বাস করি, শব্দটি আমাদের মধ্যে বাস করে।

65. মানুষের পক্ষে যা অসম্ভব তা কেবল ঈশ্বরের পক্ষে সম্ভব।

66. তোমার হাতে যা আছে, করো। যা ঈশ্বরের হাতে, তাতে ভরসা কর।

67. যৌক্তিকভাবে, বুদ্ধিগতভাবে, বৈজ্ঞানিকভাবে যা অসম্ভব তা আধ্যাত্মিকভাবে সম্ভব।

68. হৃদয় হল আমাদের জীবনের মূল স্থান যা আত্মা, মন এবং দেহের লাইনের ছেদ দ্বারা তৈরি হয়। যদিও শারীরিক হৃদয় আমাদের শরীরকে শক্তি দেয়, এই হৃদয় আমাদের সমগ্র জীবন এবং আত্মাকে শক্তি দেয়।

69. সপ্তম ইন্দ্রিয় কি? ওভারফ্লো নীতিটি আরও বোঝায় যে আমাদের হৃদয় সর্বদা ঈশ্বরের সাক্ষাতে উপচে পড়া বা ফোঁটা ফোঁটা হওয়া উচিত: কৃতজ্ঞতা, বিস্ময় এবং শ্রদ্ধার অনুভূতি, আনন্দের অনুভূতি, ধৈর্যের প্রত্যাশা এবং প্রত্যাশার অনুভূতি, অনুতাপের অনুভূতি এবং অনুশোচনা, বিশ্বাস এবং ভালবাসার অনুভূতি, প্রভুর প্রশংসা এবং উপাসনা করার জন্য একটি ধ্রুবক হল আবেগ। যে হৃদয় এই সমস্ত মনোভাবকে আশ্রয় করে এবং এই প্রতিক্রিয়াগুলিকে গড়ে তোলে সেই হৃদয়ই ঈশ্বরের প্রতি নিখুঁত।

70. আমাদের জীবনে দুটি বিকল্প আছে - হয় প্রার্থনা করা বা অর্থ প্রদান করা।

71. নেতারা যা কল্পনা করেন, পরিচালকরা তা বাস্তবায়ন করেন।

72. যা আমাদের রক্ষা করে, সরবরাহ করে এবং প্রচার করে তা হল O-জোন: তাঁর সর্বশক্তিমানতা বা Omnipotence, সর্বব্যাপীতা বা Omnipresence এবং সর্বজ্ঞতা বা Omniscience।

73. আপনি যা দ্বারা নিজেকে সংজ্ঞায়িত করেন তা হয় আপনাকে পরিমার্জিত করে বা আপনাকে সীমাবদ্ধ করে।

74. একটি প্যারাসুট এবং একটি উপমার মধ্যে সংযোগ কী- একটি প্যারাসুট একটি সাধারণ ডিভাইস যা আপনাকে পৃথিবীতে নিরাপদে অবতরণ করতে সক্ষম করে। একটি উপমা একটি সাধারণ গল্প যার গভীর সত্য যদি কেউ বুঝতে পারে তবে এটি আমাদের স্বর্গে নিরাপদে অবতরণ করতে সক্ষম করবে।

75. আপনার অতীতের লজ্জা, আপনার বর্তমানের দুর্দশা যাই হোক না কেন, আপনি যদি আপনার অতীত, আপনার বর্তমান এবং আপনার ভবিষ্যত জানেন এমন একজনের উপর ভরসা রাখলে আপনার একটি দুর্দান্ত ভবিষ্যত আছে।

76. যা কিছু ভাল, সত্য, আশ্চর্যজনক বা বিস্ময়কর, তার জন্য উপযুক্ত কোনও ব্যক্তি, জাতি, সংস্কৃতি বা ধর্মের নয়, তাহলো শুধু স্বর্গে এবং পৃথিবীতে আমাদের পিতার।

77. যখন কোন সহকর্মী সৎ পথ অনুসরণ করে, তখন সে প্রবাহিত হতে শুরু করে।

78. শয়তান এবং গভীর নীল সমুদ্রের মধ্যে বেছে নিতে হয়, তখন ঈশ্বরকেই বেছে নিন।

79. ঈশ্বর যখন একজন মানুষকে নেতা হতে বলেন, তখন হেডস বেছে নিন এবং টেল নয়, যদি "হেডস" হয় তিনি জিতেছেন, এবং এমনকি যদি এটি "টেলস" হয় তবেও তিনি জিতেছেন।

80. শেষ পর্যন্ত, প্রতিটি মানুষের একই ডিএনএ আছে, কিন্তু ডিএনএ বলতে শয়তানের প্রকৃতি (ডিএনএ) বা ঐশ্বরিক প্রকৃতি (ডিএনএ) বোঝাতে পারে।

81. জীবনের রহস্য বোঝা জীবনের উপর আয়ত্ত করার জন্য একটি ছোট কিন্তু গুরুত্বপূর্ণ পদক্ষেপ।

82. আপনি যদি একটু বেশি পাগল না হন তবে আপনি সব সময় সুখী হতে পারবেন না।

83. অধ্যয়ন বা ধ্যান করার সময় "ক্রাস দা জুস আউট" পদ্ধতি ব্যবহার করুন বা এমনকি একটি গান শোনা. বারবার একই গান ধরে চলতে থাকুন যতক্ষণ না এটি আমাদের মনে গেঁথে যায়।

84. নেতৃত্ব দেওয়ার জন্য আপনার মাথা, শিখতে আপনার হৃদয়, আপনার হাত পরিষ্কার করার জন্য, আপনার পা হাঁটুতে এবং আপনার আত্মাকে ঝুঁকতে ব্যবহার করুন।

85. একজন বুদ্ধিমান সত্তার সহজাতভাবে জানা উচিত, “ঈশ্বর তাই আমি" এবং বিপরীতভাবে, "আমি আছি; অতএব, ঈশ্বর।"

86. রাগ, প্ররোচনা, ভয়ের মতো পাপগুলি ধৈর্যের কাছে কম এবং প্রেম, আত্মনিয়ন্ত্রণ এবং বিশ্বাসের মতো গুণগুলি দীর্ঘ হয়।

87. অনেক লোক যারা বিবাহিত, তারা শেষ পর্যন্ত ধ্বংস, ক্ষতবিক্ষত বা ভীত হয়ে যায়।

88. মানুষের মনে যুদ্ধ, অপরাধ, হানাহানি, বিশৃঙ্খলা, দুর্দশা শুরু হয়। সেখানেই শেষ করা যাক।

89. আমরা আমাদের বস্তুগত এবং আর্থিক ঘাটতি সম্পর্কে তীব্রভাবে সচেতন কিন্তু খুব কমই আমাদের আধ্যাত্মিক, বুদ্ধিবৃত্তিক, নৈতিক এবং মানসিক ঘাটতি সম্পর্কে সচেতন হই।

90. Eqthinking © মানুষকে শুধুমাত্র সৃজনশীল সম্ভাবনাকে আনলক করার জন্য নয় বরং ধ্বংসাত্মক সম্ভাবনাকে লক করার এবং পরিবর্তনের জন্য একটি ইতিবাচক শক্তিতে পরিণত করার জন্য একটি চাবি দেয়।

91. আমরা এমনভাবে কনফিগার করেছি যে আমাদের বেদনা এবং আনন্দের তারের আনন্দ এবং দুঃখের তারের সত্য এবং অসত্যের তারের প্রশান্তি এবং রাগের তারের সাহস এবং ভয়ের তারের সৃজনশীলতা এবং রুটিন ওয়্যারিং মৌলিক সঠিক এবং ভুল তারের ট্রিপ করে না।

92. আমরা বরখাস্ত হওয়ার জন্য বেধে নই বরং আমাদের হৃদয় ও মনকে আগুনে পুড়িয়ে দিতে চাই।

93. যখন আমাদের চিন্তা চড়ুইয়ের চেয়ে হালকা হওয়া উচিত তখন আমরা আমাদের মাথায় হাতি বহন করতে অভ্যস্ত।

94. আমরা আমাদের ডান হাত দিয়ে কার্যত সবকিছু করি, কিন্তু আমাদের হৃদয় বাম দিকে অবস্থিত। আমরা আমাদের বাম মস্তিষ্ক দিয়ে সবকিছু বিশ্লেষণ করি কিন্তু আমাদের ডান মস্তিষ্ক আমাদের সম্পর্ক এবং আবেগ নির্ধারণ করে।

95. আমরা একটি সাহসী নতুন বিশ্বে বাস করি না বরং একটি নিরীহ নতুন বিশ্বে যেখানে প্রযুক্তি যা শুধুমাত্র একটি হাতিয়ার হিসাবে প্রদর্শিত হবে এবং জীবনের শেষ হয়ে যাবে।

96. আমরা প্রতিদিন এবং ঘন ঘন নিজেদেরকে খাওয়াই। আমরা প্রতিদিন আমাদের সেল ফোন চার্জ করি। কিন্তু আমরা প্রতিদিন এবং ঘন ঘন আমাদের প্রফুল্লতা খাওয়াই না বা চার্জ করি না। আমাদের কি নিজেদেরকে আরও বেশি সম্মান ও যত্নের সাথে আচরণ করা উচিত নয়?

97. আমরা আমাদের জীবনে এই প্যারাডক্সের সাথে মিলিত হতে পেরেছি যে সত্য একচেটিয়া এবং ভালবাসা অন্তর্ভুক্ত।

98. যখন পরিস্থিতি ভাল হয় তখন পুলিশকে আমরা সাহায্য না করলে, যখন কিছু ভুল হয় তখন আমাদের সমালোচনা করার অধিকারও নেই।

99. আমরা ভবিষ্যতের কাইমেরা উপলব্ধি করার চেষ্টা করার জন্য মুহূর্তের তীব্রতা ধরে রাখতে ব্যর্থ হই যা কখনই পৌঁছাবে বলে মনে হয় না।

100. আমরা পৃথিবীতেই আমাদের জীবন অর্ধ-জীবনে বাস করি- তাহলে আমরা পরকালের মূল্য কিভাবে করব?

101. আবেগ মানব মনের ট্রাফিক সংকেত: আপনি যদি রাগ অনুভব করেন তবে থামুন; আপনি যদি খুশি হন তবে এগিয়ে যান; আপনি অস্থির বা সন্দেহজনক বোধ করলে, বিরতি দিন।

"উৎকর্ষ হল জীবনের একটি ছয়-বিন্দুর মুকুট যার ছয়টি পয়েন্ট হিসাবে উৎসর্গ, নিষ্ঠা, সংকল্প, শৃঙ্খলা, পরিশ্রম এবং বিচ্ছিন্নতা রয়েছে।"

শিল্পীর অনুপ্রেরণা:

চিত্রকর্মটি ফিলিপিজম দ্বারা অনুপ্রাণিত হয়েছিল।

শ্রেষ্ঠত্ব

1. শ্রেষ্ঠত্ব হল জীবনের একটি ছয়-বিন্দুর মুকুট যার ছয়টি পয়েন্ট হিসাবে উৎসর্গ, নিষ্ঠা, সংকল্প, শৃঙ্খলা, পরিশ্রম এবং বিচ্ছিন্নতা রয়েছে।

2. শ্রেষ্ঠত্ব হল ক্রমাগত উন্নতি।

3. সর্বাত্মক শ্রেষ্ঠত্বের অন্বেষণ মহত্ত্বের ন্যায়সঙ্গত বন্টন নিয়ে আসবে।

4. প্রতিটি গণিত প্রশ্নে "x খুঁজুন" এবং তাকে বাস্তব জীবনে এক্সেল করার উপায় খুঁজে বের করাতে ব্যাবহার করুন।

5. যখন আপনি উচ্চ এবং বড় লক্ষ্য করেন, তখন আপনি একটি ঝুঁকি গ্রহণকারী সমান উৎকর্ষতা কারণ হয়ে দাঁড়ান আপনি হয় বড় সফল হতে পারেন বা বড় ব্যর্থ হতে পারেন, পরবর্তীটির সম্ভাবনা বেশি।

6. যখন আপনি একটি পার্থক্য করতে অভিপ্রায় করেন, আপনি pdf-এ যোগ করেন: ব্যক্তি পার্থক্যকারী ফ্যাক্টর, পণ্যের পার্থক্যকারী ফ্যাক্টর এবং প্রক্রিয়া পার্থক্যকারী ফ্যাক্টর।

7. যখন আমরা বলি "পার এক্সিলেন্স", এর অর্থ পরিকল্পনার শ্রেষ্ঠত্ব, কর্মের শ্রেষ্ঠত্ব এবং ফলাফলের শ্রেষ্ঠত্ব।

8. যতদিন জীবনে অনেক অজানা থাকবে, ততদিন বিশ্বাস মানুষের শ্রেষ্ঠত্বের মৌলিক চালক হয়ে থাকবে।

9. উল্টানো পর্বতে আরোহণ করুন। উল্টানো পর্বত শ্রেষ্ঠত্বের পর্বত। শিখরটি গোড়ায় এবং এটি প্রচুর পরিমাণে একটি মালভূমি

উপরের কক্ষের। মানুষের অঙ্গ-প্রত্যঙ্গের পক্ষে খাড়া ঢাল বেয়ে ওঠা অসম্ভব। কিন্তু শ্রেষ্ঠত্বের চেতনা, আশা ও সাহসের হৃদয়, সীমাহীন কল্পনার মন দিয়ে উল্টানো পাহাড়ের চূড়ায় ওঠা সম্ভব।

www.eqthinking.com www.prateepphilip.com www.fillipisms.com

10. অসম্ভব শব্দটি প্রত্যেকের অভিধানে পাওয়া যায়, তবে এটি সাহসী, জ্ঞানী, উদ্যোক্তাদের দ্বারা সম্ভব বলে কল্পনা করা হয়। এটি সম্ভব কল্পনা করুন এবং এগিয়ে যান এবং এটি করুন।

11. অশিক্ষিতরা শিক্ষিতদের এই নিশ্চিত জ্ঞান দিয়ে নিয়োগ করে যে তাদের কাছ থেকে ব্যবসা নেওয়ার মতো পর্যাপ্ত টিকে থাকার কল্পনা বা সাহস থাকবে না।

12. আমাদের কল্পনা দেওয়া হয়েছে যাতে আমরা সবসময় আমাদের পরিস্থিতির স্তরের উপরে থাকতে পারি।

13. আপনি যদি নিজেকে উন্নত করেন তবে আপনি বিশ্বের উন্নতি করবেন।

14. আপনি যদি আপনার সমস্যাগুলিকে কাজে লাগান, তাহলে আপনি গড় থেকে অনেক উপরে উঠবেন।

15. আপনার চিন্তাভাবনা, কথা বলা, করা এবং সম্পর্কের মান উন্নত করুন এবং আপনি আপনার জীবনযাত্রার মান উন্নত করবেন।

16. আপনি যদি আপনার প্রভাবের বৃত্ত বাড়াতে চান, তাহলে বড় বৃত্তের জন্য যান।

17. আপনি যদি যেকোন ক্ষেত্রে তারার মতো জ্বলতে চান তবে সাহসের সাথে শুরু করুন এবং ফাঁকা দৃষ্টিতে তাকাবেন না।

18. আপনি যদি আপনার জীবনে নেতৃত্বের সম্ভাবনা এবং প্রভাব বাড়াতে চান, তাহলে আরও লোকেদের সেবা করার লক্ষ্য রাখুন।

19. প্রায়শই একজনকে তীব্র হতে হয়, শুধুমাত্র একটি ভান নয়, যাতে উত্তেজনা না হয়।

20. অসাবধানতাবশত ভুল বা যেকোনো ধরনের দুর্ঘটনা এড়াতে সতর্ক থাকতে হবে।

21. শুধুমাত্র একটি অস্থির মনের সঙ্গে ঝগড়া হবে তার মাথায়।

22. আমাদের ভয় প্রায়ই আমাদের কান্নার কারণ এবং উৎস।

23. যদি আমরা শুধুমাত্র পুরানো এবং পরীক্ষিত ধারণার সাথে আটকে থাকি, তাহলে আমরা প্রস্তর যুগে ক্ষুব্ধ হয়ে থাকব।

24. আমাদের প্রকৃত পরিচয় আমাদের জন্মগতভাবে, অর্জন দ্বারা নয়, এটিই যা আমরা আমাদের জীবনের প্রতিটি মুহূর্তে শ্বাস নিই।

25. আমাদের অজ্ঞতার অহংকারে, আমরা গর্ব করে নিজেদেরকে "হোমো সেপিয়েন" বা জ্ঞানী মানুষ বলি।

26. কল্পনা হল আয়নায় তাকানো এবং নিজের মধ্যে সেই সৌন্দর্য আবিষ্কার করা যা অন্য কেউ দেখতে পায় না, যে উজ্জ্বলতা অন্য কেউ সন্দেহ করে না এবং যে মহিমা অন্য কেউ স্বপ্ন দেখেনি তা আপনার মধ্যে বিদ্যমান।

27. কল্পনা করুন যে আপনার পক্ষে আজ সুস্থ, সুখী এবং উৎপাদনশীল জীবনযাপন করা সম্ভব এবং এগিয়ে যান এবং এটি ঘটানোর জন্য কিছু করুন।

28. ঈশ্বর সর্বশ্রেষ্ঠ সম্ভাবনাময়।

29. ঈশ্বর নিয়মের একমাত্র ব্যতিক্রম - পরম ক্ষমতা একেবারে কলুষিত করে। তাঁর পরম বিশুদ্ধতা তাঁর পরম শক্তির সাথে রয়েছে - যা তাঁর সার্বভৌমত্বের সারাংশ।

30. ঈশ্বরই একমাত্র প্রকৃত বাড়িওয়ালা এবং একমাত্র খাজনা যা তিনি আমাদের, তাঁর ভাড়াটেদের কাছে চান, তা হল উপাসনা এবং এমনকি যা আমরা নিজের জন্য রাখতে বা অন্য কাউকে দিতে বেছে নিয়েছি।

31. ঈশ্বর সব সময় সত্যিই ভাল. কিন্তু অধিকাংশ মানুষ বিশ্বাস করে এবং কাজ করে যেন ঈশ্বর মাত্র অর্ধেক সময় ভালো থাকেন। বাকি অর্ধেক ভয় পেয়ে তাদের তুষ্টিতে নামিয়ে যায়।

32. ঈশ্বর আমাদের এক মিলিয়ন বার ব্যর্থ হতে দেখতে ইচ্ছুক, কিন্তু তিনি সেই সময়ের জন্য অপেক্ষা করছেন যখন আমরা সফল হই।

33. ঈশ্বর একজন অভিভাবক হিসাবে আমাদের সাথে আছেন বেতনভোগী প্রহরী হিসাবে নয়।

34. ঈশ্বর আমাদের স্বাভাবিক এবং সম্ভব করতে দেন. তিনি আমাদের কঠিনে সাহায্য করেন এবং অসাধ্যকে বিশেষায়িত করেন।

35. ঈশ্বর পার্কাশন পছন্দ করেন এবং সেই কারণেই আমাদের হৃদয় ড্রাম করে। তিনি সিম্ফনি পছন্দ করেন এবং এই কারণেই আমাদের দেহের এক ট্রিলিয়ন কোষ সুসংগতি এবং ঐক্যে কাজ করে।

36. ঈশ্বর রংধনুর রঙের মতো মানব প্রজাতির মধ্যে বৈচিত্র্য তৈরি এবং উদযাপন করার জন্য বিভিন্ন জাতি তৈরি করেছেন।

37. ঈশ্বর মানুষকে তাঁর মূর্তিতেই তৈরি করেছেন - এর অর্থ হল আমাদের প্রত্যেকের ঈশ্বরের মতো হওয়ার সম্ভাবনা রয়েছে।

38. ঈশ্বর সূর্যোদয় এবং সূর্যাস্তকে মহিমান্বিত করেছেন যাতে আমাদের জীবনকে সুন্দর এবং আমাদের উত্তরাধিকার মহিমান্বিত করার জন্য আমাদের প্রতিদিনের অনুস্মারক থাকে।

39. ঈশ্বর দোষীদের চিহ্নিত করেন তাদের শাস্তি দেওয়ার জন্য নয় বরং তাদের ক্ষমা করার জন্য, তাদের এই জীবনকালে এবং অনন্তকালের ভবিষ্যতের আশা দিতে।

40. ঈশ্বর কখনই আমাদের বকা দেন, কখনও কখনও আমাদের বিদ্রূপ করেন, প্রায়শই আমাদের উপহার দেন কিন্তু সর্বদা আমাদের পরিচালনা করেন।

41. ঈশ্বর কখনই কোন ব্যক্তি বা জিনিস সৃষ্টির অনুমতি নেন না

তিনি আমাদের বাঁচাতে আমাদের অনুমতি নেন।

42. ঈশ্বর প্রায়ই আমাদের একটি বার্তা দিতে পাহাড়ের চূড়ায় নিয়ে যান।

43. ঈশ্বর আমাদের জীবনে একটি সিঁড়ি এবং একটি সেতু প্রদান করেন, একটি এস্কেলেটর এবং একটি ভ্রমণকারী নয়। আমরা আমাদের আরোহণ এবং হাঁটা করতে পেরেছিলাম সেতু এবং সিঁড়ির জন্য ধন্যবাদ কারণ এটি ছাড়া আমাদের মধ্যে সেরারা পার হতে বা আরোহণ করতে পারব না।

44. ভগবান শুরু থেকে শেষ দেখেন এবং তিনিই জানেন বীজে কত গাছ আছে।

45. ঈশ্বর আমাদের প্রত্যেকের মধ্যে লুকানো নায়ককে দেখেন যখন আমাদের চোখ এবং কান থাকে শুধুমাত্র আইকনের জন্য।

46. ঈশ্বর যুগে যুগে তাঁর অসীম শক্তি দেখান একটি জাতিকে নেতৃত্ব দেওয়ার জন্য এবং জাতিগুলির সাথে মোকাবিলা করার জন্য ব্যক্তি নির্বাচন করে যেমন তিনি যীশু এবং মূসাকে বেছে নিয়েছিলেন।

47. ঈশ্বর সর্বদা প্রকৃতির মাধ্যমে কথা বলেন এবং যখন আমরা মনে করি না বা শুনি না, তখন তিনি একটু জোরে কথা বলতে শুরু করেন এবং তখন আমরা উঠে বসতে এবং লক্ষ্য করতে বাধ্য হই।

48. ঈশ্বর আমাদের সমস্ত ছোট প্লাস এবং বিয়োগ নিয়েছিলেন এবং এটিকে একটি বড় প্লাসে পরিণত করেছেন- যা যীশুর ক্রুশ।

49. পরিবর্তনের দায়িত্ব আমাদের উপর।

50. ঈশ্বর জন্মগত হারাদেরকে চিরতরে বিজয়ী ও বিজয়ীতে পরিণত করেন।

51. ঈশ্বর আমাদের বর্তমান সমস্যাগুলিকে আমাদের অস্তিত্বের পরবর্তী স্তরে নিয়ে যাওয়ার জন্য ব্যবহার করেন। অতএব, আসুন আমরা এইগুলির জন্য কৃতজ্ঞ হই।

52. ঈশ্বর তাঁর অতিপ্রাকৃত উদ্দেশ্য পূরণের জন্য আমাদের চিন্তা, ক্ষমতা এবং ইচ্ছার প্রাকৃতিক চারা ব্যবহার করেন।

53. ঈশ্বর চান মানুষ ঈশ্বরের মতো হোক, কিন্তু মানুষ ঈশ্বর হতে চায়।

54. ঈশ্বর আমাদের দুধ এবং মধুর দেশে নিয়ে যেতে চান, কিন্তু সমস্যা হল আমরা সিল্ক এবং অর্থে পরিপূর্ণ জীবন যাপন করতে চাই।

55. ঈশ্বর চান যে আমরা খুব প্রভাবশালী ব্যক্তি হই, খুব গুরুত্বপূর্ণ ব্যক্তি না হই।

56. ঈশ্বর পর্যাপ্ত বৃষ্টিপাত এবং সময়মতো পাঠাবেন, কিন্তু তিনি আপনার জন্য বীজ বপন, ক্ষেত লাঙ্গল, সার যোগ বা ফসল কাটতে যাবেন না।

57. ঈশ্বর আমাদের অতীত এবং আমাদের ভবিষ্যতের যত্ন নেবেন। আমাদের কেবল বর্তমানের সাথে মোকাবিলা করতে হবে।

58. ঈশ্বর আমাদের সবচেয়ে বড় যন্ত্রণার ক্ষেত্রটিকে আমাদের সর্বশ্রেষ্ঠ লাভের কারণ হিসাবে পরিণত করবেন।

59. ঈশ্বরের পরম পবিত্রতার জন্য ঈশ্বরের অনুগ্রহের একটি ক্রিয়াকলাপের মাধ্যমে মুক্তির প্রয়োজন হয়, মানুষের দ্বারা প্রণীত একটি ভাল জীবনের কাজ দ্বারা নয়।

60. ঈশ্বরের ভয়ঙ্কর, সর্বোত্তম, অতিপ্রাকৃত শক্তি আমাদের সবচেয়ে ভয়ঙ্কর পরিস্থিতিতে সবচেয়ে ভাল কাজ করে।

61. আমাদের গ্রহে ঈশ্বরের প্রিয় যন্ত্র হল এটিএম, ইতিহাসের বেশিরভাগ সময়ই আমাদের অধিকাংশ মানুষ তাঁর সাথে ওই যন্ত্রের মতোই আচরণ করেছে।

62. ঈশ্বরের রহমত হল সেই আঠা যা বিবাহকে একত্রে রাখে যখন প্রেম তার পূর্ণতা লাভ করে।

63. ঈশ্বরের ভালবাসা সর্বদা জাতিগত কুসংস্কার, ধর্মীয় বিদ্বেষ, রঙের কুসংস্কার, লিঙ্গ কুসংস্কার, শ্রেণীগত কুসংস্কার, জাতিগত কুসংস্কার ঘন মেঘের মধ্য দিয়ে উজ্জ্বল সূর্যালোকের মতো ভেঙেছে।

64. ঈশ্বরের ভালবাসা শর্তহীন, কিন্তু তাঁর প্রতিশ্রুতির আশীর্বাদ শর্তসাপেক্ষ।

65. ঈশ্বরের গণিত হল যোগ এবং গুণ এবং শয়তানের গণিত হল ভাগ এবং বিয়োগ।

66. মানব জাতির জন্য ঈশ্বরের জাতি অনেকটা কচ্ছপ এবং খরগোশের গল্পের মতো।

গতির চেয়ে দিকনির্দেশই গুরুত্বপূর্ণ। যে বলে, খরগোশ-মগজবিশিষ্টরা দিকনির্দেশের চেয়ে গতি বেছে নিতে থাকবে।

67. ঈশ্বরের পুরষ্কারগুলি প্ররোচিত কাজের মূল্যের তুলনায় অসম তার অনুগ্রহ।

68. এটা আমাদের সময়ের বিড়ম্বনার বিষয় যে, যারা যোগ্য তাদের গুণ থাকে না এবং যাদের গুণ থাকে তাদের যোগ্যতা থাকে না।

69. মানুষের মনের ধ্বংসাত্মক নেতিবাচক সম্ভাবনাকে তালাবদ্ধ করা যতটা গুরুত্বপূর্ণ, সৃজনশীল, গঠনমূলক এবং ইতিবাচক সম্ভাবনাকে আনলক করা ততটাই গুরুত্বপূর্ণ।

70. এটা স্বতঃসিদ্ধ যে আমরা যদি আমাদের জীবনকে স্বাস্থ্যকর অভ্যাসের উপর গড়ে না তুলে থাকি, তবে তা আমাদের থাকবে।

71. আমাদের শক্তিগুলিকে শক্তিশালী করা এবং পুঁজি করা এবং আমাদের দুর্বলতাগুলিকে নিরপেক্ষ করা সমান গুরুত্বপূর্ণ।

72. এটা আমাদের টপসি-টার্ভি ভ্যালু সিস্টেমের প্রমাণ যে আমরা শেয়ার করতে লজ্জিত আমরা যাকে সবচেয়ে বেশি মূল্য দিই, যা আমাদের সবচেয়ে বেশি প্রয়োজন এবং যা আমাদের লুকিয়ে রাখা এবং লজ্জিত হওয়া উচিত তা শেয়ার করতে লজ্জিত নই।

73. সংক্ষেপে জিনিস রাখা ভালো কারণ শুধুমাত্র তখনই বাদাম বিক্রি হয়।

74. এটি অসুস্থ শক্তি - সম্পূর্ণ প্রেরণা (ধর্মীয় বা রাজনৈতিক) এবং নিখুঁত নেতিবাচকতার একটি মারাত্মক সংমিশ্রণ যা কিছু মানুষকে আত্মহত্যার মিশন নিতে, মৃত্যুর একটি তাৎপর্য অর্জন করার চেষ্টা করে যা তারা জীবনে অর্জন করতে পারেনি, যতটা সম্ভব মানুষের প্রাণ কেড়ে নেওয়া।

75. এটা সবচেয়ে যুক্তিযুক্ত যে যখন একজন তার জীবন থেকে আলফা এবং ফ্যাক্টর বের করে দেয় ওমেগা, তিনি কেবল এটিএম আশা করতে পারেন - যে কোনও সময় দুঃখ। যখন ফ্যাক্টর ইন, যে কোন সময় করুণা।

76. মানুষের সদিচ্ছার চেয়ে ঈশ্বরের ইচ্ছা অনেক বেশি গুরুত্বপূর্ণ।

77. ঈশ্বর-জ্ঞান যে কোনও দিন প্রযুক্তির চেয়ে অনেক বেশি এবং দরকারী।

78. সুশাসন ঈশ্বরের শাসনের বিকল্প নয়। ঈশ্বরের শাসন আমাদের আত্মার উপর ঈশ্বরের আত্মাকে বোঝায়, আমাদের আত্মা আমাদের মনের উপর, আমাদের শরীরের উপর আমাদের মন।

79. ঈশ্বরের শাসনের সাথে সুশাসন আসবে।

80. গুগল এবং ইন্টারনেটে বকবক মানুষের বুদ্ধিমত্তা দিয়ে নির্মিত ব্যাবেলের একটি নতুন টাওয়ার। এটা আমাদের পরিত্রাণ বা প্রজ্ঞার উৎস নয়।

81. আলোর মতো নেতৃত্ব দেওয়ার আগে আলোর দ্বারা পরিচালিত হতে হবে।

82. সরকার কখনও কখনও বিপ্লব দ্বারা পরিবর্তিত হয় কিন্তু মানুষের চরিত্র, আচরণ এবং বিশ্বাস শুধুমাত্র উদ্ঘাটন দ্বারা পরিবর্তন করা যেতে পারে - জীবনের গভীর সত্যের একটি অন্তর্দৃষ্টি।

83. অনুগ্রহ আমাদেরকে আমাদের জাতিগত সাধারণ সমস্যাগুলির কারণে যে ধাক্কার সম্মুখীন হয় তার বিরুদ্ধে নিজেকে সামলাতে এবং আমাদের আরও ভাল আত্মকে আলিঙ্গন করতে সক্ষম করে।

84. অনুগ্রহ হল পরম শক্তি এবং পরম ভালবাসার মিশ্রণ এবং ভারসাম্য।

85. অনুগ্রহ একটি এখন ক্ষমতা যে সঙ্গে আছে ঈশ্বরের নিজের, যা বিশ্বাস দ্বারা জয়ী, প্রচেষ্টার দ্বারা নয়।

86. অনুগ্রহ নিখুঁত অনুপাতে প্রেম এবং মৃদু শক্তির একটি অদ্ভুত সংমিশ্রণ।

www.eqthinking.com   www.prateepphilip.com   www.fillipisms.com

87. অনুগ্রহ হল একজনের শক্তি এবং দুর্বলতা দ্বারা আরোপিত সীমার বাইরে প্রাকৃতিকভাবে কাজ করার একটি অতিপ্রাকৃত শক্তি।

88. অনুগ্রহ হল ঈশ্বর-প্রদত্ত এবং সক্ষম মহানতা।

89. গ্রেস আমাদের চরিত্র এবং কাজের বাস্তবতার চেয়ে আমাদের সম্ভাবনার দিকে নজর দিচ্ছে। এটি বাস্তবতাকে প্রত্যাখ্যান করা এবং আমাদের সম্ভাব্যতাকে আমাদের বাস্তবতা হিসাবে গ্রহণ করার বিষয়ে নজর দিয়েছে। আমরা কে বা আমরা যা করি তার কারণেই আমরা রক্ষা পাই না। এটা কারণ ঈশ্বর কে এবং তিনি কি করেছেন যে আমরা রক্ষা পেয়েছি।

90. অনুগ্রহ আমাদেরকে সেই মহত্ত্বে পুনরুদ্ধার করছে যা ঈশ্বর সবসময় আমাদের জন্য চেয়েছিলেন।

91. অনুগ্রহ হল ঈশ্বরের শক্তি যা আমাদের প্রয়োজনের সময় জানালার মাধ্যমে অবাধে আমাদের জীবনে ঢেলে দেয়। বহুমাত্রিক চাহিদা পূরণের জন্য এটি একটি বহুমাত্রিক সম্পদ।

92. করুণা বজায় রাখে, মহিমা আলাদা করে।

93. আপনার চারপাশে এবং আপনার জন্য করা অলৌকিক ঘটনাগুলির চেয়েও বড় যা আপনার মধ্যে এবং আপনার সাথে করা হয়েছে।

94. আমাদের বিশ্বাসকে এমনভাবে বৃদ্ধি করুন যাতে কষ্ট এবং পরাজয় আমাদের জীবনে শেষ কথা না থাকে।

95. সুখ একটি মানুষের উদ্ভাবন এবং সাধনা. ঈশ্বর শুধুমাত্র আমাদের সুখী দেখতে চান. আমরা কেবল তাঁর সাথে সম্পর্কের মধ্যেই আশীর্বাদ পেতে পারি। যখন তাই সম্পর্কিত, আমরা যেমন শোক করি এবং আনন্দ করি, তেমনি আমরা ধন্য বেঁচে থাকি এবং আমরা মরে যাই, দুর্ভিক্ষে এবং প্রচুর পরিমাণে, সাফল্যে এবং ব্যর্থতায়, সঙ্গ এবং একাকীত্বে।

96. কঠোর পরিশ্রম অর্থ প্রদান করে কিন্তু করুণা প্রার্থনা করে।

97. যিনি মূল্য পরিশোধ করেছেন তিনিই প্রশংসার দাবিদার।

98. সে শূন্যস্থান দেখে আগাপে ভালোবাসা দিয়ে পূর্ণ করেছে।

99. ডলার বা রুপিতে নয় বরং চিন্তা, অনুভূতি, কথা, কাজ এবং প্রতিক্রিয়ায় বিলিয়নিয়ার হওয়ার লক্ষ্য।

100. সব ঋতুর জন্য একটি ভাল নিয়ম: কখনই বিচার করবেন না, ফাজ করবেন না বা বজ করবেন না।

101. অস্তিত্ব সংক্রান্ত প্রশ্নের উত্তর খোঁজার জন্য চিরন্তন অনুসন্ধানের দৃষ্টি হারাবেন না।

"বিশ্বাস ন্যায্যতা এবং আশা প্রদান করে যখন প্রেম ভাল কাজ তৈরি করে।"

শিল্পীর অনুপ্রেরণা:

চিত্রকর্মটি ফিলিপ পরিবারের সফর দ্বারা অনুপ্রাণিত হয়েছিল
আন্দামান, হ্যাভলক, যেখানে সকালে জোয়ার এবং
কঙ্কাল দেখানোর জন্য তরঙ্গগুলি এত নাটকীয়ভাবে প্রত্যাহার করবে এবং
সৈকতের বিছানায় শুয়ে থাকা নৌকাগুলো দুর্বল ঈমানের মতো। এ থাকাকালীন
সন্ধ্যায় জোয়ারের স্রোত পরিষ্কারের উপর ভাসমান নৌকা প্রদর্শন করবে
ফিরোজা রঙের সমুদ্র আমাদের পায়ের চারপাশে ঢেউ উঠছে
পুনরুত্থিত বিশ্বাসের মত।

বিশ্বাস

1. বিশ্বাস ন্যায্যতা এবং আশা প্রদান করে যখন প্রেম ভাল কাজ তৈরি করে।

2. আইন একটি গাধা নয়. আইন আপনাকে রক্ষা করার জন্য, সংরক্ষণের জন্য, প্রচারের জন্য একটি প্রাচীর। দেয়ালে মাথা ঠুকলে তুমি গাধা হয়ে যাও।

3. দ্রুত শাসন প্রায়শই সুশাসনের সারাংশ।

4. প্রতিটি সাধারণ সমস্যা একটি পৃথক সমস্যা সমাধানকারীর জন্য একটি সুযোগ। প্রতিটি জটিল সমস্যা সমাধানকারীদের একাধিক দলের জন্য একটি সুযোগ। জাতিগুলির মুখোমুখি সমস্যাগুলি জটিল সমস্যা যার জন্য কোন ব্যক্তি সমাধান দিতে পারে না। এটি একাধিক কৌশল নিয়ে কাজ করার জন্য একাধিক দল প্রয়োজন।

5. একবার আপনি আপনার বনেটে একটি 'বোন আইডি' পেয়ে গেলেন, এর নীচে আগুন জ্বালান, মানে পর্যায়ক্রমিক বিরতিতে আপনি যে সমস্ত আবেগ পেয়েছেন তা দিন, পরিস্থিতির বাতাসের দিক অনুসরণ করুন এবং আপনি আপনার ভাগ্যে পৌঁছে যাবেন।

6. ব্যক্তি এবং জাতি হিসাবে প্রতিবেশীদের মধ্যে, দ্বন্দ্ব এবং যুদ্ধের চেয়ে কথা বলা এবং আলোচনা করা সর্বোত্তম কারণে তারা একে অপরের পাশে থাকার ভাগ্য।

7. উচ্চাকাঙ্খা এবং ঘাম ছাড়া, কেউ কাউকে অনুপ্রাণিত করতে পারে না।

8. যে কেউ অনায়াসে জীবনযাপনের কথা বলে সে নিজেকে এবং অন্যদের প্রতারণা করছে কারণ এক টন আকরিক থেকে এক আউন্স সোনা বের করার জন্য দুর্দান্ত, অবিরাম প্রচেষ্টা লাগে।

9. কষ্ট নামক জাহাজে কেউ উঠতে চায় না কিন্তু প্রায় সবাই কিছু সময় টিকিট পায়। এই জাহাজে কিছু সময় ব্যয় না করে, নেতৃত্ব বা বন্ধুত্বের মতো জীবনের বহরে অন্য জাহাজে ভ্রমণ করতে কেউ প্রস্তুত হয় না।

10. চরিত্রের শক্তি এবং সমৃদ্ধির রহস্য আজীবন যৌগিকতার "বুফে নীতি" নয়, বরং জীবনের ঝড়, পরীক্ষা এবং আঘাতের দ্বারা বিধ্বস্ত হওয়া।

11. একজন সত্যিকারের নায়ক কখনো লুকিয়ে থাকে না কিন্তু একজন সত্যিকারের নায়কের মধ্যে অনেক কিছু লুকিয়ে থাকে।

12. এটা আমাদের সময়ের একটি দুর্ভাগ্য যে অধিকাংশ মানুষ শুধুমাত্র টেলিভিশন দেখেছেন।

13. জয়ের চাবিকাঠি হল প্রথমত, আমরা যা ভাবি, কথা বলি এবং করি সব কিছুতেই জয়ের শব্দভাণ্ডার ব্যবহার করা এবং দ্বিতীয়ত, আমরা যা ভাবি, কথা বলি এবং করি সব ক্ষেত্রে হেরে যাওয়ার শব্দভাণ্ডার এড়াতে হবে।

14. আমাদের জিহ্বার চেয়ে আমাদের কলমের উপর আমাদের অনেক ভালো নিয়ন্ত্রণ আছে। এই কারণেই পুরুষরা সর্বদা তাদের কলম দিয়ে কম ভুল করে এবং বেশি ভাগ্যবান হয়। নৈতিকতা: কম কথা, বেশি লিখুন।

15. স্বাস্থ্য হল শরীরের একটি অবস্থা যেখানে সুস্থতা হল মন এবং আত্মার একটি অবস্থা।

16. স্বাস্থ্য, সুখ, সম্পদ এবং জ্ঞান হল জীবনের আন্তঃসম্পর্কিত এবং আন্তঃসংযুক্ত বৃত্ত। স্বাস্থ্য সুখ ও সম্পদে অবদান রাখে। একটি সুস্থ মন জ্ঞানে অবদান রাখে। যদি চারটিই ভারসাম্য বজায় রাখা না হয় এবং যে কাউকে গবল করতে দেয় অন্যরা, এটা সবার জন্য ক্ষতিকর হবে।

17. "হার্টিং" হল আপনার হৃদয় দিয়ে শোনা।

18. পৃথিবীর প্রায় সবকিছুই মানুষের হৃদয়ে তার সমান্তরাল খুঁজে পায়। মাটিতে যেমন একটি বীজ অঙ্কুরিত হয়, তেমনি হৃদয়ের ভিতর থেকে একটি ধারণা, একটি আবেগ এবং ভালবাসা অঙ্কুরিত হয়। একটি শব্দ হিসাবে হৃদয় এবং বাস্তবতা হিসাবে পৃথিবীর বিপরীত চিত্র.

19. কোনটি বাস্তব এবং কোনটি সত্যের মধ্যে পার্থক্য রয়েছে। বিশ্বাস বাস্তবতার রূঢ়তাকে অস্বীকার করে না কিন্তু বাস্তবতার উপর সত্যের শক্তিকে স্বীকার করে। আপনার জীবন এবং সম্ভাবনা নষ্ট করবেন না শুধুমাত্র জীবনযাপনের বাস্তবে, পরিবর্তে ঈশ্বরের সত্য নিশ্চিত করে সত্যবাদী জীবনযাপন বাস্তবতা অতিক্রম করুন.

20. আজ থেকে আপনার হৃদয় ফুলের বাগানের মতো বেড়ে উঠুক এবং ফোয়ারার মতো প্রবাহিত হোক।

21. মানুষের হৃদয় হল সর্বশ্রেষ্ঠ অনুসন্ধান এবং সন্ধানের ইঞ্জিন।

22. জীবনের চূড়ান্ত এবং স্থায়ী বিজয়ের জন্য মনের বা অঙ্গপ্রত্যঙ্গের শক্তির চেয়ে হৃদয়ের শক্তি বেশি গুরুত্বপূর্ণ।

23. যখন আমরা কংক্রিটের ঘরে বাস করি, আমাদের অবশ্যই মাংসের হৃদয় ধরে রাখার চেষ্টা করতে হবে।

24. মানুষের মনকে আঁকড়ে ধরার উপায় হল প্রথমে চেষ্টা করা এবং তার হৃদয়কে ধরে রাখা।

25. যুক্তির ছন্দ হৃদয়ের প্রতিটি স্পন্দনে স্পন্দিত হয় যখন বিশ্বাসের ছড়া প্রতি শ্বাসের সাথে প্রতিধ্বনিত হয়।

26. বিশ্বাস আমাদের সমস্ত নেতিবাচকতা নিভিয়ে দেয় এবং আমাদের সমস্ত ইতিবাচকতাকে পূর্ণ শিখায় ভক্ত করে তোলে।

27. বিশ্বাসের জন্য আপনাকে কখনও কখনও পাহাড় সরাতে হবে, জলের উপর দিয়ে হাঁটতে হবে এবং আগুন নামিয়ে আনতে হবে কিন্তু বেশিরভাগ সময়, এর মানে হল আপনি প্রার্থনা করুন এবং অপেক্ষা করুন।

28. বিশ্বাস প্রতিটি মানুষকে একজন জোসেফ, একটি ফলদায়ক ডাল এবং একটি স্বপ্নদ্রষ্টার মধ্যে রূপান্তরিত করে।

29. কাজ ছাড়া বিশ্বাস মৃত. সত্য ছাড়া বিশ্বাস একটি ভ্রম। ইবাদত ছাড়া ঈমান শুষ্ক।

30. বিশ্বাস, আমার প্রিয় কার্ল মার্কস, আপনি এতক্ষণে নিশ্চয়ই বুঝতে পেরেছেন যে এটি একটি ক্রাচ নয় বরং স্বর্গে যাওয়ার জন্য একটি এস্কেলেটর।

31. ঈশ্বরের সাথে সহভাগিতা হল একটি অতিপ্রাকৃত বিশেষাধিকার যখন উপাসনা একটি স্বাভাবিক কর্তব্য এবং প্রতিক্রিয়া।

32. যে কোন সুস্থ সামগ্রিক বিশ্বাস ব্যবস্থার পঞ্চাশ শতাংশ আগে তা জানতে হয় ঈশ্বর আছেন, বাকি পঞ্চাশ শতাংশই জানেন তিনি কে।

33. দুর্ভাগ্যের চাবুক এড়ানোর জন্য একজনকে ঈশ্বরের উপর প্রবলভাবে নির্ভর করতে হবে এবং এমনকি যদি এটি আপনাকে আঘাত করে তবে তিনি আপনাকে তা সহ্য করার অনুগ্রহ দেন।

34. ঈশ্বরের মধ্যে আপনার 'যথেষ্টতা' খুঁজুন এবং আপনার কোন ভাল জিনিসের অভাব হবে না।

35. প্রথমত, আপনি ঈশ্বরের কাছে আসেন এবং তারপর জয় করেন। যিনি দুনিয়াতে যান এবং জয় করেন, তিনি শেষ পর্যন্ত দেখতে পান যে তার সমস্ত বিজয় বৃথা এবং যেন তিনি কখনও কিছু জয় করেননি।

36. সঠিক নীতিগুলির একটি পথ অনুসরণ করুন কারণ এটি আপনাকে গৌরবের ট্রেইল জ্বলতে সক্ষম করবে, আপনার পরীক্ষায় আপনাকে সাহায্য করবে এবং আপনাকে বিচারের মুখোমুখি হতে বাধা দেবে।

37. জীবনের পরিহাস হল যে সত্য কম থাকে যখন মিথ্যা ব্যানার শিরোনাম পায়।

38. বেশীরভাগ মানুষের জন্য, শরীর হল শীর্ষ অগ্রাধিকার, কারো জন্য মন শীর্ষ অগ্রাধিকার, আবার অন্যদের জন্য আত্মা কিন্তু ঈশ্বরের জন্য আমাদের হৃদয় শীর্ষ অগ্রাধিকার।

39. যে বিশ্বাস করে না তার জন্য এই পৃথিবীর গর্ভ তার আত্মার সমাধি হয়।

40. অতীতের জন্য আমাদের প্রচুর করুণা রয়েছে, বর্তমানের জন্য আমাদের ক্ষমতা রয়েছে এবং ভবিষ্যতের জন্য আমাদের যথেষ্ট অনুগ্রহ রয়েছে।

41. আধ্যাত্মিকভাবে প্রবণ এবং বিচক্ষণ ব্যক্তির জন্য, জীবন কখনও কখনও পানীয় বা সুস্বাদু খাবার বা অভিজ্ঞতা দ্বারা উদ্দীপিত নয় বরং আপাতদৃষ্টিতে উদ্দীপিত উচ্চতার একটি অবিচ্ছিন্ন সিরিজ।

42. ক্ষমা মন্দের উপর ভালোর চূড়ান্ত বিজয়।

43. কমপক্ষে একটি কোণ থেকে, প্রতিটি মানুষ একজন দেবদূত, তার ডিএনএ বা ঐশ্বরিক প্রকৃতি রয়েছে - চ্যালেঞ্জটি বাকি 359টি কভার করার জন্য সেই এক ডিগ্রি থেকে শুরু করা উচিত।

44. ঈশ্বরের দৃষ্টিকোণ থেকে, আমাদের জীবন সমুদ্রের ক্ষুদ্র ফোঁটা মাত্র তাঁর ভালবাসা যা বোঝায় যে তিনি প্রতিটি ফোঁটা স্বতন্ত্রভাবে জানেন।

45. গ্যাজেটগুলি জীবনকে উন্নত করে না, শুধুমাত্র "ঈশ্বর সাহায্য পান" ।

46. আপনি জীবিত থাকাকালীন যে সমস্ত সোনা পান- আপনি মারা গেলে আপনার তা প্রয়োজন হবে: ঈশ্বরের অসামান্য ভালবাসা প্রদর্শিত।

47. ঈশ্বরের সাথে নিজেকে জোড়া করুন এবং আপনি দেখতে পাবেন আপনার কাছে কম ব্লুজ আছে।

48. আমাদের নিজেদের সম্পর্কে ঈশ্বরের নিশ্চিতকরণ আমাদের আত্ম-প্রত্যয়নের চেয়ে অনেক বেশি শক্তিশালী।

49. ঈশ্বরের আশীর্বাদ অনেকটা মেইলের মতো। আমাদের বিশ্বাস-নির্ধারিত আইডি বা পরিচয়ের নির্ভুলতা নির্ধারণ করে যে এটি আমাদের ইনবক্সে আসে বা অন্য কারও বা সরাসরি জাঙ্ক মেলে যায়।

50. ঈশ্বরের অনুগ্রহের অর্থ এই নয় যে আমাদের দৌড়াতে বা কাজ করতে হবে না বরং আমরা যাতে দ্রুত দৌড়াতে পারি, কঠোর পরিশ্রম করি, আরও বুদ্ধিমান হই। এর মানে আমরা নির্ভর করি না আমাদের পরিমাপযোগ্য ভাগফলের উপর কিন্তু তাঁর অপরিমেয় জ্ঞান এবং শক্তির উপর।

51. ঈশ্বরের পথ হল আনন্দ ও আনন্দের আগে বেদনা ও দুঃখ আর মানুষের পথ হল বেদনার আগে আনন্দ ও আনন্দ।

52. ঝড়ের পরে নাবিক একটি শান্ত সমুদ্র অনেক বেশি উপভোগ করে। অসুস্থতার পর আমরা অনেক বেশি ভালো স্বাস্থ্য উপভোগ করি। কঠিন প্রয়োজনের পরে আমরা অনেক বেশি সমৃদ্ধি উপভোগ করি। আমরা বিচ্ছিন্নতার পরে সঙ্গ উপভোগ করি।

53. বিরতিহীন রোজা থেকে ব্যক্তিগত বিরতিহীন প্রার্থনা অনেক বেশি উপকারী।

54. একমাত্র ঈশ্বরই প্রতিটি কষ্টকে লাভে পরিণত করতে পারেন।

55. ঈশ্বরের সর্বদা প্রথম শব্দ এবং শেষ শব্দ থাকে এবং বাকি সময় তিনি আমাদের কথা বলতে দেন।

56. ঈশ্বর সবসময় ভাঙা পাপী পছন্দ করেন তার কোম্পানীর স্ব-ধার্মিক "উপস্থিত" ব্যক্তি হিসাবে। এর অর্থ এই নয় যে একজন পাপ করা শুরু করে তবে সে সর্বোত্তম জীবনধারার সাথেও নম্র এবং ভগ্ন থাকে।

57. ঈশ্বর প্রার্থনার উত্তর দেয় কিন্তু অগত্যা এই যে আপনি যেভাবে আশা করবেন সেভাবে নয়।

58. ঈশ্বর আমাদের জীবনের ফাটলগুলিকে অর্থপূর্ণ এবং সুন্দর প্যাটার্ন এবং ডিজাইন করতে পারেন এবং পূরণ করেন।

59. ঈশ্বর আপনাকে একটি মহান মস্তিষ্ক দিতে পারেন যখন তিনি আপনার হৃদয় বিশ্বাস করতে পারেন।

60. ঈশ্বর সত্যিই আপনাকে সিংহের গুহা এবং অগ্নিকুণ্ড থেকে রক্ষা করতে পারেন, কিন্তু আপনি কখনই বিষয়টি প্রমাণ করতে উভয়ের মধ্যে ঝাঁপিয়ে পড়বেন না।

61. ঈশ্বর আমাদের ঠিক নিতে পারেন এবং আবার এটিকে KO - নক আউটেও পরিণত করতে পারেন।

62. ঈশ্বর আপনার ভালোর জন্য আপনার বিরুদ্ধে সমস্ত প্রতিকূলতা ঘুরিয়ে দিতে পারেন, এমনকি যেগুলো আপনি ভাবেনওনি।

63. ঈশ্বর বোঝার প্রতিটি জোয়ালকে বৃদ্ধির জোয়ালে পরিণত করতে পারেন, আমাদের ঘাড়ের চারপাশের প্রতিটি চাঁতির পাথরকে আমাদের পা অতিক্রম করার জন্য একটি মাইলফলক হিসাবে গড়ে তুলতে পারেন।

64. গর্জন না করে দীপ্তিতে বেড়ে উঠুন।

65. বৃদ্ধি ঘটে যখন আপনি আপনার কমফোর্ট জোন থেকে আপনার চ্যালেঞ্জ জোনে চলে যান।

66. নির্দেশিত বার্তাগুলি নির্দেশিত ক্ষেপণাস্ত্রের চেয়ে অনেক বেশি শক্তিশালী কারণ তারা মানুষকে অনুপ্রাণিত করে এবং মেয়াদ শেষ না করে।

67. আপনি কি একবারে পুরো খাবার খেয়েছেন? তুমি কামড়ে কামড়ে খাও। একইভাবে, একটু একটু করে ভাবুন, একটু একটু করে অনুভব করুন, একটু একটু করে কাজ করুন, একটু একটু করে কথা বলুন। এটাই বড় হবার পথ।

www.eqthinking.com www.prateepphilip.com www.fillipisms.com

68. স্বাস্থ্য হল সবচেয়ে মৌলিক সম্পদ। সম্পদ বা আনন্দ বা হত্যার অভ্যাসের বেদীতে এটি কখনই বলি দেবেন না। উপভোগ করুন, ধন এবং এটিকে উপভোগ করুন ।

69. যে রঙের মুরগি সে কি একই রঙের ডিম পাড়ে। আপনি কি তৈরি করেন সেটাই গুরুত্বপূর্ণ, আপনার ত্বকের রঙ নয়।

70. ইতিহাস এমন লোকেদের উদাহরণে পূর্ণ যারা হাল ছেড়ে দিয়েছে অদৃশ্যের জন্য দেখাকেও, যদিও এমন অনেক লোকের উদাহরণ রয়েছে যারা দৃশ্যের জন্য অদেখাকে ছেড়ে দিয়েছে। প্রাক্তনরা ইতিহাস তৈরি এবং আকার ধারণ করেছিল যখন পরেরটি একটি ফুটনোটেও নিজেদের খুঁজে পায়নি।

71. ইতিহাস প্রমাণ করে যে অধ্যবসায় প্রতিবারই ভোগের বিরুদ্ধে জয়লাভ করে।

72. আজকাল শিশুদের জন্য হোমওয়ার্ক এতটাই কঠিন যে এটাকে টিম ওয়ার্ক বলাই ভালো কারণ এতে পুরো পরিবারকেই লাগে।

73. আশা শক্তির পুনরুজ্জীবনের দিকে পরিচালিত করে; বিশ্বাস জীবনের পুনরুজ্জীবনের দিকে পরিচালিত করে।

74. আপনি কীভাবে বিশ্বাসী একজন ব্যক্তিকে শুধুমাত্র মতামতের সাথে একজন ব্যক্তির থেকে আলাদা করবেন: প্রাক্তনটি তার দৃঢ় বিশ্বাসকে অন্তত তার জীবনের সমান বিবেচনা করবে এবং এর জন্য বড় ঝুঁকি মোকাবেলা করতে ইচ্ছুক হবে যখন পরেরটি তার পায়ে দাঁড়াবে বা ঠোঁট শক্ত থাকবে - এই ধরনের পরিস্থিতিতে

75. কীভাবে একজন প্রলোভন এবং সুযোগের মধ্যে পার্থক্য করতে পারে? যখন আনন্দ প্রথমে আসে এবং কষ্ট পরে আসে, এটি একটি প্রলোভন। যখন কষ্ট আগে আসে আর আনন্দ পরে আসে, সেটাই একটা সুযোগ।

76. আমরা কীভাবে আমাদের প্রতিবেশীকে সংজ্ঞায়িত করি তা নির্ধারণ করে আমরা কে।

77. মানুষই একমাত্র প্রজাতি যারা অ-ভৌতিক জিনিস খেতে, হজম করতে এবং শোষণ করতে পারে। আমরা এটি যত বেশি করব ততই ভাল।

78. মানুষ দুই চোরের মধ্যে ক্রুশবিদ্ধ হয়ে নিজেকে ক্রুশবিদ্ধ করে - অতীত সম্পর্কে অপরাধবোধ এবং ভবিষ্যতের উদ্বেগ।

79. মানব ইতিহাস এমন লোকেদের দৃষ্টান্তে পরিপূর্ণ যারা মূল্যবান জিনিস পাওয়ার জন্য অমূল্যকে ত্যাগ করেছে।

80. মানুষের সমস্যাতেই আছে সময়ের মধ্যে সমাধান বা সময়ের সাথে দ্রবীভূত হওয়ার উপায়।

81. মানুষের সুস্থতা বারোটি কূপের উপর নির্ভর করে: সর্বাগ্রে হল ঐশ্বরিক অনুপ্রেরণা, তার পরে উচ্চাকাঙ্ক্ষা, ঘাম, গভীর চিন্তা, ভাল সম্পর্ক, শারীরিক শৃঙ্খলা, সুস্থ অভ্যাস, নিখুঁত যোগাযোগ, ভাল মনোভাব, সন্তুষ্টি, সতর্ক পরিকল্পনা এবং বাস্তবায়ন।

82. নম্রতা এবং সততা দুটি লক্ষণ যা একজন ব্যক্তিকে কর্তৃত্ব অর্পণ করা যেতে পারে যখন অহংকার, অসততা এবং অকৃত্রিমতা নিশ্চিত লক্ষণ যা সে এই কাজের যোগ্য হতে পারে না।

83. ঈশ্বর আমাদের জীবনে সত্যই ভাল কিছুর প্রতিদ্বন্দ্বী নন।

84. হাস্যরস হল জীবনের উন্মাদনার মুখোমুখি হওয়ার জন্য মানুষকে দেওয়া প্রকৃতির আবিষ্কার।

85. ধর্মীয় নোংরামিকে ঘৃণা করুন, তবে যা আধ্যাত্মিক, সামগ্রিক, ব্যবহারিক, আমাদের সত্তার প্রতিটি কোষের জন্য দরকারী, যা আমাদের জীবনের মূলকে প্রভাবিত করে, যা আমাদের চিন্তাভাবনা, আবেগ এবং কর্মে সর্বদা কম্পিত হতে পারে তাকে ভালবাসুন।

86. যখন আমরা ঝগড়া এবং বিবাদ ছাড়া বাস করি, তখন আমরা আমাদের বিশ্বাসকে যাচাই করি। যখন আমরা তা করি না, তখন আমরা আমাদের বিশ্বাসকে বাতিল করে দিই।

87. যদি সমস্ত প্রাণীকে মানুষের মতো বুদ্ধি দেওয়া হত, তবে পৃথিবীতে জীবন অসহনীয় হত। আপনি যদি একটি গাভীকে দোহন করেন তবে এটি চুরির অভিযোগ করবে বা এর প্রতিবাদ করার জন্য একটি ইউনিয়ন গঠন করবে।

88. মানবজাতি যদি প্রযুক্তির কোয়ান্টাম লাফের সাথে দৃষ্টি, মূল্যবোধ, চরিত্রের ক্ষেত্রে তাল মিলিয়ে চলতে থাকে, তাহলে আমরা আজকের মতো নৈতিকভাবে দেউলিয়া, আবেগগতভাবে নিঃশেষ হতাম না।

89. যদি কেউ জিহ্বা থেকে গড়িয়ে পড়ার আগে প্রতিটি শব্দকে ওজন না করে তবে এটি তাকে দীর্ঘ সময়ের জন্য উড়ন্ত ইটের মতো আঘাত করতে পারে।

90. যদি কেউ নির্মম না হয় তবে তাকে দাঁতহীন বলে মনে করা হয়। কিন্তু, কেউ যদি নির্মম হয়, তবে সে সত্যহীন।

91. যদি কেউ তার যা করা দরকার সে সম্পর্কে যথেষ্ট উদ্যোগী হয়, তাকে কখনোই কারো প্রতি ঈর্ষান্বিত হতে হবে না

92. বিশ্বাস সত্যিই একটি শক্তিশালী জাল যা ভাঙবে না বা ছিঁড়বে না। এটি আমাদের জীবনের সমস্ত বিন্দুকে সংযুক্ত করে।

93. ঈশ্বর আমাদের উপর প্লাস্টিক সার্জারি করাতে বিশ্বাস করেন না, কিন্তু তিনি দ্রাষ্টিক সার্জারি করাতে বিশ্বাস করেন।

94. ঈশ্বর আমাদের সক্ষম হতে আশা করেন না, কিন্তু তিনি আমাদের স্থিতিশীল হতে আশা করেন।

95. ভগবান আমাদের খাদ্য দ্বারা খাবার খাওয়ান না, তবে তিনি আমাদের চাহিদা মেটাতে বীজ সরবরাহ করেন।

96. ঈশ্বর আমাদের পা বা হাত ধরেন না কিন্তু আমাদের পথ দেখান।

97. ঈশ্বর জিনিস সহজ করে না. তিনি সহজভাবে এটিকে সম্ভব করে তোলে।

98. ঈশ্বরের একটি দ্বিতীয় পরিকল্পনার প্রয়োজন নেই.

99. যখন অনুপ্রেরণা আধ্যাত্মিক হয়, তখন অভিব্যক্তি শারীরিক, বৌদ্ধিক, মানসিক, সামাজিক বা রাজনৈতিক হোক তাও কার্যকর হবে।

100. ঈশ্বর নিজেকে আমাদের নিয়ন্ত্রক হিসাবে অবস্থান করেন না কিন্তু থাকেন আমাদের সাহায্যকারী, আমাদের ফ্যাসিলিটেটর হিসাবে।

101. যারা নিজেদের সাহায্য নিজে করে তাদের পক্ষে ঈশ্বরের শক্তি কাজ করে।

বেদনা যত গভীর, পেইন্টিংও তত বেশি।

শিল্পীর অনুপ্রেরণা:

কালি পেইন্টিংগুলি চারটি প্যানেলে তৈরি করা হয়েছিল এবং তারপরে হতাশা থেকে মুক্তি, মুক্তি থেকে উপলব্ধি, উপলব্ধি থেকে উত্থান পর্যন্ত মানসিক বৃদ্ধি চক্রের বিভিন্ন পর্যায়ের রূপান্তর প্রদর্শনের জন্য একত্রিত করা হয়েছিল।

বৃদ্ধি

1. ব্যথা যত গভীর, পেইন্টিং তত বেশি।

2. প্রতিটি প্রকাশ্য নেতৃত্বের পিছনে রয়েছে গোপন প্রভাব।

3. সর্বত্র নেতা এবং জনগণকে তাদের এবং আমাদের মাথায় রাখা ভারী ভার বহন করার জন্য ঈশ্বর বা পত্নী বা পরিবার বা বন্ধুবান্ধব বা সহকর্মী, সকলে, অনেক বা যেকোন ব্যক্তিদের মধ্যে নিজেদের জন্য একটি ফুলক্রাম খুঁজে বের করতে হবে।

4. মিশ্রিত করুন, কিন্তু বাঁকবেন না.

5. আপনার 'কুয়ার' দক্ষতাকে আপনার মূল দক্ষতার সাথে একত্রিত করুন – এটি একটি অব্যর্থ সমন্বয়।

6. নিজের সাথে প্রতিযোগিতা করুন, অন্যদের সাথে সহযোগিতা করুন।

7. আপনার দুর্বলতা মোকাবেলা করুন এবং আপনার শক্তি থেকে নেতৃত্ব দিন।

8. সংকল্প, শক্তি এবং প্রজ্ঞা নেতৃত্বের শিশির গঠন করে, তেল যা একজন নেতাকে শুরু থেকে শেষ পর্যন্ত ভালভাবে কাজ করায়।

9. এমন একটি মানসিকতা গড়ে তুলুন যাতে এটি হেডস হলে আপনি জয়ী হন এবং যদি এটি টেলসও হলে তবে আপনি জয়ী হন।

10. প্রভাবিত করার চেষ্টা করবেন না কিন্তু কল্পনা এবং উন্নত করার চেষ্টা করুন।

11. বিতর্ক করবেন না কিন্তু সন্তুষ্ট থাকুন।

12. প্রতিটি পুরস্কার একটি মূল্য নির্যাস.

13. আপনি যদি একটি জিনিস উপভোগ করতে না পারেন তবে এটি শেষ করুন। শেষ করতে না পারলে সহ্য করা শিখুন

14. শুধুমাত্র একজন অন্বেষণকারী একজন সন্ধানকারী হতে পারে - এটি ব্যাখ্যা করে কেন এত কম খুঁজে পাওয়া যায়।

15. নীতিগুলি মানুষের আবেগকে ধারণ করে, রক্ষা করে, নিয়ন্ত্রিত করে এবং এটিকে একটি আকৃতি, একটি দিক এবং চরিত্র দেয় যেমন একটি পাত্র তরলকে করে।

16. যদি আপনি শুধুমাত্র বেঁচে থাকেন, আপনি আপনার সম্ভাবনার মাত্র এক তৃতীয়াংশ পূরণ করছেন - প্রতিটি প্রাণী এটি করতে সফল হয়। বার এত কমে সেট কর না

17. আসুন আমাদের Poverty অর্থাৎ দারিদ্র্যকে আমাদের "Power-ty" অর্থাৎ "ক্ষমতা-টাই" দিয়ে প্রতিস্থাপন করি।

18. বডি কোড আমাকে বলে যে সমস্ত একক অঙ্গ - জিহ্বা, মস্তিষ্ক, হৃৎপিণ্ডকে মানবদেহের সুপার পাওয়ার বলা যায় বাকি যেমন চোখ, কান, হাত, পা এবং অন্যান্য জোড়া অভ্যন্তরীণ অঙ্গগুলির তুলনায়। এগুলোর রক্ষণাবেক্ষণ ও বিকাশের জন্য বিশেষ মনোযোগ এবং প্রচেষ্টা প্রয়োজন।

19. প্রেমের শক্তি শক্তির ভালবাসাকে অতিক্রম করে যখন পরেরটি দুঃখ উৎপন্ন করে, আর আগেরটি সুখ উৎপন্ন করে।

20. যারা অল্পবয়সী, ক্যারিশম্যাটিক, ধনী বা শক্তিশালী তাদের অমরত্ব বা অনাক্রম্যতার মায়া থাকে যখন বয়স্ক এবং দুর্বলরা মৃত্যুর কাছাকাছি আসার ইঙ্গিতের কারণে বুদ্ধিমান এবং নম্র হয়।

21. আজ আমাদের প্রতিদিনের শ্বাস, আমাদের আশা, আমাদের শক্তি, আমাদের অনুপ্রেরণা, আমাদের আধ্যাত্মিক খাদ্য দিন।

22. যীশুতে বিশ্বাসী এই পৃথিবীতে উত্থিত হয়েছে যেমন মূসার ফেরাউনের ঘরে মিশরের ভূমি দাসত্ব এবং অন্ধকারে বসবাসকারী লোকদের সেবা ও মুক্তির জন্য এমনকি মূসাকে মিশর থেকে ইস্রায়েলের নেতৃত্ব ও সেবা করার জন্য ডাকা হয়েছিল।

23. সর্বোত্তম এবং সর্বশ্রেষ্ঠ নেতারা হলেন তারা যাদেরকে ঈশ্বর নিজেই তাদের জীবনকালে আকার দিয়েছেন এবং সম্মানিত করেছেন।

24. বাস্তব জীবনের জন্য সর্বোত্তম এবং একমাত্র কার্যকরী মডেল হল চিন্তা ও কর্মের স্বাধীনতা, মানুষের সাথে পরস্পর নির্ভরতা এবং ঈশ্বরের উপর নির্ভরতা।

25. ঈশ্বরের সর্বোত্তম প্রমাণ হল তাঁর সম্পর্কে আমাদের অভিজ্ঞতা যখন আমরা নিশ্চিতভাবে জানি যে এটি কেবল তিনিই হতে পারতেন।

26. সেরাটি এখনও আসেনি তবে এটি অবশ্যই ঈশ্বরের সময়ে আসবে।

27. ঈশ্বরের অস্তিত্বের সর্বোত্তম প্রমাণ আপনি নিজেই। এই ঘটনাক্রমে আপনি কখনও পাবেন সবচেয়ে বড় প্রশংসা।

28. ভবিষ্যৎকে গ্রিপে পাওয়ার সর্বোত্তম উপায় হল আপনার হাত বর্তমানের উপর এবং আপনার হাঁটু মেঝেতে রাখা।

29. বাইবেল এমন একটি বই যা একটি টেলিস্কোপ, একটি ক্যালিডোস্কোপ, একটি মাইক্রোস্কোপ, একটি স্টেথোস্কোপ হিসাবে কাজ করে এবং আমাদের পরীক্ষা করার সুযোগ দেয় এবং জীবন আমাদের যে সমস্ত সুযোগ, চ্যালেঞ্জ এবং প্রতিশ্রুতি দেয় তা বিশদভাবে অনুভব করুন।

30. নেতৃত্বে প্রয়োগ করা বনসাই বাগানের ধারণা ক্রমবর্ধমান লোকেদেরকে 'পাত্রে' নিয়ে যায় যাতে তারা পূর্ণ সম্ভাবনায় বৃদ্ধি না পায় এবং হুমকিস্বরূপ প্রমাণিত হয়।

31. আপনি যত বড় ক্রুশ বহন করবেন, তত বেশি অনুগ্রহ আপনি পাবেন।

32. প্রতিটি মানুষের মুখোমুখি হওয়া সবচেয়ে বড় গোলিয়াথ হল মৃত্যু। তার চার ভাই রোগ, দারিদ্র, সংঘাত ও ভয়। যীশুর ভিত্তিপ্রস্তর Goliath সঙ্গে মোকাবিলা. এই ভাইদের সাথে মোকাবিলা করার জন্য আরও চারটি শক্তিশালী-পাথরের প্রতিশ্রুতি বহন করুন।

33. জীবনের এবং প্রকৃতপক্ষে ইতিহাসের সবচেয়ে বড় প্রশ্ন আপনি ঈশ্বরে বিশ্বাস করেন কিনা তা নয় বরং ঈশ্বর আপনাকে বিশ্বাস করেন কিনা।

34. যীশুর দেহ, পরম জন্য নিখুঁত মেষশাবক মানবজাতির সমস্ত অসুখের নিষ্কৃতি এবং সমাধান যেমন ক্রুশে ঝুলানো হয়েছে তা করুণার শারীরস্থানে পরিণত হয়েছিল।

35. মানব নীতির মোমবাতি সূর্যের কোন বিকল্প নয় ন্যায়পরায়ণতা।

36. মানুষের সন্তানেরা ভাল সময়ে তাদের ভালো মনোভাব প্রকাশ করে এবং প্রতিকূল সময়ে খারাপ মনোভাব প্রকাশ করে যখন ঈশ্বরের সন্তানরা প্রতিকূলতার মধ্যে তাদের সেরা মনোভাব প্রকাশ করে।

37. আমাদের আত্মার সাধারণ শত্রু হল আসল চোর, ডাকাত, হত্যাকারী: সমস্ত চুরি, সহিংসতা, যুদ্ধ, সংঘাত, ধ্বংসাত্মক উদ্ভাবন, শূন্যবাদী ধারণা এবং মতাদর্শ, সমস্ত মন্দ আজও তার দ্বারা উদ্ভূত।

38. ঈশ্বর যে ব্যাপক শান্তি দেন তা মানুষের বোধগম্যতার বাইরে কিন্তু মানুষের আশঙ্কা ও উপলব্ধির বাইরে নয়

39. ঈশ্বরের নিজের সংজ্ঞায় লুকিয়ে থাকা ধারণাগুলি "আমি যে আমিই" তা পাঁচটি ধারণার ক্রমগুলির একটি সংমিশ্রণ লককে বোঝায়: ব্যক্তি, বর্তমান, শক্তি, চরিত্র এবং প্রভাব।

40. ঈশ্বরের সাথে মানুষের বিরোধ পূর্বে এবং এমনকি নিজের সাথে অন্তর্দ্বন্দ্ব, পুরুষের সাথে পুরুষের এবং নারীর সাথে পুরুষের, প্রকৃতির সাথে পুরুষের দ্বন্দ্বের কারণ হয়েছিল।

41. ঈশ্বরের সাথে শান্তি আগে হওয়া উচিত এবং নিজের সাথে, অন্যদের সাথে, প্রকৃতির সাথে শান্তি সৃষ্টি করা উচিত।

42. ঈশ্বরের পথের সাথে মানুষের পথের সংগতি সম্প্রীতি, সত্যিকারের সুখ, উন্নতির দিকে নিয়ে যায় এবং অসঙ্গতি বিপরীত প্রভাব ফেলে।

43. প্রতিযোগীতা কখনই অন্যদের সাথে স্ব-বনাম নয়। এটা কখনই স্ব-বনাম ঈশ্বর নয়।

এটি সর্বদা আপনার শক্তিশালী স্ব-বনাম আপনার দুর্বল স্ব। এটি সর্বদা স্ব-বনাম আপনার আত্মার শত্রু। কখনো ভুল শত্রুর সাথে যুদ্ধ করবেন না।

44. ক্রসটি পরম অপমানের প্রতীক, সর্বশ্রেষ্ঠ নিষ্ঠুরতার একটি যন্ত্র হয়ে উঠেছে পরম করুণার প্রতীক, সর্বশ্রেষ্ঠ করুণার চিহ্ন - ইতিহাসের সর্বশ্রেষ্ঠ রূপান্তর।

45. ক্রস হল এক জিনিস ইতিহাস যা মানুষকে সর্বশক্তিমানের সাথে ক্রস উদ্দেশ্য থেকে বিরত রাখে।

46. ক্রস হল মুকুটের পথ।

47. ক্রসটি মানবতার জন্য দেবত্বের ভালবাসার সর্বজনীনভাবে শক্তিশালী প্রতীক হিসাবে রয়ে গেছে কারণ এটি আমাদের সমস্ত বিয়োগ বাতিল করে উপরে থেকে একটি বিয়োগ দিয়ে এটিকে প্লাসে পরিণত করে এবং এটি আমাদের সমস্ত প্লাসের উপর আশীর্বাদের একটি দ্বিগুণ প্লাস।

48. খ্রীষ্টের ক্রুশবিদ্ধকরণ একটি কল্পকাহিনী ছিল না কিন্তু মানব ইতিহাসের কেন্দ্রবিন্দু ছিল, হেডিস জুড়ে সেতু, পৃথিবী থেকে স্বর্গে জ্যাকবের সিঁড়ি।

49. সেই দিন বা সেই মুহূর্ত আমরা বুঝতে পারি যে আমরা সম্মিলিতভাবে এবং পৃথকভাবে ঈশ্বরের অসীম বিশালতা এবং মহত্ত্বের তুলনায় কিছুই নেই এবং তিনিই সবকিছু, আমরা যৌথভাবে, পৃথকভাবে এবং ঈশ্বরের সাথে অংশীদারিত্বে আমাদের জীবনের কিছু করতে পারি।

50. ঈশ্বরের ভালবাসার গভীরতা মানুষের পাহাড়ের উচ্চতার চেয়ে অনেক বেশি।

51. শয়তান খারাপ খবর তৈরিতে পারদর্শী। ঈশ্বর সুসংবাদ উৎপন্ন করতে এবং খারাপ খবরকে সুসংবাদে পরিণত করতে পারদর্শী। আমাদের মন তৈরি করতে হবে যে আমরা কোনটি পড়তে চাই এবং আমাদের জীবনে কি অনুভব করতে চাই।

52. দ্বান্দ্বিক বা হেগেলীয় যুক্তি সবচেয়ে অযৌক্তিক। থিসিস যখন এটি তার বিপরীতের সাথে একত্রিত হয় - অ্যান্টিথিসিস সংশ্লেষণ গঠন করে না তবে ধ্বংস বা দূষিত হয়। থিসিস হল স্রষ্টা, মুক্তিদাতা যখন বিরোধী হল ধ্বংসকারী, দুর্নীতিকারী।

53. একটি পরীক্ষা এবং একটি প্রলোভনের মধ্যে পার্থক্য হল যে আমরা এই আশা নিয়ে পরীক্ষা করি যে আমরা ব্যর্থ হব না যখন আমরা এই আশা নিয়ে প্রলুব্ধ হই যে আমরা ব্যর্থ হব।

54. প্রার্থনার গতি এবং বিশ্বাসের শক্তি দ্বারা আমাদের এবং নিশ্চিত বিজয়ের দূরত্ব অতিক্রম করা হয়।

55. আধ্যাত্মিকতার দ্বার খোলে জ্ঞান বা অনুমান নয়, বিশ্বাসের মাধ্যমে

56. প্রারম্ভিক পাখি তারাতারি শব্দ ধরে।

57. পৃথিবী একটি দৈত্য কুমারের চাকা এবং আমরা প্রত্যেকে চাকার উপর একটি পাত্র. প্রতিদিন চাকা চালু হয় যেখানে আমরা ঐশ্বরিক পটারের হাত অনুভব করি। সবাই একটা কাজ করে চলছে। কারও উপর চূড়ান্ত রায় দেওয়া যায় না।

58. পৃথিবী একটি অশ্রুবিন্দু যা ঈশ্বরের গাল থেকে গড়িয়েছে।

59. পৃথিবী, মহাকাশ থেকে দেখা হলে তারা এবং স্বর্গীয় দেহের অসীমতার বিরুদ্ধে একটি ক্ষুদ্র সাদা বিন্দু হিসাবে আবির্ভূত হয়, সম্ভবত অসীম ঈশ্বরের সাথে সম্পর্কহীন মানব জীবন অর্জন এবং অর্জনের তুচ্ছতা প্রমাণ করার জন্য।

60. কার্যকর জিনিস হল একজন যীশু অনুশীলনকারী এবং অনুকরণকারী এবং একটি যীশু প্রচারক না।

61. আমাদের ঐশ্বরিক আশীর্বাদের বাগানে কীভাবে প্রলোভনের সাপকে উত্থাপন করতে হয় তা শত্রু ভাল করেই জানে। সচেতন হওয়া এবং সাবধান হওয়া আমাদের কাজ।

62. পড়াশুনা বন্ধ করুন এবং শেখা শুরু করুন।

63. অধ্যয়ন বই থেকে মনের মধ্যে সবচেয়ে গুরুত্বপূর্ণ বিষয়গুলি স্থানান্তরিত করে, ধ্যান এটিকে মন থেকে হৃদয়ে স্থানান্তর করে, যোগাযোগ হৃদয় থেকে মুখে স্থানান্তরিত করে, শ্রবণ এটি মুখ থেকে হৃদয়ে স্থানান্তরিত করে, অনুশীলন এটি স্থানান্তরিত করে জীবনের জন্য হৃদয় এবং মুখ।

64. সাফল্য আপনাকে অভিশাপের গলিতে বিধ্বস্ত করতে পারে এমনকি আপনি এটি না জেনেও যেমন ডায়াবেটিস রোগীদের নীরব ব্যথাহীন হার্ট অ্যাটাক।

65. আপনার শরীরের ভাল যত্ন নিন কারণ এটি আপনার সাথে সারাজীবন ছিল।

আপনার মনের যত্ন নিন - আপনার এটি সর্বদা প্রয়োজন হবে। আপনার আত্মার যত্ন নিন - আপনার এটি চিরকাল থাকবে।

66. দুশ্চিন্তা করার চেয়ে অপেক্ষা করা একটি অসীম ভাল বিকল্প।

67. অস্থায়ী ব্যথা স্থায়ী সমস্যা এড়ায়।

68. কাজ, শব্দ, উপাসনা - সমস্ত মূল্য হিসাবে একই মূল, নির্দেশ করে যে মানুষের মূল্য বাড়ানোর জন্য তিনটি একত্রে প্রয়োজন।

69. আমাদের হৃদয় ও মনের অবস্থার সর্বোত্তম সূচক হল আমাদের মুখ থেকে যে ধরনের কথা বের হয়।

70. সত্যিকারের আধ্যাত্মিকতাকে অকার্যকর, অব্যবহারিক এবং অপ্রাসঙ্গিক বলে মনে করার সর্বোত্তম উপায় হল এটিকে দৈনন্দিন জীবনের দৈনন্দিন চ্যালেঞ্জ এবং চাহিদা থেকে আলাদা করা এবং এটিকে অস্বাভাবিক এবং পার্থিব, আদর্শবাদী এবং অন্যান্য জাগতিক করে তোলা, এটিকে ধর্ম, ধর্মতত্ত্বের পোশাক দেওয়া। দর্শন কথোপকথনটিও সত্য।

71. যেকোনও মানুষ যে সবথেকে ভালো, সবচেয়ে উপকারী, দৈনিক এবং আজীবন অধ্যয়ন করতে পারে তা হল @etude যেখানে @ এর অর্থ হল অ্যাটিটিউড এবং ইটুড হল অধ্যয়নের জন্য ফরাসী বা তার নিজের হৃদয়ের মনোভাব অধ্যয়ন।

72. আমাদের জীবনের সবচেয়ে বড় সমস্যা, অসুবিধা এবং চ্যালেঞ্জগুলি হল আমাদের অন্যথায় সমতল জীবনের পাহাড়ের চূড়া, শেষ পর্যন্ত উদযাপনের কারণ।

73. শরীরের কোড: আমাদের এক হাতে পাঁচটি আঙ্গুল রয়েছে - পাঁচটি ইন্দ্রিয়ের জন্য দাঁড়িয়ে আছে। অন্য হাতের পাঁচটি আঙুল দৃষ্টি, শ্রবণ, স্পর্শ, স্বাদ এবং গন্ধের আধ্যাত্মিক ক্ষেত্রে প্রায়ই অজানা, অব্যবহৃত পাঁচটি সমতুল্য ইন্দ্রিয়ের জন্য ।

74. সূর্যের তেজ শুধুমাত্র একটি বাধা চাঁদ দ্বারা ক্ষণিকের জন্য গ্রহণ করা যেতে পারে. একইভাবে, একজন দৃষ্টিশক্তিসম্পন্ন ব্যক্তিকে শুধুমাত্র অল্প সময়ের জন্য বাইরে বা নিচে রাখা যায়।

75. খরগোশকোথাও থামে না। এটা শুধু ঘুরতে থাকে

76. প্রোটোসিন্থেসিস বা জীবনের আলোতে ভিজানোর উপজাতগুলি হল প্রজ্ঞা, সৃজনশীলতা এবং তার সাথে শান্তি, আনন্দ, স্বাধীনতা এবং আশীর্বাদ।

77. যে কারণগুলির জন্য প্রতিটি যুদ্ধ সংঘটিত হয়েছিল তা সময়ের সাথে সাথে অপ্রাসঙ্গিক হয়ে উঠেছে এবং কোন ফলাফল নেই। সুতরাং, আমাদের দ্বন্দ্ব এবং দীর্ঘ পথ ধরে তাদের কারণগুলি অপ্রাসঙ্গিক হবে।

78. পছন্দ আমাদের: আমরা পারি প্রথমে যন্ত্রণার অভিজ্ঞতা এবং তারপর পরমানন্দ বা আমরা প্রথমে পরমানন্দ এবং তারপর যন্ত্রণা অনুভব করতে পারি।

79. সাধারণ মানুষের সাধারণ জ্ঞান একজন অসাধারণ ব্যক্তির অস্বাভাবিক জ্ঞানের চেয়ে অনেক বেশি, ভাল, নিরাপদ এবং বুদ্ধিমান। (একমাত্র ব্যতিক্রম যীশু) ।

80. দিনের আলোর সময় অন্ধকারের ঘন্টার চেয়ে দীর্ঘ হওয়া প্রকৃতিতে একটি চিহ্ন এবং প্রতীক যে মন্দ বিদ্যমান থাকলেও তা ভালর দ্বারা অতিভারী এবং শেষ হয়ে যায়। আমাদের জীবনে ভালোর সম্ভাবনা মন্দের সম্ভাবনার চেয়ে অনেক বেশি।

81. ধারাবাহিকভাবে সুখী হওয়ার সিদ্ধান্ত হল বিশ্ব আমাদের উপর যে নিপীড়ন চাপিয়েছে তার বিরুদ্ধে একটি বিদ্রোহ।

82. আমাদের চরিত্রের গভীর খোদাইগুলি প্রচুর পরিমাণে আনন্দের ঢেউয়ের চেয়ে প্রতিকূলতার বেদনার ছেনি দ্বারা বেশি কাটা হয়।

83. যদি আপনি প্রদীপ্ত না হন, আপনি ক্রমবর্ধমান হবেন না.

84. মানুষের চিন্তার কূপ যত গভীর, ফলন তত বেশি।

85. অনুভূতি এবং চিন্তার মধ্যে সংযোগ বিচ্ছিন্ন চিন্তা এবং আবেগের বিভিন্ন গতির কারণে। শব্দের গতিতে চিন্তা করার সময় আমরা আলোর গতি অনুভব করি। চিন্তার গতির সাথে মেলানোর জন্য অনুভূতির গতিকে ধীর করার মধ্যে মূল বিষয়টি রয়েছে।

86. চিন্তার বৈষম্য সম্পদ সহ অন্যান্য ধরণের বৈষম্যের দিকে নিয়ে যায়: যদি হলিউডের কিছু বেব বা সেই বিষয়ের জন্য যে কোনও কাঠের কোনও শিশু তার পায়ের আঙুলটি নাড়াচাড়া করে তবে এটি এক মিলিয়ন লাইক পাবে তবে যদি একটি দুর্দান্ত জীবন পরিবর্তনকারী চিন্তা প্রকাশ করা হয় তবে এটি খুব কমই পাবে। এক ডজন পছন্দ।

87. সুখ হল অনেক সুন্দর বিশেষণের একটি তোড়া - শান্তিপূর্ণ, বিস্ময়কর, আনন্দময়, করুণাময়, সন্তুষ্ট, দয়ালু, প্রেমময়।

88. সহজে ছেঁকে নেওয়া, কম ঝুলন্ত ফল কদাচিৎ সেরা বা মিষ্টি।

89. সমস্ত দর্শন এবং আধ্যাত্মিকতার সারমর্ম এতে রয়েছে: উঁচুতে উড়ুন, শক্তিশালী দৌড়ান, ধীর গতিতে হাঁটুন, দীর্ঘ অপেক্ষা করুন।

90. অভিব্যক্তি "চতুর হতে হচ্ছে বিশদ" মানে সতর্কতা অবলম্বন করা, সুযোগের জন্য সামান্য ছেড়ে দেওয়া।

91. সাহস বিকাশের প্রথম ধাপ হল প্রতিটি ভয়ের বাস্তবতাকে স্বীকার করা - মৃত্যুর ভয়, ব্যর্থতার ভয়, ক্ষতির ভয়, ব্যথার ভয়, অভাবের ভয়, লজ্জার ভয়, ভয়। অবিচার, ন্যায়বিচারের ভয়। পরেরটি হল প্রতিটি ভয় কাটিয়ে ওঠার উপায় খুঁজে বের করা।

92. প্রথম, শেষ এবং ক্রমাগত যে যুদ্ধে জয়ী হতে হবে তা হল আমাদের প্রত্যেকের গভীরে লড়াই করা। একবার এটি জিতে গেলে, বাকি সবাই ঘোড়ার পিছনে গাড়ির মতো ধাক্কাধাক্কি করবে।

93. সমস্ত মানুষের মৌলিক অসুবিধা হল যে আমাদের জ্ঞানীয় অন্ধত্বের কারণে, আমরা জানি না যে আমাদের প্রকৃতপক্ষে কী প্রয়োজন এবং আমাদের কতটা প্রয়োজন।

94. ভবিষ্যত মানুষের কাছে এই কারণে প্রকাশ করা হয় না কারণ যিনি স্বেচ্ছায় কুমিরদের খাওয়ান তিনি তা করবেন না যদি তিনি নিশ্চিতভাবে জানতেন যে তিনি একদিন একজনের মধ্যে শেষ হয়ে যাবে।

95. মানসিক অবস্থার দ্বারা জেনেটিক অবস্থা কাটিয়ে ওঠা যায়।

96. বস্তু জীবনের জন্ম দিতে পারে না. জীবনই পারে জীবনের জন্ম দিতে।

97. একটি উত্তরাধিকার সম্পর্কে ভাল জিনিস হল যে আপনি এটি তৈরি এবং এটি সব ছেড়ে একটি পুরো জীবনকাল আছে.

98. সময় ব্যবস্থাপনার সর্বশ্রেষ্ঠ এবং সেরা বিশেষজ্ঞদের কোন ধারণা নেই যে তাদের সময় ফুরিয়ে গেলে কী হবে।

99. একজন মানুষ সবচেয়ে বড় ইমারতটি তৈরি করতে পারে যা সে তার ভিতরে তৈরি করে।

100. সবচেয়ে বড় ধন যা একজন মানুষ খুঁজতে পারে তা তার মধ্যেই রয়েছে, তার বাইরে নয়। যেগুলি ছাড়া থাকে তারা কেবল ভিতরের ধনগুলির প্রতীক।

101. আমরা চাঁদের মতোই তার গর্ত এবং নিজস্ব আলো নেই কিন্তু সৃষ্টিকর্তার প্রতিফলিত আলোতে সুন্দর।

"সুখ হল রাস্তা, যানবাহন, সহযাত্রী, বায়ুমণ্ডল, গন্তব্য এবং নালী।"

শিল্পীর অনুপ্রেরণা:

পেইন্টিংটি ফিলিপিজম দ্বারা অনুপ্রাণিত হয়েছিল, তার রাস্তা ভ্রমণের অভিজ্ঞতা এবং এটি তাকে যে সুখ এনেছিল।

সুখ

1. সুখ হল রাস্তা, যানবাহন, সহযাত্রী, বায়ুমণ্ডল, গন্তব্য এবং নালী।

2. যদি আমরা সময়কে কাজে লাগাই, তাহলে আমরা চিন্তা করি যে কী তা নিয়ে আশ্চর্য হওয়ার মতো নয়, আমরা সুখের তালা খোলার চাবিকাঠি খুঁজে পেতাম।

3. সুখে বেঁচে থাকা দীর্ঘজীবী হওয়ার চেয়ে ভাল কিন্তু সুখে বেঁচে থাকা প্রায়শই দীর্ঘজীবী হয়। অতএব, সুখের জন্য আকুল।

4. মানবজাতি সর্বাধিক সংখ্যক দিনের জন্য দু:খিত, চিন্তিত, কৃপণ এবং অসুখী হতে বেছে নেয় এবং সুখী, উদ্বিগ্ন, উদার এবং আশাবাদী হওয়ার জন্য কয়েকটি দিন বেছে নেয়। ফলাফল কল্পনা করুন যদি এটি অন্যভাবে হয়।

5. বেশিরভাগ মানুষ সুখ চায় না, তারা "সুখ" চায়।

6. পরিস্থিতির পরিবর্তনের কারণে নিম্নগামী তারতম্যের বিরুদ্ধে একজনের সুখের অনুভূতি 'থার্মোস্টেটেড' হওয়া উচিত।

7. সাধারণ মানুষ তাদের যা আছে তা নিয়ে খুশি হওয়ার চেয়ে তাদের যা নেই তা নিয়ে বেশি অসন্তুষ্ট।

8. শ্রেষ্ঠত্ব হিসাবে সুখের বানান শুরু করুন এবং আপনি শীঘ্রই সমগ্র জীবনকালের চেয়ে সুখ সম্পর্কে আরও অনেক কিছু জানতে পারবেন সুখের পিছনে না ছুটে।

9. "তুলনা সুখ" এর রহস্য হল যে আপনাকে যদি তুলনা করতে হয় তবে নীচের দিকে তুলনা করুন, পাশে বা উপরের দিকে নয়।

10. সত্যিকারের অভ্যন্তরীণ আনন্দের পরীক্ষায় সবকিছুকে সাপেক্ষ করুন: আমরা যদি কিছু বলি বা করি তাহলে সত্যিকারের অভ্যন্তরীণ আনন্দ, অন্যদের এবং আমাদের, তা থেকে বিরত থাকি।

11. ক্ষণস্থায়ী সুখের জন্য চিরন্তন আনন্দের বিনিময় করবেন না।

12. আনন্দ একটি স্থির সহচর যখন সুখ আমাদের মেজাজের মতো চঞ্চল।

13. নিছক কোলাহল থেকে আনন্দ পছন্দ করুন।

14. এমন নয় যে, যে ব্যক্তি বেশি অর্জন করে বা বেশি প্রভাবিত করে সে বেশি আনন্দিত কিন্তু যে ব্যক্তি বেশি আনন্দিত সে বেশি অর্জন করে এবং প্রভাবিত করে।

15. আনন্দ ধনীদের জন্য বিলাসিতা নয়, তবে এটি একটি মানুষের প্রয়োজনীয়তা।

এটি জিনিসের মধ্যে থাকে না মানুষের আত্মার গভীরে থাকে । এটি পেশীর শারীরিক শক্তি নয়. এটি মানসিক এবং আধ্যাত্মিক শক্তি।

16. একই মুদ্রার দুটি দিক কখনই অভিন্ন বা সমান নয়। একটি দিক ভারী এবং ভাল দিক। একদিকে হেড, অন্য দিকে টেল। সেরা অর্ধেক, বিজয়ী পক্ষ হওয়ার চেষ্টা করুন এবং অন্য অর্ধেক হওয়া এবং পাওয়া এড়িয়ে চলুন।

17. জয়ী মনোভাবের সাথে, আপনি কখনই হারবেন না। তুমি জিতলে, তুমি জিতবে। হেরে গেলে শিখবে।

18. শেখা জয়ী হয়. আমরা ব্যর্থতা থেকে সবচেয়ে বেশি শিখি। তাই ব্যর্থতাই ভবিষ্যৎ সাফল্য।

19. সংখ্যাগুলি ঠিক যে - অসাড়, মৃত, প্রাণহীন, বাঁচানোর শক্তিহীন। তাই সম্পদ, সঞ্চয়, আয় নিয়ে কখনই আচ্ছন্ন হবেন না। শব্দ জীবনের সঙ্গে মোকাবিলা, অর্থ আছে এবং ক্ষমতা শব্দ-চালিত হন, সংখ্যা-চালিত নয়।

20. সঠিক ধরনের শব্দ মানবতার সর্বোচ্চ লক্ষ্য অর্জনের জন্য নিজেকে এবং অন্যদেরকে একের পর এক কর্মের মধ্যে নিয়ে যায়। শব্দই কর্ম।

21. আমরা যদি আমাদের মন ও হৃদয়ের ফিল্টার দিয়ে আমাদের মুখের কথা না চালাই, তবে আমরা অবশ্যই নড়বড়ে হয়ে যাব।

22. দুশ্চিন্তা মনকে রান্না করে, দুশ্চিন্তা মস্তিষ্ককে ভাজা করে, চাপ এবং চাপের বাষ্প আমাদের রান্না করে।

23. আপনি আপনার সমস্ত হৃদয় দিয়ে যা চান, আপনি আপনার সমস্ত মন দিয়ে শিখবেন এবং আপনি আপনার উভয় হাতে উপার্জন করবেন।

www.eqthinking.com   www.prateepphilip.com   www.fillipisms.com

24. জীবন সংক্ষিপ্ত কিন্তু যথেষ্ট, দীর্ঘ যে কেউ তার অনুমান করতে পারে যে বিজ্ঞান বা অর্থের সব উত্তর আছে এবং ঈশ্বরের অস্তিত্ব ভুল প্রমাণিত নয়।

25. মানুষ সর্বোত্তমভাবে একটি দ্বিগুণ পদোন্নতি দিতে পারে কিন্তু শুধুমাত্র ঈশ্বরই একজন মানুষকে মহিমান্বিত করতে পারেন।

26. অধিকাংশ মানুষ ঈশ্বরের আলোকে অপসারণ করে যখন যারা তাকে বিশ্বাস করে এবং অনুসরণ করে তারা তার ভালবাসাকে প্রতিফলিত করে।

27. আমরা মাস্টার-পিসস বা চরম শান্তি তখন পাই যখন আমরা মাস্টারপিস না হয়ে ভগবান বা আমাদের মাস্টারের পিস অর্থাৎ অংশ হয়

28. শান্তির প্রজ্ঞা একটি প্রজ্ঞার চেয়ে অনেক বেশি গুরুত্বপূর্ণ।

29. শুধুমাত্র তিনিই নেতৃত্ব দিতে পারেন যার সম্পূর্ণ জ্ঞান ও প্রজ্ঞা আছে। বাকিরা শুধু অন্ধদের মতোই নেতৃত্ব দেয়।

30. শুধুমাত্র পবিত্ররাই তাদের ভয়ের ভয় থেকে মুক্তি দিতে পারে এবং দাগ নিরাময় করতে পারে।

31. শারীরিক, মানসিক, বুদ্ধিবৃত্তিক এবং এমনকি আর্থিক ক্ষুধা সীমিত কিন্তু আধ্যাত্মিক ক্ষুধা সীমাহীন যদিও এটি মেটানোর জন্য উপলব্ধ সম্পদ অসীম।

32. মানুষকে একটি ধারক হতে উদ্দেশ্য করা হয় ঈশ্বর এবং যতক্ষণ না তিনি হবেন ততক্ষণ তিনি তর্ক করবেন এবং সন্তুষ্ট হবেন না।

33. আমাদের জীবনের সবচেয়ে মূল্যবান দিক, সম্পর্কের পাশাপাশি প্রযুক্তি অদৃশ্য এবং অধরা। সুতরাং, ঈশ্বর এবং বিশ্বাসের প্রতি আমাদের দৃষ্টিভঙ্গি আমাদের কোয়ান্টাম পদার্থবিজ্ঞানের সাথে যেভাবে অনুরূপ হওয়া উচিত।

34. আমাদের প্রত্যেকেই একটি ফোঁটা মাত্র যার মধ্যে রয়েছে বসন্ত, হ্রদ, নদী এবং সমুদ্র।

35. জ্ঞানার্জন কোন স্থানে বা সময়ে ঘটে না বরং আত্মার গভীরে ঘটে যা ইতিহাস বা ভূগোল কোনটাই বাঁধতে পারে না বা প্রকাশ করতে পারে না! প্রত্যাবর্তনকারী নবীর চেয়ে উচ্ছৃঙ্খল পুত্রটি আরও ভাল স্বাগত পায়।

36. "মানব চাটুকার সূচক" আমাদেরকেও বলবে যে আমরা যখন ক্ষমতার পদে অধিষ্ঠিত হই তখন আমাদের সাথে সত্য কথা বলা হলে আমরা কতটা সহনশীল হব।

37. মানুষের প্রথম নিঃশ্বাস শ্বাস নেওয়া এবং শেষ নিঃশ্বাস ত্যাগ করা।

এই দুই নিঃশ্বাসের মাঝে যা ঘটে তাই জীবন। জীবনও বেঁচে থাকে প্রতিটি নিঃশ্বাসে।

38. অর্থনীতির ব্যবস্থাপনা এবং উন্নয়নে অ-অর্থনৈতিক কারণগুলি একটি বড় ভূমিকা পালন করে।

39. কেবল ত্রুটিহীনরাই অনাচারীদের সাথে কার্যকরভাবে মোকাবিলা করতে পারে।

40. আমরা কীভাবে এটিকে প্রশিক্ষণ দেয় তার উপর নির্ভর করে মস্তিষ্ক একটি ড্রেন বা ট্রেন হতে পারে।

41. হাতি প্রমাণ যে আমাদের জীবনের সমস্ত অংশ কুৎসিত হতে পারে, তবে আমরা এটিকে সামগ্রিকভাবে সুন্দর করতে পারি।

42. প্রতিটি বস্তু এবং প্রাণীর গতিবিধি স্বতন্ত্র কিন্তু পৃথিবীর গতিবিধির জাদুর মতো কিছুই নয় কারণ এটি সবার কাছে পুরোপুরি স্থিরভাবে দেখা যায়। এটা সব সময় সরানো হয় সব সময় মাধ্যমে.

43. সাফল্যের গোপন কোন গোপন রহস্য সবার জানা নেই এটা সফল হতে কি বা লাগে, কিন্তু কিছু পুরো পথ যেতে ইচ্ছুক হয়ে পরে.

44. যদি কেউ অনেক বেশি বিরতি নেয় যা গতিকে ব্রেক করে, আমরা কীভাবে একটি অগ্রগতি আশা করতে পারি?

45. সবচেয়ে মারাত্মক এবং সংক্রামক ভাইরাস হল মানুষের নেতিবাচকতা। তবে সুসংবাদটি হল এটি ইকথিঙ্কিংয়ের মাধ্যমে নিরাময়যোগ্য। (গ)

46. শুধুমাত্র একটি চুম্বক একটি ম্যাগনেট হতে পারে, কিন্তু তার বিশালতা নির্ভর করে সে কিসের প্রতি সবচেয়ে বেশি আকৃষ্ট হয় - অর্থ, ক্ষমতা, খ্যাতি বা আরও মহৎ, সৃজনশীল এবং অন্যদের জন্য উপকারী কিছু।

47. বিশ্রাম না নিয়ে পরীক্ষা করতে থাকা আমাদের মধ্যের সেরাটিকে তৈরি করে।

48. স্বাস্থ্যকর সাফল্যের ABCD হল মনোভাব, আচরণ, চরিত্র এবং সংকল্প।

49. আমরা যা চাই তা আমরা পেতে পারি না যদি না আমরা যা চাই না তা ত্যাগ করি।

50. যদি আমরা একটি ধারণার সাথে লেগে থাকি এবং অন্তত যতক্ষণ পর্যন্ত একটি মুরগি তার ডিমে বাচ্চা ফোটানোর জন্য বসে থাকে, অর্থাৎ 21 দিন, আমরা সবাই বিস্ময় এবং রূপান্তর অনুভব করব।

51. এটি "দিনের নিয়ম" © বা আমরা প্রতিদিন যা করি যা আমাদের দেহ, মন, আত্মা, ক্যারিয়ার, বাড়ি তৈরি বা ধ্বংস করে।

52. প্রত্যেক পুরুষ বা মহিলার একটি নির্দিষ্ট মহিলা ধারণা রয়েছে যা আমাদের তাকে উদযাপন করতে বা তার সাথে খারাপ ব্যবহার করতে পারে। এটা নারীর ধারণা তার নিরাপত্তা এবং তার ঝুঁকির মূল. যৌবনকাল থেকে বা তারও আগে, "প্রত্যেক নারী বা মেয়ে, একজন বোন" ধারণাটি প্রতিটি ব্যক্তির মনে শিকড় গেড়ে বসতে শুরু করে এবং ব্যবহারিক উপায়ে প্রকাশ পায়।

53. প্রত্যেকেই তাদের মস্তিষ্ক পছন্দ করে, কিন্তু কেউ তাদের মস্তিষ্কের মতো দেখতে চায় না। আপনার বাচ্চারা যদি আপনার মতো দেখতে না চায় তবে তাদের দোষ দেবেন না।

54. একটি অসাধারণ বৈবাহিক সম্পর্ক থাকার উপর ফোকাস করুন; অতিরিক্ত বৈবাহিক সম্পর্কের উপর নয়

55. শক্তিশালী নেতিবাচকের জন্য যান: প্রতিবার আমরা একটি নেতিবাচককে "না" বলি, আমরা একটি শক্তিশালী নেতিবাচক এবং বিপরীতভাবে পাশাপাশি বিকৃতভাবে ব্যবহার করি, প্রতিবার আমরা একটি ইতিবাচক শক্তিকে "না" বা নেতিবাচক শক্তিকে "হ্যাঁ" বলি। বা ফ্যাক্টর, আমরা নেতিবাচক আমাদের উপর ক্ষমতা প্রদান করা হয়.

56. বৃদ্ধি এবং পরিপক্কতা মানে শুধু দুধের বোতল থেকে মদের বোতলে স্নাতক হওয়া নয়।

57. আমরা যদি ভাঙ্গা জানালা মেরামত করার জন্য নাগরিকদের নিযুক্ত না করি, তাহলে তারা শেষে কিছু ভাঙতে শুরু করতে পারে

58. যদি আমরা শুধু বুঝতে পারি যে মহাবিশ্বের বিশাল ক্যানভাসের বিপরীতে একটি বিন্দু এমনকি বিশাল সূর্য কতটা ছোট, আমাদের অহংকার তাৎক্ষণিকভাবে বাষ্প হয়ে যাবে।

59. আমরা যদি আমাদের অবস্থা পরিবর্তন করতে চাই তবে আমাদের কন্ডিশন পরিবর্তন করা উচিত।

60. আপনি যদি আপনার শব্দ খেতে না চান তবে শব্দটিকে খান, যেখানে EAT মানে Enjoy বা উপভোগ করুন, Apply বা আবেদন করুন, Test বা পরীক্ষা করুন।

61. উৎসাহের দশ আঙুল নীতি: প্রতিদিন দশজনকে উৎসাহিত করার জন্য কিছু ছোট কাজ করুন।

62. 'অজ্ঞান' হল কী উপেক্ষা করতে হবে তা জানার শিল্প।

63. আমাদের হৃদয় একটি বাগান. আমাদের বুদ্ধি লাঙল ও হাতিয়ার। আমাদের আবেগ ঝরনা যে উত্থান এবং পতন হয়. আমাদের ভাল চিন্তা হল কুঁড়ি, আমাদের ভাল কথা হল ফুল এবং আমাদের ভাল কাজ এবং প্রতিক্রিয়া হল ফল। বাকি সব আগাছা তার শিকড় দ্বারা টানা হয়.

64. সমবয়সীদের চাপের চেয়ে সমকক্ষ প্রতিদ্বন্দ্বিতা সর্বদা অগ্রগতিতে একটি বড় টানা হয়।

65. ঈশ্বর আমাদের প্রসারিত করতে, আমাদের ভাগ্যকে প্রসারিত করতে, আমাদের উদ্দেশ্য আবিষ্কার করার জন্য আমাদের আরামের অঞ্চলগুলিকে চ্যালেঞ্জ জোনে ডেকেছেন।

66. Feat বা কৃতিত্ব এবং Defeat বা পরাজয়ের মধ্যে পার্থক্য "DE"-তে নিহিত কখনো জয়ী হওয়ার দৃঢ় সংকল্প বা Determination হলে কখনো পরাজিত হবেন না।

67. শিকারী একদিন শিকারে পরিণত হবে। শিকারী একদিনে শিকারে পরিণত হতে পারে।

68. একমাত্র ব্যক্তিরা যারা কোন কারণে খারাপ প্রচারের দ্বারা বিরূপভাবে প্রভাবিত হন না তারা হলেন চলচ্চিত্র তারকা।

69. মৃত এবং জীবিতরা কেবলমাত্র একটি জিনিসই উদযাপন করে যখন তারা জীবিতকে একটি উত্তরাধিকার ছেড়ে যায়।

70. নেতৃত্বের প্রাথমিক লক্ষ্য হল নেতৃত্বকে খাওয়ানো। একটি দেশের নেতার সর্বোচ্চ অগ্রাধিকার দরিদ্রদের নিজেদের খাওয়ানোর জন্য সক্ষম করা। একটি সংগঠনের নেতার অর্থ হল সেই ব্যক্তিদের খাওয়ানো যা সে আবেগের সাথে নেতৃত্ব দেয়। একজন শিক্ষককে শিক্ষার্থীদের জ্ঞান এবং জ্ঞান বৃদ্ধির তৃষ্ণা মেটাতে হয়।

71. অর্থনীতির নীতিগুলি অভাবের অনুমানের উপর নির্ভর করে এক্সনমিক্স প্রাচুর্যের অনুমানের উপর নির্ভর করে।

72. আমরা নিজেদেরকে যে প্রশ্নগুলি করি তা আমাদেরকে অন্যদের প্রশ্নের উত্তর দিতে প্রস্তুত করে।

73. চূড়ান্ত স্বাধীনতা রাজনৈতিক, সামাজিক বা অর্থনৈতিক নয় বরং আধ্যাত্মিক স্বাধীনতা যদিও এগুলোকে সক্ষম করার উপায় হতে পারে।

74. মহান শিক্ষাকে নীতিতে, নীতিগুলিকে অভ্যাস এবং অভ্যাসকে উত্তরাধিকারে পরিণত করুন এবং আপনি মহানতা প্রকাশ করেছেন।

75. মানবজাতি যা কিছু রহস্য নয় তাতে আয়ত্ত করার লক্ষ্য রাখতে পারে।

76. সেরা উপহার যে কেউ পেতে পারে তার মধ্যে মিথ্যা.

77. নেতৃত্বের প্রধান উদ্দেশ্য বিদ্রুপের বিষয় হল নেতৃত্ব দেওয়া নয়, সেবা করা।

78. একবার আপনি যখন একদম নিচে পরে যান এবং বাউন্স করে ফিরে এসে আপনি অন্যদের জন্য একটি পাথর হয়ে.

79. আমরা আমাদের নৈতিক ওয়্যারিংকে আমাদের বিপদের জন্য উপেক্ষা করতে পারি কারণ যা অভ্যন্তরীণভাবে খারাপ তা আমাদের অবশেষে দুঃখিত করে এবং যা অভ্যন্তরীণভাবে ভাল তা আমাদের চূড়ান্তভাবে আনন্দিত করে।

80. একটি দিন শুরু করার সবচেয়ে খারাপ উপায় হল একটি সংবাদপত্রে খারাপ খবর পড়া। পরিবর্তে, ভালো কিছু পড়ার মাধ্যমে শুরু করুন যা আপনাকে আনন্দ দেয়।

81. আমরা যে ধারণাগুলি তৈরি করি তা পুরুষ এবং মহিলা উভয়ের ক্ষেত্রেই অ-হুমকি গর্ভধারণের কারণ হয়।

82. যে ব্যক্তি চিন্তা করে তাকে চিন্তাবিদ বলা হয় কিন্তু যে ব্যক্তি অনুভব করে তাকে ভাবী বলা হয় না কেন?

83. একজন ব্যক্তির শৈশব কখনই শেষ হয় না যতক্ষণ না সে তার বিস্ময়বোধ হারায় না।

84. সুখ, সাফল্য এবং পরিপূর্ণতা ঘটে যখন আপনি যা ভাবেন, বলেন এবং করেন তা ঈশ্বরের বাক্যের সাথে সামঞ্জস্যপূর্ণ হয়।

85. ভালো অভ্যাস হল সুখের বিট কারণ এটি আমাদের সুখকে একটু একটু করে বাড়িয়ে দেয়।

86. আমরা যখন অন্যদের সাথে ভাই হিসাবে আচরণ করি, তখন তা সামান্যই আমাদের বিরক্ত করতে পারে।

87. বিশ্বাস সম্পূর্ণ স্বাস্থ্য/সুখকে তীব্রভাবে প্রভাবিত করে।

88. জীবনের আদর্শ ভারসাম্য হল গোলাপের কোমলতা, এর সুগন্ধি সুগন্ধ কাঁটার কঠোরতা এবং দৃঢ়তার সাথে, একজন পুরোহিতের নম্রতার সাথে একজন রাজার কর্তৃত্বকে একত্রিত করা।

89. আমাদের জীবনযাপনের দুটি উপায় আছে, আমাদের লিপি অনুসারে বা ধর্মগ্রন্থ অনুসারে।

90. বিশেষাধিকার ব্যক্তিগত উপভোগের চেয়ে সেবার জন্য বেশি বোঝানো হয়।

91. জীবনের একটি উপাদান বা দিক পরিবর্তন ঘটে না, এটি দুটি বিপরীত উপাদানের অনুপাতে ঘটে। আমাদের মন, আমাদের সম্পর্ক, আমাদের কাজ এবং আমাদের জীবন সংগঠিত হয় তা এমন প্যাটার্নে এটি ঘটে। এমন কোন কথা নেই প্যারাডাইম শিফট কিন্তু প্যাটার্ন পরিবর্তনের মত একটা জিনিস আছে।

92. সুখ একটি পচনশীল প্রক্রিয়া। পরের বার যখন আপনি একটি বিশেষ আনন্দ পাবেন তা আপনাকে গতবারের চেয়ে কম দেবে। অতএব, অক্ষয়, অবিনশ্বর, শাশ্বত উপর ফোকাস করুন।

www.eqthinking.com   www.prateepphilip.com   www.fillipisms.com

93. পছন্দ আমাদের প্রত্যেকের হয় একজন সেবক বা servant নেতা বা একজন হতে হবে 'সর্প' বা serpent নেতা। দুইটা মিশানো যায় না!

94. প্রচুর ধন্য আশীর্বাদ পাওয়ার চেয়ে ধনী হওয়া বুদ্ধিমানের কাজ।

95. যখন আমাদের হৃদয়ের গর্তটি ভরাট হয়, তখন আমরা সম্পূর্ণ অনুভব করি।

96. যেহেতু পরিস্থিতি খুব কমই অনুকূল হবে, সুখ একটি সিদ্ধান্ত, আবেগের পরিবর্তে একটি পছন্দ।

97. সুখকে একটি নিরন্তর ভ্রমণ সঙ্গী করুন এবং এমন কাউকে নয় যার সাথে যাত্রা শেষে আমাদের পরিচয় হয়।

98. ভুল ধরনের প্রজ্ঞা মানুষকে প্রত্যাহার করে এবং বিষন্ন করে তোলে যখন সঠিক প্রজ্ঞা একজন ব্যক্তিকে সর্বদা প্রফুল্ল এবং সুখী করে।

99. আমাদের জীবনে যা কিছু ভালো আছে তা চিন্তা করুন, তারপর এক মুহুর্তের জন্য তার ক্ষতির কথা ভাবুন এবং তারপরে, আমরা বুঝতে পারি যে আমাদের এখন কতটা খুশি হওয়া উচিত।

100. টেকসই সুখ হল আমাদের সুখ এবং অন্যের সুখের মধ্যে ভারসাম্য বজায় রাখা।

101. ডিম ভাঙ্গার জন্য বাইরের শক্তি যেমন প্রাণকে হত্যা করে, তেমনি ভেতরের শক্তি প্রাণের দিকে নিয়ে যায়; সুখ আমাদের ভিতর থেকে বৃদ্ধি পায় এবং ভেঙ্গে যায়।

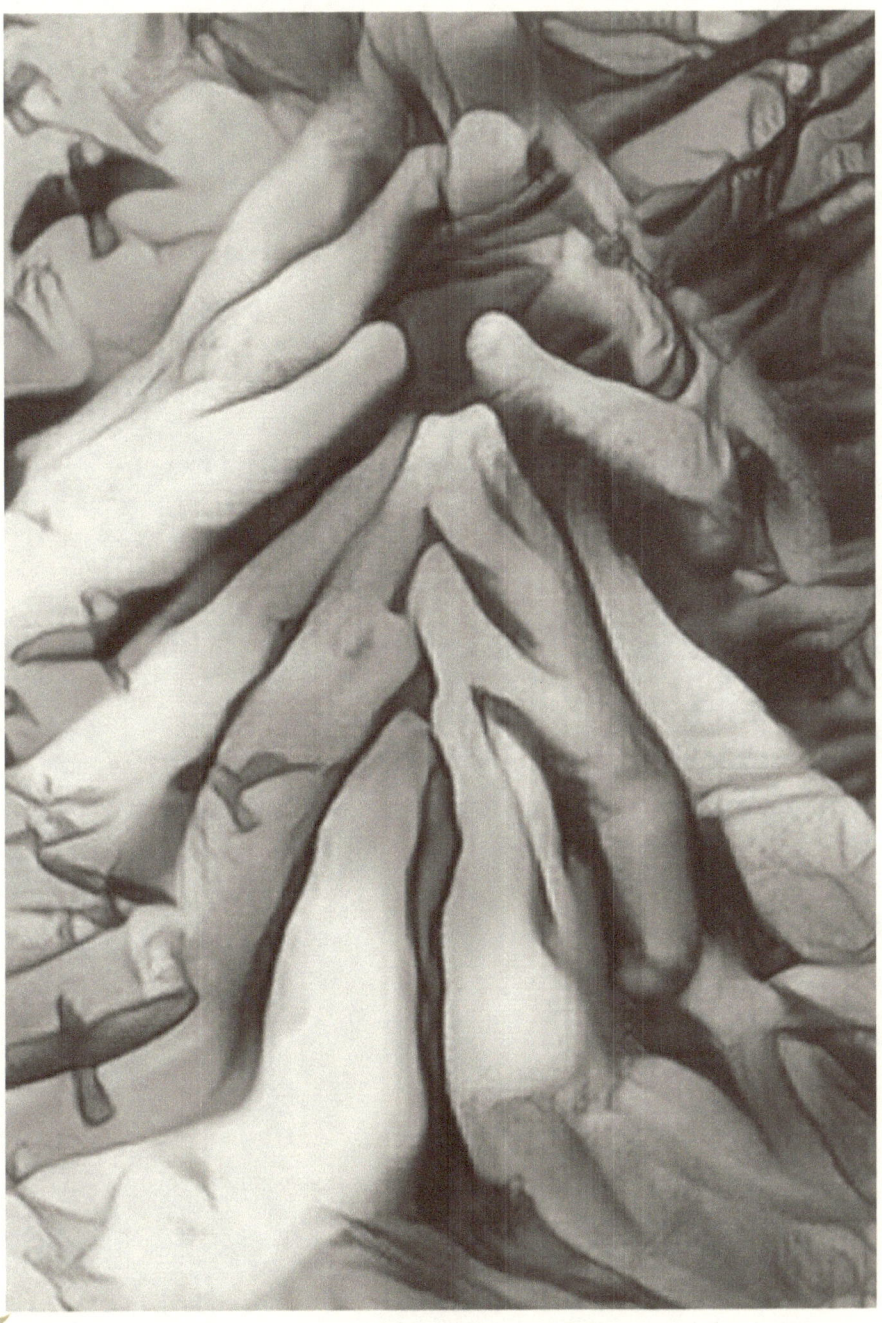

"দুঃখের সময়ে আশা হল আত্মার নিরাময়কারী মলম।

শিল্পীর অনুপ্রেরণা:

পেইন্টিংটি ফিলিপিজম দ্বারা অনুপ্রাণিত হয়েছিল যাতে প্রতিফলিত হয় যে কষ্টের সময়েও আশা রাখার সাহস একজনের আত্মাকে নিরাময় করতে সহায়তা করে।

আশা

1. কষ্টের সময়ে আশা হল আত্মার নিরাময়কারী মলম।

2. প্রত্যেকের জীবনে প্রতিটি আশার জন্য একটি গর্ভকালীন সময় থাকে এবং তাই আমাদের হতাশার সময়ের মধ্যে যাওয়া উচিত নয়।

3. যিনি সিংহাসনে বসেছিলেন তিনি সেই সিংহাসনে সকলকে বসতে সক্ষম করার জন্য ভীড়ের জন্য কাঁটাগুলিকে আলিঙ্গন করেছিলেন।

4. আপনি সাধারন শব্দ "ATMOSPHERE" এর দিকে তাকান, আপনি একটি অসাধারণ অর্থ দেখতে পাবেন - ATM O'Sphere, এই গোলকের উপর ইঙ্গিত করে, পৃথিবীতে আমরা সব সময় অলৌকিক ঘটনা অনুভব করি যেমন শ্বাস-প্রশ্বাস, হৃদস্পন্দন, মুখের কথা বলা এবং যেকোনো সময় অলৌকিক ঘটনা। নিরাময়ের মত।

5. তার উপস্থিতি আমাদেরকে এমন বুদ্ধি দেয় যা বিজ্ঞান ব্যাখ্যা করতে পারে না, ইন্দ্রিয়গুলিও উপলব্ধি করতে পারে না।

6. ঈশ্বর বা যীশু ছাড়া ইতিহাস একটি নায়ক ছাড়া একটি গল্প মত.

7. একজন পুলিশকে আশার সাথে মানিয়ে নিতে শেখা উচিত।

8. আপনি কীভাবে আবিষ্কার করবেন যে একজন ব্যক্তির জীবনের আসল অনুসন্ধান কী: কেবল সে বা সে যে প্রশ্নগুলি জিজ্ঞাসা করে তা দেখুন - যদি প্রশ্নগুলি সম্পদ বা সাফল্য বা জ্ঞান বা অবদান বা ঈশ্বর সম্পর্কে হয় - তাহলে তা ব্যক্তির সবচেয়ে মৌলিক অনুসন্ধান যা তাকে সংজ্ঞায়িত করে।

9. আপনি কিভাবে জানেন যে আপনি একটি মোমবাতি এবং সমসাময়িক অন্ধকারের অংশ নন? আপনি ভাববেন, কথা বলবেন এবং আপনি যা করতে পারেন তা করবেন এবং একবার আপনি এটি করে ফেললে, আপনি সফল বা ব্যর্থ হোন না কেন সে সম্পর্কে আপনি স্পষ্ট হবেন। মোমবাতি হও। জ্বালিয়ে দাও আলতো করে জীবনকে আলোকিত করে।

www.eqthinking.com www.prateepphilip.com www.fillipisms.com

10. একজন সত্যিকারের বন্ধু এবং এক ডজন বিশ্বস্ত অনুসারী থাকা ভালো যাদেরকে আমরা হাজারো উপায়ে প্রভাবিত করি যাদের উপর আমাদের কোনো প্রভাব নেই এমন এক মিলিয়ন অনুসারীর চেয়ে।

11. যেমন একটি মোমবাতির শিখা অন্য একটি মোমবাতি আলোকিত, একটি মানুষ অন্যকে আলোকিত করে.

12. আমাদের প্রভাব আমাদের গভীরতম বিশ্বাস এবং মূল্যবোধের সঙ্গম থেকে প্রবাহিত হয়।

13. শাসক ক্ষমতা ব্যবহার করে, নেতারা প্রভাব ব্যবহার করে।

14. আমরা আমাদের অবস্থান, ক্ষমতা, ব্যক্তিত্ব বা সম্পত্তির গুণে নয় বরং আমাদের বিশ্বাস এবং আমাদের চরিত্রের গুণে প্রভাবশালী ব্যক্তি।

15. আমাদের সাধারণ মানুষের বিচার করার কোন অধিকার নেই, তবে আমাদের উচিত নেতাদের বিচার করি এবং যারা তাদের সিদ্ধান্তের জন্য সাধারণ সমতলের ঊর্ধ্বে উঠেছেন আমাদের জীবনকে প্রভাবিত করে এবং তাদের উদাহরণগুলি আমাদের জীবনে ইতিবাচক বা নেতিবাচক প্রভাব ফেলে।

16. উদ্ভাবন সম্ভাব্য ধ্বংসাত্মক বা সম্ভাব্য সৃজনশীল হতে পারে।

পারমাণবিক বোমার আবিষ্কার এবং AK 47 ধ্বংসাত্মক উদ্ভাবনের উদাহরণ। ইন্টারনেটের মতো কিছু উদ্ভাবন সম্ভাব্য সৃজনশীল এবং ধ্বংসাত্মক উভয়ই হতে পারে এটির ব্যবহারের উপর নির্ভর করে।

17. প্রোটোসিন্থেসিস হল উদ্ভাবনের একটি সম্পূর্ণ সামগ্রিক এবং সৃজনশীল প্রক্রিয়া।

18. কে আলোকে জ্বলতে বাধা দিতে পারে তার জন্য উদ্ভাবন এবং সৃজনশীল উদ্ভাবকদের থামানো অসম্ভব।

19. মানুষ শান্তি পায় নিজেদেরকে সম্ভব কিন্তু অননুমোদিত করার অনুমতি দিয়ে।

20. যখন আপনি মন খুলে হাসতে পারেন তখন শুধু একটু হাসেন কেন? কেন শুধু গান, যখন আপনি নাচ করতে পারেন? কেন শুধুমাত্র একটি সুন্দর দিন আছে বলে চুপ থাকেন যখন আপনি একটি মহান দিন কাটাতে পারেন? কেন শুধুমাত্র কার্যকর হবে, যখন আপনি মহান হতে পারেন?

21. উদ্ভাবন প্রশংসা এবং অনুকরণের যোগ্য।

22. এটা আমাদের ডিগ্রী বা বংশতালিকা নয় যে আমাদের বৃদ্ধির মাত্রা নির্ধারণ করে কিন্তু ঈশ্বর এবং নিজেদের প্রতি আমাদের বিশ্বাস এটি করে।

23. ঈশ্বরের প্রতি আপনার বিশ্বাস কতটা মহান তা নির্ধারণ করে আপনার প্রজ্ঞা কতটা গভীর, কষ্ট সহ্য করার জন্য আপনার সাহস কতটা শক্তিশালী এবং অন্যদের প্রতি আপনার ভালবাসা কতটা প্রশস্ত।

24. বিশ্বকে যতই সুন্দর মনে হোক না কেন; এটা ধ্বংসাবশেষ এবং শুধুমাত্র সৃষ্টিকর্তার সাহায্যে পুনর্নির্মিত করা যেতে পারে.

25. শ্রমের মিষ্টি বিজয়ের দাবি সত্ত্বেও মানুষ ঈশ্বরের অনুগ্রহের বাতাসে উঠে আসা ঘুড়ির মতো, কিন্তু আমাদের মনে রাখা ভাল যে বাতাস প্রত্যাহার করার মুহূর্তে আমরা পাথরের মতো পড়ে যাব।

26. মানুষ ঈশ্বরের বার্তাবাহকদের গুলি করার প্রবণতা রাখে, কিন্তু ঈশ্বর তাদের ক্ষুদ্রতম এবং শেষ অংশগুলিকেও আশীর্বাদ করেন - তাদের পা-কে।

27. মানুষের ব্যক্তিগত, আধ্যাত্মিক এবং মানসিক বৃদ্ধির জন্য সর্বনামের স্থানান্তর প্রয়োজন যেখানে তিনি প্রথম ব্যক্তি হয়ে ওঠেন, আমি তৃতীয় ব্যক্তি হয়ে ওঠে এবং বাকি সবাই দ্বিতীয় ব্যক্তি হয়ে ওঠে।

28. সম্মত প্রতিরক্ষা এবং প্রতিরোধ ভিতরে বা বাইরে থেকে ভেঙ্গে গেলে ঐশ্বরিক প্রতি মানুষের গ্রহণযোগ্যতা সম্পূর্ণ দুর্বলতার সাথে বৃদ্ধি পায়।

29. আমাদের মৃত্যু ঠেকানো যাবে না, এটা শুধুমাত্র স্থগিত করা যেতে পারে তাই জীবনযাত্রা স্থগিত করবেন না।

30. আমরা যে পৃথিবীতে বাস করি তা অনন্য, পৃথিবীতে জীবন অনন্য, মানুষ অনন্য, আপনি অনন্য। অতএব, ঈশ্বর অদ্বিতীয়। এই মহাবিশ্বে আপনার স্বতন্ত্রতা উদযাপন করা হল "আপনি-নৈশিকতা" এবং এটি বিভিন্ন উপায়ে প্রকাশ করা "আপনি-বিশিষ্টতা" - এটিই জীবনের সমৃদ্ধি।

31. ধর্মের মেক-বিলিভে বিশ্বাস করবেন না, তবে "রিলিজিয়নে" বিশ্বাস করুন যেখানে ঈশ্বর আমাদের জীবনের সমস্ত চ্যালেঞ্জ, অসুবিধা এবং পরিস্থিতিতে একজন বাস্তব, সক্রিয় অংশীদার, অবিচল বন্ধু, পথপ্রদর্শক এবং শিক্ষক।

32. একটি প্রাণী যদি এত সুন্দর, এত শক্তিশালী, এত জটিল, এত বুদ্ধিমান, এত সংবেদনশীল, এত সৃজনশীল হয় তবে আমরা কেবল কল্পনা করতে পারি যে সৃষ্টিকর্তা কত বেশি!

33. বিশ্বাস যদি সোনা হয়, আশা হয় রৌপ্য, আর ভালোবাসা হয় প্ল্যাটিনাম।

34. যদি তোষামোদকারী দুর্বল লোকেরা এত ভাল কাজ করে, সর্বশক্তিমান ঈশ্বরের প্রশংসা করা আরও ভাল কাজ করা উচিত।

35. ঈশ্বর যদি আমাদের জন্য হন, তাহলে আপনিও ভালো থাকুন।

36. ঈশ্বর যদি একটি গাধার কাছে এবং একটি গাধার মাধ্যমে একটি বার্তা পেতে পারেন, তিনি অবশ্যই আমাদের কাছে পেতে পারেন।

37. যদি ঈশ্বর আপনাকে এটি কাটিয়ে উঠার উপায় না দেন তবে তিনি আপনাকে তা সহ্য করার শক্তি দেবেন। পরেরটি হল আরও দীর্ঘস্থায়ী এবং গভীর প্রতিক্রিয়া এবং এর প্রভাব আমাদের ভেতর থেকে পরিবর্তন করে।

38. ঈশ্বর যদি আপনাকে একটি দর্শন দেন, তিনি বিধান করবেন।

39. যদি ঈশ্বর আপনার সম্পর্কে বিরক্ত না হন, তিনি আপনাকে জীবনের মাধ্যমে একটি সম্পূর্ণ মসৃণ যাত্রা করতে দেবেন। যদি তিনি হন তবে তিনি কিছু ধাক্কা মারবেন,

রুক্ষ প্যাচ, কিছু মনোরম আশ্চর্য এবং কিছু অভদ্র ধাক্কা যা আপনাকে জাগিয়ে তুলবে বাস্তবতা যাতে আপনি নিয়ন্ত্রণে নেই।

40. ঈশ্বর যদি আমাদের স্বাস্থ্য, সুখ, মঙ্গল, দীর্ঘায়ু, নিরাপত্তা এবং অনন্ত জীবন সম্পর্কে উদ্বিগ্ন না হতেন, তাহলে তিনি আমাদের নিজেদের স্যুপে স্টু করতে দিতেন।

41. যদি আরও বেশি লোক ঈশ্বরের কাছে যায় তবে ডাক্তার এবং মনোরোগ বিশেষজ্ঞদের জন্য কম রোগী থাকবে, আইনজীবীদের জন্য কম ক্লায়েন্ট, কম অপরাধী পুলিশ সদস্যদের পরিচালনার জন্য, অর্থদাতাদের জন্য কম শিকার। এখন আমরা জানি কেন তিনি বেশিরভাগ পেশাদারদের কাছে এত জনপ্রিয় নন।

42. যদি কারো বিশ্বাসে লোহার শক্তি, ব্রোঞ্জের নমনীয়তা এবং সোনার বিশুদ্ধতা থাকে, তবে সমস্ত ভয় সকালের সূর্যের আগে কুয়াশার মতো গলে যাবে।

43. যদি কেউ সবচেয়ে সুন্দর, সবচেয়ে ধনী, সবচেয়ে শক্তিশালী, সবচেয়ে বিখ্যাত হতে চায়, তবে সে অনুভূমিকভাবে বেড়ে উঠার চেষ্টা করছে কারণ সে পুরুষদের সম্মান চায় কিন্তু যদি কেউ সবচেয়ে জ্ঞানী হতে চায়, তবে সে উল্লম্বভাবে বৃদ্ধি পায় কারণ তার ইচ্ছা সৃষ্টিকর্তার সম্মান।

44. যদি আমাদের জন্য একটি শক্তিশালী ভিত্তি প্রদান করা ঈশ্বরের দায়িত্ব হয়, তাহলে উপরিকাঠামো তৈরি করা আমাদের প্রতিক্রিয়া।

45. পৃথিবী থেকে একদিনের জন্যও যদি সূর্যের আলো বিচ্ছিন্ন হয়ে যায়, তাহলে সমস্ত জীবন ধ্বংস হয়ে যাবে। এটা দেখায় যে সমস্ত মানবজাতির বেঁচে থাকার জন্য ঈশ্বরের সত্য ও প্রেমের আলো কতটা অপরিহার্য। আমাদের সম্মিলিত বেঁচে থাকা নিশ্চিত হওয়ায় আমরা আমাদের ব্যক্তিগত ভালো এবং মঙ্গল অর্জন করতে পারি।

46. কান্নার বিয়েতে যদি মদ ফুরিয়ে না যেত, তাহলে যীশু জলকে মদতে পরিণত করতেন না। গ্যালিল সাগরে ঝড় না হলে তিনি তা শান্ত করতেন না। যদি লাজারাস মারা না যেতেন, তবে তিনি তাকে আবার জীবিত করতে ডাকতেন না। আমাদের জীবনের অভাব, ঝড় এবং দুঃখের জন্য প্রভুকে ধন্যবাদ জানাই এইগুলি কিন্তু প্রভুর কাজ করার সুযোগ।

47. যদি "ঈশ্বর" শব্দটি আমাদের শব্দভান্ডারে না থাকত, তাহলে আমাদের উপলব্ধি এবং আমাদের অভিজ্ঞতা উভয়ই সীমিত এবং সীমিত হবে।

48. যদি বিশ্বাস সময়ের পরীক্ষায় উত্তীর্ণ হতে হয়, তবে তা সময়ে সময়ে পরীক্ষা করা উচিত।

49. যদি আমরা বিশ্বস্ত হই, তবে তিনি আমাদের ফলপ্রসূ করে তুলবেন কারণ শাখাগুলি ফল দেওয়ার জন্য সংগ্রাম করে না তবে কেবল সংযুক্ত থাকতে হবে ফলের গাছের সাথে।

50. আমরা যদি আলো থেকে হয়ে থাকি, তাহলে আমরা আনন্দ করব কারণ "ডি-লাইট" মানে "আলো থেকে"।

51. আমরা যদি ঈশ্বরের সাথে চলতে আগ্রহী না হই তবে তিনি আমাদের পিছনে দৌড়াতে প্রস্তুত নন।

52. যদি আমরা সত্যিকারের ক্ষমা না পাই, তাহলে আমরা সত্যিকারের ক্ষমা করব না।

53. যদি আমরা সত্যিকার অর্থে বেড়ে উঠি, প্রতিদিন এবং প্রতিটি উপায়ে, আমাদের উচিত অহংকারে, লালসায়, লোভে, স্বার্থপরতায়, ক্রোধে, হিংসায় এবং নম্রতায়, জ্ঞানে, উদারতায়, অনুগ্রহে হ্রাস পেতে থাকে, বিশ্বাসে, প্রেমে এবং তৃপ্তিতে।

54. আমরা যদি আমাদের হৃদয়কে স্পন্দিত করি, তাহলে ঈশ্বর আমাদের জীবনকে সুন্দর করবেন।

55. যদি আমরা বিশ্বাস করি এবং ঈশ্বরের উপর নির্ভর করি, তবে তিনি কখনোই আমাদের বিশ্বাস করবেন না।

56. যদি আমরা আমাদের ভাগ্যের মুদ্রার ছুঁড়ে ফেলার ভার ঈশ্বরকে অর্পণ করি, যদি তা হেড থাকে, আমরা জয়ী হব। যদি এটি টেল হয়, তাহলেও আমরা জিতব।

57. আমরা যদি দেবত্বের রহস্যের আবরণ ভেদ করে আভাস পাই, তবে আমরা জীবনের আয়ত্তের রহস্যের উপর আঁকড়ে ধরতে পারব।

58. আমরা যদি আমাদের মনের দরজা সবসময় প্রভুর জন্য উন্মুক্ত রাখি, সারা দিন, সারা রাত, আমাদের সমস্ত বছর এবং আমাদের উভয় কান, আমাদের জীবন চব্বিশ ঘন্টা আশীর্বাদ, আধ্যাত্মিক সম্পদ, প্রজ্ঞা এবং সৃজনশীলতার প্রবাহ ও প্রবাহের সাক্ষী হবে।

59. আমরা যদি ঈশ্বরকে আমাদের জীবন চালাতে দেই, তাহলে আমরা তা নষ্ট করব না।

60. আমরা যদি ঈশ্বরকে আবেগের সাথে ভালবাসি, তাহলে আমরা মানুষকে সহানুভূতিশীলভাবে ভালবাসব।

61. এটা মানব ইতিহাসের সবচেয়ে দুর্ভাগ্যজনক সত্য যে যাদের মাধ্যম আছে তাদের বার্তা নেই, যাদের বার্তা আছে তাদের মাধ্যম নেই, যাদের বার্তা ও মাধ্যম আছে তাদের মানেই নেই। এটি সবচেয়ে কার্যকর এবং শক্তিশালী হবে যখন তিনটিই মিলে যায় বা একত্রিত হয়।

62. এটা নিছক কাকতালীয় নয় যে "প্ল্যান" এবং "প্ল্যান্ট" শব্দ দুটি একই রকম। উভয়েরই শুরু করার জন্য শুধুমাত্র একটি বীজ প্রয়োজন, একটি ধারণার বীজ এবং বীজ মূলধন। উভয়েরই শিকড় নিতে হবে এবং আমাদের উপর বেড়ে উঠতে হবে। উভয় যত্ন করা প্রয়োজন এবং প্রশ্রয়।

63. এটা এমন নয় যে সফলদের তাদের ব্যর্থতার সাথে দীর্ঘস্থায়ী সন্দেহ এবং অবিরাম সংগ্রাম নেই বরং তারা তাদের সন্দেহের সাথে লড়াই করে যতক্ষণ না তারা পরম বিশ্বাসের কাছাকাছি পৌঁছে যায়, তারা তাদের ব্যর্থতার মধ্য দিয়ে গোলমাল করে যতক্ষণ না তারা প্রতিকূলতার বিরুদ্ধে বিজয়ী হিসাবে আবির্ভূত হয়।

64. ধারনাগুলি আপনার মনের স্থিতিশীলতার মধ্যে জন্মানো ভরাটের মতো, আপনাকে এটিকে খাওয়াতে হবে, এটিকে পালতে হবে, এটিকে প্রশিক্ষণ দিতে হবে আগে এটি শক্তিশালী ঘোড়া হয়ে উঠতে পারে যেগুলি সারা বিশ্বে ছুটে চলেছে।

65. এটি শুধুমাত্র একটি অক্ষর 'ই'/E যা ইডেনের/Eden স্বর্গ থেকে নরকের নরকে বা DEN থেকে আলাদা করে - যে 'ই' শ্রেষ্ঠত্বের জন্য দাঁড়ায় - বিশ্বাস, জ্ঞান, বোঝাপড়া, প্রজ্ঞা, কর্ম, চিন্তাভাবনা এবং শব্দের।

66. এটি শুধুমাত্র মানুষের দুঃখকষ্ট যা আমাদের চরিত্র এবং চেহারার গভীর খোদাই করে।

67. কেবল শান্তিই শিল্প-সাহিত্য ও জীবনের মহান কাজগুলো তৈরি করেছে।

শিল্পের একমাত্র কাজ যা যুদ্ধ তৈরি করেছিল অতীতের মহাপুরুষরা। আজকে যুদ্ধ বানচাল ও যুদ্ধ পরিচালনায় প্রযুক্তি ও রাজনীতির ভূমিকার কারণে তাও তৈরি করা বন্ধ হয়ে গেছে।

68. এটি এমন বার্তা যা আমরা ধারণ করি, বহন করি এবং বাঁচি যা আমাদের সংজ্ঞায়িত করে এবং আমাদের বাহ্যিক রূপ নয়।

69. আমাদের আশা এবং ধৈর্যের পরীক্ষণের একটি সিরিজের মাধ্যমেই আমরা আমাদের ঐশ্বরিক নিয়তির দিকে নিয়ে যাই।

70. একটি নদীর তীরে বা সমুদ্রের তীরে বসবাস করা খুব সুন্দর, মনোরম এবং রোমান্টিক মনে হতে পারে তবে অভিজ্ঞরা জানেন যে নরক একটি ক্রুদ্ধ নদী বা সমুদ্রের মতো কোন ক্রোধ জানে না।

71. অন্যকে প্রতারণা করার জন্য ধূর্ততার প্রয়োজন। বিচক্ষণতা এবং ধূর্ততাকে পরাস্ত করতে বুদ্ধিমত্তা লাগে।

72. পৃথিবীকে একটি তিক্ত জায়গায় পরিণত করতে কোনও প্রচেষ্টা লাগে না, তবে এটিকে একটি ভাল জায়গায় পরিণত করতে পুরো অনেক প্রচেষ্টা, এমনকি সারাজীবনের প্রয়োজন হয়।

73. পৃথিবীকে সবুজ গ্রহ বলা একটি ভুল নাম। এটি একটি বহু রঙের গ্রহের মতো অন্য কোন গ্রহ এতদূর জানা যায়নি। আসুন আমরা এটা বহু রঙেরই ধরে রাখার চেষ্টা করি

74. বিচার যদি সত্যিই ন্যায্য এবং সত্য হতে হয় তবে তা বাহ্যিক হওয়া উচিত নয়, চোখ, কান এবং মতামত দিয়ে বিচার করা উচিত তবে এটি একটি গভীর এবং ব্যাপক হতে হবে।

75. ঠিক যেমন একটি কারণ এবং প্রভাব সম্পর্ক আছে, একটি কারণ এবং উপকার সম্পর্ক আছে জীবনে. যখন আমরা সুবিধা বিশ্লেষণ করি, তখন আমরা উপকারের কারণ বা উৎস আবিষ্কার করি।

76. আমরা যেমন অ-অস্তিত্ব থেকে অস্তিত্বে চলে এসেছি, তেমনি আমরা অসাফল্য থেকে সাফল্যের দিকে, তুচ্ছতা থেকে তাৎপর্য, উদ্দেশ্যের অভাব থেকে উদ্দেশ্যের বোধে, মধ্যমতা থেকে উৎকর্ষে, প্রতিক্রিয়াশীলতা থেকে সৃজনশীলতায় যেতে চাই।

77. খারাপ পরিস্থিতিতে একটি ভাল মনোভাব বজায় রাখার জন্য দৃষ্টি, দৃঢ়তা এবং বিশ্বাস লাগে।

78. একজনের ভবিষ্যত বিপর্যয়ের মধ্যে শেষ হয় তা জেনে, বর্তমান মুহূর্তে তার মনকে পঙ্গু করে দেয়। একজনের একটি উজ্জ্বল এবং অন্তহীন ভবিষ্যত আশা করা তাকে আশা এবং আনন্দে পূর্ণ করে।

79. আমরা যদি সত্যিই ঈশ্বরকে ভয়ঙ্কর বিশ্বাস করি, তাহলে আমাদের চিন্তাভাবনা, কথা, কাজ এবং প্রতিক্রিয়াগুলি দুর্দান্ত হওয়া উচিত এবং সেই দুর্দান্ততার অন্তত একটি ছোট অংশকে প্রতিফলিত করা উচিত।

80. আমরা যদি সত্যিই ঈশ্বরে বিশ্বাস করি, তাহলে আমাদের দিন বাড়তে পারে বা নাও পারে কিন্তু জীবনযাত্রার মান অপ্রতুল হবে।

81. আপনি যদি সর্বদা একটি অবাঞ্ছিত পছন্দ করতে চান, সর্বদা আপনার সমস্ত উপায়ে, প্রথমে ঈশ্বরের কণ্ঠস্বর শুনুন, তারপর আপনার পছন্দ করুন, অন্য মানুষের কণ্ঠস্বর এবং অভ্যন্তরীণ সন্দেহের বিভ্রান্তির দ্বারা বিভ্রান্ত না হয়ে আপনার মুখটি চকমকির মতো সেট করুন।

82. আপনি যদি একজন অসাধারণ মানুষ হন, তাহলে নিজেকে অনুসরণ করুন। আপনি যদি আমার মত একজন সাধারণ মানুষ হন, তাহলে যীশুকে অনুসরণ করুন যিনি আপনাকে অসাধারণ করে তুলবেন। পৃথিবীর সাধারন মানুষ জেগে উঠো, তোমার সাধারনতা ছাড়া তোমার হারানোর কিছু নেই।

83. আপনি যদি তাঁর দ্বারা পরিচালিত হন, তবে আপনি তাঁর দ্বারা খাওয়াও পাবেন। যদি আপনাকে তাঁর দ্বারা খাওয়ানো হয়, আপনি বিরক্ত হবেন না

84. আপনি যদি সত্যিকারের প্রভুর প্রতি অনুগত হন তবে আপনি এখানে এবং এখন এবং পরকালেও রাজকীয় আচরণ পাবেন। 85. আপনি যদি এটি পড়তে এবং বুঝতে পারেন, আপনি ঈশ্বরের সৃষ্টির এক কোটির চেয়ে ভাল। আপনি উদযাপন! আপনার জীবন উদযাপন!

86. আপনি যদি ঈশ্বরে বিশ্বাস না করেন, তাহলে সঠিক-অন্যায়, ভালো-মন্দ বা ভালো-এর অর্থে বিশ্বাস করার দরকার নেই। আপনি যে জিনিসগুলি চান তাতে এগিয়ে যাওয়ার জন্য আপনি যা করতে পারেন তা করুন তবে কেবল ধরা পড়বেন না কারণ সেই সময়ে ঈশ্বরও আপনাকে সাহায্য করতে পারেন না।

87. আপনি যদি সেই রুটির রুটি খান যা শব্দ, আপনি আর লোফার হতে পারবেন না।

88. আপনি যদি কখনও ভাবেন যে আপনি একটি অকেজোহতে চলেছেন, তাহলে খুব বেশি চিন্তা করবেন না কারণ মূসা একবার নিজেই অকেজো ছিলেন।

89. আপনি যদি ঈশ্বরের অনুগ্রহ খুঁজে পান, আপনি শীঘ্রই জীবনের স্বাদ উপভোগ করতে শিখবেন।

90. আপনি যদি অভাবী মানুষের কাছে পৌঁছান, তাহলে ঈশ্বর আপনাকে লোভীদের হাত থেকে রক্ষা করবেন।

91. আপনি যদি একটি সমস্যা সমাধান করতে চান তবে আপনি এটি খুঁজে পেতে সক্ষম হবেন না কারণ এটি আপনার জ্ঞান বা দক্ষতা এই ক্ষেত্রে নেই। সরলীকরণকারীর কাছে যান যার ব্যক্তিগত জ্ঞান এবং দক্ষতা থাকলে এটি সমাধান করা বেশ সহজ হবে।

92. আপনি যদি খুব স্বাচ্ছন্দ্যের সাথে এবং খুব বেশি পরিশ্রম ছাড়াই জয়ী হন তবে এটি কেবল একটি জয় এবং আপনি একজন জয়ী। আপনি যদি অনেক সংগ্রাম করে জয়ী হন তবে এটি একটি বিজয় এবং আপনি বিজয়ী।

93. যদি আপনার স্বর্গের সংজ্ঞা ভুল হয়, তাহলে আপনি পৃথিবীতে জীবনকে সত্যিকারের নরকে পরিণত করতে পারেন।

94. কল্পনা হল আপনার আত্মার অভিক্ষিপ্ত ক্ষেত্র বা স্থান বা রাজ্য যা আপনি চয়ন করুন।

95. উন্নতি, ক্রমাগত শিক্ষা এবং আরও উন্নতি হল ঈশ্বরের রাজ্যে দিনের ক্রম। শ্রেষ্ঠত্ব হল প্রক্রিয়া এবং পরিপূর্ণতা হল গন্তব্য।

96. প্রতারনায়, আমরা অন্যদের প্রতারিত করি। অহংকারে, আমরা প্রতারণা করি নিজেদেরকে বিশ্বাসে, আমরা অনুগ্রহ লাভ করি।

97. বিজ্ঞান এবং বিশ্বের বিষয়ে, জ্ঞান বিশ্বাসের দিকে নিয়ে যায় কিন্তু বিশ্বাসের বিষয়ে, বিশ্বাস জ্ঞানের দিকে নিয়ে যায়।

98. স্বাভাবিক সময়ে, আপনার বসানো সাধারণ জ্ঞান ব্যবহার করুন। অন্য সময়ে, আপনার ঈশ্বর প্রদত্ত জ্ঞান ব্যবহার করুন।

99. শুরুতে, পুরুষরা নিজেরাই প্রার্থনা করত। তারপর, প্রার্থনা করার জন্য তাদের স্মরণ করিয়ে দিতে পুরোহিতদের লাগে কিন্তু আজকাল বিশ্বকে প্রার্থনা করার জন্য সন্ত্রাসীদের লাগে।

100. ঈশ্বরের রাজ্যে, ব্যতিক্রম নিয়ম হয়ে যায়।

101. আমরা সমুদ্রের তীরে বালির দানার মতো ছোট, কিন্তু ঈশ্বরের দিগন্ত বিশাল, প্রশস্ত এবং অসীম।

আপনি শুধুমাত্র একবারই মেয়াদ শেষ করেন কিন্তু আপনি সব সময় অনুপ্রাণিত করতে এবং অনুপ্রাণিত হতে পারেন।"

শিল্পীর অনুপ্রেরণা:

চিত্রকর্মটি ফিলিপিজম এবং অনুপ্রেরণার উত্তরাধিকার রেখে যাওয়ার লেখকের ইচ্ছা দ্বারা অনুপ্রাণিত হয়েছিল।

অনুপ্রেরণা

1. আপনি শুধুমাত্র একবার মেয়াদ শেষ করেন কিন্তু আপনি অনুপ্রাণিত করতে পারেন এবং সব সময় অনুপ্রাণিত হতে পারেন।

2. আপনি যদি কাউকে অনুপ্রাণিত করেন, যে কাউকে, যে কোনো সময়, যেকোনভাবে, আপনি মেয়াদ শেষ হওয়ার আগে আপনার শ্বাস নেওয়ার অধিকার অর্জন করেছেন।

3. অনুপ্রেরণা হল ঠাণ্ডা বাতাসের ঝাঁকুনির মতো যা আপনার পদক্ষেপে একটি অতিরিক্ত বসন্ত রাখে, আপনার জীবনে একটি শক্ত আঁকড়ে ধরে, আপনার শক্তিকে পরবর্তী স্তরে উন্নীত করে, বাউন্স এবং ভারসাম্য উভয়ই যোগ করে।

4. নেতৃত্বের জল জীবনের ঝড়ের মধ্যে পরীক্ষা করা হয়.

5. যখনই আপনি একটি বড় চ্যালেঞ্জের মুখোমুখি হন, তখন এটিকে ছোট করুন এবং মশলা দিন।

6. আমাদের সাধনার অসুবিধা এবং চ্যালেঞ্জগুলিই এর শেষে পুরষ্কারের পরিবর্তে এইগুলিকে রোমাঞ্চকর এবং ফলপ্রসূ করে তোলে।

7. আধ্যাত্মিক মাত্রা অদৃশ্য, অদৃশ্য, বস্তুগত, কিন্তু আমাদের জীবনে এর প্রভাব দৃশ্যমান, বাস্তব এবং বস্তুগত।

8. সামঞ্জস্যপূর্ণ চরিত্র ছাড়া ক্ষমতা "মিথ্যা-ক্ষমতা" বা দায়বদ্ধতায় পরিণত হয়।

9. ভীত হওয়া যথেষ্ট নয়, তবে কাজ করার জন্য যথেষ্ট সাহসী হওয়া প্রয়োজন।

10. কখনই না আপনার মাথা বা হৃদয়কে আপনার পায়ের মতো ভাবতে বা আচরণ করতে দিন: আপনার পা একটি অপ্রতিরোধ্য চ্যালেঞ্জের মুখোমুখি হলে পালিয়ে যাওয়ার জন্য বোঝাণো শুরু করে, তবে আপনার হৃদয় এবং মন স্থির থাকতে পারে এবং সবচেয়ে বড়, শক্তিশালী এবং সর্বশ্রেষ্ঠের মুখোমুখি হতে পারে।

11. একজনের পছন্দের উপর নির্ভর করে মানুষের যেকোন বংশধরই হয় উচ্ছৃঙ্খল বা অদ্ভূত হতে পারে।

12. ডিসিশনাল ইন্টেলিজেন্স হল ধারাবাহিকভাবে সঠিক বাছাই করা এবং কেউ ভুল পছন্দ করে থাকলে তা প্রাথমিক পর্যায়ে শনাক্ত করতে সক্ষম হওয়া এবং তা সংশোধন করার জন্য দ্রুত পদক্ষেপ নেওয়া বা অন্তত ক্ষতি ধারণ করা।

13. প্রতিটি পণ্য, ব্যক্তি, স্থান এবং প্রক্রিয়া একটি অভিজ্ঞতা. সুতরাং, আপনি কী চান, আপনি কার সাথে থাকতে চান, আপনি কোথায় থাকতে চান এবং আপনি কে তা সাবধানে চয়ন করুন।

14. অনেকেরই সিদ্ধান্ত নেওয়ার ক্ষমতা আছে, কিন্তু অল্প সংখ্যক লোকেরই সিদ্ধান্ত নেওয়ার ক্ষমতা আছে, যাতে তারা তাদের সিদ্ধান্তের পরিণতির মুখোমুখি হতে পারে।

15. আজকে আমরা যেভাবে পছন্দ করি, তা হয়তো অনেক ভালো হতো আমাদের কাউকে দেওয়া হয়নি।

16. আপনার কাছে সর্বদা দুটি বিকল্প থাকে: মধ্যমতার একটি মুখোশের আড়ালে আপনার মহত্ত্ব লুকিয়ে রাখা বা সম্মুখের পিছনে গিয়ে আপনার মহত্ত্ব খুঁজে বের করা।

17. আপনার সম্পর্কে সীমিত একমাত্র জিনিস হল আপনি একটি সীমিত সংস্করণ, বরং আপনার ধরনের একজন।

18. আমরা সচেতন বা অবচেতনভাবে নেওয়া প্রতিটি সিদ্ধান্ত আমাদের পক্ষে বা বিপক্ষে ভোট।

19. শ্রেষ্ঠত্ব ইতিহাসে কয়েকজনের ব্যক্তিগত সম্পত্তি বা সুযোগ-সুবিধা নয় বরং প্রতিটি মানুষের অধিকার এবং কর্তব্য উভয়ই।

20. শ্রেষ্ঠত্ব হল জীবনের একমাত্র দিক যা একটি অধিকার এবং কর্তব্য উভয়ই।

21. শ্রেষ্ঠত্ব অনুসরণ করুন এবং দেখবেন সংখ্যা আপনাকে তাড়া করবে। আর নম্বরকে যদি আপনি অনুসরণ করুন তবে শ্রেষ্ঠত্বকে "বিদায়" বলুন।

22. দিন থেকে রাতের বিপরীতে চলে যান।

23. মাথার খুলির স্তরে, সমস্ত মানুষ একই রকম। মাথার খুলির ভিতরে যা আছে তা দিয়ে আমরা যা করি তা আমাদের দক্ষতার স্তরে পার্থক্য করে। আমাদের সমতাকে নিতে হবে এবং শ্রেষ্ঠত্বের দিকে নিয়ে যেতে হবে।

24. অলস, ভয়ঙ্কর চেহারার শুঁয়োপোকা যদি একটি উড়ন্ত, সুন্দর এবং দরকারী প্রজাপতি হয়ে উঠতে পারে, তবে আপনি এবং আমি আমাদের অনেক বড় উপহার, বুদ্ধি এবং সম্ভাবনার সাথে পারদর্শী হতে শিখতে পারি।

25. আপনার পেশায় উৎকর্ষ সাধনের লক্ষ্য রাখুন, আপনার সম্পদে নয়

26. শ্রেষ্ঠত্বের রহস্য হল সমাধান-কেন্দ্রিক হওয়া এবং সমস্যা-কেন্দ্রিক নয়।

27. আমাদের মধ্যে বেশিরভাগই সিদ্ধান্ত নেওয়ার চেয়ে সিদ্ধান্ত ভাঙতে পারদর্শী। আমরা চিন্তা বা ধ্যান করার চেয়ে চিন্তার মধ্যে শ্রেষ্ঠত্ব করি। আমরা বর্তমান মুহূর্তটি উদযাপন করার পরিবর্তে হারিয়ে যাওয়া সুযোগ এবং অতীতকে শোক করতে পারদর্শী। আমাদের শুধু একধাপ পিছিয়ে যেতে হবে এবং আমাদের নেতিবাচক শ্রেষ্ঠত্ব বা বাড়াবাড়িকে ইতিবাচক রূপে পরিণত করার চেষ্টা করুন।

28. আমাদের গ্রহণযোগ্যতার অবস্থান থেকে একটি অবস্থানে যেতে হবে শ্রেষ্ঠত্বের এবং শ্রেষ্ঠত্বের অবস্থান থেকে ব্যতিক্রমের অবস্থানে।

29. জ্ঞানের বিষয়ে, পরীক্ষাগুলি আরও উপযুক্ত। জীবন এবং বিশ্বাসের ক্ষেত্রে, অভিজ্ঞতা পরীক্ষা-নিরীক্ষার চেয়ে অনেক বেশি গুরুত্বপূর্ণ।

30. হ্যাঁ, ব্যর্থতাই সফলতা নামক অবতরণে পা দিয়ে থাকে। কিন্তু মুশকিল হল বেশিরভাগ সময় ব্যর্থতাকে আমরা সোপান হিসেবে নয়, সৎ পুত্র হিসেবে বিবেচনা করি এবং সাফল্যকে আমাদের একমাত্র প্রিয় পুত্র হিসেবে বিবেচনা করি।

31. কিভাবে সফল হওয়া যায় তা শেখা যতটা গুরুত্বপূর্ণ ততটাই গুরুত্বপূর্ণ কিভাবে ব্যর্থতার মুখোমুখি হতে হয়।

32. ব্যর্থতা শুধুমাত্র একটি ইঙ্গিত যে আমাদের কঠোর বা বুদ্ধিমান বা উভয়ই কাজ করতে হবে।

33. যদিও ব্যর্থতা স্থায়ী, মারাত্মক বা চূড়ান্ত নয়, আমরা স্থায়ীভাবে বা চূড়ান্তভাবে ব্যর্থ হতে পারি না।

34. আমাদের দৃষ্টিভঙ্গির সামান্য পুনর্বিন্যাস করে, আমরা আমাদের জীবনকে ভয়ঙ্কর বা অসাধারন করে তুলতে পারি। যদি আমরা কোন কিছুকে অলৌকিক হিসাবে না দেখি তবে তা হবে ভয়ানক, একাকী, আশাহীন, বিরক্তিকর, গ্লানিময়, সংক্ষিপ্ত এবং কদর্য।

আমরা যদি সবকিছুকে একটি অলৌকিক ঘটনা হিসাবে বিবেচনা করি তবে জীবন হবে দুর্দান্ত, আনন্দময়, আশাবাদী, চিরন্তন, উত্তেজনাপূর্ণ, বিস্ময়কর এবং পরিপূর্ণ। বেছে নাও.

35. প্রযুক্তি কখনই আমাদের বাস্তবতাকে বাড়িয়ে তুলতে পারে না যখন আমাদের আত্মা এবং মন আমাদের বাস্তবতাকে বাড়িয়ে, পরিবর্তন, সমৃদ্ধ করতে পারে।

36. কালের শুরু থেকে, প্রতিদিন প্রতিটি মানুষ যুদ্ধ করছে, শুধু শারীরিক নয় বরং আধ্যাত্মিক, মনস্তাত্ত্বিক, যৌক্তিক, বুদ্ধিবৃত্তিক, আবেগগত এবং নৈতিক বিষয়ে।

37. যে ফুলগুলি স্বাস্থ্যকর ফল হয়ে ওঠে তা কখনই সুন্দর হয় না।

38. কেউ কখনো কাউকে বলেনি বা এমনকি ভাবেনি যে তার একটি সুন্দর খুলি আছে।

39. যা সুন্দর তা সর্বদা অর্থপূর্ণ নয় তবে যা অর্থপূর্ণ তা সর্বদা সুন্দর।

40. বিশ্বাস হয় আমাদের মারাত্মকভাবে সীমাবদ্ধ করে দিতে পারে অথবা এটি সম্ভাবনা ও অসম্ভবের প্রতিটি সীমানা ভেঙ্গে দিতে পারে।

41. বিশ্বাস একজনকে এই জীবনে পরিণত হতে এবং পরের জীবনে মানুষ হতে সাহায্য করে।

42. এটি আমাদের বিশ্বাস যা আমাদের হতে এবং না হতে, হয়ে উঠতে বা না হয়ে উঠতে, আচরণ করতে এবং থাকতে সক্ষম করে।

43. প্রতিটি মানুষকে জানাতে দিন যে আপনি আপনার বিশ্বাসের জন্য মরতে এবং অন্যদের সেবা করতে পারেন, কিন্তু আপনি আপনার বিশ্বাসের জন্য অন্যকে হত্যা বা ক্ষতি করতে পারবেন না।

44. জীবন হল আমরা যা জানি তার একটি ছোট ক্ষেত্র এবং আমরা যা জানি না তার একটি বৃহত্তর অংশের একটি ইন্টারপ্লে বিশ্বাস ব্যতীত এবং এই কারণেই বিশ্বাসের একটি প্রভাবশালী ভূমিকা থাকবে যতক্ষণ না মানবতা চারপাশে থাকবে।

45. হতাশাবাদীদের জীবনকে অর্ধেক শূন্য হওয়ার একটি উপলব্ধি রয়েছে যখন আশাবাদীরা জীবনকে অর্ধেক পূর্ণ বলে মনে করে এবং বিশ্বাসী প্রেম, আশা এবং আনন্দের উপচে পড়ে জীবনযাপন করে।

46. ঠিক যেমন একটি ফ্রেম একটি সুন্দর পেইন্টিংকে উন্নত এবং সংরক্ষণ করে, আমাদের মূল বিশ্বাস এবং নীতিগুলি আমাদের জীবন গঠন করে।

www.eqthinking.com   www.prateepphilip.com   www.fillipisms.com

47. প্রকৃতি ব্ল্যাক ইজ বিউটিফুল ক্যাম্পেইনকে সমর্থন করে কারণ কালো হীরা হীরার মধ্যে সবচেয়ে বিরল, সবচেয়ে সুন্দর এবং মূল্যবান।

48. একজন ভৃত্য নেতা বা ব্যবস্থাপক নম্রতার সাথে কর্তৃত্বকে মিশ্রিত করেন।

49. একজন সত্যিকারের নেতা বা ব্যবস্থাপক অন্য অন্ধদের দ্বারা পরিচালিত হয় না যাদের জ্ঞান সম্পূর্ণ নয়, যারা ভবিষ্যতে দেখতে বা জানতে পারে না। তিনি ভবিষ্যত দেখেন এবং সব জানেন ঈশ্বরের নেতৃত্বে।

50. একজন সত্যিকারের অনুসারী যাকে সত্যিকারভাবে অনুসরণ করেন তার কাছ থেকে আকর্ষণ এবং আকর্ষণ উভয়ই লাভ করে।

51. সাধারণ জ্ঞানের সামান্য পরিমাণও যে কোনো ব্যক্তি বুঝতে পারবেন যে বিবর্তন তত্ত্ব হল কল্পবিজ্ঞানের সবচেয়ে বড় উদাহরণ।

52. আমাদের জীবনের বিশ্বাস এবং অভিজ্ঞতা আমাদের লক্ষণ এবং বিস্ময়গুলিতে বিশ্বাস করতে শেখায় যখন শ্রেণীকক্ষ এবং পাঠ্যপুস্তকগুলি আমাদের বিজ্ঞান এবং ভুলগুলিতে বিশ্বাস করতে শেখায়।

53. পুরানো আদেশের অধীনে আমরা ভাল অংশগুলির বলি দিয়েদি. নতুন ক্রমে, জীবন্ত বলিদানের অর্থ জেনে আমরা ক্রমাগত আমাদের জীবনের খারাপ অংশগুলিকে বলিদান করি এবং ক্রমাগত ভাল অংশগুলিকে সম্পূর্ণ সম্ভাবনার জন্য ব্যবহার করি।

54. যা মানুষের জ্ঞানের সীমার বাইরে তা হল বিশ্বাস। এটা পণ্ডিত, চিন্তাবিদ, লেখক, দার্শনিক, বিজ্ঞানীদের স্বীকার করতে হবে। যা মানুষের ক্ষমতার সীমার বাইরে তা হল ঈমানের অনুশীলন। এটা এ উদ্দেশ্যে যে রাজা, কর্তৃপক্ষ, শাসক, প্রশাসক, কর্মকর্তাদের দ্বারা স্বীকৃত হবে। যা আমাদের দৈহিক দৃষ্টিশক্তির বাইরে তা হল দৃষ্টি। এটা নেতাদের স্বীকার করতে হবে।

55. গভীর অনুসন্ধান ছাড়া, আপনি রাজাকে দেখতে পারবেন না।

56. Life/জীবন শব্দে 'f' না থাকলে তা Lie/মিথ্যা হয়ে যায়। বিশ্বাস না থাকলে জীবন মিথ্যে হয়ে যায়। জীবন যাপন করুন, মিথ্যা নয়।

57. ঈশ্বর যদি শুধুমাত্র একটি চিন্তাভাবনা হয় তবে আমরা আমাদের জীবন শেষ হওয়ার পরেই তাকে দেখতে পাব।

58. একজন বিশ্বাসী সংজ্ঞা অনুসারে এমন নয় যে সবাইকে সম্পূর্ণভাবে বিশ্বাস করে। তিনি ঈশ্বরকে সম্পূর্ণরূপে বিশ্বাস করেন এবং অন্য কাউকে সম্পূর্ণরূপে বিশ্বাস করেন না। তিনি বিশ্বাসযোগ্য কিন্তু নির্দোষ নন।

59. যুক্তি এবং বিশ্বাসের মিশ্রণ দ্বিধা শেষ করতে পারে।

60. গাছের সাথে সম্পর্ক ছাড়া শাখার কোন গুরুত্ব বা উদ্দেশ্য নেই। এটি শুকিয়ে যায় এবং বিচ্ছিন্ন অবস্থায় মারা যায়। আমরা প্রত্যেকেই একটি ডাল, একটি শাখা। আমরা অর্থ, গুরুত্ব, তাৎপর্য, উদ্দেশ্য এবং জীবন পেতে পারি শুধুমাত্র অনন্ত জীবনের গাছ ঈশ্বরের সাথে ঘনিষ্ঠ সংযোগে বা একীকরণে।

61. একটি বন্ধ দরজা একটি অনুপস্থিত ঈশ্বরের চিহ্ন নয়।

62. একটি ধারণা একটি মানসিক বীজ। এটি মানুষের মন, আত্মা এবং শরীরের ভেতর থেকে কাজ করে। এটি সেখানে রোপণ করা হয় এবং একটি অভিজ্ঞতায় পরিণত হয়, বাস্তব সময় এবং স্থানের একটি বাস্তবতা। কার্যত, প্রতিটি সার্থক মানুষের অভিজ্ঞতা একটি ধারণা দিয়ে শুরু হয়। এটি কল্পনায় ধারণ করা হয় এবং শ্রমের মাধ্যমে উদ্ভূত হয়।

63. একটি চুক্তি হল ঈশ্বরের সাথে একটি মাস্টার চুক্তি যখন আমরা মাস্টার চুক্তির অধীনে হাজার হাজার চুক্তি করতে পারি। "আমেন" দিয়ে শেষ হওয়া প্রতিটি প্রার্থনা প্রভুর সাথে একটি চুক্তি।

64. একটি মুক্ত আত্মা হল প্রবাহিত কাঠের মতো যা এখানে এবং সেখানে চালিত হয় প্রতিটি বাত এবং অভিজ্ঞতার স্রোত দ্বারা। বিপরীতে প্রতিশ্রুতিবদ্ধ একজন ব্যক্তির একটি ধারনা আছে দিকনির্দেশ, উদ্দেশ্য এবং নিয়ন্ত্রণ।

65. একটি ঈশ্বর-সম্মানজনক জীবনও সবচেয়ে স্বয়ংসম্পূর্ণ।

66. একটি হৃদয় যে ঈশ্বরের সাথে সঙ্গতিপূর্ণ তার কাছে মূল্যবান এবং তিনি এমন ব্যক্তির জন্য স্বর্গ ও পৃথিবী স্থানান্তর করতে প্রস্তুত।

67. বিশ্বাসের জীবন মানে দৃশ্যের চেয়ে অদৃশ্যকে প্রাধান্য দেওয়া। দৃষ্টির জীবন মানে অদৃশ্যের চেয়ে দৃশ্যকে প্রাধান্য দেওয়া।

68. যে ব্যক্তি ঈশ্বরের প্রেমের স্বাদ পায়নি সে তার জীবন নষ্ট করেছে।

69. ঈশ্বরের জন্য ক্ষুধার্ত একটি মানুষ তার শব্দের জন্য ক্ষুধার্ত।

70. একজন বিশ্বাসী ব্যক্তি দুর্বল ব্যক্তি নয় বরং ডেভিডের মতো সাহসী সৈনিক, মূসার মতো একজন মুক্তিযোদ্ধা, জোশুয়ার মতো একজন যোদ্ধা, জোসেফের মতো একজন স্বপ্নদর্শী, নূহের মতো একজন নির্মাতা, পলের মতো একজন পণ্ডিত, একজন আগুনের মতো একজন মানুষ। ইলিয়াস এবং যীশুর মত একজন অলৌকিক কর্মী।

71. একজন ব্যক্তি যার ঈশ্বর এবং তাঁর পথ সম্পর্কে কোন ব্যক্তিগত জ্ঞান নেই একটি পাখির কোমল পালানো, পালকবিহীন এবং উড়ন্ত, তার নিজের অনিয়ন্ত্রিত আবেগ সহ অনেক শিকারীর আক্রমণের জন্য ঝুঁকিপূর্ণ।

72. বিশ্বাসহীন ব্যক্তি পালকবিহীন পাখির মত।

73. একটি পাখি যে বাসা ছেড়ে যায় তা পরিষ্কার করার আশা করতে পারে না।

74. একটি নৃশংস সংখ্যাগরিষ্ঠ বা এমনকি একটি সাধারণ সংখ্যাগরিষ্ঠ তার মাথায় সত্য ঘুরিয়ে দিতে পারে।

গণতন্ত্র, তাই, তার প্রধান যোগ্যতা এই অনুমানের উপর নির্ভর করে যে সংখ্যাগরিষ্ঠের সংখ্যাগরিষ্ঠ যুক্তিসঙ্গত, ভাল অর্থপূর্ণ এবং সত্যের প্রতি প্রতিশ্রুতিবদ্ধ।

75. একটি শুঁয়োপোকা উড়তে সক্ষম হওয়ার জন্য অসংখ্য ক্ষুদ্র অঙ্গ হারায়। উড়তে সক্ষম হওয়ার জন্য আমাদেরও প্রচুর তাঁবু বা ক্ষুদ্র জিনিস ত্যাগ করতে হবে যা আমাদের পৃথিবীকে আবদ্ধ করে।

76. সমস্ত ডোমেনের আইকনগুলির সমস্ত ভক্তদের জন্য একটি সতর্কতা: "আইকন" শব্দের একটি লুকানো অর্থ রয়েছে - I CON। আমি নিজেকে এবং অন্যদের CON করতে পারি, তাই সাবধান।

77. একটি আকর্ষক দৃষ্টি এমন উপাদান নিয়ে গঠিত যা মানুষের দৃষ্টি ও শ্রবণ এবং মানুষের বুদ্ধিমত্তা, কল্পনা এবং সম্পাদনের সীমাবদ্ধতা।

78. একটি সন্তুষ্ট মন বিরোধ করবে না।

79. একটি স্বপ্ন 'বাস্তবতাকে উন্নত করে কিন্তু বাস্তবতা একটি বিভ্রমের চেয়ে ভালো কারণ পরবর্তীটি তাকে যে পথ বেছে নিয়েছে তা থেকে দূরে নিয়ে যায়।

80. একটি মিথ্যা একটি নির্মিত সত্য কারণ এটি একটি সত্যের মতো দেখতে সাজানো হয়।

81. হাসির মূল্য সম্পর্কে অনেক কিছু বলা হয়। কিন্তু কান্না করা, ব্যথা অনুভব করাও সমান অপরিহার্য। মানবজাতি ক্রমশ এতটাই শক্ত হয়ে যাচ্ছে যে আমরা কান্না করার ক্ষমতা হারিয়ে ফেলছি। এটির জন্য কান্না মানুষের আত্মার উপর একটি পরিষ্কার এবং ক্যাথার্টিক প্রভাব ফেলে।

82. একজন মানুষ হ্রদের পৃষ্ঠে তার প্রতিচ্ছবি দেখতে পায় যখন হ্রদ তার প্রতিফলন মানুষের চোখের গভীরে দেখে।

83. একজন মার্কসম্যান তখনই লক্ষ্যে থাকে যদি সে লক্ষ্যের সাথে নিখুঁত সারিবদ্ধভাবে পশ্চাৎদৃষ্টি এবং সামনের দৃষ্টি পায়। একইভাবে, একজন মানুষ তখনই লক্ষ্যে থাকবে যখন সে জাগতিক, পার্থিব, চিরন্তন লক্ষ্য এবং অগ্রাধিকারের সামনের সাথে নিখুঁত প্রান্তিককরণে ব্যক্তিগত লক্ষ্য।

84. একটি জাতি এবং সমাজ যা সবচেয়ে কার্যকরভাবে নারীদের কান্না এবং ভয় উভয়ের সাথেই মোকাবিলা করে তা বিদ্রূপাত্মকভাবে শক্তিশালী পুরুষ এবং সর্বোত্তম মানবতা তৈরি করে।

85. এক মিলিয়ন মনের মধ্যে একটি মিলিয়ন বার পুনরাবৃত্তি করা একটি সংখ্যা বাস্তব সময়ের পরিবর্তন তৈরি করে না। কিন্তু একটি শব্দ এমনকি শত শত বার পুনরাবৃত্তি এক মনে পরিবর্তন তৈরি করে। পরীক্ষা হিসাবে "উৎকর্ষতা" শব্দটি ব্যবহার করে দেখুন। এটি তার অভ্যন্তরীণ অর্থ নিক্ষেপ করবে। এটা আপনাকে দেখাবে কি করতে হবে। আমরা সংখ্যা-সংকোচকারী নই, শব্দ-চালিত প্রাণী।

86. একজন হতাশাবাদী স্বর্গে গেলেন, চারপাশে তাকিয়ে অভিযোগ করলেন, "কোনও কোক পাওয়া যাচ্ছে না।" একজন আশাবাদী নরকে গেলেন, চারপাশে তাকিয়ে বললেন, "প্রচুর জ্বলন্ত কয়লা কিন্তু ভালো জিনিস হল যে রুম হিটার বা সেন্ট্রাল হিটিং- এর দরকার নেই। ।"

87. একটি গাছকে দিনে মাত্র একবার বা দুবার জল দেওয়ার প্রয়োজন হয় যখন একজন মানুষের সারাক্ষণ, রাত এবং দিনে জল দেওয়া প্রয়োজন।

88. একটি প্রতিশ্রুতি শুধুমাত্র একজন ভাল হিসাবে এটা তোলে. তাই আগে যিনি প্রতিশ্রুতি দেন তাকে ভালো করে দেখে নিন।

89. একটি নিরাপদ অঞ্চল হল কম ঝুঁকি, কম পুরস্কার, কম সম্পৃক্ততা, কম ব্যস্ততা, কম প্রভাবের এলাকা। আপনার নিরাপদ অঞ্চল থেকে এলাকায় সরান উচ্চতর ঝুঁকি, উচ্চতর পুরস্কার, আরো সম্পৃক্ততা, ব্যস্ততা এবং প্রভাব।

90. একটি একক উজ্জ্বল কীট পুরো চাঁদের চেয়ে তার নিজস্ব আলো বেশি তৈরি করে।

91. একটি চিন্তা নীরবতা একটি শব্দ. আমরা যত গভীর শব্দ এবং নীরবতা শুনি, তত বেশি অর্থপূর্ণ, উদ্দেশ্যমূলক এবং কার্যকর হবে আমরা যে শব্দগুলি উৎপন্ন করব।

92. ব্যথার হাজার মুহূর্ত আনন্দের একটি মুহূর্ত তৈরি করে। আমরা যখন আনন্দ খুঁজি, তখন আমরা ব্যথা এড়াতে পারি না। বিকল্প হল আনন্দের এক মুহূর্ত যা লক্ষ লক্ষ মুহূর্ত ব্যথার দিকে নিয়ে যায়।

93. একটি গাছ সংজ্ঞায়িত করা হয় এবং এটি যে ফল দেয় তার দ্বারা বর্ণনা করা হয়। একইভাবে, আমরা সংজ্ঞায়িত এবং বর্ণনা করা হয় আমাদের জীবন, কাজ এবং চরিত্রের ফল দ্বারা।

94. বাচ্চাদের মতো প্রাপ্তবয়স্করা কেবল লাইন দ্বারা লাইন, আদেশ দ্বারা অনুশাসন, অল্প অল্প করে শিখতে পারে।

95. প্রজ্ঞাকে শোষণ করার জন্য একটি স্পঞ্জ এবং নেতিবাচক শক্তি এবং শক্তি যেখানে এটি রয়েছে সেখানে আচার ও নির্গত করার জন্য একটি স্পঞ্জ হওয়ার লক্ষ্য রাখুন - পৃথিবীর গভীরে, জীবিত মানুষ এবং চলমান বিশ্বের থেকে দূরে।

96. আপনার সাফল্য পাহাড়ের চূড়ায় নিহিত, কিন্তু আপনার সবচেয়ে বড় বিজয় আপনার দুটি শ্রেষ্ঠ পর্বতের চূড়ার মধ্যে নিহিত!

97. সমস্ত কন্ডিশনিং হল অচেতন প্রশিক্ষণ এবং সমস্ত প্রশিক্ষণ হল সচেতন কন্ডিশনিং।

98. সমস্ত মানুষ জাতি, জাতীয়তা, ধর্ম, বর্ণ, লিঙ্গ, সংস্কৃতি, শ্রেণী, প্রতিভা, ক্ষমতা, শক্তি, উপায়, পেশা এবং ডিএনএ দ্বারা আলাদা এবং বৈচিত্র্যময় কিন্তু আমাদের একই রকমের মধ্যে আমাদের অপরিহার্য ঐক্য আকাঙ্ক্ষা, চাহিদা, দুর্বলতাগুলি হল সেই সেতু যা আমাদের প্রত্যেককে আমাদের সকলের সাথে সংযুক্ত করে।

99. আদর্শবাদের পতাকা এবং নিন্দাবাদ প্রবেশের আগে তরুণ বয়সে অনুপ্রেরণার বিশুদ্ধ অক্সিজেন সর্বোত্তমভাবে শ্বাস নেওয়া হয়।

100. আপনি যত বেশি কষ্ট পেয়েছেন এবং পুনরুদ্ধার করেছেন; অন্যদের বৃহত্তর অনুপ্রেরণা তখন আপনার গল্প.

101. আমাদের সীমিত বিশ্বাসকে মুক্ত বিশ্বাসের সাথে প্রতিস্থাপন করুন এবং আমরা জীবনের প্রতিটি ক্ষেত্রে শিকার থেকে বিজয়ী হয়ে উঠব।

“যতবার আপনি সিদ্ধান্ত নেন, আপনার জাহাজ, আপনার নেতৃত্বে সেই দিকে দিক পরিবর্তন করে। প্রতিবার যখন আপনি আপনার মনোভাব পরিবর্তন করেন, পালগুলি বাতাসকে ধরতে পুনরায় সেট হয়ে যায়।"

শিল্পীর অনুপ্রেরণা:

চিত্রকর্মটি শিল্পীর জাহাজ চালানোর প্রতি ভালবাসা, দিকনির্দেশনা এবং মনোভাবের পাঠ দ্বারা অনুপ্রাণিত হয়েছিল এটি তাকে শিখিয়েছে। এটি ফটোগ্রাফার মহেশ্বর সিং দ্বারা শিল্পীর একটি ফটোগ্রাফিক শ্যুটের একটি পেইন্টিং রূপান্তর।

নেতৃত্ব

1. আপনি যখনই সিদ্ধান্ত নেন, আপনার জাহাজ, অর্থাৎ নেতৃত্ব তার দিক পরিবর্তন করে। প্রতিবার যখন আপনি আপনার মনোভাব পরিবর্তন করেন, পালগুলি বাতাসকে ধরতে পুনরায় সেট করে।

2. সর্বোপরি, নেতৃত্বের তিনটি শ্রেণী রয়েছে: নেতা, রক্তদানকারী এবং প্রজননকারী। নেতারা পরিবেশন করে, ব্লিডাররা রক্তপাত করে এবং ব্রিডাররা বংশবৃদ্ধি করে।

3. চারটি মানব জাতি রয়েছে: নিগ্রোয়েড, মঙ্গোলয়েড, ককেশীয় এবং নেতা।

4. উচ্চ এবং উচ্চ পদ সর্বদা সক্ষম, ইচ্ছুক এবং বুদ্ধিমানদের দ্বারা চাওয়া উচিত নয় কারণ তাদের সেবা করার জন্য তাদের আরও বেশি লোক থাকবে বরং তারা যাদের সেবা করতে পারে তাদের আরও বেশি লোক থাকবে।

5. নেতৃত্ব সত্য এবং প্রভাবশালী হলে, এটি বৃদ্ধি, উচ্চতা এবং আলোকসজ্জা, দৃষ্টি বৃদ্ধি, চিন্তা, শব্দ এবং কর্মের উচ্চতা এবং পথ এবং সিদ্ধান্তের আলোকসজ্জা তৈরি করবে।

6. আপনি যদি একটি কুকুরছানা হন, লক্ষ্য করুন এবং অশ্বপালনের কুকুর হতে নিজেকে তৈরি করুন, যদি আপনি একটি জাহাজ, ফ্ল্যাগশিপ, একটি নেকড়ে হন - প্যাকের নেতা হন।

7. আপনি যদি পশুপালকে নেতৃত্ব দিতে চান, তাহলে একজন নির্বোধ হোন।

8. আপনার নেতৃত্ব precepts এবং ব্যবস্থাপনা যদি ধারণা ভিত্তিক না হয়ে জীবনের সত্য এবং চিরন্তন বা কালজয়ী সত্যের উপর হয়, তাহলে আপনি ভুল গলিতে ঘেউ ঘেউ করছেন, ভুল গাছে আরোহণ করছেন বা লাল হেরিং দিয়ে বিন্দুযুক্ত পথ অনুসরণ করছেন।

9. হাস্যকরভাবে, এটি সাম্যের জন্য সংগ্রাম যা নেতৃত্বের সর্বোচ্চ এবং সবচেয়ে স্বাতন্ত্র্যসূচক গুণাবলী বের করে এনেছে।

10. লোকেদের কীভাবে ওয়্যার্ড করা হয় তা বোঝাই হল নিয়োগ, চাকরিচ্যুত হওয়ার চাবিকাঠি।

11. পাহারাদাররা কেবল বাইরের শত্রুর দিকেই নজর রাখে না, তবে ভিতরের শত্রুর জন্যও রাখে।

12. আপনি একজন কার্যকরী ব্যবস্থাপক হলে কোন লাভ নেই যদি না আপনি প্রথমে একজন কার্যকরী নেতা না হন তাহলে ভুল পথে দ্রুত অগ্রসর হওয়া কি কাজে লাগে।

13. শুধু একজন নেতা হওয়াই যথেষ্ট নয়। চ্যালেঞ্জ হল একজন বিজয়ী, ধার্মিক, মান-ভিত্তিক, দূরদর্শী, আবেগী নেতা হওয়া।

14. জ্ঞান হল নেতৃত্বের অত্যাধুনিক প্রান্ত যা দিয়ে মানব প্রকৃতির হীরা কাটে, পালিশ করে এবং আকার দেয়।

15. জ্ঞান হল নেতার প্রান্ত। কিন্তু এটি শুধুমাত্র সীমানা থাকা অবস্থায় আবদ্ধ এলাকায়ে, এলাকা হতে হবে সুরক্ষিত এবং ব্যবহৃত প্রজ্ঞা।

16. যুদ্ধক্ষেত্রে জেনারেলদের মতো নেতাদের কেবল বেরিয়ে আসা উচিত নয় নিরীহ সাধারণতা সহ কিন্তু ঝুঁকিপূর্ণ কৌশল এবং সাহসী দৃষ্টিভঙ্গির উদ্ভব করা উচিত।

17. যে নেতারা তাদের সম্পূর্ণ সত্তার পরিপ্রেক্ষিতে নিজের এবং অন্যদেরকেও পূরণ করেন না - আত্মা, মন এবং দেহ আংশিক বা ভগ্নাংশ একজন সুস্থ নেতা সমগ্র সত্তাকে পূরণ করেন।

18. যে নেতারা শুধুমাত্র শারীরিক বা রাজনৈতিক বা অর্থনৈতিক বা সাংস্কৃতিক নিয়ে কাজ করেন কিন্তু আত্মা, মন এবং দেহের তিনটি মাত্রা নিয়ে নয় তারা ভগ্নাংশ এবং সমতল নেতা।

19. ট্রায়াল এবং ত্রুটি দ্বারা নেতৃত্ব এবং শিক্ষা সর্বদা ভুল, সন্ত্রাস এবং ট্র্যাজেডির পথ ছেড়ে যায়।

20. সংজ্ঞা অনুসারে নেতৃত্ব স্বপ্নদর্শী। তা না হলে নেতৃত্ব নয়।

21. নেতৃত্বের সাথে শৃঙ্খলা জড়িত। শৃঙ্খলা ব্যথা জড়িত. সেই বেদনা সিদ্ধির আনন্দ নিয়ে আসে। তাই বেদনার মধ্যে আনন্দ আছে।

22. নেতৃত্ব দুটি আন্দোলন জড়িত: ইতিবাচক থেকে নেতৃত্ব, নেতিবাচক সঙ্গে মোকাবিলা.

23. নেতৃত্ব যখন দিক নির্দেশনা সম্পর্কে হয় ব্যবস্থাপনা নির্দেশাবলী সম্পর্কে হয়.

24. পৃথিবীতে তথ্যের কোন অভাব নেই কিন্তু যা আছে তা হল প্রজ্ঞা।

25. নেতৃত্ব হল 'মই' - মানুষকে মঙ্গল, প্রজ্ঞা, ভালবাসা এবং আনন্দের নতুন স্তরে আরোহণ করতে সক্ষম করার জন্য এই মই প্রদান করা।

26. নেতৃত্ব হল জ্ঞানের প্রান্তে জীবন যাপন করা, পরবর্তী পদক্ষেপটি একজনকে নীচে নামাবে বা উপরে উঠাবে কিনা তা না জেনে।

27. নেতৃত্ব ক্ষমতার চেয়ে ভালবাসার অনুশীলন।

28. নেতৃত্ব হল ব্যক্তিদের মধ্যে এক শতাংশ পার্থক্য যা একটি করে সংস্থা এবং জাতির মধ্যে 100 শতাংশ পার্থক্য।

29. নেতৃত্ব হ'ল যা দীর্ঘ পথ অতিক্রম করে আবির্ভূত হয় যখন ব্যবস্থাপনা হ'ল যা আমরা প্রতিদিন করি।

30. নেতৃত্বের জন্য একজন মানুষকে সাধারন দিনে অনেক ভূমিকা নিতে হয়: ভোরবেলা নম্র প্রার্থনাকারী মন্তিস, মানুষের মধ্যে লম্বা জিরাফ, অন্যায়কারীদের কাছে সিংহ, কাজে গাধা, গতিতে ঘোড়া, বুদ্ধিতে শেয়াল, নিরীহ হওয়ার ক্ষেত্রে ঘুঘু। কখনও কখনও, আমরা যদিও এই সমস্ত নির্দিষ্ট ভূমিকা মিশ্রিত করি।

31. নেতৃত্বের সত্য এবং পাঠ প্রত্যেকের জন্য তাৎপর্যপূর্ণ কারণ শেষ পর্যন্ত প্রত্যেকেই সে বা তার নেতা।

32. মূল্যবোধ এবং দৃষ্টিবিহীন নেতৃত্ব সীসার মতই মৃত।

33. বায়ুমণ্ডল থেকে শিখুন: আপনি যত উপরে যাবেন, তত মসৃণভাবে উড়বেন, আপনার চিন্তাভাবনা তত বেশি তীব্র হবে এবং আপনার বক্তৃতা বিরল হবে তবে মাটি অনুভব করতে সময়ে সময়ে নীচে নেমে আসুন।

34. প্রভুত্ব নেতৃত্বের মূলনীতির বিপরীতে চলে।

35. নৈতিকভাবে অন্ধ নেতৃত্ব মানুষকে নৈতিক দেউলিয়াত্বের খাদে ফেলে দেয়। আধ্যাত্মিকভাবে অন্ধ নেতৃত্ব মানুষকে আধ্যাত্মিক মৃত্যু ও ক্ষয়ের খাদে ফেলে দেয়।

36. একজন সত্যিকারের নেতৃত্ব দেওয়ার জন্য তখনই যোগ্য হয় যদি সে তার যা হওয়া উচিত নয় তা মোকাবেলা করতে প্রস্তুত থাকে।

37. ভেড়ার দেখাশোনা করার জন্য একজনের সিংহের মতো শক্তি এবং শিয়ালের চেয়ে বেশি ধূর্তের প্রয়োজন।

38. নেতৃত্বের চ্যালেঞ্জগুলির মধ্যে একটি হল যারা স্থিতিশীল তারা সক্ষম নয় এবং যারা সক্ষম তারা স্থিতিশীল নয়। কার্যকারিতার জন্য, একজনকে মানসিকভাবে স্থিতিশীল এবং মানসিকভাবে সক্ষম হতে হবে।

39. শুধুমাত্র একজন সম্মানজনক নেতা তিনি যিনি সৎ এবং সক্ষম উভয়ই

40. আপনি যদি প্যাককে নেতৃত্ব দিতে চান তবে আপনার জীবনে আরও শক্তি অর্জন করুন।

41. সাফল্য এবং নেতৃত্বের শিরোনাম দ্বারা উপাধি অর্জিত হয় না কিন্তু হয় ধীরে ধীরে।

42. সত্যিকারের নেতার অভাব একটি জাতির মৃত্যুর দিকে নিয়ে যায়।

43. মাথা পুরো শরীরের মঙ্গল সম্পর্কে চিন্তা করে। তাই নেতাদেরও পুরো সংগঠন, সমগ্র জাতির, সমগ্র মানবতার কল্যাণের কথা ভাবতে হবে।

44. জ্ঞানের শ্রেণিবিন্যাস হল নীচের অংশে ডেটা, তারপরে তথ্য, জ্ঞান, বোঝাপড়া, প্রজ্ঞা। নেতৃত্বের দায়িত্বে উচ্চতর ব্যক্তি আরোহণ করে; উচ্চতর দন্ডের বৃহত্তর অনুপাত ব্যবহার করা উচিত, তবে বেশিরভাগই কেবল প্রথম তিনটিতে চাপা দিতে থাকে।

45. নিজের কাছে রেখে যাওয়া মন একটি বিপরীত চালনির মতো যা নেতিবাচকতার ড্রেগগুলিকে ধরে রাখে এবং এর ছিদ্র দিয়ে ভাল এবং ইতিবাচককে নিঃসরণ করতে দেয়।

46. নীতি এবং ব্যক্তিত্ব এবং ক্ষমতা দ্বারা উদ্দেশ্য ভাগ করে নেতৃত্বের ভাগফল পাওয়া যায়।

47. নেতৃত্বের প্রধান কাজ হল ভেড়াকে খাওয়ানো এবং ভেড়ার নেতৃত্ব দেওয়ার জন্য নয়।

48. নেতৃত্বে অভিষিক্ত হওয়ার ওজন একজনকে যৌনাঙ্গ থেকে একজন সত্যিকারের ভদ্রলোক হতে পরিণত করবে।

49. একটি শীপ আছে যা ছাড়া ভেড়া কিছু করতে পারে না এবং তা হল লিডারশীপ বা নেতৃত্ব। প্রত্যেকেরই অনুসরণ করার জন্য, গাইড করার জন্য, সাহায্য করার জন্য এবং পরামর্শ দেওয়ার জন্য কাউকে প্রয়োজন।

50. প্রকৃত নেতারা হৃদরোগ বিশেষজ্ঞ। তারা হৃদয় পরিবর্তনের জন্য হৃদয় পরিবর্তন হল একটি দিক পরিবর্তন.

51. সত্যিকারের নেতারা তাদের অনুসারীদের চাহিদা মেটাতে চেষ্টা করে আর বাকিরা তাদের চাহিদা মেটানোর চেষ্টা করে।

52. সত্যিকারের নেতৃত্ব সর্বদা কর্মের প্রতি পক্ষপাতিত্ব প্রদর্শন করে।

53. সত্যিকারের নেতৃত্ব বলতে বোঝায় অন্ধকারের সমস্যা মোকাবেলা করা এবং সমাধান করা।

54. সত্যিকারের নেতৃত্ব ক্ষমতার চেয়ে সত্যের ভালবাসা এবং ভালবাসার সত্যের প্রদর্শনী।

55. আমরা অন্যদের কার্যকরভাবে, উদ্দেশ্যমূলক এবং অর্থপূর্ণভাবে নেতৃত্ব দিতে পারি না, প্রথমে আমাদের অভ্যন্তনের সাথে কাজ না করা শিখলে।

56. একজন নেতা কি চুমুক দেয় তা তার নেতৃত্বের গুণমান নির্ধারণ করবে।

57. প্রজ্ঞা এবং জ্ঞান নয় নেতাকে প্রান্ত দেয়।

58. আপনি একজন মহান নেতা যিনি আপনাকে "স্যার" হবার জন্য বেশি লোকের সাথে নয়, আপনি আরও বেশি লোকের সেবা করার জন্য সাথে থাকেন

59. আপনি একটি দ্বিমুখী স্পঞ্জ: আপনি যত বেশি শোষণ করবেন, তত বেশি আপনি দেবেন, আপনি তত বেশি দেবেন, তত বেশি শোষণ করবেন।

60. লেভেল ফাইভের জীবন যাপন না করে আপনি লেভেল ফাইভ নেতা হতে পারবেন না।

61. আপনার চরিত্র, কৃতিত্ব এবং সেই ক্রমে অবস্থান থাকলে আপনি নেতৃত্বের ক্যাপ পরার যোগ্য।

62. আপনি যা জানেন না এবং যা করেননি তার ভিত্তিতে আপনার বিচার করা হবে তবে আপনি যা জানেন এবং তার সাথে আপনি কী করেছেন তার ভিত্তিতে না।

63. একজন নেতা দিকনির্দেশনামূলক নির্দেশনা দেন যখন একজন ম্যানেজার শুধুমাত্র নির্দেশমূলক নির্দেশনা দেন।

64. আপনি যদি সত্যিই একজন নেতা হন তবে আপনার প্রভাবের উত্তরাধিকার আপনার পরেও অব্যাহত থাকবে। আপনি যদি একজন ম্যানেজার হন তবে এটি আপনার সাথে মারা যাবে।

65. কিছু ভালো নেতাও ভালো ম্যানেজার কিন্তু সব ম্যানেজার ভালো নেতা নয়। হিটলারের এসএস প্রধানরা ভালো ম্যানেজার কিন্তু ভয়ঙ্কর নেতা ছিলেন।

66. নেতা এবং পরিচালকরা একই সাধারণ পরিবারের অন্তর্ভুক্ত এমনকি সিংহ বা বাঘ এবং ছোট বিড়ালদের অন্তর্ভুক্তওএকই পরিবার।

67. খারাপ নেতৃত্ব প্রায়ই নেতৃত্বের অনুপস্থিতির চেয়ে ভাল বা খারাপ।

68. বনসাই নেতৃত্ব বোঝায় যে 'ঘাসের নেতা' যখন 'ওক ট্রি লিডার' দেখেন, তখন তিনি ওক গাছটিকে কেটে ফেলতে চান যাতে 'ঘাসের নেতা' 'ওক ট্রি লিডার' থেকে লম্বা দেখায়।

69. একজন "ব্লেডার" একজন বস যিনি একজন নেতা হিসাবে মাস্করাড করেন।

70. একজন মানুষ বা নেতা যে কেবল পদবী, পদমর্যাদা এবং সম্পদে বেড়ে ওঠে কিন্তু প্রজ্ঞা, ভদ্রতা এবং নম্রতার মতো গুণাবলীতে বৃদ্ধি পায় না সে আমের মতো যা কুমড়োর মতো বড় হয় এবং স্বাদও সেরকম হয়।

71. সাহস কখনই আশাকে অস্বীকার করে না সাহসের ভিত্তি হল আশা এবং সাহস ছাড়া আশাকে পূর্ণ করা যায় না।

72. অনেক ভালো অভিজ্ঞতা সম্পন্ন ব্যক্তি একজন ভালো নেতা হয়ে ওঠে। অনেক খারাপ অভিজ্ঞতার মানুষ একজন মহান নেতা হয়ে ওঠে।

73. একটি মৌমাছি কখনই মৌচাক তৈরি করতে পারে না বা মধু সঞ্চয় করতে পারে না। সুতরাং, কিছু তৈরি করতে বা অর্থোপার্জনের জন্য, বিভিন্ন প্রতিভা সহ বিভিন্ন ব্যক্তির সাথে সংযুক্ত হন।

74. শুধু কেউ পরিবারের প্রধান বা ফার্ম, কর্পোরেশন, সংস্থা বা সরকারের প্রধান বলে এর অর্থ এই নয় যে অন্যরা তাদের মাথা ব্যবহার করে না।

75. শত্রু আমাদের জীবনে প্রবেশ করার জন্য কেবল জানালার একটি চেরা খুঁজছে কিন্তু আমরা তার জন্য সামনের দরজাটি খোলা রেখেছি।

76. একজন সৈনিক তার নিজের জেনারেল।

77. অন্যদের নেতৃত্ব দেওয়ার আগে আপনাকে নিজেকে মোকাবেলা করতে হবে।

78. একজন ভালো নেতা ভালো খবরের চেয়ে খারাপ খবর দ্রুত শুনতে চায়।

79. একজন ভালো মানুষ কখনো কখনো খারাপ নেতৃত্ব দিতে পারে আবার একজন খারাপ ব্যক্তি কখনো কখনো ভালো নেতৃত্ব দিতে পারে।

80. একজন মহান নেতা তার অনুসারীদেরকে লম্বা করে হাঁটতে বাধ্য করেন যখন তিনি নিজে ছোট হয়ে হাঁটতে হাঁটতে থাকেন।

81. একজন নেতার সূক্ষ্ম বিবরণের জন্য চোখ থাকে যেমন একটি ঈগল তার শিকারের দিকে থাকে

82. একজন নেতা হল একটি ক্রমাগত ক্রমবর্ধমান মই যা আরও বেশি লোককে তাদের অভ্যন্তরীণ বৃদ্ধির বৃহত্তর উচ্চতায় এবং গভীরতায় আরোহণ করতে সহায়তা করে।

83. পুরো জঙ্গলকে স্থির করার জন্য সিংহের মতো একজন নেতাকে উঠতে হবে এবং গর্জন করতে হবে।

84. একজন নেতাকে সবুজ চারণভূমিতে নেতৃত্ব দেওয়া উচিত কিন্তু তাও সে জলের মত শান্ত থাকতে পারে

85. দৃষ্টি এবং প্রজ্ঞাহীন একজন নেতা, ব্যবসা করার চেষ্টা করা একজন দেউলিয়া ব্যক্তির মতো।

86. অনেক লোক অসাধারণ সাহস, প্রজ্ঞা এবং স্পষ্টতা প্রদর্শন করে যখন তারা অস্ত্রের সীমার বাইরে থাকে যা তাদের লক্ষ্য করা যেতে পারে।

87. সভ্য আচার-আচরণে সম্মান ও লজ্জার বোধ যেমন ঠিক তেমনি অন্যায়ের বোধও নেতৃত্বের পতাকাবাহী।

88. একজন সত্যিকারের নেতা নেতৃত্বের টোটেম মেরুতে আরোহণ করে অন্যদেরও তা করার জন্য মই এবং পায়ের তল স্থাপন করে।

89. একজন আদর্শ নেতা লেজের মতো আচরণ করে কিন্তু মাথা হিসেবে কাজও করে, অ-প্রয়োজনীয় বিষয়ে নমনীয় এবং অগ্রাধিকারের দিকে মনোনিবেশ করে।

90. একজন 'সিংহ নেতা' হোন কিন্তু শুধু, সবচেয়ে শক্তিশালী, সবচেয়ে লম্বা, সবচেয়ে ভারী, সবচেয়ে জ্ঞানী, সবচেয়ে ধনী, সবচেয়ে সুন্দর না, সবচেয়ে দক্ষ, দয়ালু কিন্তু সবচেয়ে সাহসী, সবচেয়ে বীর, সবচেয়ে অভিকও হন ।

91. সম্রাট হওয়ার লক্ষ্য রাখবেন না বরং একজন ক্ষমতাবান হওয়ার লক্ষ্য রাখুন।

92. কষ্ট সর্বোত্তম নেতৃত্ব বিকাশ করে।

93. আমাদের প্রত্যেকের একটি সম্ভাব্য প্রভাব, আমাদের তুলনায় অসম আকার, ক্ষমতা এবং সম্পদ। এমনকি একটি ছোট বাতি বা মোমবাতির শিখা অনেক বড় অন্ধকার তাড়িয়ে দেয়।

94. চর্বিহীন নেতৃত্ব পরিষ্কার এবং অর্থহীন: একটি নেতৃত্ব যে সঠিক উপায়ে বিশ্বাস করে এবং সেই সাথে শেষ হয়।

95. একটি ছাতা এটির অধীনে কাজ করে। তাই, ঈশ্বরের আবরণ তখনই কাজ করে যখন কেউ তাঁর উপস্থিতির অধীনে থাকে।

96. অন্যায্য কষ্ট ধৈর্য সহ্য করা স্বর্গে অ্যালার্ম বোতাম টিপে ঈশ্বরের কাজ করার জন্য।

97. যে কোন সহকর্মী যীশুকে অনুসরণ করে শান্তি ও করুণার নদীর মতো প্রবাহিত হয় এবং তার তীরের মতো বিকাশ লাভ করে।

98. একটি প্রশ্ন যত বেশি উত্তরযোগ্য উত্তর তত কম প্রশ্নবিদ্ধ হবে।

99. যে কোন মানুষের সর্বোচ্চ আহ্বান হল পৃথিবীতে ঈশ্বরের প্রতিমূর্তি হওয়া: তাঁকে প্রতিবিম্বিত করা বা প্রতিফলিত করা এবং তাঁকে কল্পনা করা নয়।

100. 'সর্প নেতা' © প্রতারণা করে, সেবক নেতা বিশ্বাস করে; সর্প নেতা পায়, সেবক নেতা দেয়।

101. একজন ভাল বিচারক নীতির উপর নতজানু হবেন না বা সত্যের উপর ফাঁকি দিবেন না।

"মৃত্যু এবং মৃত্যুর কাছাকাছি অভিজ্ঞতা আমাদের শিক্ষা দেয় যা জীবন পারে না।"

শিল্পীর অনুপ্রেরণা:

পেইন্টিংটি লেখকের দুটি কাছাকাছি মৃত্যুর অভিজ্ঞতা থেকে অনুপ্রাণিত 1991 21 মে মাসে রাজীব গান্ধী হত্যাকাণ্ডে

এবং 1989 সালে সমুদ্রে ডুবে যাওয়া।

জীবন

1. মৃত্যু এবং নিকট-মৃত্যুর অভিজ্ঞতা আমাদের সেই শিক্ষা দেয় যা জীবন পারে না।

2. আমাদের সকলের দ্বৈত সুরক্ষা প্রয়োজন, অভ্যন্তরীণ, বাহ্যিক এবং অন্তঃস্থ ত্রুটি থেকে এবং বাইরের সন্ত্রাস থেকে ।

3. মানবজাতির সমস্ত গৌরব হল প্রদীপের ক্ষণস্থায়ী আভা। দিনের শেষে, এটি এখনও একটি কীট।

4. আমাদের অতিক্রম করার জন্য যে সমস্ত বৃহত্তর পথগুলি প্রয়োজন তা আমাদের মনের মধ্যেই বিদ্যমান।

5. পপশুরা মানুষের চেয়ে ভালো করত যদি তাদের আমাদের সমস্ত ফ্যাকাল্টি দেওয়া হত।

6. মূলধন "T" সহ সত্যের পথ ব্যতীত অন্য যেকোন পথ প্যাথলজিতে যৌক্তিকভাবে শেষ হয়।

7. সাবধান যখন একজন ভালো মানুষ তার আশীর্বাদ প্রত্যাহার করে নেয়।

8. বাইকার এবং মোটর চালক, দ্রুত এবং ক্ষিপ্তভাবে গাড়ি চালান যদি আপনার গোপন ইচ্ছা থাকে তাহলে বেশি প্রয়োজন তাদেরকে অঙ্গ দান করার।

9. নৃত্য এবং সঙ্গীত মানুষের শরীরের লুকানো ভাষা. এটি একটি সুযোগ এবং আওয়াজ দিন.

10. লক্ষ্য করুন আপনার সুখে শোষিত একটি ব্ল্যাক হোল, না একটি ধূমকেতু বা একটি উল্কা যা সম্পূর্ণরূপে পুড়ে যাওয়ার আগে উজ্জ্বল এবং সংক্ষিপ্তভাবে জ্বলছে, না একটি গ্রহ, একটি উদ্দেশ্যহীন পরিভ্রমণকারী কিন্তু এমন একটি তারকা হও যা চিরকাল আলো নির্গত করে।

11. মৃত্যু জীবনের অর্থের অন্যতম সেরা শিক্ষাদাতা।

12. মানবজাতি যে সমস্ত কিছুর মধ্যে উন্নতি করেছে তা সত্ত্বেও, আমাদের মহাবিশ্বের নৈতিক প্রকৃতি থেকে দূরে সরে যায়নি জ্ঞান এবং প্রযুক্তি শক্তি, নৈতিকতা প্রজ্ঞার জন্য। জ্ঞান ও প্রযুক্তিকে নৈতিকতার লাগাম না লাগালে এটি একটি শক্তিশালী ঘোড়ার মতো যা নিয়ন্ত্রণের বাইরে চলে যায়। এটা আমাদের পিঠ ভেঙে দিতে পারে।

13. আমরা কি বুঝতে পারি যে আমাদের প্রত্যেককে এক নিঃশ্বাস নিতে, একটি শব্দ বলতে বা একক পদক্ষেপ নিতে সক্ষম করার জন্য অনেকগুলি জটিল জিনিস এবং প্রক্রিয়াগুলিকে একত্রিত করতে হবে?

14. মৃত্যু হল অসমতল ঘুম।

15. আপনার শক্তি আপনার শত্রুর জন্য নষ্ট করবেন না, এটি আপনার বন্ধুদের সাথে ব্যয় করুন।

16. মানুষের জীবন যোগ্যতমের বেঁচে থাকা নয় বরং বিশ্বস্তদের উন্নতির জন্য।

17. মানুষ প্রকৃতিগতভাবে একটি শূন্যতা ঘৃণা করে: আমরা যদি আনন্দে পরিপূর্ণ না হই, আমরা দুঃখিত হব, যদি আমরা প্রেমে পূর্ণ না হই, আমরা লালসায় পূর্ণ হব, যদি বিনয় পূর্ণ না হয় তবে আমরা হব গর্ব পূর্ণ।

18. গড়পড়তা মানুষকে যদি সবার জন্য জীবনের গল্প লেখার ক্ষমতা দেওয়া হয়, তবে সে নিজের জন্য একটি রূপকথা লিখতে গিয়ে এটিকে অন্যদের জন্য ট্র্যাজেডিতে পরিণত করবে।

19. হাবল সেই বুদবুদকে উন্মোচিত করেছে যেটা আমাদের জীবন সেই বুদবুদকে উন্মোচিত করেছে যেটা আমরা হাবল করার মতই।

20. আমরা যদি চিন্তা না করি, আমাদের জীবন দুর্গন্ধ হয়।

21. পদার্থবিজ্ঞানে, বিপরীত আকর্ষণ কিন্তু মানুষের জীবনে, বিপরীত বাধা দেয়।

22. জীবনের ভীড়ের মধ্যে, নিশ্চিত করুন যে অন্যথায় চিন্তার অবিরাম ট্রেন এই স্টেশনগুলিতে প্রতিদিন থেমে যায় - ভালবাসা, বিশ্বাস, আশা, করুণা, কৃতজ্ঞতা অন্তত অল্প সময়ের জন্য পুনর্নবীকরণ এবং সতেজ।

23. স্যাক্সোফোনের মতো বাঁকানো যন্ত্রগুলি যেমন সেরা সুর তৈরি করে, তেমনি বাঁকানো জীবনগুলি সেরা গল্প তৈরি করে।

www.eqthinking.com   www.prateepphilip.com   www.fillipisms.com

24. শুধুমাত্র একটি শূকরকে রাজপুত্রের মতো লালন-পালন করার কারণে, আপনি এটির একটি রাজপুত্রের মতো আচরণ করার আশা করতে পারেন না।

25. জীবন এই ক্রমানুসারে ঘটে: শোষণ, পর্যবেক্ষণ এবং পরিবেশন করুন।

26. জীবন আপনার সাথে যা ঘটে তার 10 শতাংশ, আপনি যা তৈরি করেন তার 1 শতাংশ, জীবনে যে উপকারী, ভাল এবং ইতিবাচক, 20 শতাংশ আপনি যা ঘটবে তার প্রতি কীভাবে প্রতিক্রিয়া দেখান এবং 69 শতাংশ আপনি যা তৈরি করেছেন তাতে অন্যরা কীভাবে প্রতিক্রিয়া দেখায় এবং তারা আপনার প্রতিক্রিয়াতে কীভাবে প্রতিক্রিয়া দেখায়।

27. জীবন ভাল - আপনি এটি আরও ভাল করতে পারেন।

28. জীবন একটি চেকার বোর্ডের মতো: আপনি যখন সাদা রঙের উপর থাকবেন, কালোর জন্য প্রস্তুত হোন কালো হলে, সাদা জন্য প্রস্তুত করুন।

29. মনোভাব একজন ব্যক্তিকে সাফল্যের দিকে নিয়ে যেতে পারে কিন্তু সাফল্য তার জীবনকে দুর্যোগে পরিণত করার মনোভাবকে প্রভাবিত করতে পারে।

30. জীবন গোলাপের সিংহাসন বা কাঁটার মুকুট নয়, তবে যখন আপনি কষ্টের কাঁটা দ্বারা বিদ্ধ হন, তখন গোলাপের স্নিগ্ধতা, আনন্দ এবং আনন্দ অনুভব করুন। জেনে রাখুন কণ্টকাকীর্ণ সময় কেটে গেলে আপনি একটি মুকুট পাবেন। যখন তোমার সাথে গোলাপ, মালা পরানো হয়, মনে রাখবেন কাঁটা আপনাকে দৃষ্টিভঙ্গি এবং ভারসাম্য বজায় রাখতে সহায়তা করবে।

31. জীবন একজনের টেস্টোস্টেরনের মাত্রার নিছক পরীক্ষা নয় বরং আমাদের বোঝাপড়া, সাহস এবং বিশ্বাসের স্তরের পরীক্ষা।

32. জীবন প্রায়ই নম্রতা এবং অপমান মধ্যে একটি পছন্দ।

33. জীবন সংক্ষিপ্ত, এটি দ্রুত করুন।

34. জীবন সমস্ত মানবজাতিকে শিক্ষা দেয় সমান কিন্তু কিছু এক্সেল।

35. জীবন দুটি বিকল্প তুলে দেয়: উরুন বা ভাজা হয়ে যান। আপনি যদি প্রথমটি বেছে না নেন তবে আপনি দ্বিতীয়টি পাবেন।

36. জীবন একটি লিফটের মত - আপনি যদি উপরে ওঠা উপভোগ করেন, তাহলে নিচের যাত্রায় সমানভাবে উপভোগ করুন।

37. জীবন শেষ পর্যন্ত কুস্তি, আরো কুস্তি এবং বিশ্রামের একটি ক্রম।

38. মানুষই একমাত্র প্রাণী যে নিজেকে ক্রমাগত অপ্রয়োজনীয় বোঝা এবং বহন করার মতো ভারী বোঝা বহন করতে সক্ষম।

39. বেশিরভাগ লোক তাদের ক্যাপগুলিতে পালক পেতে আগ্রহী নয়: তারা কেবল তাদের বাসা বাঁধতে চায়।

40. বেশিরভাগ মানুষ আঙুলের ছাপের পরিবর্তে পায়ের ছাপ ফেলে। তারা জীবন, মানুষ, মূল্যবোধকে স্পর্শ করার পরিবর্তে জীবন, মানুষ, সমস্যাগুলির উপর স্ট্যাম্প দেয় যে গভীর মূল্যবোধগুলি তারা আত্মসাৎ করে এবং প্রদান করে।

41. বেশিরভাগ লোকই সপ্তাহকে বা week কে প্রকৃত অর্থে দুর্বল বা weak হিসাবে বানান করে, তবে আমাদের একটি শক্তিশালী আশার নোটে সপ্তাহ শুরু করে এটিকে পরিবর্তন করতে হবে।

42. নিছক বাউবল এবং নুড়ির জন্য আপনার জীবনের সবচেয়ে মূল্যবান মুক্তার ব্যবসা করবেন না।

43. আমাদের মধ্যে মাত্র কয়েক জনই নিজেদের সব কিছুর বিলাসিতা বহন করতে পারে সব সময়

44. আমাদের দৈহিক, বস্তুগত, মানসিক এবং বুদ্ধিবৃত্তিক অস্তিত্ব জীবনের কলার চামড়া মাত্র।

45. জীবনের আমাদের উদ্দেশ্য আমাদের লক্ষ্য এবং উচ্চাকাঙ্ক্ষার চেয়ে অসীমভাবে বড়।

46. শ্বাস নিন, ঘামুন, অনুপ্রাণিত করুন, মেয়াদ শেষ করুন!

47. প্রথম নিষিক্ত ডিম্বাণু কোষে পুরোটির জন্য সমস্ত নীলনকশা থাকে জীবনের, ও অন্যান্য সমস্ত কোষ এবং অঙ্গের গঠন, দেহ, ত্বকের রঙ। একইভাবে, বুদ্ধির রাজ্যে, একটি সৃজনশীল ধারণার সহজতম রূপের মধ্যে রয়েছে সমগ্র নীলনকশা, ঘটনার ক্রম, মাইলফলক, ক্লাইম্যাক্স এবং সমাপ্তি।

48. যে ফুল দেরিতে ফোটে তা বেশিক্ষণ থাকে এবং একটু ধীরে বিবর্ণ হয়।

49. সবচেয়ে মৌলিক প্রশ্নের উত্তর অনুসন্ধান যা প্রতিটি মানুষকে তাড়িত করে তা কখনোই গবেষণার মাধ্যমে খুঁজে পাওয়া যাবে না।

50. মানুষের জীবন যেভাবে ডিজাইন করা হয়েছে, আমরা সবাই গল্পের জীবন্ত, গল্পটি দীর্ঘ বা সংক্ষিপ্ত, আনন্দদায়ক বা দুঃখজনক, বিরক্তিকর বা আকর্ষণীয় হতে পারে, শুরুটা আমাদের হাতে নয়, কিন্তু শেষটা অবশ্যই আমাদের হাতে।

51. বিবাহের উদ্দেশ্য স্থায়ী বন্ধন তৈরি করা এবং স্থায়ী দাসত্ব নয়।

52. ভুল করা মানুষের কিন্তু অভ্যাসগতভাবে ভুল করা দুর্যোগের একটি রেসিপি।

53. আপনার শক্তি আড়াল করা এবং আপনার নরম গুণাবলী প্রকাশ করা নিজেই একটি শক্তি - একটি কৌশলগত শক্তি।

54. বিবাহ 'আমি' থেকে 'আমরা' না হলে বিবাহ বন্ধ হয়ে যাবে।

55. সত্যিকারভাবে বাঁচতে হলে আমাদের সত্যিকারের বিশ্বাস করতে হবে।

56. আমাদের জীবনকে বোঝার জন্য, আমাদের ইন্দ্রিয়ের বাইরে কিছু দরকার।

57. পুনঃসংজ্ঞায়িত করা হল পরিমার্জিত করা, নিজেকে পরিমার্জিত করা হল নিজেদের সেরা দিকগুলিকে পুনরায় খুঁজে বের করা।

58. চিন্তা না করুন এবং পুনরায় চিন্তা করুন এবং আপনি আপনার জীবনকে পুনরায় তৈরি করতে এবং পুনরায় উদ্ভাবন করতে পারেন।

59. প্রায়শই জীবনে, আমরা যে জিনিসটির অভাব বোধ করি তার তাড়াতে আমরা সমস্ত জিনিস উপভোগ করতে ব্যর্থ হই।

60. আমরা আমাদের জীবনকে হাহাকার বা দেয়ালে পরিণত করতে পারি - বিকল্পটি আমাদের হাতে এবং আমাদের হৃদয়ে রয়েছে

61. কি সঠিক মনের কল প্রলোভন, ভুল কাজ কল সুযোগ এক অভিপ্রায়.

62. ইতিবাচক বা নেতিবাচক যাই হোক না কেন আমরা অন্যের মধ্যে যা দেখি তা আমাদের হৃদয়ের প্রতিফলন।

63. কি আমরা প্রত্যাখ্যান করি এবং বার্ন করি প্রায়শই আমরা যা শিখি এবং উপার্জন করি ততই তাৎপর্যপূর্ণ।

64. যখন সময় কঠিন হয়, তখন যারা এগিয়ে যায় তারা কঠিন নয়, বরং তারাই আশাবাদী যারা এগিয়ে যায়, তারাই জয়লাভ করে।

65. যতক্ষণ না আমরা শান্তিতে বিশ্রাম করি বা চিরতরে চোখ বন্দ করি ততক্ষণ আমাদের অবশ্যই লহর তৈরি করতে হবে।

66. আমাদের জীবনের প্রতিটি দশক পরেরটির ভিত্তি হওয়া উচিত।

67. আপনি প্রতি মাইল হাঁটছেন, প্রতিদিন আপনি বাস করছেন, আপনার ঘাড়ের চারপাশে কিছু মিলের পাথর সরিয়ে ফেলুন এবং এটিকে একটি মাইলফলক হিসাবে রাখুন যাতে আপনার অগ্রগতির পরিপূর্ণতার দিকে চিহ্নিত করা যায়।

68. জীবনে জয়লাভ করার জন্য একজনকে চেষ্টা করতে হবে এবং বারবার চেষ্টা করতে হবে।

69. জীবনের সবচেয়ে বড় চ্যালেঞ্জগুলির মধ্যে একটি হল রহস্যময়কে রহস্যময় করা এবং জটিলটিকে সরল করা।

70. জীবনের শ্রেষ্ঠ এবং সর্বশ্রেষ্ঠ পাঠ প্রতিফলনের মাধ্যমে শেখা হয়, চাপিয়ে দিয়ে নয়।

71. প্রকাশ করার অর্থ হল আমাদের পুরুষত্ব বা নারীত্বকে উদযাপন করার জন্য লুকানো অর্থ, গুণাবলী, সম্ভাবনা এবং শক্তিকে বের করে আনা, আমাদের সত্তার জন্য জীবনের মহান উদ্দেশ্যকে সম্মান করা, জীবন নিজেই উদযাপন করা।

72. বীজ মারা গেলে উদ্ভিদে পরিণত হয় গাছ মরলে গাছে পরিণত হয়। বীজটি যখন মারা যায় তখন শিশু হয়ে যায়, শিশুটি যখন সে মারা যায় তখন সে একজন মানুষ হয়, মানুষটি যখন মারা যায় তখন সে চিরকাল বেঁচে থাকা আত্মায় পরিণত হয়।

73. সমস্যা, চ্যালেঞ্জ, অসুবিধা ছাড়া একটি জীবন কেবল বিরক্তিকর, অসংহত, অনুপ্রেরণাদায়ক হবে। আসুন আমরা আমাদের চ্যালেঞ্জগুলিকে সাহসের সাথে মোকাবেলা করে এবং সিদ্ধান্তমূলকভাবে এটিকে অতিক্রম করে উদযাপন করি।

74. মৃতদের মধ্যে জীবিত এবং জীবিতদের মধ্যে মৃতের সন্ধান করো না।

75. আমরা আমাদের হৃদয়ে যা সঞ্চয় করি তা আমাদের গল্প হয়ে ওঠে।

76. নিরর্থক আনন্দে কাটানো জীবনের চেয়ে কষ্টে থাকা জীবন ভালো।

77. প্রকাশ্যে আপনার ব্যক্তিগত কৃতিত্ব উদযাপন করুন এবং ব্যক্তিগতভাবে আপনার প্রকাশ্য পরাজয় কাটিয়ে উঠুন।

78. ডোপ দুর্বল করে, আশা সক্ষম করে।

79. এমনকি একটি আইসবার্গ একটি টিপ প্রয়োজন.

80. সত্যিকারের পরিপূর্ণ জীবন পেতে আমাদের জীবনের গুরুত্বপূর্ণ প্রতিটি দিনের অগ্রাধিকারের সাথে জরুরী প্রয়োজনের ভারসাম্য বজায় রাখতে হবে।

81. একটি অতিরিক্ত হাসি সঙ্গে অতিরিক্ত মাইল যান.

82. মানুষের "কোন প্রজ্ঞা" থেকে "জ্ঞান জানাতে" যেতে হবে যেখানে আমরা পর্যায়ক্রমে চলতে থাকি জ্ঞান এবং প্রজ্ঞার মধ্যে, উভয়কে মিশ্রিত করা এবং জ্ঞানের মূল্যে জ্ঞানের উপর কাজ না করা।

83. আঘাত যদি আপনাকে ধ্বংস না করে, তবে এটি আপনাকে রূপান্তরিত করবে।

84. যদি আমাদের আশ্চর্যজনকভাবে তৈরি করা হয়, তাহলে আমাদেরও চমৎকারভাবে কাজ করা উচিত।

85. আমরা যদি মরতে না শিখি, তাহলে আমরা জানতাম না কিভাবে বাঁচতে হয়।

86. যদি আমাদের অভ্যন্তরীণ নিয়ন্ত্রণের অভাব থাকে, তবে বাহ্যিক নিয়ন্ত্রণগুলি শীঘ্রই বা পরে আমাদের কাছে ধরা দেবে।

87. যদি আমরা ভালবাসার জন্য বাঁচি তবে আমরা বাঁচতে ভালবাসব।

88. আমরা যদি কেবল তাদেরই সেবা করি যারা এটার যোগ্য, তাহলে কে আমাদের সেবা করবে?

89. যদি আমরা শেখা বন্ধ করে দিই, তাহলে আমাদের বেড়ে ওঠা বন্ধ হয়ে যায়। আমরা যদি বেড়ে ওঠা বন্ধ করে থাকি, তাহলে আমরা শেখা বন্ধ করে দিয়েছি।

90. ছোট সমস্যা উপেক্ষা করুন. যদি একটি হাতি আমাদের স্যুপে পড়ে, আমরা তা উপেক্ষা করতে পারি না কিন্তু যদি একটি ছোট পিঁপড়া পড়ে তবে আমরা তা করতে পারি।

91. চূড়ান্ত বিশ্লেষণে, মানুষের লাভ নিরর্থক যদি না তা অন্তর্নিহিত, অভ্যন্তরীণ এবং চিরন্তন হয়।

92. এটি একটি বিড়ম্বনার বিষয় যে আমরা যখন আরও সতর্ক থাকি, তখন আমরা আরও উদ্বিগ্ন জীবনযাপন করতে পারি।

93. প্রদীপ না জ্বালালে প্রদীপ না থাকাই ভালো।নিশ্চিত করুন যেন আপনি বাতি হিসাবে ভাল জ্বলেন

94. প্রতিটি মানুষের একটি নোঙ্গর চিন্তা, নোঙ্গর শব্দ, নোঙ্গর ব্যক্তি, নোঙ্গর সম্পর্ক থাকা উচিত যার সাথে সে স্থিতিশীলতা এবং ক্ষমতা উভয়ই টানতে বারবার ফিরে আসতে পারে।

95. স্টার্টআপের সমস্যা হল যে এটি কীভাবে শেষ হবে তা কখনই জানেন না।

96. আমাদের বানর মনকে সন্ন্যাসী মনে পরিণত করতে, আমাদের মনের চাবিকাঠি খুঁজে বের করতে হবে।

97. পৃথিবীর কোন কিছুর জন্য আমাদের হৃদয় এবং আমাদের হৃদয়ের শান্তি বিসর্জন দেওয়া মূল্য নয়।

98. চালিয়ে যান এবং যাওয়া রুক্ষ হয় বা না হোক, আপনি শক্ত হয়ে যাবেন।

99. জীবন পিকনিক না হলেও আতঙ্কিত হওয়ার দরকার নেই।

100. ছন্দ হল শব্দের সাথে অর্থের মিল। ছন্দ হচ্ছে শক্তির সাথে উদ্দেশ্যের মিল। ছন্দবদ্ধ চিন্তা আমাদের জীবনে সাফল্য এবং মঙ্গলের ছন্দকে প্ররোচিত করে।

101. অন্ধকার রাত্রিতে ম্লানতম আলো সবচেয়ে উজ্জ্বল হয়ে ওঠে।

"ভালবাসা, আনন্দ, শান্তি, ধৈর্য, দয়া, মঙ্গল, বিশ্বস্ততা, নম্রতা এবং আত্মনিয়ন্ত্রণ হল আমাদের হৃদয় থেকে প্রবাহিত নয়টি আত্মা-প্রদত্ত নদী, কিছু আমাদের মনের মধ্য দিয়ে এবং কিছু আমাদের মুখ দিয়ে,

আমাদের জীবনের পাহাড়ের উপর দিয়ে প্রবাহিত হয়। "

শিল্পীর অনুপ্রেরণা:

পেইন্টিংটি ফিলিপিজম এবং প্রেমের নয়টি আত্মাপ্রদত্ত নদী দ্বারা অনুপ্রাণিত হয়েছিল যা লেখকের অভিজ্ঞতা হয়েছে।

ভালবাসা

1. প্রেম, আনন্দ, শান্তি, ধৈর্য, দয়া, মঙ্গল, বিশ্বস্ততা, নম্রতা এবং আত্মনিয়ন্ত্রণ হল আমাদের হৃদয় থেকে প্রবাহিত নয়টি আত্মা-প্রাপ্ত নদী, কিছু আমাদের মনের মধ্য দিয়ে এবং কিছু আমাদের মুখ দিয়ে, আমাদের জীবনের পাহাড়ের উপর দিয়ে প্রবাহিত হয়। .

2. আপনি মাত্র চারটি অক্ষর দিয়ে একটি জীবন যাপন করতে পারেন: ভালবাসার জীবন যাপন করুন।

3. আপনি যদি একটি যোগ্য লক্ষ্য চান, তাহলে 'সাইজ হিরো' হওয়ার লক্ষ্য রাখুন এবং 'সাইজ জিরো' নয়।

4. অনেকে তাদের পিছনে অনেক শূন্য যোগ করে নায়ক হওয়ার চেষ্টা করে কিন্তু তা করতে গিয়ে সব ধরনের ভিলেনের আশ্রয় নেয়।

5. রোম ভুলে যান, আমাদের হোম একদিনে তৈরি হয় না, তবে এটি দিনে দিনে তৈরি হয়।

6. কোন কৌতুক একটি ভুল নয় যদিও একটি ভুল একটি রসিকতা হতে পারে.

7. প্রতি একক দিন নিশ্চিত করুন যে আপনার কাছে একটি অনুপ্রেরণামূলক বা সৃজনশীল AHA মুহূর্ত এবং সেই সাথে একটি হাস্যকর, হালকা-হৃদয় মজার HAHA মুহূর্ত রয়েছে।

8. ভাল উদ্যোগ মহান ধারণা থেকে আসে.

9. ধারনা হল আমাদের মানসিক স্থিতিশীলতার মধ্যে জন্মানো ভরাট। সময়ের সাথে সাথে খাওয়ান,

ট্রেন, ব্যায়াম, এটা পরিষ্কার এবং এটি শক্তিশালী steeds এবং কোলট বৃদ্ধি হবে, অপেক্ষা বিস্তৃত বিশ্বের ট্র্যাক এবং ক্ষেত্রের মধ্যে গলপ.

10. আপনি যদি কিছু কল্পনা করতে পারেন তবে এটি একটি ইঙ্গিত দেয় যে এটি সম্ভবের রাজ্যে রয়েছে। এখন কল্পনা থেকে শক্ত-নাকযুক্ত চিন্তায় যান এবং অবশেষে,

আপনার হাত এবং অঙ্গুলিকে জায়গায় নিয়ে যান, এটিকে বাস্তব করার জন্য কিছু করুন।

11. যদি পুরুষরা তাদের কল্পনাকে আরও সৃজনশীল হতে ব্যবহার করত এবং ভয়ের বীজ, খাওয়ানো এবং সংখ্যাবৃদ্ধি না করে, তাহলে আমাদের গ্রহ আরও সমৃদ্ধ হত এবং অনেক বেশি শান্তি পেত।

12. জ্ঞানীদের অভিধানে পাওয়া একটি শব্দগুচ্ছ "এটা সম্ভব কল্পনা করুন"।

13. যখন আমরা দাবি করি যে আমরা একটি কাজ চলছে, সেখানে কিছু অগ্রগতি হওয়া উচিত।

14. একটি লিভার যেটি দেখে-করার মতো চলে: আত্মা, মন এবং শরীর। কখনও কখনও আত্মা হল ফুলক্রাম - ফোকাসের কেন্দ্রীয় বস্তু উদাহরণস্বরূপ যখন আমরা প্রার্থনা করি এবং উপাসনা করি। আমরা যখন চিন্তা করি এবং তৈরি করি, উদাহরণস্বরূপ, কখনও কখনও মনটি লিভারের মূল হয়। আমরা যখন ব্যায়াম করি, উদাহরণস্বরূপ, কখনও কখনও শরীর হয়। সবচেয়ে ঘন ঘন ফুলক্রাম হিসাবে আত্মা ছাড়া, আমরা শুধু একটি হয়ে দ্বি-মাত্রিক তক্তা - আমরা সরানো হবে কিন্তু আমরা সরানো যাবে না।

15. যে মানুষ কেবল তার ব্যথায় কাঁদে সে পশুর চেয়ে ভাল নয়।

16. আমাদের হৃদয়ের প্রস্তুতি সবসময় আমাদের মনের প্রস্তুতির আগে হওয়া উচিত।

17. এটি আমাদের স্বপ্ন, যোগাযোগ এবং সম্পর্ক যা আমাদের ঘরকে একটি স্বপ্নের ঘর করে তোলে এবং নিজের মধ্যে বাড়ি নয়।

18. হস্পিতালিটি কেন বলা হয় কারন তা হল যে একটি ওভারডোজ প্রায়শই হাসপাতালে থাকা অবস্থায় শেষ হয়ে যায়।

19. দৈনন্দিন জীবনে আমরা আদর্শের সাথে মোকাবিলা করি না, আমরা সেই বাস্তবতার সাথে মোকাবিলা করি যা আদর্শের চেয়ে কম বা খুব কম পড়ে কিন্তু সময়ের সাথে সাথে, আমরা আদর্শের দিকে কাজ করার আশা করা হয়।

20. ঈশ্বর পূর্ণ বিকশিত ফলের গাছ প্রদান করেন না, কিন্তু তিনি আমাদের প্রতিটি প্রয়োজনের জন্য বীজ প্রদান করেন - আধ্যাত্মিক, বৌদ্ধিক, সামাজিক, মানসিক, শারীরিক এবং বস্তুগত পরিত্রাণ।

www.eqthinking.com www.prateepphilip.com www.fillipisms.com

21. ঈশ্বর আমাদের কারো সাথে ধর্মীয় সম্পর্ক চান না। তিনি একটি ব্যক্তিগত সম্পর্ক চান, একটি বাস্তব সময়ের এক থেকে এক সম্পর্ক, একটি সম্পর্ক বাধ্যতা বা ঐতিহ্যের উপর ভিত্তি করে নয় বরং পারস্পরিক প্রতিশ্রুতি এবং ইচ্ছা

22. ঈশ্বর চান না যে আমাদের জীবন দুঃখের দুর্ভিক্ষ হোক কিন্তু আনন্দের উৎসব হোক।

23. ভগবান আপনার জীবনের ফাটলের মধ্য দিয়ে প্রবেশ করেন, আপনাকে ভিতর থেকে সুস্থ করতে, বাইরে থেকে যা করতে পারেননি তা করতে। সেই ফাটলের জন্য ঈশ্বরকে ধন্যবাদ।

24. বিজ্ঞানের আগে ঈশ্বরের অস্তিত্ব ছিল এবং বিজ্ঞানের পরেও থাকবে। এটি তাঁর উপস্থিতি যা আমাদের বিবেক দেয়।

25. ঈশ্বর প্রথমে আমাদের মনকে সংশোধন করেন এবং আমাদের ইচ্ছাকে বাঁকিয়ে দেন আগে তিনি আমাদেরকে এই পৃথিবীর নেকড়ে ও ভেড়ার মধ্যে পাঠান যাতে আমরা নেকড়েদের থেকে নিজেদের রক্ষা করতে পারি এবং ভেড়ার সাথে মিশে যেতে পারি।

26. আমরা যা কিছু করি তাতে যদি আমরা ঈশ্বরের সেবা করার অঙ্গীকার করি, তবে তিনি আমাদের রক্ষা করার প্রতিশ্রুতি দেন।

27. ঈশ্বর তাঁর প্রতিশ্রুতির মাধ্যমে আমাদের জন্য তাঁর উদ্দেশ্য পূরণ করেন।

28. ঈশ্বর আমাদের ইচ্ছাকৃত এবং ক্রমাগত প্রশ্ন এবং অনুসন্ধানের আপাতদৃষ্টিতে প্রাকৃতিক, আকস্মিক এবং কাকতালীয় উত্তর দেন। এটা নয় যে তিনি লাজুক, কিন্তু তিনি মানুষের বিস্ময়ে আনন্দ করেন যেমন একজন পিতামাতা সন্তানের বিস্ময়ে আনন্দ করেন।

29. ঈশ্বর, আমাকে সফল হওয়ার শক্তি এবং ব্যর্থতা থেকে শেখার প্রজ্ঞা দিন।

30. ঈশ্বরের আমাদের প্রত্যেকের জন্য একটি মহান পরিকল্পনা আছে । ধরা হল যে এটিতে আমাদের অংশগ্রহণ স্বেচ্ছাকৃত।

31. ঈশ্বর আমাদেরকে দুর্বল হতে নয় বরং নম্র হতে আহ্বান করেছেন, সিংহের মতো শক্তি আছে কিন্তু ভেড়ার মতো নম্র।

32. ঈশ্বর পৃথিবীকে একটি বিস্ময়কর দেশ হিসাবে তৈরি করেছেন, কিন্তু মানুষের বিদ্বেষ এবং মূর্খতা এটিকে একটি ভুল দেশে পরিণত করেছে।

33. ঈশ্বর প্রত্যেক মানুষকে মহান হওয়ার অনুমতি দিয়েছেন, তবে আমাদের দৃষ্টি খুঁজে বের করতে হবে এবং মিশনের অনুভূতি নিয়ে কাজ করতে হবে।

34. ঈশ্বর আমাদের শুধুমাত্র দশটি আদেশ দিয়েছেন, কিন্তু তিনি আমাদের দশ হাজার প্রতিশ্রুতি দিয়েছেন। অনুপাত 1:1000। যে আনুগত্য করে আদেশ এবং বিশ্বাস করে প্রতিশ্রুতি হাজার গুণ বেশি উৎপাদনশীল, সৃজনশীল এবং কার্যকর হবে এমনকি এই জীবদ্দশায়।

35. ঈশ্বর প্রত্যেক মানুষকে সফল করতে চেয়েছেন, কিন্তু মানুষের সিস্টেম এবং প্রক্রিয়াগুলি ব্যর্থতা, চাপ এবং এনট্রপিকে বহুগুণ করে।

36. ঈশ্বর জীবনকে এতটাই রহস্যময় করে দিয়েছেন যে অবিশ্বাসের সম্ভাবনা নেই তিনি বিশ্বাসের অসম্ভাব্যতার চেয়ে অনেক বেশি।

37. ঈশ্বরের কোন সমান এবং কোন প্রতিদ্বন্দ্বী নেই.

38. আপনার পালনে ঈশ্বরের কোন আপত্তি নেই যে আপনার ফেরারি আছে, কিন্তু তিনি আপনার মনকে এক মত দৌড়াতে দিতে চান না.

39. ঈশ্বরের কোন ধর্ম নেই, বর্ণ নেই, শ্রেণী নেই, জাতি নেই। তাহলে আমরা কেন করব?

40. ঈশ্বর আপনাকে এমন একজন অধস্তন হতে চাননি যিনি ভ্রুকুটি পরেন কিন্তু একজন রাজা বানাতে চান যিনি মুকুট পরেন।

41. ঈশ্বর আপনাকে শুধুমাত্র একটি অলৌকিক ঘটনার জন্য ট্যাগ করেননি, তবে তিনি আপনাকে অলৌকিক হতে, প্রাকৃতিকভাবে অতিপ্রাকৃত এবং অতিপ্রাকৃতভাবে প্রাকৃতিক হিসাবে ট্যাগ করেছেন।

42. ঈশ্বর আমাদেরকে তাৎক্ষণিক খবর দেননি কিন্তু সুসংবাদ এবং মহান সংবাদের প্রতিশ্রুতি দিয়েছেন। অপেক্ষা করার ধৈর্য ও বিশ্বাস গড়ে তুলুন।

43. ঈশ্বর আমাদের সান্ত্বনা দেওয়ার প্রতিশ্রুতি দিয়েছেন কিন্তু কখনও প্রতিশ্রুতি দেননি যে আমরা আরামদায়ক হব।

44. ঈশ্বর জীবনকে এমনভাবে সাজিয়েছেন যে এটি নীতির উপর চলে - বিশ্বাস বা মরিচা।

45. ঈশ্বর পৃথিবীকে বিভিন্ন সময় অঞ্চল দিয়ে এমনভাবে কনফিগার করেছেন যে কেউ জেগে আছে এবং চব্বিশ ঘন্টা হাঁটু গেড়ে প্রার্থনা করছে।

46. ঈশ্বর নিজেকে এত সফলভাবে লুকিয়ে রেখেছেন যে প্রকৃত নাস্তিক তাকে কোথাও দেখতে বা উপলব্ধি করতে পারে না, যে কোনো সময় তিনি নিজেকে এতটাই পূর্ণরূপে প্রকাশ করেছেন যে প্রকৃত আস্তিক তাকে সর্বত্র দেখে, শুনে এবং অনুভব করে-সব সময়।

47. ঈশ্বর একজন পাখি পর্যবেক্ষক, একটি পশু পর্যবেক্ষক কিন্তু সর্বোপরি, তিনি একজন মানব পর্যবেক্ষক - তিনি আপনার এবং আমার উপর নজর রাখেন।

48. ঈশ্বর হলেন একজন শ্বাসপ্রশ্বাসের অধিকারী ব্যক্তি যাকে আমরা গিগোকে রূপান্তরিত করতে শ্বাস নিতে পারি যার অর্থ ঈশ্বরের মধ্যে, ঈশ্বরের বাইরে।

49. ঈশ্বর সর্বদা নিকটবর্তী এবং আনুমানিক নয়।

50. ঈশ্বর একজন সর্ব-আবহাওয়ার বন্ধু, কিন্তু যখন পরিস্থিতি শান্ত হয়, আবহাওয়া ভাল থাকে তখন আপনার তার সাথে বন্ধুত্ব করা উচিত। ঝড় চলাকালীন তিনি আপনাকে শেখাতে পারবেন না।

51. ঈশ্বর গঠনে আগ্রহী কিন্তু রূপান্তরের প্রতি বেশি আগ্রহী।

52. ঈশ্বর অদৃশ্য, অপরাজেয় এবং অবিভাজ্য।

53. লালসা এবং প্রেম উভয়ই চার অক্ষরের শব্দ। কিন্তু লালসার একটাই অর্থ আছে। ভালবাসার এক মিলিয়ন অভ্যন্তরীণ অর্থ রয়েছে।

54. ঈশ্বর সমস্ত ধর্মের পরিধির বাইরে অবস্থিত। তাই ধর্মে বিশ্বাস না করে ঈশ্বরে দৃঢ়ভাবে বিশ্বাস করুন।

55. ঈশ্বর আমার ভিতর থেকে শক্তি এবং বাইরে থেকে আমার সাহায্য.

56. ঈশ্বর একটি খারাপ শব্দ নয় যেটা আজ অনেকেই মনে করেন এবং এড়িয়ে যাওয়ার চেষ্টা করেন। এটি সবচেয়ে সহজ কিন্তু সবচেয়ে জটিল এবং অর্থপূর্ণ শব্দ প্রতিটি শব্দের অর্থ যোগ করে এবং যা ছাড়া এই বিশ্বের কোন শব্দ বা কোন কিছুরই কোন অর্থ নেই।

57. ঈশ্বর আনন্দ-হত্যাকারী নন বরং আনন্দ-পূর্ণকারী, আনন্দদাতা এবং আনন্দ-গুণকারী।

58. ঈশ্বর একজন ধর্মীয় ব্যক্তি নন। তিনি আধ্যাত্মিকভাবে ব্যবহারিক এবং ব্যবহারিকভাবে আধ্যাত্মিক। একইভাবে, আমাদের আধ্যাত্মিকভাবে ব্যবহারিক এবং ব্যবহারিকভাবে আধ্যাত্মিক হতে আশা করা হয়।

59. ঈশ্বর শুধু ভালো নন, তিনি মহান।

60. ঈশ্বর আমাদের সেরা দ্বারা সীমাবদ্ধ নয়.

61. শুধুমাত্র যারা গান রচনা করেন শুধুমাত্র তাদেরই যদি এটি গাওয়ার অনুমতি দেওয়া হয়, তবে খুব কমই গাওয়া হত এবং কম সংখ্যক ভাল গাওয়া হত। এটি অংশীদারিত্ব এবং সহযোগিতার গুরুত্ব এবং প্রকৃতপক্ষে প্রয়োজনীয়তা দেখায়।

62. যদি আমরা সুস্থ থাকি, আর্থিকভাবে ভালো থাকি, যখন সবকিছু ঠিকঠাক চলিতে থাকে, কিন্তু যখন আমরা অসুস্থ হই, ভেঙে পড়ি বা কিছু ভুল হয়ে যায়, আমরা যদি হতাশ এবং অসুখী থাকি, তবুও যদি সব কিছু ঠিকঠাকি চলে তাহলে জীবনটি কেবল চমৎকার হবে।

63. ঈশ্বরের সাথে মানুষের ঘনিষ্ঠ সময় তাকে চূড়ান্ত আদেশ দেয়।

64. যদি আমরা জীবনের সমস্ত আশীর্বাদ এবং জিনিসগুলির জন্য কৃতজ্ঞ হই তবে আমাদের যা নেই তা নিয়ে অভিযোগ করার সময় থাকবে না।

65. আমরা যদি ভুলে যাওয়ার মতো ক্ষমাশীল হতে পারি, তাহলে পৃথিবীটি আরও ভাল, নিরাপদ এবং সুখী জায়গা হত।

66. আমরা যদি লাল-পতাকা লাগানো সংকেতগুলিতে কাজ না করি, তবে সময়মতো রাগিং ষাঁড়ের আগের লাল ন্যাকড়ায় পরিণত হবে।

67. আমাদের শত্রুদের দ্বারা করা মন্দ কাজের জন্য আমাদের সাথে করা ভাল জিনিসগুলির জন্য বা আমাদের সাথে ঘটেছিল যদি আমাদের একই ধরণের স্মৃতি থাকে তবে জীবনটি দুর্দান্ত হত।

68. আমরা যদি শক্তির উপর নির্ভর করি তবে আমরা শত্রুদের বিকাশ করব। আমরা যদি শান্তির উপর নির্ভর করি তবে আমরা বন্ধুদের বিকাশ করব।

69. আমরা যদি আমাদের প্রত্যেকের মধ্যে 'ছাগল-মানুষ'কে বশীভূত করি এবং 'ভেড়া মানুষ'কে খাওয়াই তবে আমাদের মধ্যে বা আমাদের চারপাশে কোনও খারাপ বা মন্দ থাকবে না।

70. আমরা যদি এই পৃথিবীতে আমাদের জীবন নিয়ে উদ্বিগ্ন হয়, তবে এটি একটি মাল্টি-বিলিওনিয়ারের ছোট ছেলের মতো তার পকেটের ছোট কয়েন হারানোর জন্য চিন্তিত হবার।

71. আপনি যদি সৎ হন, তাহলে সততাই সর্বোত্তম নীতি। আপনি যদি অসৎ হন তবে এটি সবচেয়ে খারাপ নীতি।

72. আপনি যদি আপনার ভাইয়ের রক্ষক না হন তবে আপনি আপনার ভাইয়ের হত্যাকারীর মত তাই আপনার ভাইয়ের রক্ষক, আপনার প্রতিবেশীর সাহায্যকারী, আপনার সহকর্মীদের শুভাকাঙ্খী হোন।

73. আপনি যদি আধ্যাত্মিক হন তবে আপনি সামগ্রিক হবেন, আপনি যদি সামগ্রিক হন তবে আপনি রাজনৈতিক হবেন, আপনি যদি রাজনৈতিক হন তবে আপনি সামাজিক হবেন, আপনি যদি সামাজিক হন তবে আপনি অর্থনৈতিক হবেন, আপনি যদি অর্থনৈতিক হন তবে আপনি মনস্তাত্ত্বিক হবেন, যদি আপনি মনস্তাত্ত্বিক, আপনি যৌক্তিক হবেন।

74. আপনি যদি এক মুহূর্তের জন্যও চিন্তা করেন তবে আপনি বুঝতে পারবেন যে আপনি মহান তারা, গ্রহ এবং এমনকি বিস্ময়কর পৃথিবীর চেয়েও অনেক বড় - আমাদের প্রত্যেকের জন্য আমরা করতে পারি যা তারা বা গ্রহ বা পৃথিবী পারে না - আমরা পারি আমাদের হাত-পা নাড়াতে পারি, আমরা ভাবতে পারি, কথা বলতে পারি, হাসতে পারি, কাঁদতে পারি, স্বপ্ন দেখতে পারি, কাজ করতে পারি, প্রার্থনা করতে পারি, উপাসনা করতে পারি, পরিকল্পনা করতে পারি এবং বাস্তবায়ন করতে পারি, সফল ও ব্যর্থ হতে পারি, জন্ম দিতে পারি।

75. আপনি যদি মনে করেন আমি নিখুঁত, অনুগ্রহ করে আমাকে অনুসরণ করবেন না। আপনি যদি মনে করেন যে আমি বড় ভুল করেছি এবং এখনও এটি আবার করতে সক্ষম কিন্তু কীভাবে এটি মোকাবেলা করতে হয় তার জন্য আপনি আমাকে অনুসরণ করতে পারেন।

76. আপনি যদি জীবন উদযাপন করতে চান, প্রথমে বিয়োগ করুন, তারপর যোগ করুন এবং ভাগ করুন। অবশেষে, গুণ করুন। প্রথমত, মানসিকভাবে আপনার যা কিছু আছে তা নিয়ে যান। উপলব্ধি করুন এটি কতটা মূল্যবান উদাহরণস্বরূপ, আপনার হাত, অঙ্গপ্রত্যঙ্গ, মস্তিষ্ক, স্বাস্থ্য, চাকরি, খ্যাতি, মানসিক শান্তি, পরিবার, স্ত্রী। তারপরে এটি আবার যোগ করুন এবং ভাগ করুন বা ভাগ করুন আনন্দ, কৃতজ্ঞতা, স্বস্তি অন্যদের সাথে। পরিশেষে, যাঁর কাছে সব প্রাপ্য তার প্রতি কৃতজ্ঞতা ও প্রশংসা বৃদ্ধি করুন।

77. সারাজীবন বাঁচতে হলে শুধু সংখ্যার প্রয়োজন কিন্তু চিরকাল বাঁচতে চাইলে শব্দের প্রয়োজন।

78. আপনি blinkers হতে পরেন, কিন্তু আপনি clinkers -এর পিছনে শেষ হয়ে যাবেন।

79. যদি আপনার পেশা এবং আপনার আবেগ মিলে যায় তবে এটি আদর্শ। যদি তা না হয়, আপনার আবেগকে এগিয়ে নিতে আপনার পেশা ব্যবহার করুন এবং আপনার পেশাকে এগিয়ে নিতে আপনার আবেগকে ব্যবহার করুন।

80. অবৈধ আনন্দ বৈধ ব্যথার দিকে নিয়ে যায় এবং বৈধ ব্যথা বৈধ আনন্দের দিকে পরিচালিত করে।

81. আপনার জীবদ্দশায়, প্রতিটি নিঃশ্বাসে আপনার শ্বাসদাতা এবং রুটিদাতাকে স্মরণ করার চেষ্টা করুন।

82. আপনার সমস্ত প্রচেষ্টা এবং পাওয়ার মধ্যে, বোঝার জন্য চেষ্টা করুন।

83. স্কেলের তুলনার ক্ষেত্রে, আমরা যদি মহাবিশ্বের বিশাল ক্যানভাসের বিপরীতে নিজেদেরকে পিঁপড়া হিসাবেও বিবেচনা করি, তবে এটি নিজেই একটি বিশাল অতিরঞ্জন হবে।

84. আধুনিক আধ্যাত্মিকতার ওয়ালমার্টে, সস্তা, সর্বাধিক জনপ্রিয় বা সর্বশেষ ফ্যাশনের সন্ধান করবেন না, যা সত্য, মহৎ, কোমল, স্বাস্থ্যকর, বাস্তব এবং উপকারী তা সন্ধান করুন।

85. স্বাধীনতার দিবস - এটি উদযাপন করার সর্বোত্তম উপায় হল স্বাধীনতা আমাদের এবং অন্যদের জীবনে একটি পার্থক্য তৈরি করেছে তা প্রমাণ করার জন্য আমাদের বাকি জীবনকে সার্থক কিছু করার জন্য ব্যবহার করা।

86. শুধুমাত্র একটি আলফা পুরুষ হওয়ার পরিবর্তে, একটি ওমেগা পুরুষ বা মহিলা হওয়ার লক্ষ্য রাখুন, প্রতিদ্বন্দ্বিতা না করে আত্মা, মন এবং শরীরে সম্পূর্ণ করুন।

87. অন্তর্দৃষ্টি যুক্তির সংকীর্ণ এবং কঠোর সরল গলি এবং লাইনগুলিকে বাইপাস করে এবং জ্ঞানের আকাশপথে নিয়ে যায়।

88. আমাদের মনোযোগ সীমাবদ্ধ? আমাদের ফোকাস কি কখনোই স্থানান্তরিত হচ্ছে? যদি তাই হয়, আমরা ভাঙ্গা কুন্ড. জীবন্ত জল ধরে রাখতে আমাদের অক্ষমতা মেরামত করার এবং শেষ করার সময়। নিজেদের জন্য সংগ্রাম বা কঠোর পরিশ্রম করার দরকার নেই। শুধু ধরে রাখুন।

89. এটা কি একটা বিড়ম্বনা যে আমরা আমাদের জীবনের প্রতিদিন খাবার এবং মাংস ছিঁড়ে আমাদের দাঁত ব্যবহার করি, কিন্তু আমরা প্রতিদিন এবং আরও ঘন ঘন আমাদের এবং অন্যদের মাংস ছিঁড়তে এবং ছিঁড়ে ফেলার জন্য আমাদের জিহ্বা ব্যবহার করি?

90. দুর্গন্ধযুক্ত ধনী হওয়ার চেয়ে ধনী চিন্তাভাবনা ভাল।

91. এটি ইতিহাসের একটি পাঠ যে অমরত্ব এবং অনৈতিকতা উভয়ই মানবজীবনে মৃত্যুর মূল্য দাবি করে।

92. এটি একটি পৌরাণিক কাহিনী যে জীবন সাফল্য এবং সুখের সাধনা সম্পর্কে। বাস্তবতা হল এটি অর্থ, উদ্দেশ্য এবং মৃত্যু, পরাজয় এবং কষ্টের উপর বিজয় সম্পর্কে।

93. এটি একটি স্বতঃসিদ্ধ যে নাগরিকরা যদি ব্যক্তিগত, শারীরিক, জাতীয় এবং বৈশ্বিক নিরাপত্তার সুবিধাভোগী হয়, তবে আমাদেরও ব্যক্তিগতভাবে এবং সম্মিলিতভাবে নিরাপত্তায় অবদান রাখতে হবে।

94. এটা জীবনের একটা পরিহাস যে যারা সত্যিকারের সুখী তারাই যারা তাদের সুখের খোঁজ ছেড়ে দিয়েছে।

95. ঈশ্বর আমাদের আরামদায়ক বা সুখী করতে বাধ্য নন, তবে তিনি আমাদের দুঃখ ও কষ্টের সময়ে আমাদের সান্ত্বনা দেন।

96. ঈশ্বর প্রত্যেক সময় সঠিক সময়ে থাকে

97. ঈশ্বর একজন সাহায্যকারী যার সাথে একজনকে সব সময় যোগাযোগ করতে হবে, শুধুমাত্র যখন সাহায্যের প্রয়োজন হয় তখন নয়।

98. ঈশ্বর এমন এক আশ্রয় যিনি আমাদেরকে কখনই প্রত্যাখ্যান করবেন না, আমরা যতই খারাপভাবে আঘাত করছি বা যতই বিশৃঙ্খলা করেছি। তাঁর মধ্যে, যে কেউ সান্ত্বনা, নিরাময়, মুক্তি, আশা পেতে পারেন।

99. ঈশ্বর একজন শিক্ষক যিনি জানেন যে আমাদের জ্ঞান যত বাড়বে ততই আমাদের জ্ঞান হ্রাস পাবে। তাই, তিনি বলেন, আমার সম্পর্কে তোমার জ্ঞান বৃদ্ধি কর এবং তোমার প্রজ্ঞা তদনুসারে বৃদ্ধি পাবে।

100. ঈশ্বর পরিবর্তন ব্যবস্থাপনা এবং চ্যালেঞ্জ ব্যবস্থাপনার সেরা শিক্ষক।

101. ঈশ্বর সর্বশ্রেষ্ঠ পথ।

SUCCESS
Result
TEAM
GROUP
IDEA

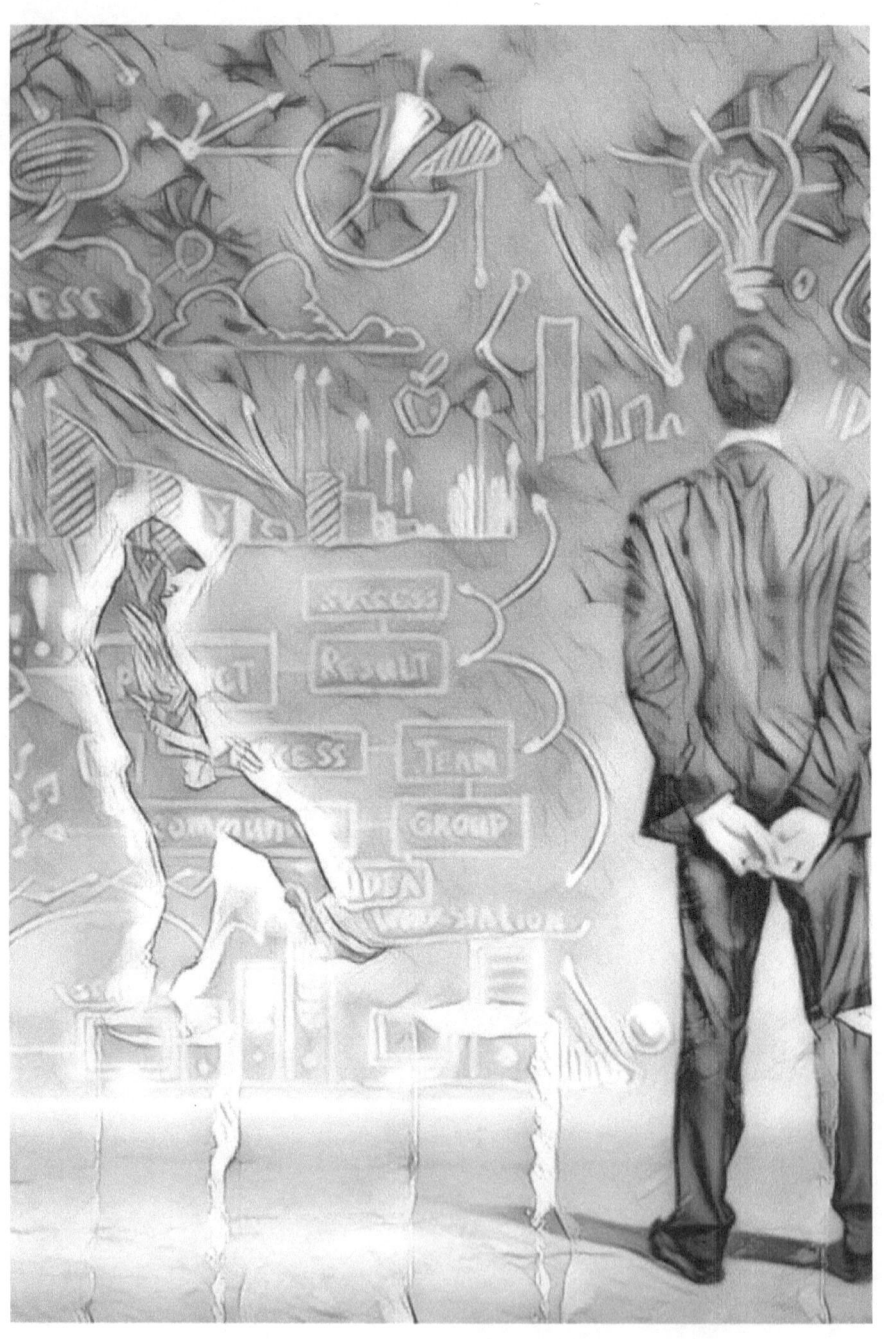

"নেতৃত্ব এবং পরিচালনা হল খুব সাধারণ পরিস্থিতি, সম্পদ, সংযোগ, ক্ষমতা বা সুযোগ থাকা সত্ত্বেও একটি অসাধারণ আহ্বান, চরিত্র, দৃষ্টি, শক্তি, যোগাযোগ এবং প্রভাব।"

শিল্পীর অনুপ্রেরণা:

চিত্রকর্মটি ফিলিপিজমের একটি সচিত্র উপস্থাপনা।

ব্যবস্থাপনা

1. নেতৃত্ব এবং পরিচালনা হল খুব সাধারণ পরিস্থিতি, সংস্থান, সংযোগ, ক্ষমতা বা সুযোগ থাকা সত্ত্বেও একটি অসাধারণ আহ্বান, চরিত্র, দৃষ্টি, শক্তি, যোগাযোগ এবং প্রভাব।

2. দৃশ্যমান ব্যবস্থাপনার চেয়ে অদৃশ্য ব্যবস্থাপনা অনেক বেশি তাৎপর্যপূর্ণ কিন্তু অনেক বেশি উপেক্ষিত।

3. ইনভার্টেড পিরামিড বা রিভার্স পিরামিড ম্যানেজমেন্ট বলতে বোঝায় যে কোনও সংস্থার শীর্ষে থাকা লোকেরা নিয়মিত কিছু সময় ব্যয় করে এবং সাংগঠনিক শ্রেণিবিন্যাসের নীচের অংশের মানুষের চাহিদা, অনুভূতি এবং দৃষ্টিভঙ্গির দিকে মনোযোগ দেয়।

4. ইনভার্টেড পিরামিড নেতৃত্ব এবং ব্যবস্থাপনা হল এমন নেতৃত্বের ধরন যা একজন পিরামিড বা শ্রেণিবিন্যাসের শীর্ষে থাকা সত্ত্বেও, কাঠামোর সমস্তকে সুস্থতার উচ্চ স্তরে উন্নীত করার জন্য তার নীচে যাওয়ার অধিকার আছে।

5. ভৃত্য নেতৃত্ব হল জীবন এবং নেতৃত্ব যার মধ্যে ক্ষমতা এবং প্রতিপত্তির কোন ঝাঁকুনি বা ফাঁদ নেই বরং অনেক রোমাঞ্চ।

6. ভালোভাবে বাঁচতে হলে প্রথমে মৃত্যুকে ভালোভাবে বুঝতে হবে এবং এটা সঙ্গে শর্ত আসাও.

7. আমাদের সিদ্ধান্ত এবং কর্মগুলি স্পষ্টভাবে আমাদের নির্ভরতার কেন্দ্রবিন্দু, আমাদের আত্মবিশ্বাসের উৎস, আমাদের আনন্দের কারণ দেখাবে।

8. পার্থক্য হল অন্যদের থেকে আপনার এবং আপনার ধারণাগুলির মধ্যে পার্থক্যের লাইনগুলিকে আরও ঘন এবং পরিষ্কার করা।

9. অনেক লোক মলত্যাগ এবং বিচক্ষণতার মধ্যে বিভ্রান্ত হয়।

10. একটি জাহাজের মতো একজন মানুষের জন্য জাহাজডুবি এবং মসৃণ পাল তোলার মধ্যে পার্থক্য হল দিকনির্দেশ এবং গভীরতা।

11. যারা নতুন জন্ম দিতে সহায়তা করার চেষ্টা করছেন তাদের পরামর্শ: আপনি যা মনে করেন নাভির কর্ড তা হতে পারে জগুলার ধমনী। গুড়ের সাথে কখনই ছটফট করা উচিত না।

12. শিক্ষার উদ্দেশ্য নিছক তথ্য নয়, রূপান্তর।

13. যদি আপনি অনুভব করতে চান যে অন্য একজন ব্যক্তি কী অনুভব করছেন, তবে তার জুতাগুলিতে হাঁটা যথেষ্ট নয়, আপনাকে তার ত্বকের নীচে যেতে হবে।

14. আপনি যাই করুন না কেন, মানুষের জন্য একটি 'অক্সিজেনাইজার' হয়ে উঠুন, অস্থির সময়ে আশা এবং উৎসাহ দিন।

15. গুণাগুণ কখনই ত্যাগ করা যায় না সমতার বেদীতে

16. অভিজ্ঞতা কর্ম এবং শব্দের চেয়েও জোরে-জোরে কথা বলে।

17. অভিজ্ঞতাগুলি জীবনের সত্য সম্পর্কে আমাদের বোঝার পরীক্ষা, প্রমাণ, সংশোধন এবং যাচাই করে যেমন পরীক্ষাগুলি বিজ্ঞানের তথ্যগুলিকে পরীক্ষা করে, প্রমাণ করে, সংশোধন করে এবং যাচাই করে।

18. মেসেঞ্জারকে গুলি করবেন না বরং তাকে আশীর্বাদ করুন, কারণ প্রতিক্রিয়া হল চ্যাম্পিয়নদের প্রতিদিনের খাদ্য।

19. একজন সত্যিকারের পরাক্রমশালী যোদ্ধা হলেন যিনি কোনো আঘাতের বিনিময় ছাড়াই বা এমনকি অপরাধ বা প্রতিরক্ষায় আঙুল তুলেও বিজয়ী হন।

20. ব্যর্থতায় ফোকাস করুন

21. আমরা যে বাধাগুলি অতিক্রম করি তা আমাদের লক্ষ্য এবং লক্ষ্য অর্জনের চেয়ে বেশি শক্তি এবং আনন্দ দেয়!

22. একটি অপমান, একটি ব্যর্থতা, একটি বিপত্তি এবং একটি দুর্বলতার অধীনে আমাদের স্মার্ট হওয়া উচিত নয়। বরং, আমাদের আরও স্মার্ট হওয়ার জন্য এটি ব্যবহার করতে হবে।

23. আমাদের দুঃখ এবং বেদনা একটি ক্যাথারটিক প্রভাব ফেলে, আমাদের জীবনকে পরিষ্কার করে ঠিক যেমন অশ্রু চোখ পরিষ্কার করে।

www.eqthinking.com www.prateepphilip.com www.fillipisms.com

24. আমাদের ব্যক্তিত্ব যেমন শক্তি-দুর্বলতার নিদর্শন, তেমনি আমাদের জীবন হল সাফল্য-ব্যর্থতার নিদর্শন - এমন একটি সত্য যা অনেকাংশে এড়িয়ে গেছে যারা কীভাবে একজনকে তৈরি করতে শেখায় জীবন একটি সফল।

25. ফলদায়ক হওয়ার পরিকল্পনাটিকে মনের গভীরে শিকড় সহ একটি উদ্ভিদের মতো বেড়ে উঠতে হবে, ক্রমাগত জল দেওয়া এবং ধারাবাহিক ক্রিয়াগুলির ধারাবাহিকতায় সমস্ত দিকে শাখা প্রশাখা দেওয়া উচিত।

26. যদি স্বল্পমেয়াদী ব্যথা দীর্ঘমেয়াদী বা চিরস্থায়ী লাভের কারণ হয়, তবে এটিকে আনন্দের সাথে সমানভাবে দেখা উচিত। যদি স্বল্পমেয়াদী আনন্দ দীর্ঘমেয়াদী বা চিরন্তন যন্ত্রণার কারণ হয়, তবে এটিকে সবচেয়ে বড় ব্যথার সাথে সমানভাবে দেখা উচিত।

27. শ্রেষ্ঠত্বের জন্য তীব্র আকাঙ্ক্ষা ত্বরান্বিত শিক্ষার দিকে পরিচালিত করে এবং ত্বরান্বিত শিক্ষার ফলে বর্ধিত উপার্জন হয়।

28. সাফল্য ধারাবাহিকভাবে এবং সামগ্রিকভাবে ঘটার জন্য, একজনের একটি তীরের মাথার মন প্রয়োজন যা তাকে "প্রাক-জ্ঞান" বা কল্পনা, স্বপ্ন দেখা এবং লক্ষ্য নির্ধারণের মাইলফলক প্রক্রিয়ার মধ্য দিয়ে নিয়ে যায়। প্রার্থনা, বিশ্বাস এবং বিশ্বাসের মেটা-কগনিশন পর্যায়, প্রকৃত সচেতন কার্য সম্পাদনের অনুধাবন পর্যায়, ত্রুটিগুলির প্রতিক্রিয়ার উপর কাজ করার পুনরায় উপলব্ধি পর্যায় এবং অবশেষে, স্বীকৃতি পর্যায় বা অর্জনের পর্যায়।

29. শ্রেষ্ঠত্ব হল এমন একটি প্রক্রিয়া যেখানে একজন ব্যক্তি, গোষ্ঠী বা সংগঠন স্থিতাবস্থাকে চ্যালেঞ্জ করতে থাকে এবং নতুন ভারসাম্যে পৌঁছায়।

30. ভাল বীজ পেতে এবং ভালভাবে বেড়ে উঠতে যেমন মাটি চাষ, লাঙল ও জল দেওয়া প্রয়োজন, তেমনি আমাদের হৃদয় ও আত্মাকে ভাল মাটি হতে প্রস্তুত করতে হবে।

31. সাফল্যের দুটি বিভাগ রয়েছে: প্রক্রিয়া সাফল্য - আপনার লক্ষ্যে পৌঁছাতে ব্যবহৃত মনোভাব এবং পদ্ধতি এবং ফলাফল সাফল্য - লক্ষ্য অর্জন। জীবন একটি pyrrhic বিজয় নয় নিশ্চিত করার জন্য প্রক্রিয়া সাফল্য ফলাফল সাফল্য হিসাবে গুরুত্বপূর্ণ.

32. অন্য সবকিছুর মত, সাফল্যের একটি কাঠামো, একটি প্রক্রিয়া, একটি ফাংশন আছে। আমাদের মনের বিশ্বাস এবং মনোভাব হল লুকানো মানসিক গঠন আর আমরা যা করি তা হল প্রক্রিয়া।

33. একটি তারা উজ্জ্বল এবং সবচেয়ে সুন্দর কারণ এটি একটি ধূমকেতু হিসাবে আত্ম-ধ্বংস করে। একইভাবে, যখন কেউ খ্যাতি, সম্পদ, ক্ষমতা বা সৌন্দর্যের শীর্ষে থাকে, তখন একজনকে ভাবতে হবে যে সে আত্ম-ধ্বংস করতে চলেছে।

34. গড়ের উপরে উঠতে আপনার শক্তির উপর নির্ভর করুন। আপনার দুর্বলতা কাটিয়ে উঠতে সুবিধা করুন মহানতা

35. উচ্চ উড়ে যাওয়ার জন্য এমন জিনিসগুলি ছেড়ে দিন যা আপনাকে নীচে টেনে আনে এবং আলিঙ্গন করে, যেগুলি আপনাকে ক্ষমতায়িত করে তাদের প্রতি আচ্ছন্ন হন।

36. আপনার শিক্ষকদের বিজ্ঞতার সাথে বেছে নিন যে তারা আপনাকে যা শেখায় তা আপনাকে তৈরি করবে বা ভেঙে দেবে।

37. আপনার দিন, আপনার মন, আপনার জীবন আপনার সামনে একটি ফাঁকা ক্যানভাসের মতো। আপনি যা মনে করেন, কথা বলেন এবং করেন তা দিয়ে আপনি হন এটি লিখতে পারেন বা কিন্তু আপনি এটিকে সুন্দর করতে পারেন।

38. বিজয়ী ডোমেইন এবং সমস্ত জিনিস জয় করার জন্য বিশ্বজুড়ে যায় কেবল এটি খুঁজে পেতে চায় যে তাকে জয় করার জন্য একমাত্র জিনিসটি ছিল তার বা তার নিজেকেও।

39. এটা ইতিহাস এবং অভিজ্ঞতার একটি শিক্ষা যে যারা অনুপ্রাণিত করতে পারে না, যারা করে তাদের বিরুদ্ধে ষড়যন্ত্র করে।

40. একটি গাছ তার ফল খায় না। আপনি নিজের জন্য যা কিছু উৎপাদন করেছেন তা ফল নয় বরং সার, খাঁদ, জল। কিন্তু ফল কই? আপনি যা বলেছেন বা চিন্তা করেছেন বা অন্যের জন্য করেছেন - এটি আপনার জীবনের ফল।

41. ঈশ্বর ব্যতীত, শুধুমাত্র আপনার নিজের ক্ষতি বা সাহায্য করার সর্বশ্রেষ্ঠ ক্ষমতা আছে।

42. ঈশ্বর যেমন সম্পূর্ণ, আমাদেরও সম্পূর্ণ হওয়া উচিত, তিনি যেমন সামগ্রিক, আমাদেরও হতে হবে সামগ্রিক।

43. মানুষ হিসাবে, আমাদের প্রাথমিক সম্পদ হল অধরা, শাশ্বত, আধ্যাত্মিক আর আমাদের গৌণ সম্পদ হল স্বাস্থ্য এবং বস্তুগত বা আর্থিক সম্পদ হল শুধুমাত্র তৃতীয় সম্পদ।

44. একজনের বয়স বাড়ার সাথে সাথে আমরা বুঝতে পারি যে ঈশ্বর তাকে ছাড়াও একজন মানুষের অস্তিত্ব সম্ভব করেছেন কিন্তু তাকে ছাড়া মানুষের বেঁচে থাকা অসম্ভব।

45. আমাদের আশীর্বাদের ঘনত্ব যেমন বৃদ্ধি পায়, তেমনি আমাদের প্রশংসা ও ইবাদতের তীব্রতাও বাড়া উচিত।

46. আমরা ক্রমবর্ধমানভাবে ঈশ্বরের কাছে নিজেকে সমর্পণ করি, তিনি নিঃসন্দেহে আমাদের ফলন বাড়াবেন।

47. অন্তত যখন আমরা কোন আশার দেয়ালে আঘাত করি, তখন আমাদের উচিত ভালো আশার ঈশ্বরের দিকে ফিরে যাওয়া।

48. তাঁর বিগলের আঘাতে, সূর্য উঠে এবং আকাশ জুড়ে মার্চ করে এবং রাতের আকাশের ব্যারাকে প্রত্যাহার করে যখন তারার দলগুলি দিগন্ত থেকে দিগন্তে প্যারেড হয়, সেই সময় তাঁর নিঃশব্দ কণ্ঠস্বর, প্রায় একটি শ্রবণযোগ্য ফিসফিস প্রতিধ্বনিত হয় আমাদের যুক্তি, হৃদয় এবং বিবেকের কক্ষ।

49. ধৈর্যের পিছনে চরিত্র, আনন্দের পিছনে আশা, আত্মবিশ্বাসের পিছনে হল ক্ষমতা, সাহসের পিছনে হল বিশ্বাস।

50. একটি বিশ্বাস-উদ্দীপক এবং একটি ক্ষমতা-অহংকারকারী না।

51. সবকিছু সম্পর্কে সতর্ক থাকুন, কিছুই সম্পর্কে উদ্বিগ্ন না।

52. সতর্ক থাকুন আপনি যা পড়েন তার জন্য আপনি যা পড়েন তা আপনার আত্মার জন্য রুটি, আপনার মন এটিকে খাওয়ায় এবং এটি আপনার চিন্তা, আবেগ, শব্দ এবং আপনার সিদ্ধান্তকে প্রভাবিত করে।

53. আপনার বিষয়বস্তু নিয়ে সন্তুষ্ট থাকুন এবং ঈশ্বর আপনার মধ্যে যা রেখেছেন তা করার ইচ্ছা পোষণ করুন।

54. শুধু একজন বার্তাবাহক হন না যিনি চিৎকার করেন এবং স্কুট করেন তবে একজন "আশীর্বাদদাতা" © যিনি আমাদের যে জগাখিচুড়িতে রয়েছি তা থেকে আমাদের বের করার জন্য একটি বার্তা নিয়ে আসেন, আমাদের আশা এবং ভবিষ্যত দেন।

55. আপনার স্বর্গের পিতা হিসাবে নিখুঁত হন, আপনার আত্মীয়দের জন্য নয়।

56. শান্ত থাকুন, জেনে রাখুন যে "আমিই" ঈশ্বর এবং ইস্পাতের মতো শক্ত হোন।

57. আপনি বিশ্বের দেখতে চান আলো হতে.

58. ইতিহাসের সবচেয়ে কঠিন লোকের মতো শক্ত হোন -যীশু।

59. প্রতিটি রূপালী-জিভযুক্ত বক্তার পিছনে একটি সোনার হৃদয় এবং চিন্তা থাকা উচিত।

60. সর্বদা সত্যই ঈশ্বরের প্রতি মনোযোগী হওয়া একজনের মনকে সত্যবাদী করে তোলে চিন্তা ও ধারণার সোনার খনি। সৃষ্টিকর্তার সাথে সংযোগ একজনকে সত্যিকারের সৃজনশীল করে তোলে।

61. বিশ্বাস একটি পিঁপড়াকে একটি দৈত্য করতে পারে.

62. বিশ্বাস স্বস্তি এবং মুক্তি উভয়ই দেয়।

63. ক্রুশের সঞ্চয় শক্তিতে বিশ্বাস হল এমন একটি জিনিস যা আমাদেরকে ঈশ্বরের সাথে ক্রুশ উদ্দেশ্য থেকে বিরত রাখতে পারে এবং আমাদের উদ্দেশ্যের অনুভূতি দিতে পারে।

64. বিশ্বাস, দৃষ্টিভঙ্গি, দক্ষতা, জ্ঞান বা উপভোগ করা আমাদেরকে ঈশ্বরের মহিমা খুঁজতে, প্রকাশ করতে এবং হামড্রামকে মহান কৃতিত্ব, উদযাপন এবং সন্তুষ্টির ড্রামে রূপান্তরিত করতে সক্ষম করে। গ্রীষ্মমন্ডলীয় সূর্যের নাতিশীতোষ্ণ জলবায়ু থেকে সূর্য স্নান করে ঈশ্বরের মহিমায় আচ্ছন্ন হন।

65. যীশুতে বিশ্বাসীরা পুনরুত্থানে বিশ্বাস করে, বিদ্রোহ নয়। তবুও এটি একটি রহস্য যে রোমান সাম্রাজ্যের সময় থেকে তারা আশা, শান্তি এবং ভালবাসার বার্তায় বিশ্বাস করার জন্য সর্বত্র নিপীড়নের মুখোমুখি হয়েছিল।

66. একটি ভাল শেষ করার জন্য আধ্যাত্মিক এবং ব্যবহারিক, বিশ্বাস এবং প্রচেষ্টা, যুক্তি এবং অন্তর্দৃষ্টি মিশ্রিত করুন।

67. ধন্য হলেন পেসমেকাররা কারণ তারা আমাদের জীবনের গতি নির্ধারণ করে।

68. মস্তিষ্ক শক্তি ব্রাউন শক্তি outlasts. আত্মার শক্তি মস্তিষ্কের শক্তিকে ছাড়িয়ে যায়।

69. যেটি শক্তিশালী তার উপর মার্জিত এবং সুন্দর তা গড়ে তুলুন বয়সের শিলা

70. কিন্তু শুধুমাত্র আপনার সর্বনিম্ন পয়েন্টে ঈশ্বরের সন্ধান করবেন না। আপনার সমস্ত উচ্চ এবং শক্তিশালী পয়েন্টগুলিতেও তাঁকে স্মরণ করুন। যখন চলা ভাল এবং যখন এটি রুক্ষ হয়, যখন আশা থাকে এবং যখন এটি অন্ধকার বলে মনে হয়, যখন দিন হয় এবং যখন রাত হয়, রোদ এবং ঝড়ের মধ্যে তাকে সন্ধান করুন।

71. বিশ্বাস দ্বারা আপনি শুধুমাত্র একটি পাহাড় সরাতে পারবেন না, আপনি একটি পর্বত দাবি করতে পারেন, শুধু এটিকে আরোহণ করতে পারবেন না।

72. আমাদের মুকুট বা আমাদের শক্তির উৎস, উপহার এবং প্রতিভা প্রভুর পায়ে নিক্ষেপ করার অর্থ হল প্রতিটি সুযোগ, প্রতিটি মুকুট দেওয়ার মুহূর্ত, আমাদের মধ্যে মূল্যবান এবং মূল্যবান সবকিছু ব্যবহার করা এবং আমাদের সাথে আমাদের মহানতা নয় বরং তাঁরই ঘোষণা করা।

73. আপনি যার সাথে মেলামেশা করতে এসেছেন সেই প্রত্যেক ব্যক্তিকে উদযাপন করুন কারণ ঈশ্বর তাকে উদ্দেশ্য ছাড়াই আপনার বৃত্তে আনেননি: সে ছদ্মবেশে আপনার দেবদূত হতে পারে।

74. খ্রিস্ট তাঁর জন্ম, মৃত্যু, পুনরুত্থান এবং স্বর্গারোহণের দ্বারা পুনরায় সংজ্ঞায়িত করেছেন জীবনের উদ্দেশ্য আনন্দ, সুখ, গ্ল্যামার, ক্ষমতা, অমরত্ব, খ্যাতি, সাম্রাজ্য নির্মাণ, পেল্ফ এবং লাভের সাধনা নয় বরং ক্ষমা, অনন্ত জীবন, শান্তি, পরিত্রাণ, বেদনা ও যন্ত্রণার হ্রাস, এর সাথে একটি সঠিক সম্পর্ক। ঈশ্বর এবং মানুষ দুজনেরই.

75. প্রতিটি যুদ্ধের মোকাবিলা করুন মাথার উপর নয় বরং আপনার হাঁটুতে।

76. গীতসংহিতা 23 এর সমসাময়িক সংস্করণটি পড়বেন: প্রভু আমার রাখাল এবং আমি তার পরে অনেক কিছুর নরক এবং স্বর্গ চাই।

77. কিছু দূরে দিয়ে আপনার জীবনে আশীর্বাদের জন্য আরও জায়গা তৈরি করুন।

78. ডেভিড গোলিয়াথকে হত্যা করেছিল: এটি একটি কৌশলগত বিজয় ছিল। একটি কৌশলগত বিজয় কম ব্যবহার করে বেশি কাটিয়ে উঠছে। এটা ছিল কঠিন কৌশলগত

শক্তির উদাহরণ। বাথশেবা ডেভিডকে যা দংশন করেছিলেন - এটি ছিল নরম শক্তির একটি উদাহরণ। জাতি, সংস্থা এবং ব্যক্তিদের কৌশলগত এবং নরম শক্তি কার্যকরভাবে ব্যবহার করতে শিখতে হবে।

79. রাজকীয় এবং অনুগত উভয়ই হোন কারণ এই পৃথিবীতে দু'জন খুব কমই একসাথে যায়।

80. দিনের ছোট জিনিসগুলিতে বিশ্বস্ত থাকুন এবং কোনও দিন আপনি সম্মানিত হবেন বড় জিনিসে.

81. সেই বেতি হোন যা আলোকিত করবে না দুষ্ট যে এটি নিভিয়ে দেবে।

82. জনগণ সরকারকে ক্ষমতাচ্যুত করার আগে, মিডিয়া তাদের ভোট দেয়।

83. প্রতিটি সফল পুরুষের পিছনে, নিঃসন্দেহে একজন মহিলা থাকে তবে প্রতিটি অসফল পুরুষের পিছনে একজনের বেশি মহিলা থাকে, কখনও কখনও অর্ধ ডজন বা একটি স্কোর

84. সহ-প্রাণীর বিরুদ্ধে সন্ত্রাসে জড়িত হওয়া সবচেয়ে খারাপ এবং সবচেয়ে অপ্রীতিকর ত্রুটি যে কোনও মানুষই দোষী।

85. সর্প হিসাবে জ্ঞানী হওয়ার অর্থ হল জীবনের স্থূল বাস্তবতার কাছাকাছি থাকা, একটি নিম্ন প্রোফাইল বজায় রাখা, অনামন্ত্রিত এবং অনিচ্ছাকৃত ঝামেলা থেকে দূরে থাকা, সীমিত দৃষ্টিশক্তি এবং শ্রবণশক্তির উপর নির্ভর না করা, পুরো সত্তার সাথে সম্পূর্ণ অনুভূতি বা ইন্দ্রিয়ের উপর নির্ভর করা, পুরানো হয়ে যাওয়া। এবং নতুন স্কিন, ধারণা, লক্ষ্য এবং পদ্ধতির জন্য নষ্ট ধারণা, ভবিষ্যত অনুমান করা, জীবনের ছন্দ ও সঙ্গীতে নাচ, প্রয়োজনে সতর্ক করার জন্য হিস করা এবং যখন প্রয়োজন হয় তখন হুঙ্কার দেওয়া বা আঘাত করা।

86. বিশ্বাস পৃথিবীতে স্বর্গের সম্ভাবনার গেটওয়ে খুলে দেয়।

87. সত্যের উপর বিশ্বাস প্রাধান্য পায়, প্রায়শই আগে থাকে ঘটনা আবিষ্কার উভয় শাখা থাকতে হবে. উভয়কেই ফল উৎপাদন করতে হবে। উভয়ই অনেক সময় নেয় এবং বিরক্ত করে।

88. যুক্তি এবং কল্পনা উভয়ই, তাদের বিশাল ক্ষমতা এবং সম্ভাবনা থাকা সত্ত্বেও, উদ্ঘাটনের শক্তির সাথে কোন মিল নেই।

89. বিশ্বাস এবং সত্য উভয়ই একই রকম, একসাথে যায় এবং অবিচ্ছেদ্য। উভয়ই একটি 't' দিয়ে শুরু হয়, উভয়েরই পাঁচটি অক্ষর আছে, একটি 'u' এবং একটি দ্বিতীয় 't'। শুধুমাত্র একটি 's' এবং একটি 'h' আলাদা। এটি আপনাকে বোঝায় এবং আমার সর্বদা কেবল সত্যে বিশ্বাস করা উচিত এবং সহজ সত্য ছাড়া আর কিছুই নয়। অন্য কোন বিকল্প আমাদের স্বাস্থ্য এবং আমাদের সুখের জন্য খারাপ হবে।

90. কিছু বিশ্বাস ব্যবস্থা শিক্ষা দেয় যে সমস্ত ইচ্ছা মন্দ। কিন্তু আকাঙ্ক্ষা হল সত্তা এবং বেঁচে থাকার সারমর্ম। যখন কেউ আকাঙ্ক্ষা বন্ধ করে দেয়, তখন তার অস্তিত্ব বন্ধ হয়ে যায় - এটি ভার্চুয়াল মৃত্যু।

91. পরিবর্তন যাই হোক না কেন ঘটবে. একটি দ্রুত গতিতে পরিবর্তন ঘটানো এবং যে দিকে কেউ চায় তা হল উন্নয়ন।

92. পরিবর্তন ব্যক্তি, গোষ্ঠী এবং জাতির মধ্যে ঘটে থাকে বেশিরভাগ টার্নিং পয়েন্ট বা টিপিং পয়েন্টের কারণে নয় ক্রমাগত মন্থনের কারণে।

93. আপনার ব্যথা সাবধানে চয়ন করুন এবং আপনার লাভ এবং আনন্দ অবশ্যই এটি অতিক্রম করবে.

94. অহংকার ছলনা কল্পনা করে।

95. গড় মানব প্রাপ্তবয়স্ক ঈশ্বরের আদি সৃষ্টির ভেজাল সংস্করণ।

96. আমরা মানুষ আমাদের মধ্যে পুরো চিড়িয়াখানায় নিয়ে যাই তবে প্রতিটি প্রজাতি বিভিন্ন সময়ে প্রকাশ পায় - ভেড়া, সাপ, গরিলা, চিম্প, শিয়াল, সিংহ।

97. গণতান্ত্রিক শাসনের কেন্দ্রবিন্দু হওয়া উচিত ভিওপি বা খুব সাধারণ ব্যক্তি এবং পরবর্তীদের জন্য ভিআইপি নয় বরং পূর্ববর্তীদের ক্ষমতায়ন, সক্ষম, সজ্জিত করার উপায়।

98. একটি সর্বোত্তম অনুশীলনের উপাদানগুলির মধ্যে সেতু নির্মাণ, ক্ষমতায়ন, পরিষেবা প্রতিশ্রুতি এবং স্বচ্ছতা অন্তর্ভুক্ত করা উচিত।

99. কোন প্রতিশ্রুতি বা চুক্তিকে সম্পূর্ণরূপে বিশ্বাস করবেন না যদি না ঈশ্বর গ্যারান্টার না হন।

100. আমাদের সূর্যের তুলনায় নক্ষত্রের সংখ্যা এবং আয়তন বেশি হওয়া সত্ত্বেও তারা কখনই ঘাসের ফলক শুকাতে পারে না বা একটি আম পাকতে পারে না যা প্রমাণ করে যে নৈকট্য তীব্রতা তৈরি করে।

101. সত্যকে মেনে না চলার পরিণতি প্রায়শই বেশি হয় এটি মেনে চলার পরিণতির চেয়ে গুরুতর।

"আপনার মন আপনার সেরা এবং একমাত্র সোনার খনি: তাই, গভীরে যান কারণ সোনা কেবল গভীরতায় পাওয়া যায়।"

শিল্পীর অনুপ্রেরণা:

চিত্রকর্মটি ফিলিপিজমের একটি সচিত্র উপস্থাপনা। রংধনু খুঁজো।

মন

1. আপনার মন আপনার সেরা এবং একমাত্র সোনার খনি: তাই, গভীরে যান কারণ সোনা কেবল গভীরতায় পাওয়া যায়।

2. মানুষের হৃদয় অদেখা, শান্ত এবং এখনও শক্তিশালী। এটি ছন্দবদ্ধভাবে কাজ করে। একইভাবে, আমাদের আবেগময় হৃদয়, আমাদের বুদ্ধি বা আমাদের মনকে, আমাদের হৃদয়কে অনুকরণ করতে হবে যাতে অদেখা, নিঃশব্দে, ছন্দময় এবং শক্তিশালীভাবে, সারা দিন, সারা রাত, সারাজীবনের কাজ করা যায়।

3. মানুষের মন একটি পেন্ডুলামের মতো যা অপরাধবোধ এবং অতীত সম্পর্কে অনুশোচনা থেকে ভবিষ্যত সম্পর্কে উদ্বেগ থেকে দুলছে। ভারসাম্যের মুহূর্তগুলি হল সেই সময়গুলি যা আমরা মাঝখানে কেন্দ্র করে কাটাই। এই জায়গায় আরো সময় কাটাতে আপনার যথাসাধ্য চেষ্টা করুন।

4. মানুষের মন, বুদ্ধি, আবেগ, ইচ্ছা, মানুষের কল্পনা একটি বিপরীত মোমবাতির মতো - এটি যত বেশি জ্বলে, তত বেশি এটি মোম বা বৃদ্ধি পায়, তত বেশি আলো নির্গত হয় এবং তত বেশি লম্বা এবং মোটা হয় ।

5. আপনার মন হয় একটি সোনার খনি বা একটি কয়লা খনি হতে পারে - এটি আপনার উপর নির্ভর করে।

6. আপনার মন হতে পারে আলোকে আটকানোর জেল বা সাদা ভাঙ্গার প্রিজম এর অগণিত রংধনু রঙে আলো।

7. কখনও কখনও, আমরা উচ্ছ্বসিত বোধ না করেও উন্নীত হতে পারি এবং এর বিপরীতও হতে পারে।

8. সচেতন মন একটি জাহাজ বা নৌকার মত যা অবচেতনের সাগরে ভেসে বেড়ায়।

9. সাফল্যের জন্য, শুধু ঘুমের অবস্থা, স্বপ্নের অবস্থা, কাজের অবস্থা থেকে স্বপ্নের অবস্থা, কাজের অবস্থা এবং ঘুমের অবস্থা থেকে ক্রম পরিবর্তন করুন।

10. প্রতিভা হল এক শতাংশ অন্তর্দৃষ্টি এবং 99 শতাংশ শিক্ষাদান।

11. একজন প্রার্থী হলেন সেই ব্যক্তি যার ভাগ্যের সাথে একটি তারিখ রয়েছে।

12. স্মার্ট সিটি গড়ে তোলার চেয়ে স্মার্ট নাগরিকদের গড়ে তোলা অনেক বেশি গুরুত্বপূর্ণ।

13. ইতিহাস দেখায় যে স্বৈরশাসক, তারা যে মুখোশ পরেই থাকুক না কেন, তারা গণতান্ত্রিক নেতাদের মালভূমিতে দ্রুত উঠে যায় এবং খাড়াভাবে পড়ে যায় বা ধীরে ধীরে এবং আস্তে আস্তে বিবর্ণ হয়।

14. "ভাগ কর এবং শাসন কর" বলাটা ভুল। এটি "বিভাজন এবং অপশাসন" হওয়া উচিত। ঐক্যবদ্ধ হয়ে শাসন করো।

15. "শাসন" শব্দের মধ্যে যেমন লুকিয়ে আছে প্রলোভন, তেমনি ক্ষমতার প্রলোভন থেকে সাবধান থাকুন, শাসনের মধ্যে লুকিয়ে থাকে আত্মা।

16. পিপস অফ র্যাঙ্ক পরেন এমন পুলিশ অফিসারদের বুঝতে হবে যে তিনটি সিংহ প্রতীক নয় যে তারা সিংহ হওয়া উচিত যারা অসহায় শিকারের উপর ঝাঁপিয়ে পড়ে কিন্তু যারা ন্যায়বিচার চায় তাদের কাছে সিংহ।

17. তারা ইঙ্গিত দেয় যে আমাদের নেতৃত্ব এবং সেবার লোডস্টার হওয়া উচিত।

18. সুশাসন নিশ্চিত করার অসুবিধা হল ক্ষুধার্তদের জন্য সু-খাদ্য পরিকল্পনা, দরিদ্রদের জন্য সুসজ্জিত, যারা গৃহহীনদের জন্য প্রাসাদে বাস করে, দুর্বলদের জন্য নিরাপদ এবং দুর্বল, যারা যুদ্ধ করে না তারা যুদ্ধ ঘোষণা করে। সম্পূর্ণ সহানুভূতির অনুপস্থিতি সম্পূর্ণ আন্তরিকতার উপস্থিতি নিশ্চিত করতে পারে না।

19. আইনটি একটি অদৃশ্য প্রাচীরের মতো যা করণীয় এবং না করার নিয়মগুলি দিয়ে তৈরি যা রক্ষা, ঘিরে, চিহ্নিত, মুক্ত, সীমাবদ্ধ, ক্ষমতায়ন, কারাগার, পাহারা দেয় যা একজন করে বা না করে তার উপর নির্ভর করে।

20. একটি চিতাবাঘ তার দাগ পরিবর্তন করতে পারে না, কিন্তু একটি সাপ তার চামড়া পরিবর্তন করতে পারে। স্থূল বাস্তবতার ঘনিষ্ঠতা, সত্যের বিরুদ্ধে অবিরাম ঘর্ষণ, নম্রতা এবং নীরবতা দ্রুততা বা শক্তির চেয়ে পরিবর্তন তৈরির প্রবণতা বেশি।

21. পরিবর্তে তাদের সমস্ত জীবন বৃদ্ধি, অধিকাংশ মানুষ গর্জন শেষ

22. যখন আপনি শারীরিক এবং জৈবিকভাবে বেড়ে ওঠা বন্ধ করেন তখনই আপনার কাছে অন্য সব ধরনের বৃদ্ধি করার জন্য সময়, স্থান এবং শক্তি থাকে।

23. গাছ বাড়তে এবং ফলন পেতে মানুষ বেশি সময় নেয়, অনেক বেশি সময় নেয়। আমাদের একে অপরের সাথে ধৈর্য ধরতে হবে। একদিন ফল পাব। একদিন আমাদের আশা পূরণ হবে। একদিন আমাদের কথার একদিন শিকড় দেবে।

24. যে ব্যক্তিরা মোহনার মতো জীবন শুরু করে তারা বিশপের মতো দেখতে শেষ করে।

25. ধ্যান হল মনের জন্য স্বাস্থ্যকর ওষুধ।

26. বিচক্ষণতার আকাঙ্ক্ষা পবিত্রতার আকাঙ্ক্ষার সাথে হাত মিলিয়ে চলা উচিত।

27. অভ্যাসগুলো হয় আমাদেরকে মেরে ফেলে বা সজীব করে, এক সময়ে কিছুটা।

28. ইতিবাচক অভ্যাস ইতিবাচক 'এটি আছে' নিয়ে যায়

29. পাহাড়ের প্রতিটি ধাপ সমভূমিতে দশটি ধাপের সমান।

30. কষ্ট অনেক পাঠ শেখায় যা বৃত্তি পারে না।

31. বিশ্বাস অসীম এবং সসীম, অসম্ভব এবং সম্ভব, অদৃশ্য এবং দৃশ্যমান দূরত্ব বন্ধ করে দেয়।

32. বিশ্বাসের অর্থ বোকা হওয়া নয় যে দিকে ঝুঁকে পড়া উইন্ডমিল বা বাঘের উপর ঝাঁপ দেওয়া কিন্তু "সত্যিকার জ্ঞানী" হওয়ার জন্য উইন্ডমিল বন্ধ হওয়ার জন্য বা বাঘকে খাঁচায় বন্দী করার জন্য অপেক্ষা করা।

33. বিশ্বাস একজনকে যুক্তির পাহাড় দ্বারা আমাদের উপর আরোপিত সীমাবদ্ধতাগুলি অতিক্রম করতে সক্ষম করে।

34. বিশ্বাস আমাদের ঐশ্বরিক এটিএম-এ অ্যাক্সেস দেয় - যে কোনো সময় অলৌকিক।

35. বিশ্বাসের ভাগ্য ওভাররাইডিং ক্ষমতা আছে।

36. বিশ্বাস বোঝায় যে আমরা আমাদের মুরগির বাচ্চা বের হওয়ার ঠিক আগে গণনা করি কিন্তু মুরগি মেলে না।

37. আলোতে বিশ্বাস এবং বিশ্বাসের আলো অন্ধকারের রাতকে বিনা আশার ভোরে পরিণত করতে পারে।

38. বিশ্বাস ভবিষ্যদ্বাণী করার পাশাপাশি মানুষের জীবনের অপ্রত্যাশিততা বাড়ায়।

39. বিশ্বাস হল একটি দ্বিমুখী চুক্তি যার জন্য আমাদের নিশ্চিতকরণ এবং ঈশ্বরের নিশ্চিতকরণ এবং ঘোষণা।

40. বিশ্বাস একই সাথে স্বজ্ঞাত এবং একই সাথে প্রতি-স্বজ্ঞাত প্রক্রিয়া।

41. বিশ্বাস একটি ছাতার কাঠামোর মতো। কেন্দ্রীয় খাদ যা আমরা হাতল দ্বারা শক্তভাবে আঁকড়ে ধরি তা হল ঈশ্বর। বাকি সব হল দুর্বল এবং কম কিন্তু উল্লেখযোগ্য স্পোক এর ছাউনি ধরে জীবন যেমন চাকরি, অর্থ, স্বাস্থ্য, পরিবার, বন্ধু, প্রতিভা। এই স্পোকগুলি শীঘ্রই বা পরে ভেঙে যাবে তবে কেন্দ্রীয় খাদটি থাকবে।

42. বিশ্বাস কখনই অন্ধ হয় না, তবে এটি দৃশ্যমান সৃষ্টির অধ্যয়নের মাধ্যমে অদৃশ্যের রূপের বর্ধন। যদি তুমি হও, আমি যদি থাকি, জগৎ যদি হয়, তবে ঈশ্বর। বিয়োগ থেকে, আমরা ঐশ্বরিক চরিত্রের অভিজ্ঞতায় চলে যাই, চিরন্তন এক। অভিজ্ঞতা থেকে, আমরা ঐশ্বরিক যোগাযোগের অধ্যবসায়ী অধ্যয়নের দিকে এগিয়ে যাই। সৃষ্টি, চরিত্র এবং যোগাযোগ সৃষ্টিকর্তার প্রমাণের যথেষ্ট উৎস।

43. বিশ্বাস অন্ধকারে একটি অন্ধ লাফ নয়, এটি অন্ধকার থেকে আলোর দিকে হাঁটা।

44. বিশ্বাস একটি আনন্দ হত্যাকারী নয় যেমন অনেকে মনে করেন। এটি একটি শূন্যস্থান পূরণকারী - এটি আমাদের জ্ঞান, বোধগম্যতা এবং প্রজ্ঞার ফাঁক, আমাদের চরিত্রের ফাঁক, আমাদের ক্ষমতা এবং আমাদের সম্পর্কের ফাঁকগুলি পূরণ করে।

45. বিশ্বাস কল্পনা নয় বরং সত্য-ভিত্তিক, বাস্তবতা এবং ইতিহাস-ভিত্তিক, প্রয়োজন-ভিত্তিক দৃশ্যায়নের ট্রিগারিং।

46. বিশ্বাস শুধু সরিষার দানা নয়; এটি একটি সংগ্রহ করা বীজ - এটি আমাদের জীবনের পাঠ এবং অভিজ্ঞতার মোট থেকে সংগ্রহ করা হয়।

47. বিশ্বাস হল ইতিবাচক জীবনযাপন - কালো মেঘের মধ্য দিয়ে আলোকিত আশার আলোর সন্ধান করা, রংধনুর নীচে সোনার পাত্র নয়, একটি রূপালী আস্তরণ। এটি দৈত্য লাফ দিয়ে অগ্রসর হচ্ছে না বরং দূরবর্তী লক্ষ্যের দিকে একটু একটু করে এগিয়ে যাচ্ছে।

48. বিশ্বাস হল পর্যাপ্ত তথ্য ছাড়াই সিদ্ধান্ত নেওয়া কিন্তু শুধুমাত্র একটি যুক্তিসঙ্গত আশা যে এটি সময়ের সাথে সাথে ফলপ্রসূ হবে।

49. বিশ্বাস হল এমন স্পষ্টতার সাথে দেখার ক্ষমতা যা দেখা যায় না যাতে দেখা যায় এমন জিনিসগুলি হয় নতুন তাৎপর্য অর্জন করে বা তুচ্ছ হয়ে যায়।

50. বিশ্বাস হল একটি সেতু যা আমাদের শুরুর সাথে আমাদের প্রান্তকে সংযুক্ত করে এবং মধ্যবর্তী সমস্ত অংশকে অর্থবহ এবং শক্তিশালী করে তোলে। এটি দেখাকে অদেখার সাথে সংযুক্ত করে।

51. বিশ্বাস হল নম্রতা স্বীকার করা যে আপনি যেই বা যা-ই হোন না কেন, আপনি স্রষ্টা নন বরং সৃষ্টি, ঈশ্বরকে স্বীকার করার সততা। সৃষ্টিকর্তা, প্রজ্ঞা আপনার সহকর্মী প্রাণীদের সাথে কীভাবে আচরণ করবেন সে সম্পর্কে ঈশ্বরের সাথে পরামর্শ করার জন্য।

52. বিশ্বাস হল সেই চাবিকাঠি যা সম্ভাবনা ও অসম্ভাব্যতার দরজা খুলে দেয় সেইসাথে কোনটি সম্ভাবনা আর কোনটি অসাধ্য তা বোঝার জন্য প্রজ্ঞার জানালা।

53. বিশ্বাস হল যকৃতের জন্য লিভার যা শক্তি এবং দুর্বলতা উভয়ই থেকে লিভারেজ পেতে পারে।

54. বিশ্বাস হল একমাত্র মুদ্রা; স্বর্গে যাত্রার জন্য পরিবহন ধরার জন্য পৃথিবী নামক স্টেশনে অপেক্ষা করার সময় আমাদের যা প্রয়োজন তা কেনার জন্য সেই ইউরো যা ঈশ্বর মানবজাতির জন্য তৈরি করেছেন।

55. বিশ্বাস মূল, আশা অঙ্কুর, প্রেম এবং আনন্দ ফল. প্রতিদিন, প্রতিটি মুহূর্ত, প্রতিটি চিন্তা, প্রতিটি শব্দ, কর্ম এবং প্রতিক্রিয়া যথাযথ অনুপাতে এই সব আছে কিনা তা পরীক্ষা করুন।

56. বিশ্বাস পর্বতকে আক্ষরিক অর্থে নাড়াতে পারে না, তবে এটি আপনাকে জীবনের পাহাড়, প্রতিটি কষ্ট, প্রতিটি অসুস্থতা, প্রতিটি ত্রুটি, প্রতিটি চ্যালেঞ্জ, প্রতিটি হুমকি এবং ভাঙ্গনকে নিয়ে যাবে। প্রতিটি 'উপত্যকা পদক্ষেপ' এবং মুহূর্ত হল ঊর্ধ্বমুখী ঢালের জন্য একটি প্রস্তুতি, প্রতিটি মুহূর্ত এবং ধাপ একটি চূড়ার জন্য প্রস্তুতি, পাহাড়ের চূড়ায় প্রতিটি মুহূর্ত নীচে আরোহণের জন্য একটি প্রস্তুতি।

57. বিশ্বাস আমাদের অভ্যন্তরীণ শক্তি, স্থিতিস্থাপকতা, সহনশীলতা, আশা, ভালবাসা এবং আনন্দ যা বাহ্যিক পরিস্থিতির উপর নির্ভর করে না বৃদ্ধি করে পাহাড়কে সরিয়ে দেয় এবং ঝর্ণা তৈরি করে।

58. বিশ্বাস আমাদের হৃদয়ের অভ্যন্তরে আশা, আনন্দ, শক্তি, ভালবাসার অদৃশ্য ফোয়ারা খুলে দৃশ্যমান পাহাড়গুলিকে সরিয়ে দেয়।

59. সমস্ত বিশ্ব ব্যবস্থা একটি তেলের উপর কাজ করে এবং তা হল অশান্তি।

60. বিশ্বাস হাসির জন্ম দেয়, ভয় অশ্রু তৈরি করে।

61. প্রতিটি মানুষের ক্রিয়ায় তিনটি সংযুক্ত গোলক জড়িত - রাজ্য অচেতন বা আধ্যাত্মিক, সচেতন বা বুদ্ধিজীবী এবং অবচেতন বা মনস্তাত্ত্বিক।

62. প্রতিটি মানুষের মস্তিষ্ক বুট বা পিছনে আবেগপূর্ণ ইঞ্জিন সহ পুরানো ভক্সওয়াগেন গাড়ির মতো। মস্তিষ্কের যৌক্তিক অংশকে নিয়ন্ত্রণের দায়িত্ব নিতে হবে বা আত্মা বা আত্মার আধ্যাত্মিক নির্দেশনায় গাড়িটি যে দিকে বেছে নেয় সেদিকে চালনা করতে হবে।

63. প্রত্যেক সাংবাদিকের লক্ষ্য এর অংশ হওয়া উচিত শ্রেণী মিডিয়া এবং গণমাধ্যম নয়।

64. প্রতিটি মানুষের মস্তিষ্ক জন্মগতভাবে বৃদ্ধ এবং ব্যাপকভাবে কুঁচকে যায়। এটি ক্রমাগত ব্যবহারের সাথে ছোট এবং বুদ্ধিমান হয়ে ওঠে। সসেজ মেশিন থেকে সসেজের স্ট্রিংয়ের মতো সোজা এবং সংযুক্ত হওয়ার আগে আমাদের চিন্তাভাবনাগুলি অনেক বৃত্ত এবং প্রক্রিয়ার মধ্য দিয়ে বৃদ্ধি পায়।

65. প্রত্যেক কৃপণ তার দুঃখ অর্জন করে।

66. প্রত্যেকে এবং বিশ্বের সবকিছু, মানুষ, হিমশৈল, গাছ, প্রতিষ্ঠানের একটি লুকানো, অদৃশ্য উপাদানের পাশাপাশি একটি দৃশ্যমান উপাদান রয়েছে। আপনি একটি দেখতে পারেন এবং অন্যটি অনুমান করতে পারেন।

67. মৃত্যুদণ্ডপ্রাপ্ত বন্দী সহ প্রত্যেকেরই একটি ছোট রাজ্য আছে যাকে সে তার নিজের বলতে পারে, যে স্থানের উপর সে রাজত্ব করে এবং শাসন করে, তার মন, চিন্তাভাবনা এবং অনুভূতি। আমরা যা বলি এবং করি তার দ্বারা আমরা বুঝতে পারি আমাদের ছোট্ট রাজ্যে কী ঘটছে।

68. প্রত্যেক ব্যক্তিকে নিজের জন্য সিদ্ধান্ত নিতে হবে যে সে 'ওমফ' বা জয়ের চেষ্টা করতে চায় কিনা।

69. উন্নতির জন্য প্রতিটি উদ্যোগই একটি দুঃসাহসিক কাজ এবং অজানা এবং অজানা অঞ্চলে অভিযান।

70. একটি মাছ ট্যাংক মধ্যে প্রতিটি দৃশ্য মাছের মতো কিন্তু গুরুত্বপূর্ণ হল ট্যাঙ্কের ভেতর থেকে দেখা।

71. প্রতিটি বিবাহ বার্ষিকী একটি সুখী নির্ভরতা দিবস।

72. প্রতিটি তরুণ একজন তরুণ তারকা। অন্য কারো সামনে মাথা নত করবেন না। কাউকে মূর্তি বা আইকন হিসাবে উন্নীত করবেন না। তুমি আরও ভালো করতে পার.

73. প্রত্যেককে বিশ্রামের পুরুষ বা মহিলা হতে বলা হয় তবে বিশ্রামে থাকা পুরুষ বা মহিলা নয়।

74. যিনি গুরুতর জীবন-হুমকিপূর্ণ পরিস্থিতির সম্মুখীন হয়েছেন তিনি জানেন যে সিপিআর একটি বিকল্প আরও শক্তিশালী অর্থ আবিষ্কার করেছে: সৃষ্টিকর্তা, রক্ষাকর্তা, মুক্তিদাতা।

75. প্রত্যেকেরই জীবন শুরু হয় একটি ফাটল পাত্রের মতো একটি ছানার মতো যা তার খোসা ভেঙ্গে বেরিয়ে আসে, কিন্তু কেউ ক্র্যাকপট হতে পারে না কারণ লালন-পালন, শিক্ষা এবং অভিজ্ঞতার উদ্দেশ্য ফাটল পূরণ করা।

76. একদিনে সবকিছু তৈরি করা যায় না, কিন্তু একদিনে সবকিছু হারিয়ে যেতে পারে।

77. আপনার জন্য সবকিছু আপনার মনে হয়. তোমার বিরুদ্ধে সব কিছু তোমার মনেও আছে। Eqthinking © আপনাকে আপনার জন্য আপনার মধ্যে যা আছে তা বিকাশ করতে এবং আপনার বিরুদ্ধে আপনার মধ্যে যা আছে তা কাটিয়ে উঠতে সক্ষম করে।

78. প্রকৃতির সবকিছুই মানব প্রকৃতির কিছুর রূপক। মানব প্রকৃতি ও প্রকৃতির সবকিছুই অতিপ্রাকৃত কিছুর রূপক।

79. আপনার চিন্তাভাবনা, আবেগ, আত্মকথন আপনার ভিতরে যা কিছু ঘটে তা হল আপনার 'মূল কার্যকলাপ' এবং বাইরে যা কিছু ঘটে তা হল আপনার 'কার্যকলাপের ফল - বক্তৃতা, কর্ম, ফলাফল, আচরণ, অর্জন। আপনার 'মূল কার্যক্রম' আপনার ' কার্যক্রমের ফল' নির্ধারণ করে।

80. বিবর্তন হল অসম্ভবের অসম্ভব গল্প আর সৃষ্টি হল সম্ভবের বিশ্বাসযোগ্য গল্প।

81. অন্তর্দৃষ্টি আমাদের বিশ্বকে দেখার জন্য আমাদের হাজার চোখ দেয়।

82. পরিমাণগত অস্থায়ী মানের X অক্ষে বিদ্যমান কিন্তু Y-এর উপরে বৃদ্ধি পায় চিরন্তন এবং অসীম আধ্যাত্মিক মূল্যবোধের অক্ষ।

83. আপনার সন্দেহ প্রকাশ করুন এবং আপনি একটি উদ্ঘাটন পাবেন। এটিকে দমন করুন এবং আপনি সর্বদা সন্দেহজনক থাকবেন।

84. বিবর্ণ স্মৃতি যেমন মনে রাখা সুগন্ধি অনেক দুঃসহ দিনকে আলোকিত করে।

85. বিশ্বাস একটি বাস্তবতা যাচাই পায় যখন একজন বিশ্বাসী একজন পুলিশ অফিসার হয়।

86. বিশ্বাস প্রশ্নের উত্তর সরবরাহ করে এই কারণে, জ্ঞান এবং শিক্ষা আমাদের জিজ্ঞাসা করতে শেখায় কিন্তু উত্তর দিতে পারে না।

87. প্রথমে আপনার মাথা নিচু করুন এবং আপনার হাঁটু বাঁকুন এবং তারপর আপনি আপনার মাথা বাড়াতে সক্ষম হবেন। আপনি যদি প্রথমে আপনার মাথা বাড়ান, তাহলে আপনাকে পরে আপনার হাঁটু বাঁকিয়ে মাথা নিচু করতে হবে।

88. চাটুকারিতা ঠিক তাই করে - এটি আপনাকে সমতল করে। প্রশংসা আপনাকে উন্নীত করে এবং উপহাস আপনাকে অপমান করে।

89. অনেক লোকের জন্য শুধুমাত্র যখন তারা তাদের বর্ণনা করার জন্য সুপার ব্যবহার করার কথা শুনতে পায় তখনই তারা চাকরিত্যাগ করে।

90. আনুষ্ঠানিক শিক্ষা জ্ঞানকে অসংলগ্ন সাইলোতে কেটে এবং তত্ত্ব ও অনুশীলনকে তালাক দিয়ে শেখার আনন্দকে হত্যা করে। কার্যত শেখা সবকিছু প্রয়োগ বা অনুশীলন করা যেতে পারে।

91. মানুষের দৃষ্টিকোণ থেকে রঙিন, চটকদার, সুন্দর হওয়া ফলপ্রসূ, দরকারী এবং উৎপাদনশীল হওয়ার চেয়ে বেশি গুরুত্বপূর্ণ। কিন্তু ঐশ্বরিক দৃষ্টিকোণ থেকে, ফলদায়ক হওয়া অনেকগুলি শাখা সহ একটি রঙিন গাছ হওয়ার চেয়ে বেশি তাৎপর্যপূর্ণ।

92. সুসংবাদ এবং মহান সংবাদের মধ্যে পার্থক্য হল: যখন আমাদের মধ্যে যুক্তিসঙ্গত আশা থাকে স্বাভাবিক সময় এটা ভালো খবর। যখন আমাদের আশার কোন ভিত্তি নেই এবং আমরা আশাহীন পরিস্থিতিতে আশার বিপরীতে আশা করি এবং আশা পূর্ণ হয়, এটি একটি দুর্দান্ত খবর।

93. মানুষের মস্তিষ্ক একটি চুম্বক - আপনি যত বেশি একটি নির্দিষ্ট বিষয় সম্পর্কে চিন্তা করেন ভাল বা খারাপ, ভিন্ন বা উদাসীন, তত বেশি বিশেষ পরিস্থিতি, ঘটনা, আমাদের জীবনের প্রতি আকৃষ্ট হয়। আমাদের জীবন ভাল, খারাপ বা উদাসীন হলে, আপনি জানেন কে দায়ী।

94. আমাদের অবিচ্ছিন্নভাবে ঈশ্বরের সাথে কথা না হলে, আমরা তার সাথে ধারাবাহিকভাবে চলতে পারি না।

95. একটি কাঁকড়া দৃষ্টি পরিত্রাণ পান. কাঁকড়ার দৃষ্টিভঙ্গি হল নড়াচড়া করা, মাটির ছোট গর্তের মধ্যে সুড়ঙ্গ করা, ধরতে এবং স্কুট করা। পরিবর্তে, একটি ফানেল দৃষ্টি বিকাশ করুন যা প্রতি মুহূর্তে এবং প্রতিটি অভিজ্ঞতার সাথে প্রসারিত হতে থাকে।

96. পাখিরা সকালকে উচ্চস্বরে শুভেচ্ছা জানাচ্ছে, ঘাসের উপর শিশির এবং বৃষ্টির ফোঁটা আপনার মাথায় আলতো করে পড়ছে, প্রজাপতি উড়ছে, শিশুরা হাসছে, সমুদ্রের ঢেউ, আপনার কথা বলার এবং শোনার এবং চিন্তা করার ক্ষমতা – ঈশ্বরের সমস্ত নিদর্শন।

97. আপনি যখন অর্জনের জন্য আপনার শক্তির সাথে লড়াই করেন, তখন তাকে সাফল্য বলে। আপনি যখন আপনার দুর্বলতার বিরুদ্ধে লড়াই করেন এবং সেগুলি কাটিয়ে উঠবেন, তখন তাকে বিজয় বলে।

98. আপনার মন, আপনার আত্মাকে আরও খাওয়ানোর প্রয়োজন এবং সেই কারণে আপনার একটি মুখ কিন্তু দুটি কান আছে।

99. প্যারাডাইম শিফটের কথা বাস্তবে যতটা না ঘটে তার চেয়ে বেশি বলা হয় কারণ চিন্তাভাবনা এবং কাজ করার পুরানো ধরণগুলি নতুনের সাথে খুব বেশি জড়িত। আমরা আমাদের জীবনে যে নতুন প্যাটার্ন দেখতে চাই তা থেকে আমাদের পুরানোকে সরিয়ে ফেলা উচিত নয়।

100. যদিও ঈশ্বর আমাদের তীর হতে চান, আমরা আমাদের আকাঙ্ক্ষা এবং আমাদের ভয় উভয় দ্বারা চালিত একটি চড়ুইয়ের মতো লক্ষ্যহীনভাবে চারপাশে উড়ে যাই

101. কৃত্রিম বুদ্ধিমত্তা তার সমস্ত দাবি সত্ত্বেও জ্ঞানের একটি লাইন তৈরি করতে সক্ষম হবে না।

"আপনি যত বড় জাহাজ (নেতৃত্ব, বন্ধুত্ব, উদ্যোক্তা যাই হোক না কেন) তৈরি করবেন, নোঙ্গরের প্রয়োজন তত ভারী এবং অ্যাঙ্কর চেইন তত শক্তিশালী।"

শিল্পীর অনুপ্রেরণা:

পেইন্টিংটি ফিলিপিজমের একটি সচিত্র উপস্থাপনা, যা শিল্পীর প্রাচীন জাহাজের প্রতি মুগ্ধতা এবং তার জীবনে নোঙরগুলির প্রতীকী দ্বারা অনুপ্রাণিত।

প্রেরণা

1. আপনি যত বড় জাহাজ (নেতৃত্ব, বন্ধুত্ব, উদ্যোক্তা) তৈরি করবেন, তত ভারী নোঙ্গরের প্রয়োজন এবং অ্যাঙ্কর চেইনও চাই তত শক্তিশালী।

2. প্রেরণা হল আনন্দের সাথে চাপ তৈরি করা।

3. অনুপ্রেরণা আমাদের ব্যাটারি শক্তির সমার্থক এবং শেখার ইচ্ছা হল সংকেত শক্তির সমতুল্য। লেভেল ফাইভ অনুপ্রেরণা এবং লেভেল ফাইভ শেখার এবং প্রয়োগ করার ইচ্ছা লেভেল ফাইভ জীবন ও নেতৃত্ব তৈরি করে।

4. একজন ব্যক্তি যিনি কখনই বাক্সের বাইরে চিন্তা করবেন না কিন্তু বুননের কাছাকাছি থাকবেন তিনি হলেন বাক্সের সাক্ষী।

5. মহান হওয়ার আকাঙ্ক্ষা সূক্ষ্ম এবং বৈধ, যতক্ষণ না এটি ন্যায়পরায়ণ এবং আপসহীন হওয়ার একটি দৃঢ় সংকল্পের সাথে থাকে।

6. শেষ পর্যন্ত আপনার কর্মীদের বরখাস্ত করবেন না যখন তারা আপনাকে ব্যর্থ করে তবে শুরু থেকেই তাদের মধ্যে আগুন জ্বালান যাতে তারা আপনার প্রত্যাশা ছাড়িয়ে যায়।

7. চতুর বা মূর্খ লোকদের সাথে তর্ক করা মশা নিরোধক গিলে ফেলার মত এবং ভাবছেন কি আপনাকে অসুস্থ করে তুলছে।

8. একটি সঠিক কর্ম একটি সঠিক দিন হলে সঠিক মানুষ এবং সঠিক জিনিস আপনার জীবনে আসবে.

9. চিন্তা করুন এবং ধন্যবাদ দিন বা না করুন এবং ট্যাঙ্ক করুন।

10. একটি আশীর্বাদ ভাগ করা না হলে, এটি একটি অভিশাপ হতে পারে.

11. মানুষের মস্তিষ্ক ইলাস্টিক থ্রেডের একটি অসীম রোলের মতো, একজন যত বেশি খুলবে এবং ব্যবহার করবে, তত বেশি স্ট্রিংটি প্রসারিত হবে, আরও আনরোল করা বাকি থাকবে।

12. মানুষের মস্তিষ্ক আমাদের পুরো শরীরের টিস্যুগুলির মধ্যে সবচেয়ে নরম এবং তবুও এটি হাস্যকরভাবে হত্যা, ধ্বংস, বিকলাঙ্গ এবং প্রতারণা করার জন্য সবচেয়ে কঠিন চিন্তা, সিদ্ধান্ত এবং উদ্দেশ্য নিয়ে আসে।

13. আপনার হৃদয় ডান মস্তিষ্কে অবস্থিত। সুতরাং, এটিকে বাম দিকে সংযুক্ত করে চিন্তার মস্তিষ্ক দিয়ে এটিকে ডানে পান।

14. এটা বীট এটা হতে.

15. আপনার ধারণা আপনার মস্তিষ্ক থেকে প্রিন্টআউট হয়. যথাযথ সম্মান সঙ্গে এই আচরণ করুন.

16. আপনার মস্তিষ্ককে রান্না করবেন না - আপনার অন্যান্য অঙ্গগুলিকে সংগঠিত করার জন্য আপনার সমস্ত কিছু রয়েছে এবং আপনার চলাফেরা এটির উপর নির্ভর করে।

17. আমরা যা ভাবি, বলি বা করি তা হল আমাদের ভবিষ্যতের ঘরে একটি ইট বিছানো বা একটি ইট ভেঙে ফেলা।

18. গড়ার চেষ্টা করুন ডেডিকেসন বা নিবেদন,ডিভোসান বা নিষ্ঠা, ডিটারমিনেসন বা সংকল্প,ডেলিগেন্স বা অধ্যবসায় এবং ডিসিপ্পলিন বা শৃঙ্খলার পাঁচটি ডি এর সাথে 5 সি এর কাট, কালার, ক্লারাটি , ক্যারেট, একটি হীরার সারটিফিকেট , যথা, চরিত্র, সমবেদনা, প্রতিশ্রুতি, সৃজনশীলতা এবং প্রশান্তি।

19. যদিও আমরা ন্যায্য আবহাওয়ার সময়ে নির্মাণ করি, তবে ঝড় সহ্য করার জন্যও আমাদের নির্মাণ করতে হবে।

20. আপনার জীবনের কার্যকারণের সাথে যোগাযোগ করুন এবং আপনি জীবনে হতাহত হবেন না।

21. আপনি যতটা সুনির্দিষ্টভাবে কারণটি চিহ্নিত করতে পারেন - এর মধ্যেই রয়েছে প্রতিকার এবং সমস্ত সমস্যা সমাধানের প্রথম পদক্ষেপ।

22. সমস্যাগুলি অগ্রগতির পথে চিহ্নিতকারী।

23. যখন আপনার ক্ষুধা আসে, তখন আপনার মস্তিষ্ককে একত্রে ব্যবহার করুন আপনার পেটের সাথে। যখন উচ্চাকাঙ্ক্ষার কথা আসে, তখন আপনার মস্তিষ্কের সাথে আপনার হৃদয় এবং বিবেককে ব্যবহার করুন।

www.eqthinking.com www.prateepphilip.com www.fillipisms.com

24. সমস্ত উপায় আবিষ্কার করুন যেগুলি আমরা অন্যান্য প্রাণীদের থেকে আলাদা এবং সত্যিকারের সেরা হওয়ার জন্য এগুলিকে সর্বাধিক ব্যবহার করুন: চিন্তা, আবেগ, বক্তৃতা, বিশ্বাস, সহানুভূতি, সৃজনশীলতা।

25. পরিবর্তন পাইকারি স্কেলে নয়, খুচরা এবং পুনরায় বলে। পৃথিবী পরিবর্তন করুন, এক সময়ে এক ছেলে, মেয়ে, এক স্বামী, স্ত্রী, সহকর্মী, এক সময়ে এক ব্যক্তি আপনার গল্প বলে।

26. কমফোর্ট জোন ব্যবহার করা উচিত যেমন একজন বক্সার রিং এর কোণ ব্যবহার করে বিশ্রাম নিতে, পুনরুদ্ধার করতে, পুনরায় অনুপ্রাণিত করতে, কৌশল তৈরি করতে এবং রিং এর কেন্দ্রে ফিরে যেতে, আমাদের চ্যালেঞ্জ জোন, চ্যালেঞ্জ, টার্গেটে টিকে থাকতে হবে।

27. আমরা নিজেদের তৈরি করতে সক্ষম নই, কিন্তু আমরা নিজেদের ধ্বংস করতে যথেষ্ট সক্ষম।

28. অসাধারণ হয়ে উঠতে আপনার সাধারণের থেকেও অতিরিক্ত দিন।

29. সাফল্য, জয়, কৃতিত্ব, প্রাপ্তি এবং সিদ্ধি হল শ্রেষ্ঠত্বের রংধনুর সাতটি ভিন্ন রঙ।

30. শ্রেষ্ঠত্ব হল অপূর্ণতার একটি স্তর যা পরিপূর্ণতার জন্য চেষ্টা করার সময় পৌঁছে যায়।

31. যখন আপনি শ্রেষ্ঠত্বের জন্য আকাঙ্ক্ষা করেন, আপনি সবচেয়ে বেশি শিখেন এবং যখন আপনি সবচেয়ে বেশি শিখেন এবং প্রয়োগ করেন, আপনি সর্বাধিক উপার্জন করেন।

32. মান হল যোগ্যতা।

33. শ্রেষ্ঠত্ব নিজেই একটি চমৎকার সান্ত্বনা পুরস্কার যা আমরা পরিপূর্ণতার নিরলস সাধনায় পাই।

34. সাফল্য বা সুখের পিছনে ছুটবেন না। শ্রেষ্ঠত্ব অনুসরণ করুন এবং এটি আপনাকে অনুসরণ করবে।

35. পরিপূর্ণতা একটি লোডেস্টারের মতো, আমাদের নাগালের বাইরে কিন্তু আমাদের দৃষ্টিভঙ্গির মধ্যে কিন্তু শ্রেষ্ঠত্ব হল সেই ট্র্যাক যার উপর আমরা হাঁটতে পারি।

36. সমস্ত পুরুষ এবং মহিলা সমানভাবে তৈরি করা হয়েছে, তবে কেউ কেউ এগিয়ে যায় এবং শ্রেষ্ঠত্ব অর্জন করে।

37. পরিপূর্ণতা একটি লক্ষ্য এবং শ্রেষ্ঠত্ব একটি বাস্তবতা.

38. আমরা প্রায়শই বুঝতে পারি না যে বেশিরভাগ বিষয়ে সামান্য বিষয় কতটা গুরুত্বপূর্ণ।

39. অভিজ্ঞরা নতুনত্বের চেষ্টা করার সময় বিশেষজ্ঞরা কম পরিশ্রম করেন।

40. খুব কম লোকই স্বেচ্ছায় প্রতিকূলতা বিশ্ববিদ্যালয়ে ভর্তি হন কিন্তু প্রায় প্রত্যেকেরই শীঘ্র বা পরে এটি থেকে স্নাতক হওয়ার ভাগ্য রয়েছে।

41. বার্ধক্য এবং সহগামী অঙ্গের ত্রুটি গড়পড়তা প্রাপ্তবয়স্কদের সাধু এবং সন্ত উভয়ে পরিণত করে।

42. আপনি আপনার মধ্য বয়সে আছেন বলেই, আপনার বসবাসের দরকার নেই। কারন আপনি মধ্যবয়সী.

43. এলিয়েনদের গল্পটি আমাদের মধ্যে সবচেয়ে কুশ্রীকে সুন্দর দেখাতে এবং আমাদের মধ্যে সবচেয়ে বুদ্ধিমানদের ঘাটতি দেখানোর জন্য একটি সাবধানে চাষ করা মিথ।

44. রাগকে বিপদ হিসাবে বানান শুরু করুন এবং আপনি নিজেকে কম রাগে আসতে দেখবেন

45. অনিয়ন্ত্রিত রাগ মানে জীবন হারানো, সম্পর্ক নষ্ট হওয়া, একটি আশা ভেঙ্গে যায়, একটি সুযোগ নষ্ট হয়, একটি মেজাজ নষ্ট হয়, একটি খ্যাতি নষ্ট হয়।

46. সম্মতি এবং যুক্তি একই রকম শব্দ, কিন্তু ফলাফল খুব ভিন্ন।

47. আমাদের প্রাকৃতিক অবস্থার অধিকাংশ মানুষ আরো ঘন ঘন "অনুগ্রহ" অনুশীলন করে কৃতজ্ঞতা এবং ন্যায়পরায়ণতার পরিবর্তে।

48. আমাদের পরিস্থিতিতে বা আমাদের জীবনে যা ঘটেছে তা নির্বিশেষে, আমরা শিকারের মানসিকতার পরিবর্তে বিজয়ী মানসিকতার সাথে জীবনের মধ্য দিয়ে যেতে পারি।

49. মেজাজ, মানসিক এবং তাপমাত্রার দিক থেকে শান্ত থাকুন।

50. নেতিবাচক মনোভাবের বর্জন ইতিবাচক মনোভাবের বিকাশের মতোই গুরুত্বপূর্ণ।

51. কী, কেন এবং কীভাবে আপনি 'এটা'-তে আছেন তা আপনার মনোভাব এবং আপনার মানসিক পরিচয় নির্ধারণ করে।

52. নেপোলিয়নের মতো নেতারা তাদের অনুসারীদের জন্য তাদের রক্তপাতের কিছুই ভাবেননি। যীশু একাই রক্তপাত করেছিলেন যাদের তিনি নেতৃত্ব দিয়েছিলেন। অতএব, তার কোন সমান্তরাল নেই, কোন তুলনা নেই এবং কোন প্রতিযোগিতা নেই।

53. সুপার চিহ্নগুলি সুপারের রাজ্যের অন্তর্গত বিজ্ঞান এবং কুসংস্কার নয়।

54. লিভারেজ মানে গড়কে পিছনে ফেলে দেওয়া।

55. মানব জাতির জন্য সমাপ্তি লাইন এখন পৃথিবীতে নেই।

56. একজন ব্যক্তির জন্মের তাৎপর্য সে যা জন্ম দেয় তা থেকে উদ্ভূত হয়।

57. নতুন জীবন এবং নেতৃত্ব হল সামগ্রিক, ব্যাপক, শক্তিশালী এবং কার্যকর। এটি ক্ষমতা এবং করুণা, বিশেষাধিকার এবং উদ্দেশ্য, নম্রতা এবং দৃঢ়তা, ভদ্রতা এবং কার্যকারিতা, কর্তৃত্ব এবং সেবা, ক্ষমতা এবং নির্ভরতার অনুশীলনের সংমিশ্রণ বা মিশ্রণ।

58. অনেক রোমাঞ্চ আছে কিন্তু বিশ্বাসের মধ্যে কোন ফ্রিল নেই.

59. পৃথিবীতে যথেষ্ট হতাশা আছে। আসুন আমরা যা বলি বা বলি না, করি বা করি না, তাতে যোগ করার জন্য কিছু করি না।

60. যখন আমরা নিজেদেরকে সর্বোচ্চের সামনে আমাদের সর্বনিম্ন অবস্থানে নামিয়ে দেই, তখন তিনি আমাদের সর্বোচ্চে উন্নীত করেন।

61. আপনার বিশ্বাসগুলি নিছক ইচ্ছাশক্তি বা ইচ্ছা পূরণের কল্পনা নয়, কারণ এটি আপনার জীবনের রূপ, আপনার সম্পর্ক, আপনার অবদান, আপনার চরিত্র এবং আপনার ক্যারিয়ার নির্ধারণ করে।

62. এমনকি যারা প্রার্থনা করে তারা প্রলোভন, অসুস্থতা, দুঃখ, ব্যর্থতা এবং মৃত্যুর শিকার হয় তবে অন্তত তারা জানে যে এই ঘটনাগুলি প্রার্থনার অভাবের কারণে ঘটেনি বরং সর্বশক্তিমানের ইচ্ছা ও উদ্দেশ্য দ্বারা ঘটেছে।

63. শক্তি, দক্ষতা এবং সহনশীলতা আমাদের ভূগোলের পাহাড়ে আরোহণ করতে সক্ষম করে, কিন্তু বিশ্বাস আমাদের জীবনের পাহাড়গুলিকে সরাতে, এটিকে গলতে এবং এটিকে সমতল করতে সক্ষম করে।

64. যখন কেউ খুব খারাপভাবে কিছু চায়, একবার এটি পাওয়ার পরে, তার উচিত এটি উদযাপন করা, এর জন্য সারাজীবন কৃতজ্ঞ থাকা - এটি একটি ইচ্ছা যা মঞ্জুর করা হয়েছে, একটি প্রার্থনার উত্তর দেওয়া হয়েছে, একটি স্বপ্ন পূরণ করা হয়েছে।

65. মানুষের প্রজ্ঞা এবং সম্পদ আমাদের কবরের প্রান্তে নিয়ে যেতে পারে এবং তারপরে আমাদের পথ খুঁজে পেতে বলতে পারে। জীবনের সবচেয়ে বড় বিষয়গুলো হলো কবরে যাবার পর।

66. নরম প্রার্থনার সাথে কঠোর পরিশ্রম যেকোনো বাধা ভেদ করে, যেকোনো কিছু অর্জন করতে পারে।

67. একটি কাছাকাছি মৃত্যুর অভিজ্ঞতা নাস্তিকতার জন্য সেরা প্রতিষেধক হতে পারে।

68. মাছ কি পানি ছাড়া বাঁচতে পারে? তাই মান্না ছাড়া মানুষ বাঁচতে পারে না।

69. এমনকি "নাস্তিক" শব্দের মধ্যেও লুকিয়ে আছে ঈশ্বরে সম্ভাব্য বিশ্বাসের নিশ্চিতকরণ - একজন আস্তিক।

70. ঈশ্বর আমাদের জীবনের সমস্ত ছোট প্লাস এবং বিয়োগগুলি গ্রহণ করেন এবং তাঁর গল্প এবং ইতিহাসের একটি বড় প্লাসের মাধ্যমে এটিকে রূপান্তরিত করেন।

71. আপনি যদি কঠিনভাবে জিনিসগুলি শিখতে না চান: জীবনের পাঠ, সাফল্যের রহস্য, কষ্টের উদ্দেশ্য, প্রজ্ঞা যা আমাদের ব্যর্থতা এবং মূর্খতা থেকে আসে, তাহলে শুধু বাইবেলের পাতা উল্টান এবং শব্দ দ্বারা এটিকে প্রতিফলিত করুন

72. এটি আপনার মনের অবস্থা বা আপনার বিশ্বাস যা আপনার ভাগ্য নির্ধারণ করবেন এবং গঠন করবে এবং অন্যভাবে নয়।

73. পুরুষ বা মহিলা, আপনি কি প্রণাম করবেন? আপনি কি অন্য পুরুষ বা মহিলাকে প্রণাম করেন? তিনি আপনার সমান. নক্ষত্রকে প্রণাম করেন? আপনি নিজেই একটি নক্ষত্রের চেয়ে বেশি মূল্যবান এবং শক্তির অধিকারী। আপনি কি সম্পদ বা খ্যাতি বা

সৌন্দর্যের কাছে মাথা নত করেন? এগুলো সবই প্রাণহীন। যখন আপনি নত হন তখন নিশ্চিত হন যে আপনি আপনার চেয়ে উচ্চতর, বড়, ভাল কারো সামনে নত হন।

74. দয়ার একটি কাজ ক্রিসমাসে গাওয়া হাজার হাজার সুন্দর ক্যারলের চেয়েও মূল্যবান কারণ এটি তাদের ভালবাসার সূচনা করবে গ্রহীতার হৃদয়ে খ্রীষ্ট বিশ্বাসীর কানে যে কোনও সুরের চেয়ে অনেক বেশি।

75. আপনার তিনটি মহাশক্তিকে পরিপূর্ণ করুন - আপনার মন, আপনার হৃদয় এবং আপনার জিহ্বাকে শব্দ দিয়ে এবং আপনি আপনার সমস্ত লক্ষ্যে আপনার পথে চলেছেন যা আপনি এতদূর বৃথা আপনার সারা জীবন চেয়েছিলেন।

76. আমাদের জীবনে ঝড়গুলি মূল্যবান কারণ তারা প্রমাণ করে যে শেষ পর্যন্ত কার নিয়ন্ত্রণ রয়েছে।

77. কিছু সত্যের গভীরতাকে তখনই সবচেয়ে ভালভাবে শেখা এবং প্রশংসা করা হয় যখন কেউ এমন গভীর গর্তে পড়ে যেখান থেকে উপর থেকে সাহায্য ছাড়া সে পালাতে পারে না।

78. পৃথিবী স্বর্গ এবং নরকের মধ্যে শুদ্ধকরণকারী - আমরা আমাদের কষ্ট দ্বারা শুদ্ধ করি; আমাদের বিশ্বাস এবং চরিত্র পরীক্ষা করা হয় এবং ক্রমাগত পরিমার্জিত হয়। অবশেষে, আমরা পরিত্রাণ বা অভিশাপের জন্য প্রস্তুত - আমাদের পছন্দের উপর নির্ভর করে। সঠিক পছন্দ করার জন্য, আমাদের বিকল্পগুলি অধ্যয়ন করতে হবে এবং একটি ইচ্ছাকৃত সিদ্ধান্ত নিতে হবে এবং খরচ দিতে হবে।

79. দিনের শেষে শুধুমাত্র লাভ-ক্ষতির বিবৃতিই গুরুত্বপূর্ণ যা নবী ও আইন দ্বারা বর্ণিত হয়েছে।

80. শেষ এবং শীর্ষ রুট ইচ্ছাকৃতভাবে জিগ-জ্যাগ ভাবে তৈরি করা হয়েছে, এখন উপরে এবং এখন নিচে এবং উল্লম্ব বা অনুভূমিক বা বাঁক নয় যাতে আপনারা পদক্ষেপ নেওয়ার সময় ঈশ্বরও দেখতে পারেন।

81. আপনার চাষ করা জমিতে মাটির সাথে সার মেশানোর মতো প্রাকৃতিকের সাথে অতিপ্রাকৃত মিশে যায়।

82. অনেকের একটি টুইটার হ্যান্ডেল আছে কিন্তু কিভাবে এটি পরিচালনা করতে হয় তা জানেন না।

83. যেকোন কিছুতে আমাদের কাজ করতে হবে এবং আমাদের সমস্ত শিল্প এবং হৃদয় দিয়ে কাজ করতে হবে কিন্তু অবশেষে, ঈশ্বরের কাছে শেষ কথা রয়েছে।

84. আপনার মধ্যম সময়ের যত্ন নিন এবং শেষ নিজেই যত্ন নিয়ে নেবে

85. সুন্দর অলৌকিক জীবন-টেকসই এবং বর্ধিত জলের গুণমান যা আমরা আমাদের জীবনের প্রতিটি দিনকে মঞ্জুর করে নিই তা আমাদের জীবনের মরুভূমিতে সবচেয়ে বেশি প্রশংসা করা হয়।

86. খেলাধুলার পুরস্কারের ঘোড়ার মত খেলোয়াড়দের বিক্রি এবং কেনা সবচেয়ে আপত্তিকর এবং অবমাননাকর। তাদের অবশ্যই মানবিক মর্যাদা লঙ্ঘন না করে এটি সংগঠিত করার আরও শালীন উপায় খুঁজে বের করতে হবে। আপনার সাথে সংযুক্ত করা যেতে পারে এমন যেকোনো মূল্য ট্যাগের চেয়ে আপনি অনেক বেশি মূল্যবান।

87. দুর্ভাগ্যবশত, আপনার নিজের চরকায় নিজেই তেল দেবাটা একটি লাভজনক বা একটি আনন্দদায়ক প্রস্তাব হয়নি

88. এটি বিবর্তন নয় বরং ডিম্বস্ফোটন যা সমস্ত প্রাণীর জন্য দায়ী।

89. কৌতূহল নয় যে বিড়ালকে হত্যা করে, তবে এটি স্কুল যা কৌতূহলকে হত্যা করে।

90. ফিট হোন কিন্তু উপকৃত হওয়া এবং লাভবান হওয়ার লক্ষ্য রাখুন।

91. প্রত্যাশা এবং পারফরম্যান্সের মধ্যে ব্যবধান হল পারফরম্যান্স গ্যাপ, বাস্তব এবং আদর্শের মধ্যে ব্যবধান হল ব্যবহারিক ব্যবধান। ইচ্ছা এবং কৃতিত্বের মধ্যে ব্যবধান হল পূরণের ব্যবধান। প্রয়োজন এবং সম্পদের মধ্যে ব্যবধান হল বস্তুগত ব্যবধান। বিশ্বাস এবং আচরণের মধ্যে ব্যবধান হল চরিত্রের ব্যবধান। ফাঁক মনে.

92. মানবজাতির সমস্ত ত্রুটির মধ্যে, ধারণা যে সন্ত্রাস যে কাউকে তার লক্ষ্য অর্জনের কাছাকাছি নিয়ে যেতে পারে।

93. একজন স্যাভান্টের শব্দগুলি একজন বিলিয়নেয়ারের সংখ্যার চেয়ে অনেক বেশি মূল্যবান এবং দরকারী।

94. সন্ত্রাসবাদী এবং হাস্যরসাত্মকদের মধ্যে শুধুমাত্র একটি জিনিস মিল আছে - তারা বিস্ময়ের উপাদান পছন্দ করে।

95. সমাপ্তি লাইনের এবড়োখেবড়ো রাস্তায়, কয়েকটি থাম্বস আপ যারা পাশাপাশি চলছে তারা অবশ্যই আমাদের জীবনে আনন্দ যোগ করে।

96. মানুষের মধ্যে ভাল সবসময় পুরস্কৃত হয় যখন বিপরীত শাস্তি নেওয়া এবং শাস্তি দেওয়া উভয় হয়।

97. একটি বড় স্বপ্ন হল একটি বাঘের মত যা আপনাকে পিছু করছে, আর শাটারবাগ একটি কাছাকাছি নেওয়ার সুযোগ পাওয়ার চেষ্টা করে। এটা হঠাৎ আপনার উপর ঝাঁপিয়ে পড়বে, কিন্তু আপনাকে প্রমাণ করতে হবে যে আপনি বাঘের জন্য ভাল মাংস।

98. অজ্ঞতা কতটা জানে তা নিয়ে গর্ব করে যখন জ্ঞান কতটা জানে না তাতে নিজেকে নত করে।

99. অন্যটির সাথে তুলনা করলে, আপনি রাত এবং দিনের মতো হতে পারেন তবে দিনের প্রতি ঈর্ষান্বিত হওয়ার জন্য একটি রাতের প্রয়োজন নেই বা তদ্বিপরীত উভয়েরই তাদের উপযুক্ত স্থান, কারণ, ঋতু এবং সময় রয়েছে।

100. মানুষের একে অপরের সাথে প্রতিযোগিতা করা উচিত নয় বরং নিজেদের সাথে করা উচিত। তারা এমন পায়ের মতো যা এগিয়ে যায় এবং তারপরে পিছনে যায় এবং তারপরে পিছনে যাওয়ার জন্য আবার এগিয়ে যায়।

101. যখন আমরা আমাদের চিন্তার ধরণ পরিবর্তন করি, আমরা কার্যত সমস্ত ডোমেনে নিজেদেরকে পরবর্তী স্তরে নিয়ে যাই।

"শুধুমাত্র স্থির জলই ছবি প্রতিফলিত করে। তাই, কেউ যদি তার ভাবমূর্তি, তার জীবনকে উন্নত করতে চায়, তাকে স্থির থাকতে হবে এবং প্রতিফলিত হতে হবে।"

শিল্পীর অনুপ্রেরণা:

চিত্রকর্মটি ফিলিপ পরিবারের কাশ্মীর, ডাল লেক ভ্রমণের দ্বারা অনুপ্রাণিত হয়েছিল, যেখানে রাজ্যের ভঙ্গুর বিশৃঙ্খলা সত্ত্বেও হিমালয় পর্বতমালার পটভূমিতে জলের নির্মলতা সুন্দর শান্তির বহিঃপ্রকাশ ঘটিয়েছিল।

শান্তি

1. শুধুমাত্র স্থির জলই ছবি প্রতিফলিত করে। তাই, কেউ যদি তার ভাবমূর্তি, তার জীবনকে উন্নত করতে চায়, তাকে স্থির থাকতে হবে এবং প্রতিফলিত হতে হবে।

2. শান্তির সাথে প্রায়শই আরামের সম্পর্ক নেই।

3. শান্তিতে বিশ্রাম নেওয়ার সর্বোত্তম সময় হল যখন আমরা জীবিত থাকি, না যখন আমরা মৃত এবং টুকরো টুকরো হয়ে যাই। সুতরাং আপনি যে শান্তিপূর্ণ কাজটি এতদিন করেননি তা করুন, আপনি এতদিন যে শান্তিপূর্ণ কথা বলেননি তা বলুন, আজ এবং আপনার জীবনের প্রতিটি দিন শান্তি উপভোগ করুন।

4. উদ্ভাবনের প্রক্রিয়া একটি হতেও পারেকে সম্ভাবনায় এবং সম্ভাবনাকে ব্যবহারিকতায় পরিণত করছে।

5. অন্তর্দৃষ্টি সবচেয়ে বেশি প্রয়োজন একজনের মধ্যে যার অন্যদের উপর নজরদারি রয়েছে।

6. আমাদের জীবনের উদ্দেশ্য পূরণের জন্য ব্লেজারের মতো আবেগের সাথে মিলিত লেজারের মতো ফোকাস প্রয়োজন।

7. প্রফুল্লতা একটি বিকল্প নয়; এটি একটি জন্মগত প্রয়োজন। যদিও সুস্বাস্থ্য প্রফুল্লতার কারণ হতে পারে, তবে সুস্থ থাকার জন্য প্রফুল্লতা আরও বেশি প্রয়োজন।

8. আমরা যদি কান্না দিয়ে কোন উদ্যোগ শুরু করি, আমরা হাসি এবং আনন্দের সাথে শেষ করব কারণ সবার জন্যই জীবন শুরু হয়েছিল আমাদের.

9. আনন্দ হাসির দিকে নিয়ে যায় এবং হাসি আনন্দের দিকে পরিচালিত করে।

10. যখন একটি সমস্যা একটি অবিরাম পাহাড়কে সমাধান করা হয়, এটির ফলাফল একটি অবিরাম আনন্দের ঝর্ণা হয়.

11. একটি ট্যাঙ্ক যেখানে অনেক মাছ থাকে এবং শুধুমাত্র একটি হাঙ্গর থাকলে তাকে হাঙ্গর ট্যাঙ্ক বলা হয় যা হত্যাকারী প্রবৃত্তির অধিকারী হওয়ার গুরুত্ব নির্দেশ করে।

www.eqthinking.com www.prateepphilip.com www.fillipisms.com

12. আপনি যদি জিনিসের পিছনে দৌড়ানো বন্ধ করেন তবে আপনি একজন রাজা হবেন।

13. আমাদের আত্ম-সীমাবদ্ধ বিশ্বাস, চিন্তাভাবনা এবং দৃষ্টিভঙ্গি আমাদের মৃত আশা, স্বপ্ন এবং আকাঙ্ক্ষার পুনরুত্থানের প্রবেশদ্বারের বড় পাথর।

14. আমাদের আত্ম-প্রেম এত বড় হওয়া উচিত নয় যে আমরা আত্মসংযমকে বিরক্ত করি।

15. শান্তি আনন্দ বা সম্পদের চেয়ে বেশি আনন্দ দেয়।

16. "বি" তখনই ঘটে যখন বিশ্বাসগুলি চিন্তাভাবনায় এবং চিন্তাভাবনাগুলি অনুভূতিতে এবং অনুভূতিগুলিকে কর্মে পরিণত করে।

17. একটি সমন্বিত জীবন হল আনন্দে ভরা হৃদয়, ভাল চিন্তা, সুস্থ আবেগ এবং দৃঢ় উদ্দেশ্য এবং কাজ করার জন্য প্রস্তুত একটি শরীর।

18. বিশ্ব ইতিহাসের মহান পুরুষ এবং মহিলারা যা করতে পারেন তার একটি বড় অংশ নামহীন অন্যদের দায়ী করা হবে.

19. আপনার চুলকানি একটি সত্যিকারের টাইম বোমার একটি সুইচ হতে পারে - তাই খেয়াল রাখুন যাতে কান না চুলকায় বা হাতের তালুতে চুলকানি বা পায়ের চুলকানি বা জিহ্বা চুলকায় না।

20. আমরা আশীর্বাদ-অন্ধ হওয়ায় আমাদের অধিকাংশই সবসময় আনন্দিত হয় না।

21. ঈশ্বরের রাজ্যে, শক্তির ভালবাসা, ভালবাসার শক্তি দ্বারা প্রতিস্থাপিত হয়।

22. নাস্তিকতা, আধুনিকতা, যুক্তিবাদ, ধর্মনিরপেক্ষতা, অজ্ঞেয়বাদের নামে আমরা আমাদের জীবন থেকে ঈশ্বরকে বিচ্ছিন্ন করতে পারি। কিন্তু অনুপস্থিতিতে ঈশ্বরের উল্লেখ, বিজ্ঞান, শিল্প, সঙ্গীত, সাহিত্য, ইতিহাস এবং জীবন নিজেই সময় এবং স্থানের তরঙ্গে চালকবিহীন, রুডারহীন নৌকার মতো।

23. স্বাভাবিকভাবে, আমাদের প্রতিভা এবং কঠোর পরিশ্রম ব্যক্তিগত গৌরবের সমান। অলৌকিক ক্ষেত্রে, আমাদের প্রাকৃতিক প্রতিভা, আকাঙ্ক্ষা, বিশ্বাসের ফ্যাক্টর দ্বারা গুণিত চ্যালেঞ্জগুলি অনুগ্রহ এবং ঈশ্বরের মহিমার সমান।

24. অনুগ্রহের দৌড়ে, কে প্রথমে শেষ করল তা দিয়ে বিচার করা হয় না, তবে কে কাউকে সাহায্য করতে থামল, কে পথচারীর সাথে সদয় কথা বলল, কে কাউকে পথ দেখাল। এগিয়ে, যে তার অংশ অন্যের সাথে ভাগ করেছে।

25. জীবনের দৌড়ে, করুণা টেক্কার চেয়ে জয়ের জন্য বেশি গণনা করে।

26. জীবনের দৌড়ে, আমাদের করুণার সাথে দৌড়াতে হবে। গতি একটি বিবেচনা নয়. অন্যদের চেয়ে ভালো করা কোন ব্যাপার না। ধৈর্য ও বিশ্বাসের সাথে তা সম্পন্ন করলে আমরা বিজয়ী ঘোষিত হব।

27. প্রকৃতপক্ষে, মানুষের প্রয়োজন মেটানোর জন্য ঈশ্বরের বীজ থেকে মানুষের বীজ হয়ে উঠেছে।

28. উচ্চ ক্ষমতার অভ্যন্তরীণ এবং ক্রমাগত জবাবদিহিতা ক্ষমতার অহংকার একমাত্র প্রতিষেধক।

29. ঈশ্বরের রাজ্যে, আইনের শাসন প্রেমের শাসন দ্বারা প্রতিস্থাপিত হয়।

30. ক্ষণস্থায়ী এবং জাগতিক সাথে ঝাঁপিয়ে পড়ার পরিবর্তে, যা অসীম, চিরন্তন এবং পরম তা আঁকড়ে ধরুন।

31. গোঁড়ামি না করে, 'ঈশ্বরবাদী' হওয়ার চেষ্টা করুন - প্রেমের কার্যকর যোগাযোগের সাথে দীর্ঘস্থায়ী নীরবতা ভাঙুন।

32. শুধু হেঁটে হেঁটে কথা বলার পরিবর্তে বা হাঁটাহাঁটি করার পরিবর্তে, হাঁটুন এবং সর্বদা ঈশ্বরের সাথে কথা বলুন এবং আপনি কেবল হাঁটবেন না তবে আপনি অবশ্যই দৌড়বেন, লাফ দেবেন এবং উড়বেন।

33. নেওয়ার পরিবর্তে জনগণ পারস্পরিক নিশ্চিত পরিত্রাণের দিকে, আমরা পারস্পরিক নিশ্চিত ধ্বংসের দিকে এগিয়ে যাচ্ছি।

34. সোনার দিকে নিয়ে যাওয়া পথ খোঁজার চেষ্টা করার পরিবর্তে, সোনার ফুটপাথ ব্যবহার করুন যা ঈশ্বরের দিকে নিয়ে যায়।

35. এটি কি একটি মহান বিশেষত্ব নয় যে মহিমান্বিত আমাদেরকে তাঁর মহিমান্বিত আলোর জন্য বিবর্ধক লেন্স হতে দেয় এবং সক্ষম করে?

www.eqthinking.com   www.prateepphilip.com   www.fillipisms.com

36. এটি একটি বিড়ম্বনার বিষয় যে যখন মানুষ একটি নতুন ধারণা, একটি নতুন প্রযুক্তি বা আন্দোলনের সাথে এক শটে বিশ্বকে পরিবর্তন করার চেষ্টা করে, তখন ঈশ্বর যিনি সমগ্র মহাবিশ্বের সৃষ্টি করেছেন তিনি এখনও বিশ্বকে পরিবর্তন করার চেষ্টা করেন, এক সময়ে একজন ব্যক্তি, চিন্তার দ্বারা চিন্তা করেন। ক্ষণে ক্ষণে এবং দিনে দিনে।

37. এটি জীবনের একটি স্বতঃসিদ্ধ যে আমাদের সাথে শান্তির ঈশ্বর না থাকলে আমরা ঈশ্বরের শান্তি পেতে পারি না।

38. এটি একটি স্বতঃসিদ্ধ যে জীবনের সবচেয়ে ভয়ঙ্কর পরিস্থিতিতে, ঈশ্বরের ভয়ঙ্কর ভালবাসা এবং শক্তি প্রকাশিত হয়।

39. এটি ইতিহাসের একটি বিদ্রূপাত্মক পাঠ যে ঈশ্বরের দ্বারা মনোনীত ব্যক্তিরা প্রায়শই মানুষের দ্বারা প্রত্যাখ্যাত হয়।

40. এটি একটি বিড়ম্বনার বিষয় যে যদিও অদৃশ্য বাতাস আমাদের জীবনকে প্রতি মুহূর্তে টিকিয়ে রাখে, তবুও আমরা সাহস করি এক মুহূর্তের জন্যও ভাবুন যে অদৃশ্য ঈশ্বরের অস্তিত্ব নেই।

41. বিশ্বাসে শুরু করে সন্দেহের মধ্যে শেষ না করে সন্দেহ দিয়ে শুরু করা এবং বিশ্বাসে শেষ করা ভালো।

42. শান্তি সর্বাগ্রে এবং ক্ষমতা তার শেষ পরিবেশন করতে অধীন করা হয়.

43. এটা আমাদের আধ্যাত্মিক অন্ধত্বের কারণে যে আমরা আমাদের কাছে নেই এমন জিনিসগুলির জন্য আশাবাদী হতে খুব ভালভাবে জানি কিন্তু আমরা জানি না কিভাবে আমাদের জীবনে আমাদের সমস্ত জিনিস এবং লোকেদের জন্য খুশি এবং কৃতজ্ঞ হতে হয়।

44. স্মার্ট হওয়ার চেয়ে জ্ঞানী হওয়া অনেক বেশি গুরুত্বপূর্ণ। সুন্দর হওয়ার চেয়ে ভালো থাকাটা অনেক বেশি গুরুত্বপূর্ণ। সফল হওয়ার চেয়ে ন্যায়পরায়ণ হওয়া অনেক বেশি গুরুত্বপূর্ণ, সমৃদ্ধ হওয়ার চেয়ে সন্তুষ্ট এবং কৃতজ্ঞ হওয়া অনেক বেশি গুরুত্বপূর্ণ। ধনী হওয়ার চেয়ে সুস্থ থাকা অনেক বেশি গুরুত্বপূর্ণ। দীর্ঘজীবী হওয়ার চেয়ে সঠিকভাবে বেঁচে থাকা অনেক বেশি গুরুত্বপূর্ণ। ভালবাসার চেয়ে নম্র হওয়া অনেক বেশি গুরুত্বপূর্ণ ধার্মিক হন। মানুষকে চেনা বা জানার চেয়ে ঈশ্বরকে জানা এবং তাঁর দ্বারা পরিচিত হওয়া অনেক বেশি গুরুত্বপূর্ণ তাদের

45. জি বা ঈশ্বরের ফ্যাক্টর ছাড়া জীবন, ব্যবস্থাপনা এবং নেতৃত্বের সামগ্রিক দৃষ্টিভঙ্গি এবং অভিজ্ঞতা থাকা অসম্ভব।

46. ঈশ্বরে বিশ্বাস ছাড়া জীবন এবং এর জটিলতা বোঝা অসম্ভব। বাস্তবতা ও ইতিহাসের ভিত্তি ছাড়া ঈশ্বরকে বিশ্বাস করা অসম্ভব

47. আপনি যেখানে থাকতে চান সেখানে থাকার জন্য প্রার্থনা করাই যথেষ্ট নয়। আপনি সেখানে থাকার পরিকল্পনা আছে. সেখানে থাকার পরিকল্পনাই যথেষ্ট নয়। সেখানে থাকার জন্য আপনাকে প্রার্থনা করতে হবে।

48. এটি কেবল শব্দের খেলা নয় বরং গুরুত্ব সহকারে এবং ক্রমাগতভাবে, আমাদের শব্দের আলোকে গ্রহণযোগ্য, ভাল এবং নিখুঁত কিনা তা পরীক্ষা করার জন্য আমাদের কথা, কাজ / মনোভাব, চিন্তাভাবনা, চরিত্র এবং অভ্যাসগুলি দেখতে হবে।

49. এটা আমাদের অভিজ্ঞতা যে যখন চলা ভাল, আমরা ঈশ্বর থেকে দূরে সরে যাই কিন্তু যখন চলা কঠিন হয়ে যায়, তখন আমরা তাঁর কাছাকাছি যাই। কেউ বুঝতে পারে না বা ব্যাখ্যা করতে পারে না কেন প্রতিকূলতা বিশ্বাসের বৃদ্ধির জন্য একটি ভাল মাটি।

50. স্বর্গে ঈশ্বরের প্রতি আমাদের সংবেদনশীলতাই পৃথিবীতে অসম্ভবকে সম্ভব করে তোলে।

51. এটা স্বাভাবিক সময়ে আমাদের বিশ্বাসকে ধরে রাখা বেশ সহজ এবং কঠিন সময়ে যখন কেউ অসম্ভব সময়ে ধরে রেখেছে।

52. আমাদেরকে ঈশ্বরের পাত্র হতে বলা হয়েছে, ভাসাল নয়।

53. Impossible- এর মধ্যে 'im' যা অসম্ভবকে সম্ভব করে তোলে, যেখানে 'আমি' হল কল্পনা।

54. জ্যাকবের ঘুম হল একটি নতুন আধ্যাত্মিক ব্যায়াম: প্রতিবার যখনই আপনার কোনো গভীর সমস্যা থাকে আপনি উত্তর বা সমাধান বা ত্রাণ খুঁজছেন, ঈশ্বরের উপস্থিতিতে মেঝেতে বা একটি মাদুরে আকিম্বো শুয়ে পড়ুন এবং আপনার মন, ইন্দ্রিয় এবং শরীরকে তাঁর উপস্থিতিতে আচ্ছাদিত গভীর ঘুমের মধ্যে যেতে দিন। এর পরের জিনিসটি হল গর্ভে থাকা শিশুর ঘুম - সমস্ত যত্ন এবং ভালবাসা অনুভব করার সময় বিশ্বের একটি যত্ন না

বিশ্ব হয়ে যান. স্বর্গে যাওয়ার সিঁড়ি আপনার প্রার্থনা এবং আপনার প্রশংসা বহন করে এবং উত্তর বা সমাধান বা আপনি যে স্বস্তি খুঁজছেন তা নিয়ে ফিরে আসবে।

55. যীশু তাঁর মৃত্যুর সাথে আরও বেশি কিছু অর্জন করেছিলেন যা কোনও ব্যক্তি তাদের পুরো জীবন দিয়ে সম্পন্ন করেছিল।

56. ইতিহাসের সমস্ত শিক্ষকদের মধ্যে যীশু একা পৃথিবী শিখিয়েছে কিভাবে হেরে জিততে হয়।

57. যীশু এবং হিটলার আমাদের প্রচারের বিভিন্ন মডেল দেখিয়েছেন, একটি সত্য, অন্যটি অসত্য, একটি প্রেম, অন্যটি ঘৃণা একজন ইহুদি যিনি সমস্ত জাতীয়তার বোধের ঊর্ধ্বে উঠেছিলেন, অন্যজন একজন ইহুদি-বিদ্বেষী এবং বিদ্বেষী, একজন নম্রতা, দয়া এবং করুণার সাথে কথা বলেছিলেন এবং কাজ করেছিলেন, অন্যজন রাগ এবং সহিংসতা এবং নিষ্ঠুরতার সাথে, একজন ডজন ডজন জীবন বিনিয়োগ করেছিলেন, অন্যজন ভয় পেয়েছিলেন লক্ষ লক্ষ, একটি প্রজন্ম পরম্পরায় প্রভাব বিস্তার করে চলেছে, অন্যটি একটি প্রজন্মের মধ্যে স্থির হয়ে গেছে। নৈতিক: করবেন না এক মিলিয়ন অনুসারীর সন্ধান করুন। নম্রতা, ভালবাসা এবং উদারতার সাথে কয়েকটিতে বিনিয়োগ করুন এবং প্রজন্মের জন্য প্রভাব বজায় রাখুন।

58. নেতাদের নেতা হিসাবে যীশু নেতৃত্বের ধারণাটিকে উল্টে দিয়েছিলেন এবং এটিকে নিজের পায়ে দাঁড়াতে দিয়েছিলেন। কারণ যতক্ষণ না তিনি এসে শিক্ষা দেন, আমরা ভেবেছিলাম যে একজন নেতার শাসন ও ক্ষমতা প্রয়োগ করার জন্য কিছু দায়িত্ব এবং বাধ্যবাধকতা রয়েছে তবে অনেক অধিকার এবং সুযোগ-সুবিধা রয়েছে। তিনি আরও দায়িত্ব বোঝাতে নেতৃত্বের ধারণাটিকে উল্টে দিয়েছিলেন এবং কার্যত না অধিকার বা বিশেষাধিকার।

59. যীশু জিজ্ঞেস করলেন, "লবণ যদি তার নোনতাতা হারিয়ে ফেলে, তাহলে কী আবার নোনতা করতে পারে?" একজন মানুষ যদি তার ঈশ্বর সদৃশ গুণাবলী হারিয়ে ফেলে, তাহলে তা কি পুনরুদ্ধার করতে পারে? তিনি আপাতদৃষ্টিতে অলঙ্কৃত প্রশ্নের উত্তর দেননি, তবে স্পষ্ট সমাধান হল সেই শব্দটি আমাদের আবার নোনতা করে তুলতে পারে।

60. যীশু বিশ্বকে নেতৃত্বের একটি সম্পূর্ণ নতুন প্যাটার্ন প্রদর্শন করেছিলেন- বশ্যতা দ্বারা আধিপত্য, আত্মসমর্পণ দ্বারা বিজয়, সেবা দ্বারা শাসন, আত্মত্যাগ দ্বারা রাজত্ব।

61. যীশু অন্যদের জন্য, একবার এবং সব জন্য মারা গিয়েছিলেন। তিনি চান না যে আমরা এখন অন্যের জন্য মারা যাই। কিন্তু তিনি চান আমরা ভালোভাবে বাঁচি, অন্যের জন্য বাঁচি এবং চিরকাল বেঁচে থাকি।

62. যীশুর নিজের জলের উপর দিয়ে চলার জন্য কোন সেতুর প্রয়োজন ছিল না কিন্তু তিনি সসীম মানুষ এবং অসীম ঈশ্বরের মধ্যে ঐতিহাসিক সেতু হয়েছিলেন।

63. উত্তর-আধুনিক বিশ্বে জ্ঞানের বিস্ফোরণের সাথে সংশ্লিষ্ট প্রজ্ঞা দমন করা হয়।

64. জ্ঞান আমাদের সুবিধা দেয়, কিন্তু প্রজ্ঞা আমাদের দৃষ্টিভঙ্গির সুবিধা দেয়। সর্বদা সুবিধার চেয়ে সাম্য সুবিধা বেছে নিন।

65. প্রেম পরিবর্তনের জন্য L প্রতিদ্বন্দ্বিতা সম্পূর্ণ

66. আমি একটি বিশেষ গুরুত্বপূর্ণ আইটেম খুঁজছিলাম যা চিরতরে হারিয়ে গেছে বলে মনে হচ্ছে। হঠাৎ এটির দিকে নিয়ে যাওয়ায় আমি আনন্দিত ছিলাম। ঈশ্বরের আনন্দ কল্পনা করুন যখন একটি হারিয়ে যাওয়া আত্মা তাকে খুঁজে পায়।

67. আইন আমাদের বলে যে আমরা কি করব না। লিবার্টি আমাদেরকে বলে যে আমাদের কি করা উচিত। শুধু আইনের ডান দিকে না থাকার জন্য কিন্তু স্বাধীনতায় থাকার জন্য, আমাদের যা করা উচিত তা করা উচিত।

68. অনেক অপব্যবহার করা টিউব লাইটের অনুকরণ করতে শিখুন, এটির জন্য সবচেয়ে বুদ্ধিমান লাইটটি বিরতি পায়, জ্বলজ্বল করে এবং তারপরে সুইচ করে। যখন আপনার মধ্যে শক্তি বৃদ্ধি পায়, তখন ভাবতে থামুন, "আমি কি এখানে দিতে বা নিতে, বা পরিবেশন করতে, আলোকিত বা অন্ধকার করতে এসেছি?"

69. অভিস্রবণ দ্বারা শেখা হল কেবলমাত্র পরবর্তীদের সাথে থাকার মাধ্যমে কম শেখার থেকে বেশি শেখার শিল্প।

70. বাগানের একটি শামুক থেকে শিক্ষা নেওয়া হয়েছে: ধীর এবং অবিচল থাকা আপনাকে ঠিক রেসে জিততে পারে না কিন্তু এটি আপনাকে আপনার জীবন হারানো থেকে আটকাতে পারে।

71. অতীতের অপরাধ যেন আমাদের বর্তমানের শান্তি কেড়ে না নেয়। আমাদের ভবিষ্যতের দুশ্চিন্তা যেন না হয় বর্তমানের আনন্দ আমাদের কেড়ে নেয়। বর্তমানের বৈপরীত্য যেন আমাদের জীবনের সম্প্রীতি কেড়ে না নেয়।

72. আমাদের নম্রতাকে কখনই দুর্বলতা হিসাবে বিবেচনা করা উচিত নয় যেমন আমাদের দৃঢ়তাকে কখনই আগ্রাসন হিসাবে বোঝানো উচিত নয়।

73. আমাদের নিরাপত্তা আমাদের সমৃদ্ধির মধ্যে নিহিত না হোক।

74. শুদ্ধ এবং পবিত্র জন্য ভালবাসা অপবিত্র এবং অশ্লীল জন্য আবেগ প্রতিস্থাপন যাক.

75. আমাদের পুষ্টি এবং অন্যদের আশীর্বাদ করার জন্য আমাদের মধ্যে জীবনের রস হয়ে উঠুক: আধ্যাত্মিক মনোভাব, গুণাবলী এবং শক্তি।

76. আপনার কণ্ঠস্বর গর্জে উঠুক, আপনার আত্মা স্টারডাস্টের জন্য উড্ডয়ন করুন এবং তারার কাছে এবং আপনার আত্মার বাইরে পৃথিবীর ধূলিকণা রেখে ফিরে যেতে হবে।

77. জীবন লিভারের উপর নির্ভর করে, কিন্তু অগ্রগতি লিভারের উপর নির্ভর করে - তাই আসুন আমরা আমাদের সহজাত ক্ষমতা এবং সুবিধার উপর আরও বেশি লোককে হতাশা, দারিদ্র্য এবং হতাশা থেকে বের করে আনতে পারি।

78. জীবন হয়ে ওঠার চেয়ে কাটিয়ে ওঠার বিষয় বেশি।

79. জীবন সাফল্য এবং সুখের চেয়ে শান্তি এবং আনন্দ সম্পর্কে বেশি।

80. টেকনোলজির মতো জীবন হল পাটা এবং তাজা, দৃশ্যমান এবং অদৃশ্যের আন্তঃসংযোগ

81. আলো এবং অন্ধকার একত্রে থাকতে পারে না কারণ একজনকে প্রস্থান করতেই হবে। আপনি যদি আপনার জীবনে যা কাটিয়ে উঠতে হবে তা অতিক্রম করেন তবে আপনি আলোর অংশ।

82. আলো ও শব্দ সরলরেখায় ভ্রমণ করে। কিন্তু আমাদের জীবন zig-zag ভ্রমণ করে তাই যাত্রার জন্য প্রস্তুত থাকুন।

83. সবচেয়ে উঁচু ভবনে অপ্রত্যাশিতভাবে বজ্রপাত হয়। সুতরাং, যখন আমরা বড় কিছু তৈরি করি বা যখন আমরা লম্বা এবং বড় হই, তখন আশা করুন এবং অপ্রত্যাশিতটির জন্য প্রস্তুত থাকুন।

84. একটি দুর্দান্ত সুরের সাথে মিলিত হওয়ার জন্য যেমন লিরিকের প্রয়োজন, আমাদের জীবনের মূল্য যোগ করতে হবে, এটিকে সুন্দর করার জন্য।

85. একজন বসা বিচারকের মতো, যখন আপনি একই কাজ করেছেন তখন অন্যকে অভিযুক্ত করা বা বিচার করা থেকে নিজেকে বিরত রাখুন।

86. একটি ক্যালিডোস্কোপে চুড়ির ভাঙা টুকরোগুলির প্রতিটি ঝাঁকুনি দ্বারা উৎপাদিত সুন্দর আশ্চর্যজনক নিদর্শনগুলির মতো, আমাদের চিন্তার প্যাটার্নে প্রতিটি সামান্য পরিবর্তন, আমাদের প্যাটার্নে একটি পরিবর্তন ঘটায় ইচ্ছা, আমাদের আবেগ, কর্ম, প্রতিক্রিয়া, সম্পর্ক এবং অর্জনের প্যাটার্ন।

87. শক্তির মত একটি নির্দিষ্ট উইন্ডমিল দ্বারা উৎপন্ন গ্রিডে যায় এবং একটি বাতি জ্বালায়, একটি বাড়ি, একটি তাঁতে শক্তি দেয়, একটি শিখা দূরে কোথাও, আমাদের চিন্তাভাবনা এবং আবেগ এবং ক্রিয়াকলাপ আশার শিখা, চালনা, উদ্যম কারো মনে, হৃদয়ে আলোকিত করবে এবং জীবন অনেক দূরে।

88. একজনের শারীরিক আকাঙ্ক্ষাকে সীমিত করা, একজনের আধ্যাত্মিক আকাঙ্ক্ষা এবং বুদ্ধিবৃত্তিক ক্ষমতার প্রসারিত করা এবং একজনের সম্ভাবনার বিকাশ হল আত্ম-উন্নতির সর্বোত্তম পথ।

89. অতীত, বর্তমান বা ভবিষ্যতে নয়, শুধুমাত্র বর্তমান মুহুর্তে বেঁচে থাকুন। জীবনকে বিস্ময়, অনুপ্রেরণা, আবিষ্কার এবং সর্বোপরি অক্ষরবিহীন ভালবাসার মুহূর্তগুলির একটি অবিচ্ছিন্ন সিরিজ করুন।

90. অনুপ্রাণিত জীবন যাপন হল আত্মহত্যার শর্টকাট।

91. স্মৃতিতে বেঁচে থাকা আমাদের চোখ দিয়ে গাড়ি চালানোর মতো রিয়ার-ভিউ আয়নায়। দৃষ্টিভঙ্গি সংশোধন করার জন্য মাঝে মাঝে এক নজর যথেষ্ট।

92. ভালবাসা হল কি আমাদের লালসার লোপ অতিক্রম করে।

93. যীশু একা এবং ইতিহাসে অনন্য এবং সেইসাথে কল্পনার জগতেও একজন যিনি নিজেকে ছোট হতে দিয়েছেন পরম নায়ক হিসাবে ফিরে যাওয়ার আগে একটি পরম শূন্যে।

94. যীশু অনন্তকালের জন্য আমাদের গেটের বিল পরিশোধ করেছিলেন।

95. যীশু বলেছেন মন্দকে বাঁধতে এক শক্তিশালী লাগে। যীশু সেই শক্তিশালী হিসেবে প্রমাণিত হয়েছিলেন যদিও তিনি নম্র মনে করেছিলেন। তিনি নিজেকে মন্দের চেয়ে শক্তিশালী প্রমাণ করেছিলেন। তিনি নিজেকে পাপ এবং প্রলোভনের চেয়ে শক্তিশালী প্রমাণ করেছিলেন। তিনি নিজেকে প্রকৃতির উপাদানের চেয়ে শক্তিশালী প্রমাণ করেছিলেন। তিনি নিজেকে দারিদ্র্য ও দুর্দশার চেয়ে শক্তিশালী, ক্ষুধা ও দুর্দশার চেয়ে শক্তিশালী প্রমাণ করেছিলেন। তিনি নিজেকে একটি রোগের চেয়ে শক্তিশালী প্রমাণ করেছেন। তিনি নিজেকে মৃত্যুর চেয়ে শক্তিশালী প্রমাণ করেছিলেন।

96. যীশু আমাদের শুধুমাত্র আমাদের আধ্যাত্মিক ত্রুটি বা পাপ থেকে রক্ষা করেন না কিন্তু আমাদের নিজস্ব লক্ষ্য থেকে কম পড়া থেকে। তিনি আমাদের প্রশিক্ষকের অভিশাপ বা কর্মক্ষমতা অভিশাপ থেকেও রক্ষা করেন।

97. যীশু জীবনের ক্রসওয়ার্ড ধাঁধা সমাধান করেছেন, কীভাবে বাঁচতে হবে, কেন বাঁচতে হবে এবং জীবনের পরে কী ঘটবে, ক্রুশ এবং তাঁর বাক্য দিয়ে।

98. যীশু আমাদের শিখিয়েছিলেন সবকিছুই একটি অলৌকিক ঘটনা: আমাদের জন্ম, আমাদের বিশ্বাসের দ্বারা আমাদের পুনর্জন্ম, আমাদের প্রতিটি পদক্ষেপ, আমাদের প্রতিটি কার্যকলাপ, আমাদের চিন্তাভাবনা, আমাদের কথায়, আমাদের মৃত্যু এবং পরবর্তী জীবন সবই অলৌকিক ঘটনা। অলৌকিক জীবনযাপন করুন।

99. যীশু আমাদের শিখিয়েছেন যে নম্রদের শক্তি পরাক্রমশালীদের সর্বশ্রেষ্ঠ শক্তির চেয়ে বেশি। ফলন, আমরা পরাস্ত.

100. মানুষই একমাত্র জীব যা অভ্যন্তরীণভাবে বৃদ্ধি পায় এবং বাহ্যিকভাবে উৎপাদন করে।

101. সুস্থ, সুখী এবং জ্ঞানী থাকার জন্য প্রার্থনা করুন।

"আমরা যা করতে নিজেদেরকে সংযত করি তা চরিত্রের সূচক হিসাবে গুরুত্বপূর্ণ যা আমরা করতে আগ্রহী।"

শিল্পীর অনুপ্রেরণা:

চিত্রকর্মটি ফিলিপিজমের একটি সচিত্র উপস্থাপনা; জীবনের বিভিন্ন দিকের প্রতি টান অনুভব করলেও আমরা মানুষ নিজেকে সংযত রাখতে সক্ষম হই।

মানুষ

1. আমরা যা করতে নিজেদেরকে সংযত করি তা চরিত্রের একটি সূচক হিসাবে গুরুত্বপূর্ণ যা আমরা করতে আগ্রহী।

2. আমাদের আত্মার শত্রু আমাদের বন্ধুদের কাঁধে তার ধনুক রাখে, সবচেয়ে কাছের এবং প্রিয় - সাধারণভাবে মানুষ এবং আমাদের দিকে তার জ্বলন্ত তীর নিক্ষেপ করে।

3. মানুষ যদি নিজেদের মধ্যে যুদ্ধ করে এবং যুদ্ধে জয়ী হয় তবে তারা কখনই অন্যদের সাথে যুদ্ধ করবে না।

4. বর্তমান, অতীত এবং ভবিষ্যতের মধ্যে একটি পথ।

5. আমরা শুঁয়োপোকার মত। যদি আমাদের আকাঙ্ক্ষা এবং বৃদ্ধির স্তম্ভ অর্থ হয়, তবে আমরা স্তম্ভের মতো মাটিতে প্রোথিত থাকব। আমরা যদি আধ্যাত্মিক এবং অ-বস্তুর জন্য একটি শুঁয়োপোকার মত হিংস্র হই, তবে আমরা প্রজাপতির মতো উড়তে শিখব।

6. প্রশিক্ষণের চ্যালেঞ্জ হল কচ্ছপকে খরগোশের মতো দৌড়ানো এবং খরগোশকে ঘুম থেকে বিরত রাখা।

7. পরিবর্তন আমাদের চ্যালেঞ্জ করে কিন্তু চ্যালেঞ্জ আমাদের পরিবর্তন করে।

8. এই কোণ থেকে রাগ এবং ফেরেশতা দেখুন: যখন রাগ অপসারণ করা হয় এবং ভালবাসা যোগ করা হয়, একজন মানুষ একটি দেবদূতের মত হয়ে যায়।

9. ভাল খবর হল যে আপনি যদি চিতাবাঘ হন তবে আপনি আপনার দাগ পরিবর্তন করতে পারবেন না তবে আপনি যদি জানেন যে আপনি একটি কালো ভেড়া, আপনি তুষারও হিসাবে সাদা হয়ে যেতে পারেন।

10. আনন্দ, স্বীকৃতি, ক্ষমতা, সম্পদ, খ্যাতি এবং সৌন্দর্যের জন্য বিভিন্ন অনুপাতে প্রতিটি মানুষের মধ্যে সহজাত ক্ষুধাকে রূপান্তরের জন্য অতিপ্রাকৃত ক্ষুধা দ্বারা প্রতিস্থাপিত করতে হবে।

11. আপনার ইচ্ছাকে ইচ্ছাশক্তিতে, আপনার উদ্দেশ্যকে পরিকল্পনায়, আপনার পরিকল্পনাকে বাস্তবে, আপনার বিশ্বাসকে নীতিতে, আপনার নীতিগুলিকে অভ্যাস এবং অভ্যাসে রূপান্তর করুন।

12. আমরা আমাদের শক্তির কারণে যা আছি, আমরা আমাদের দুর্বলতার কারণে যা হওয়া উচিত তা নই।

13. অধিকাংশ লোকের পিছনে একটি শক্তিশালী ব্যাকআপ দল আছে. তারা আপনার পিছনে কথা বলে।

14. জীবনের ছন্দের জন্য ব্যথা এবং আনন্দ, কাজ এবং অবসর, আলো এবং অন্ধকার, সাফল্য এবং ব্যর্থতা, স্বাচ্ছন্দ্য এবং চ্যালেঞ্জের পরিবর্তন প্রয়োজন। আপনি যদি সবসময় সফল হন তবে আপনি অনেক কিছু হারাবেন যেমন আপনি যদি সবসময় ব্যর্থ হন তবে আপনি অনেক কষ্ট পান।

15. সত্যহীন জীবন একটি মিথ্যা।

16. আমরা যদি সত্য বলতে না পারি প্রেমের সাথে, অন্তত হাস্যরসের সাথে কথা বলুন।

17. ইতিহাসের মধ্য দিয়ে অনেকেই সত্যকে এড়িয়ে যায় যেমন পোকামাকড় কীটনাশক এড়িয়ে চলে। এটি তাদের অস্বস্তিকর এবং এমনকি রাগান্বিত করে তোলে। প্রতিষেধক হল অল্প মাত্রায় দেওয়া।

18. বেশিরভাগ সত্য যাকে স্ব-প্রকাশ্য বলা হয় তা নিজের কাছে বা অন্যের কাছেও স্পষ্ট নয়।

19. বিশ্বের বেশিরভাগ প্রশংসিত সত্য মিথ্যার ভিত্তির উপর নির্মিত।

20. বিরল সময়ে একজন পাগল, বফুন বা বদমাশ সত্য কথা বলে, এটা সত্য অবশেষ. একজন চকচকে বক্তা যখন অসত্য কথা বলে, তখন তা অসত্যই থেকে যায়।

21. আমাদের সমগ্র জীবন জীবনের অমূল্য সত্যের জন্য মেগাফোন হওয়া উচিত।

22. উপরিভাগের অভিজ্ঞতা গভীর অতিপ্রাকৃত সত্যকে উন্মোচন করতে পারে না।

23. সত্য চ্যাপ্টা এবং মিথ্যা হয় ফ্ল্যাট-ফুটেড।

24. সত্য কখনো জনপ্রিয়তার প্রতিযোগিতায় জয়ী হতে পারে না। তিক্ত সত্যটি হল যে সত্য যদি একটি টুইটার অ্যাকাউন্ট শুরু করে তবে এটির হাতের আঙ্গুলের চেয়ে বেশি ফলোয়ার থাকবে না।

25. যখন আমরা ঈশ্বরের সাথে ঘনিষ্ঠ হই, তখন আর কেউ না কিছুই আমাদের ভয় দেখাতে পারে না।

26. যখন আমরা দুনিয়া থেকে দুধ ছাড়াই, আমরা শব্দ থেকে শিখি এবং প্রভুর উপর নির্ভর করি।

27. আমরা যখন ঈশ্বরকে না জানার জন্য বেছে নিই তখন আমরা অনন্তকালের জন্য "না" বলি এবং সেই সাথে অনেক সম্ভাবনার কথা বলি যা অন্যথায় অসম্ভব হবে।

28. যখন আমরা বিশ্বাসের দাবির অসম্ভাব্যতাকে বিজ্ঞানের দাবির অসম্ভাব্যতার সাথে তুলনা করি, তখন বিশ্বাসের সম্ভাবনা বিজ্ঞানের চেয়ে অনেক বেশি সম্ভব এবং যুক্তিযুক্ত বলে মনে হয়, এমনকি বিজ্ঞানের মানদণ্ডেও বিচার করা যায়।

29. যখন আমরা আমাদের ছদ্মবেশী আশীর্বাদ চিনতে ব্যর্থ হই, তখন ছদ্মবেশী আশীর্বাদগুলি আমাদের জাগিয়ে তোলে।

30. যখন আমরা যীশুকে অনুসরণ করি, তখন আমরা শান্তি, করুণা এবং গৌরব নিয়ে প্রবাহিত হব এবং উপচে পড়ব।

31. যখন আমরা মানুষের আইন অনুসরণ করি, তখন আমরা ক্ষতি এড়াই। আমরা যখন ঈশ্বরের আইন মেনে চলি তখন আমাদের লাভ হয়।

32. যখন আমরা ঈশ্বরের সাথে অংশীদারি করি, তখন আমরা আমাদের দুর্বলতাগুলি কাটিয়ে উঠতে, আমাদের সুযোগগুলিকে কাজে লাগাতে এবং হুমকিগুলি কাটিয়ে উঠতে তাঁর শক্তি ব্যবহার করি।

33. যখন আমরা ঈশ্বরের কথা চিন্তা করি, তিনি মানুষের জগতে বিস্ময়কর কাজ করেন।

34. যখন আমরা প্রার্থনা করি "তোমারই রাজ্য", আমরা বলছি আমরা আমাদের সার্বভৌমত্ব, আমাদের স্বাধীনতা, আমাদের ছোট্ট অভ্যন্তরীণ রাজ্য আপনার কাছে সমর্পণ করছি। এখন আপনার শক্তি এবং মহিমা এতে এবং এর মাধ্যমে দৃশ্যমান হোক।

35. আমরা যখন ঈশ্বরের পরিপূর্ণতা অনুসরণ করি, তখন আমরা শ্রেষ্ঠত্বের সাথে মিলিত হই।

36. যখন আমরা আমাদের ভাগ্যের অবস্থানে উঠি, তখন আমরা আমাদের সম্ভাবনা এবং আমাদের জীবনের জন্য ঈশ্বরের উদ্দেশ্য পূরণ করি ।

37. যখন আমরা আমাদের হৃদয়ে ধার্মিকতার বীজ বপন করি, তখন আমরা আমাদের জীবনে আশীর্বাদের ফসল কাটাব।

38. যখন আমরা আমাদের জীবনের সমস্ত ছোট জিনিসের যত্ন নিই, তখন ঈশ্বর সমস্ত বড় জিনিসগুলির যত্ন নেবেন যেগুলি আমাদের গর্ভধারণ করা বা ধরে রাখা বা কল্পনা করা বা পরিচালনা করা খুব বড়। এই ধরনের অংশীদারিত্ব সর্বদা সারা জীবন ধরে দুর্দান্ত ফলাফল দেয়।

39. আপনি যখন ঈশ্বরের সান্নিধ্যে থাকেন, তখন আপনি উপাসনা ছাড়া আর কিছুই করতে পারেন না।

40. আপনি যখন ঈশ্বরের দ্বারা তৈরি, ঈশ্বরের জন্য পাগল হওয়াটা অন্যায় নয়।

41. আপনি যখন সত্যিকারের স্রষ্টাকে বিশ্বাস করেন, তখন পৃথিবীতে আপনার জীবন আপনার মৃত্যুর মতো মহিমান্বিত হবে ঠিক যেমনটি সূর্যোদয়ের মতো মহিমান্বিত হয় সূর্যাস্ত।

42. যখন আপনি বিশ্বের কথার উপর ঈশ্বরের বাক্য বিশ্বাস করেন, তখন বিশ্বাস সন্দেহকে জয় করে, সাহস ভয়কে জয় করে, আশা হতাশাকে জয় করে, ন্যায়বিচার অন্যায়কে জয় করে, জীবন মৃত্যুকে জয় করে, প্রাচুর্য চিন্তাভাবনা দারিদ্রকে জয় করে, নিরাময় অসুস্থতাকে জয় করে, শক্তিকে জয় করে। দুর্বলতা, সাফল্য ব্যর্থতাকে জয় করে, প্রেম স্বার্থপরতাকে জয় করে।

43. যখন আপনি একটি কমলার মত জীবন এর সারাংশ পেতে পিষে, আপনি বিশ্বাস, আশা এবং ভালবাসা পাবেন. বিশ্বাস এবং মূল্যবোধ সম্পর্কে; ভালবাসা চরিত্র এবং আচরণ সম্পর্কে যেখানে আশা পার্থিব এবং শাশ্বত চাহিদা এবং আকাঙ্ক্ষা পূরণ সম্পর্কে।

44. যখন আপনি বলবেন না, চিন্তা করুন এবং বিশ্বাস করুন, "প্রভু আমার মেষপালক" আপনি ডিফল্টভাবে বলছেন, "প্রভু আমার রাখাল নন", আপনি যখন পথ হারিয়ে ফেলেন তখন আপনি কীভাবে ঈশ্বরকে দোষ দিতে পারেন।

45. যখন আপনি জীবনের কঠিন অভিজ্ঞতার মধ্যে বাস্তবতা যাচাইয়ের মুখোমুখি হন, তখন ঈশ্বরের প্রতিশ্রুতিতে থাকা ঈশ্বরের আসল চেকগুলিকে এনক্যাশ করতে ভুলবেন না।

46. যখন আপনি বৃদ্ধি পান (আবেগ, স্বাস্থ্য, পরিস্থিতি, প্রভাব); আপনার এটি বাড়াতে প্রয়োজন, ঈশ্বরের প্রশংসা।

47. যখন আপনার কাছে ঈশ্বরের প্রতিশ্রুতি আছে, তখন আপনি কেন মানুষের সাথে আপস করবেন?

48. যখন আপনি আপনার সাথে কথা বলা শব্দটি শুনতে পান, তখন আপনার কাছে দুটি বিকল্প থাকে - এক, শব্দটি বিশ্বাস করুন এবং এটি অনুসরণ করুন। দুই, শব্দটি পরীক্ষা করুন। উভয় বিকল্পই বিশ্বাসকে শিকড় ও ফল উৎপাদনের দিকে নিয়ে যায়।

49. আপনি যখন পাহাড়ের দিকে তাকান, আপনি দুটি বড় পর্বতের মধ্যে একটি পরিষ্কার V দেখতে পাবেন। যত উঁচু এবং বড় পর্বত, তত বৃহত্তর ভি। এটি ভূগোলের ভাষা থেকে একটি চিহ্ন যা দিয়ে ঈশ্বর লিখেছেন যার অর্থ হল আপনার সবচেয়ে বড় বিজয় আপনার সবচেয়ে বড় সমস্যার মধ্যে রয়েছে।

50. আপনি যখন ঈশ্বরকে মহিমান্বিত করেন, আপনার জীবন মহিমান্বিত হয়ে ওঠে।

51. যখন আপনি প্রার্থনা করেন, আপনি একটি 'ক্রিস্টালিস'-এ প্রবেশ করছেন, একটি ক্রিসালিস নয় এবং আপনি আবির্ভূত হবেন নতুন বিশ্বাস, নবায়ন জ্ঞান, নতুন অনুগ্রহ, নতুন করে আশা ও শক্তি, নতুন উদ্দেশ্য, নব যৌবন ও সৌন্দর্য নিয়ে।

52. আপনি যখন গিডিয়নের মতো ঈশ্বরের সামনে আপনার চাদর বিছিয়েছিলেন, তিনি আপনার স্প্রেডশীটকে আশীর্বাদ করবেন।

53. যখনই আমরা একটি বাধা দেখি, ঈশ্বর একটি পথ দেখেন। যখনই আমরা কোনো সমস্যা দেখি, তিনি অগ্রগতি অনুভব করেন। যখনই আমরা একটি চ্যালেঞ্জ দেখি, তিনি পরিবর্তন অনুভব করেন।

54. আমরা প্রায়শই ধরে নিই যে একবার আমরা প্রত্যাশিত ফলাফল পেয়ে গেলে, আমরা মনোভাব গড়ে তুলব। কিন্তু আমাদের মনোভাব আমাদের ফলাফলের পূর্বাভাস, পূর্ববর্তী এবং ভবিষ্যদ্বাণী করে। আমরা আনন্দিত না হয়ে বিজয়ী হতে পারি না।

55. আমরা বলি, "বেশি কাজ কর, কম কথা বল, বেশি চিন্তা কর, কম কথা বল, বেশি প্রার্থনা কর, কম কথা বল" এবং তবুও মানুষের জিহ্বা এই সমস্ত জ্ঞানী নিয়মকে উপেক্ষা করে।

56. আমাদের সম্পূর্ণ ক্ষমতা ব্যবহার না করা এবং প্রতিভার গিল্টকে সর্বোচ্চ স্তরে পুড়িয়ে ফেলার মধ্যে অপরাধবোধের মধ্যে আমাদের একটি পরিষ্কার পছন্দ করা উচিত।

57. আমাদের মুখকে অপব্যবহারের নর্দমা হিসাবে ব্যবহার করা উচিত নয় বরং শান্তি ও শুভেচ্ছার বপনকারী হিসাবে ব্যবহার করা উচিত।

58. আমরা যে চিন্তাভাবনা চিন্তা করি তার দ্বারা আমরা নিজের মধ্যে বীজ বপন করি, অন্যদের মধ্যে আমরা কথা বলি।

59. আমরা বাধ্যতামূলক এবং কষ্টের সাথে অধ্যয়ন করি, কিন্তু আমরা স্বেচ্ছায় এবং আনন্দের সাথে শিখি।

60. আমরা যারা দুষ্ট এবং দুর্বল, আমরা আমাদের বাচ্চাদের কোন ভাল জিনিস অস্বীকার করতে পছন্দ করি না, রাজাদের রাজা আর কত কিছু অস্বীকার করবেন না? আমাদের জন্য ভাল জিনিস, তার সন্তানদের.

61. আমাদের, মানুষের, স্পঞ্জের মতো ইতিবাচককে শোষণ করার এবং চুম্বকের মতো নেতিবাচককে বিকর্ষণ করার ক্ষমতা বিকাশ করতে হবে।

62. জ্ঞানের মাধ্যমে অর্জিত সম্পদ প্রায়শই পাপ এবং মূর্খতার মাধ্যমে হারিয়ে যায়।

63. আংশিক বর্ম পরা ততটা ভালো যতটা কোন বর্ম নেই।

64. আমরা কী এবং কার সাথে পরিচিত হই তা আমাদের পরিচয়ের উৎস হয়ে ওঠে।

65. আমাদের হৃদয়ে যা যায় তা কেবল আমাদের মুখ থেকে তরবারির মতো বেরিয়ে আসে যা জীবন দিতে পারে বা নিতে পারে।

66. "অস্মোসিস দ্বারা শেখা" কি - একটি কম বিকশিত মন তার বক্তৃতা শুনে বা তার বই পড়ার মাধ্যমে, জ্ঞান এবং প্রজ্ঞার ক্ষেত্রে নিজেকে অবস্থান করে শেখে এবং বিকাশ করে। অথবা নিছক তার উপস্থিতিতে সময় ব্যয় করে।

67. একটি 'দৃষ্টিশক্তি' কি? একটি উইনসাইট হল একটি স্পষ্ট দৃষ্টি, একটি অন্তর্দৃষ্টি যা একজন ব্যক্তিকে তার ব্যবসা, পেশা বা জীবনের যেকোনো পরিস্থিতিতে একটি খেলা জয় করতে সক্ষম করে।

68. হৃদয়ের জন্য যা ভাল তা মনের জন্য ভাল, যা মনের জন্য ভাল তা অবশ্যই ভাল নয় হৃদয়ের জন্য

69. যা প্রতিরোধ করা হয় তা গণনা বা পরিমাপ করা যায় না তবে মূল্যবান হতে পারে।

70. শেষের মত যা দেখায় তা প্রায়শই কেবল একটি বাঁক।

71. বীজের জন্য যা গুরুত্বপূর্ণ তা হল মাটি, শিকড়ের জন্য যা গুরুত্বপূর্ণ তা হল গভীরতা এবং জলের প্রবেশাধিকার, অঙ্কুর জন্য যা গুরুত্বপূর্ণ তা হল বৃদ্ধি, শাখাগুলির জন্য যা গুরুত্বপূর্ণ তা হল বিস্তার, পৌঁছানো এবং প্রস্থ, পাতার জন্য যা গুরুত্বপূর্ণ তা হল সূর্যালোক, ফলের জন্য যা গুরুত্বপূর্ণ তা হল বাতাস এবং আবহাওয়া, মানুষের কাছে যা গুরুত্বপূর্ণ তা হল ফলটি মিষ্টি এবং প্রচুর।

72. বিশ্ব এবং ব্যক্তিদের যা প্রয়োজন তা সীমাহীন শক্তি নয় যা আমাদের ধ্বংস করতে পারে। বিশ্ব এবং ব্যক্তিদের যা প্রয়োজন তা হল মুহূর্ত থেকে মুহুর্তে ব্যবহার করার জন্য সীমিত বর্ধিত শক্তি।

73. আমরা যা জানি বা মনে করি আমরা জানি তা আমাদের যা জানা দরকার তা থেকে দূরে রাখে।

74. একজন পরিচিতকে কখনই বন্ধু হিসাবে প্রচার করবেন না যতক্ষণ না সে আপনার বিশ্বাস অর্জন করে।

75. বিশ্বাস ক্ষয়প্রাপ্ত হলে, প্রেম ক্ষয়প্রাপ্ত হয়.

76. পশুর অনাক্রম্যতা থেকে পশুপালের মানসিকতা অনেক বেশি সাধারণ।

77. স্বপ্ন থাকলে পূরণ করার বিধান দৃষ্টি অনুসরণ করবে।

78. সম্ভাব্য একটি শব্দ যা প্রত্যেক স্বপ্নদর্শীর অভিধানে লেখা আছে।

79. দেখতে না পাওয়ার জন্য আপনার অন্ধ হওয়ার দরকার নেই কারণ আপনাকে কেবল আপনার চোখ বন্ধ করতে হবে যখন এটি খোলা রাখা উচিত ছিল।

80. আপনার দুর্বলতা সম্পর্কে সচেতন এবং সতর্ক থাকুন কারণ সেগুলি হল সেই ক্ষেত্র যেখানে আপনার শত্রু, প্রতিদ্বন্দ্বী এবং শত্রুরা বিনিয়োগ করবে।

81. আমাদের দুর্বলতার চেতনা কেবল আমাদের এমন ক্ষেত্রগুলি দেখায় না যেখানে আমরা উন্নতি করতে পারি তবে এটি অহংকার এবং অতিরিক্ত আত্মবিশ্বাসের প্রতিষেধক যা আমরা কেবলমাত্র আমাদের শক্তির উপর নির্ভর করলে আসতে পারে।

82. প্রতিবার যখন আমরা দুর্বলতার কাছে নতি স্বীকার করি, আমরা আরও দুর্বল হয়ে পড়ি। প্রতিবার আমরা প্রতিরোধ করি, আমরা শক্তিশালী হয়ে উঠি।

83. আমাদের দিন বেশি হোক বা কম হোক, প্রভু আমাদের সাথে আছেন এটাই সবচেয়ে বড় আনন্দ, সবচেয়ে বড় শক্তি, সবচেয়ে বড় প্রজ্ঞা, এবং সবচেয়ে বড় সম্পদ এবং আনন্দ।

84. আমরা যেভাবেই দেখি না কেন, আমাদের সমস্ত বিজ্ঞান ও প্রযুক্তি, দর্শন এবং মানবিকতা অসম্পূর্ণ এবং ফ্যাক্টরিং ছাড়া সামগ্রিক কার্যকর সমাধান দিতে পারেন না ঈশ্বরে.

85. আপনি যেভাবেই চেষ্টা করুন না কেন, আপনি বিশ্বাস নামক অংশ ছাড়া জীবনের জিগস পাজলটি সমাধান করতে পারবেন না।

86. অনুপস্থিত-মনের চেয়ে উপস্থিত-মনে থাকা ভাল, উপস্থিতি-মনে থাকা বা ঈশ্বরের সর্বব্যাপী উপস্থিতি সম্পর্কে সচেতন হওয়া রূপান্তরের চাবিকাঠি।

87. ঈশ্বরের সাথে আপনার সেতু নির্মাণের সময়, মানুষের সাথে আপনার সেতুগুলিকে পোড়াবেন না।

88. যদিও আমরা মানুষ সবসময় আমাদের ভাল সময়ের জন্য সৃষ্টিকর্তাকে কৃতিত্ব দিই না বা তাকে অস্তিত্বহীন বলে মনে করি না কিন্তু আমরা সবসময় খারাপ সময়, দুর্ভাগ্য এবং দুর্ঘটনার জন্য তাকে দায়ী করি।

89. যখন আমরা কুস্তি করার জন্য কঠোর চেষ্টা করছি, ঈশ্বর আমাদের বিশ্রামের জন্য ডাকছেন।

90. কে আপনাকে একটি মুখ, একটি জিহ্বা, ভোকাল কর্ড এবং কথা বলার জন্য একটি মন দিয়েছে? যদি আপনি নিজেই হন, নিজের পক্ষে কথা বলবেন? অন্যদের হলে তাদের পক্ষে কথা বলবেন? যদি ঈশ্বর হয়, তবে তাঁর পক্ষে কথা বলুন।

91. কে "ভাল" শব্দটি ব্যবহার করেনি? এর অর্থ "ঈশ্বরের"। যাই হোক ঈশ্বরের হয় ভাল. জীবনে দশটির মধ্যে নয়টি জিনিস ভাল, দশম, "ভাল নয়" আছে যাতে আমরা বুঝতে পারি ভাল কী এবং ভালো না হওয়ার পরিণতি।

92. ঈশ্বর যাকে রোপণ করেছেন কোন মানুষ বা শক্তি উপড়ে ফেলতে পারে না।

93. কেন বাস্তবতার সবচেয়ে বড় এবং সবচেয়ে জটিল দিকগুলিকে খুব ছোট শব্দ দ্বারা উপস্থাপন করা হয় - যেমন ঈশ্বর আর অহংকার? সেখানে একটি পাঠ আছে?

94. কেন একটি প্যাকে শুধুমাত্র 52টি কার্ড থাকে 100টি নয় কেন? বাকি 48টি জীবনের গতিপথে একে একে প্রকাশ করার জন্য সৃষ্টিকর্তার হাতে ধরা আছে।

95. আমাদের যা আকাঙ্খা করতে হবে তা হল জীবনের সাম্যের সাথে মানসম্পন্ন জীবন।

96. আমাদের যা দরকার তা হল প্রতিটি ডোমেনে আইকনের একটি নতুন প্রজাতি নয় বরং একটি নতুন শ্রেণীর আইকনোক্লাস্ট।

97. আমরা সারাদিন যা বলি তাই আমরা সারা জীবনই থাকি।

98. আপনি সর্বদা যা সচেতন তা হল আপনার বিবেক। আপনার কাছে যা নেতিবাচক বা খারাপ বলে মনে হয় সে সম্পর্কে আপনি যদি সর্বদা সচেতন হন তবে আপনি একটি নেতিবাচক বিবেক গড়ে তুলেছেন। আপনি যদি সর্বদা ইতিবাচক বা ভাল সম্পর্কে সচেতন হন তবে আপনার একটি ভাল বিবেক রয়েছে।

99. আপনি কি করছেন তার চেয়ে আপনি কী গুরুত্বপূর্ণ এবং আপনার কাছে যা আছে তার চেয়ে আপনি কী করেন তা বেশি গুরুত্বপূর্ণ। আপনি যা আছেন তাতে বিনিয়োগ করলে, আপনি যা করবেন তা আপনি উন্নত করবেন, এবং যখন আপনি যা করবেন তার উন্নতি করবেন, আপনার যা আছে তা বৃদ্ধি করবে।

100. আপনি প্রজ্ঞা, বুদ্ধি, প্রতিভা, শক্তি, ক্ষমতা, সময়, ধন পরিপ্রেক্ষিতে যা সরবরাহ করা হয় - প্রয়োগ করুন; আপনি কি প্রয়োগ করেন, গুণ করেন, আপনি কী গুণ করেন, বড় করেন।

101. আজকাল যারা ভালো আছেন তাদেরও ডাক্তারের প্রয়োজন।

www.eqthinking.com www.prateepphilip.com www.fillipisms.com

"আপনার ক্রাচ ত্যাগ করুন এবং আপনার ডানা নিন।"

শিল্পীর অনুপ্রেরণা:

চিত্রকর্মটি ফিলিপিজমের একটি সচিত্র উপস্থাপনা; ক্রাচগুলি একটি আবদ্ধ খাঁচার আকার ধারণ করে এবং ভিতরে থাকা পাখিটি উড়ে যাওয়ার জন্য প্রস্তুত।

দৃষ্টিভঙ্গি

1. আপনার ক্রাচ পরিত্যাগ এবং আপনার ডানা নিন

2. একজন জ্ঞানী মানুষ সবসময় দুটি বিরোধী কারণ সম্পর্কে সচেতন থাকে - সীমাবদ্ধতা এবং অগ্রাধিকার, অনন্তকালের কালের বিরুদ্ধে সময়ের সংক্ষিপ্ততা।

3. বিশ্বাস এবং দৃষ্টিভঙ্গিতে একটি ছোট পরিবর্তনের ফলে শক্তি, আবেগ, কর্ম, সম্পর্ক, অর্জন এবং অবদানের একটি বড় পরিবর্তন হয়।

4. যেকোন সমস্যাই হয় একটি মিলের পাথর বা অগ্রগতির পথে একটি মাইলফলক হতে পারে তা নির্ভর করে আমরা কীভাবে আমাদের মনকে তা ব্যাখ্যা করতে দিই।

5. উপযুক্ত নীরবতা সোনালী, উপযুক্ত বক্তৃতা হীরা এবং উপযুক্ত প্রার্থনা প্ল্যাটিনাম।

6. আশাবাদ বা হতাশাবাদের চেয়ে বিশ্বস্ততা একটি বৃহত্তর বিকল্প কারণ আপনি অর্ধ-পূর্ণ বা অর্ধ-খালির পরিবর্তে জীবনের একটি উপচে পড়া কাপ বেছে নিচ্ছেন।

7. প্রেমে পড়া সহজ, প্রেমে থাকা একটি চ্যালেঞ্জ।

8. সমাধান খোঁজা জীবনের সমস্যা খুঁজে বের করার মতো জটিল নয় যা একজনকে সমাধান করতে হবে।

9. প্রথমে, বিবর্তিত, তারপর ঘোরান।

10. প্রথমত, আপনি দ্রুত যেতে পারার আগে আপনাকে ধীরে যেতে হবে, আপনাকে যেতে হবে দ্রুত উড়ে যাওয়ার আগে।

11. আমাদের মন একটি ল্যান্ডমাইন বা সোনার খনি হতে পারে - আমরা কীভাবে এটি ব্যবহার করব তার উপর নির্ভর করে।

12. কখনও কখনও আমরা আমাদের পেরিস্কোপ, টেলিস্কোপ এবং আমাদের মানুষের বোঝার অণুবীক্ষণ যন্ত্রের মাধ্যমে জীবনকে যে কোণে দেখছি তার কারণে, আমরা আমাদের সাহায্যের ফেরেশতাগুলিকে মিস করি।

13. আপনি দীর্ঘমেয়াদী জন্য এখানে আছেন. সুতরাং, দীর্ঘমেয়াদী চিন্তা করুন এবং স্বল্প মেয়াদে কাজ করুন।

14. আমাদের সবচেয়ে বড় সমস্যাগুলি আমাদের ভাল মানুষ তৈরিতে আমাদের সেরা বন্ধুদের চেয়েও অনেক ভাল করতে পারে।

15. আপনার বাস্তবতা অন্য কারো দূরবর্তী এবং অপ্রাপ্য স্বপ্ন। আপনার বর্তমান বাস্তবতার প্রতিটি দিককে লালন করতে এবং উপভোগ করতে শিখুন।

16. প্রতিটি বিষয়ের সারমর্ম অনুধাবন করতে এবং বুঝতে প্রশিক্ষণ, অভিজ্ঞতা এবং সর্বোপরি ভালো বুদ্ধি লাগে।

17. জীবনের সেরা জিনিসগুলি অর্জিত হয় না কিন্তু দান করা হয়।

18. সম্পর্কের মধ্যে দৃষ্টিভঙ্গি এবং ভারসাম্য বজায় রাখার একটি দুর্দান্ত উপায় হল এমন আচরণ করা যেন আমরা বা যাদের সাথে আমরা সম্পর্ক করছি তারা বেশিদিন আশেপাশে থাকবে না।

19. একজন মানুষের প্রয়োজন অন্য মানুষের চাহিদা

20. আকার এবং ক্ষমতা একই পরিস্থিতি বা বাস্তবতার দৃষ্টিভঙ্গি পরিবর্তন করে: একটি টিকটিকির জন্য, একটি প্রাচীর একটি আশ্রয়, একটি পথ, একটি সুযোগ উপস্থাপন করে যখন অনেক বড় মানুষের জন্য, এর অর্থ একটি বাধা, একটি দৃষ্টি অবরোধকারী, স্বাধীনতা সীমাবদ্ধ।

21. কিছু পুরুষ যখন দেয়ালের বিপরীতে থাকে তখন বল সবচেয়ে ভালো খেলে।

22. সান আপ, চিন আপ: গতকালের দুঃখের জন্য আশার দিনটির মুখোমুখি হন।

23. যে পিঁপড়াটি প্রতিদিন তার মোলহিলে আরোহণ করে অবশেষে পর্বতে আরোহণ করবে। এই ধরনের প্রচুর পিঁপড়া একসাথে পাহাড়ে গর্ত তৈরি করবে এবং যদি তারা তাদের সকলের জন্য মোলহিল তৈরি করতে পারে।

24. নিজেকে প্রমাণ করার সেরা এবং প্রকৃতপক্ষে একমাত্র উপায় হল উন্নতি করা।

25. সুন্দর চেহারা, সুন্দর বংশ, পদমর্যাদা, সম্পদ, প্রতিভা এবং কৃতিত্বের পার্থক্য একদিন নিভে যাবে কিন্তু বিশ্বাস, চরিত্র ও সেবা দিয়ে আলাদা করা যায় না।

26. পৃথিবী গোলাকার, পৃথিবী সমতল, আকাশ উল্লম্বভাবে উপরে - আমাদের মানুষের একাধিক দৃষ্টিকোণ প্রয়োজন জীবনের উপর আঁকড়ে ধরা।

27. গ্লাস স্থায়ীভাবে পূর্ণ, অর্ধেক পূর্ণ বা অর্ধেক খালি বা খালি নয়। এটা আমাদের জীবনের বিভিন্ন সময়ে আমাদের প্রত্যেকের জন্য এই সব. কিন্তু ইতিবাচকের উপচে পড়া জন্য আমাদের তীব্র আকাঙ্ক্ষা এবং লক্ষ্য করা উচিত।

28. বৃহত্তর সত্যগুলি আনন্দের উচ্চতায় নয়, দুঃখের গভীরতায় আবিষ্কৃত হয়।

29. সবচেয়ে বড় অনুগ্রহ যা আমরা পেতে পারি তা হল আমরা নিজেরাই করতে পারি।

30. মানুষের বেদনার সবচেয়ে বড় উৎস হল সুখের আবেশী সাধনা।

31. ইতিহাসের শিক্ষা হল যে আমাদের কখনই ভবিষ্যতের কথা খুব তাড়াতাড়ি বলা উচিত নয়। অনেকগুলি কারণ নিয়ন্ত্রণ বা আমাদের সেরাদের দ্বারা অনুমান করার ক্ষমতার বাইরে।

32. যে ব্যক্তির উপর অন্যায় করা হয়েছে তার বহন করার জন্য এটি করা ব্যক্তির চেয়ে বেশি বোঝা রয়েছে।

33. বিবাহ একটি রহস্য যার মধ্যে খুব কমই আয়ত্ত রয়েছে।

34. বিবাহিতরা ব্রহ্মচারীর পরামর্শকে গুরুত্বের সাথে নেয় না।

35. সবচেয়ে মর্মান্তিক ক্ষত হল যেগুলো আমরা নিজেদের উপর দিয়ে থাকি।

36. মানুষের মধ্যে সবচেয়ে গুরুত্বপূর্ণ কিন্তু সবচেয়ে কম ব্যবহৃত বোতাম জীবন হল বিরতি বোতাম: চিন্তা করা, ধন্যবাদ, প্রার্থনা, বিশ্রাম, উপভোগ, প্রতিফলন, শোনা, আত্মদর্শন করার জন্য বিরতি।

37. সংখ্যার প্রতি আবেশ অনেক ভুলের দিকে নিয়ে যায়।

38. এই জটিল বিশ্বকে বোঝার একমাত্র উপায় হল সরলতা এবং এর প্রসঙ্গে একটি সময়ে একটি জিনিস বোঝার চেষ্টা করা।

39. বিশ্ব সত্যিই সঙ্কুচিত হয়েছে এবং সেজন্য আরও সঙ্কুচিত হওয়ার প্রয়োজন রয়েছে।

40. হাজার মাইলের যাত্রা একটি মাত্র ভুলের মাধ্যমেও শেষ হতে পারে।

41. পৃথিবীর সর্বশ্রেষ্ঠ সম্পদ হাত-পা দিয়ে নয়, মানুষের মন দিয়ে খনন করা হয়েছে।

42. বিভিন্ন ধরণের সত্য রয়েছে - মহৎ সত্য বা আদর্শ, জ্ঞাত সত্য বা বাস্তবতা এবং প্রযোজ্য সত্য যা প্রথম এবং দ্বিতীয়টির মতো মূল্যবান।

43. আইনের শ্রেণিবিন্যাস রয়েছে: শারীরিক আইনের জন্য প্রাকৃতিক আইনের আনুগত্য প্রয়োজন যা আমাদের ক্ষতি থেকে রক্ষা করে, মানব আইনের আনুগত্য আমাদের শাস্তি থেকে রক্ষা করে যখন আধ্যাত্মিক আইনের আনুগত্য আমাদের আশীর্বাদ এবং পুরস্কৃত করে।

44. আমাদের যে অনেক গোপন আছে না জানা ভালো।

45. মনের শ্রেণীর উপর ভিত্তি করে দুই ধরণের ব্যক্তি রয়েছে: আপনি একজন দরিদ্র ধনী মানুষ বা ধনী দরিদ্র মানুষ হতে পারেন।

46. এই মহাবিশ্বে দুই ধরণের শিকারী রয়েছে - একজন শিকার করে এবং বন্দী শিকারকে জীবন দেয়। অন্যরা শিকার করে এবং শিকারের প্রাণ কেড়ে নেয়। আপনি যা বিশ্বাস করতে চান তা নির্ধারণ করে যে আপনি কার বন্দী হবেন।

47. কিছু কবর দেওয়া এবং বপন করার মধ্যে পার্থক্য রয়েছে যদিও উভয় কাজই একই, প্রথমটি এটি থেকে মুক্তি পাওয়ার জন্য এবং পরবর্তীটি নবায়ন ও বৃদ্ধির জন্য।

48. মৌমাছির মতো ব্যস্ত থাকা, শুঁয়োপোকার মতো অবসরে এবং প্রজাপতির মতো সুন্দরভাবে উপযোগী হওয়া যেকোনো মানুষেরই সার্থক লক্ষ্য।

49. কার্যকরী হওয়ার জন্য একজনের দ্বন্দ্ব এবং প্যারাডক্সের আয়ত্তের প্রয়োজন - একই ব্যক্তি একই সময়ে কীভাবে এই সমস্ত হতে পারে - সাপের মতো বুদ্ধিমান, ঘুঘুর মতো নিরীহ, পেঁচার মতো জ্ঞানী, ঈগলের মতো তীক্ষ্ণ।

50. আমরা 40 থেকে 80 বছরের সংক্ষিপ্ত সময়ের জন্য নিজেদের এবং আমাদের সন্তানদের ভবিষ্যত সুরক্ষিত করার জন্য অনেক কষ্ট এবং দূরদর্শিতা নিয়ে থাকি কিন্তু তা করি অনন্তকাল বাকি সুরক্ষিত সামান্য.

51. পৃথিবীকে সমতল বিশ্বাস করার অধিকার আপনার আছে, কিন্তু যারা বিশ্বাস করে যে পৃথিবী গোলাকার তাদের ক্ষতি, হত্যা বা জোর করার অধিকার আপনার নেই।

52. আপনার স্বপ্ন অন্য কারও দুঃস্বপ্ন।

53. সবাই সফল হতে পারে না, কিন্তু সবাই বিজয়ী হতে পারে।

54. ঘাসের মতো যা দ্রুত বৃদ্ধি পায় তাও দ্রুত নষ্ট হয়ে যায় যখন ফল গাছের মতো ফুলে উঠতে সময় ও শ্রম লাগে।

55. আমাদের হাড়ের জন্য যেমন ভিটামিন ডি প্রয়োজন, আমাদের আধ্যাত্মিক হাড় বা ভিত্তি মজবুত হওয়ার জন্য, আমাদের উৎসর্গ, নিষ্ঠা, সংকল্প, শৃঙ্খলা এবং পরিশ্রমের ভিটামিন ডি প্রয়োজন।

56. একটি ফল যেমন উদ্ভিদ উৎপাদনের জন্য থাকে না, আমরা যা করি এবং উৎপাদন করি তা মূলত সৃষ্টিকর্তার সন্তুষ্টি ও আনন্দের জন্য এবং দ্বিতীয়ত মানুষের জন্য।

57. ধ্যান হল বেদনাদায়ক আত্মার শুদ্ধি এবং কষ্ট হল বেদনাদায়ক শুদ্ধি।

58. আইন ও ন্যায়বিচারের শৃঙ্খলা এবং করুণা ও করুণার ব্যবস্থা একসাথে চলে মানবজাতির আধ্যাত্মিক ইতিহাস।

59. পাঁচ আউন্স অনুশীলন, এক আউন্স শিক্ষা এবং এক আউন্স প্রচার হল নিখুঁত সমন্বয়। পাঁচদিনের অনুশীলন, একদিন প্রশিক্ষণের দিন এবং আশার যোগাযোগের একদিন হল পারফেক্ট সপ্তাহ।

60. প্রযোজনার কারণের চেয়ে দৃষ্টি অভিনেতা অনেক বেশি গুরুত্বপূর্ণ।

61. অন্ধকারে মাথা ঝুলিয়ে রাখবেন না কারণ সমস্ত ক্ষেতে একইভাবে ফুল ফোটে না - কিছু বীজ বপনের মৌসুমে, কিছু চাষের মৌসুমে, কিছু পতিত, কিছু শুকনো এবং কিছু প্লাবিত, কিছু একটি মৌসুমে ফসল.

62. প্রাকৃতিক জগতের কার্যত সবকিছুই অতিপ্রাকৃতের একটি ভৌত রূপক বা প্রতীক।

63. মানুষের জিহ্বা সম্পদ, স্বাস্থ্য এবং গোপনীয়তার সর্বশ্রেষ্ঠ ব্যক্তিগত অস্ত্র। এটি বুদ্ধিমানের সাথে এবং সাবধানে ব্যবহার করুন।

64. অদম্য জিহ্বা হল সওয়ারহীন ঘোড়ার মতো, রেডার ছাড়া জাহাজের মতো, মূত্রাশয়বিহীন মানুষ।

65. আপনার জাঙ্ক বক্স চেক করুন - এটি মূল্যবান ধন ধারণ করতে পারে।

66. এমন কোনো ধন তৈরি করবেন না যা চাপের উৎস হতে পারে, আপনার একটি উৎস হল আনন্দ

67. আমরা আমাদের হৃদয়ে যা সঞ্চয় করি তা একটি ধন। যখন আমরা এটি ব্যবহার করি, তখন এটি একটি পরিতোষ হয়ে ওঠে।

68. আপনি যদি আপনার কষ্টকে দ্বিগুণ করতে চান, তাহলে আপনি ইতিমধ্যে এতদূর যা সম্মুখীন হয়েছেন তার পাশাপাশি আপনি যে সমস্ত সমস্যার মুখোমুখি হতে চলেছেন সে সম্পর্কে চিন্তা করুন।

69. আমরা মানুষ স্বভাবতই যাদের আমরা বিশ্বাস করি তাদের সঙ্গের জন্য তৃষ্ণা পাই।

70. একজন ব্যক্তি কখনই তার চেয়ে বেশি ধনী হয় না যে সে প্রকৃতপক্ষে।

71. একজন নশ্বর, সীমিত মানব দাবি করে যে অসীম এবং সম্পূর্ণ সত্য এবং কিছুই জানে না, তবে সত্যটি চাঁদের মতো দাবি করে যে এটি তার নিজের আলোতে জ্বলছে।

72. ঈশ্বর যখন আমাদের হাত ধরেন, তিনি কেবল আমাদের হাতই ধরেন না, আমাদের প্রতিটি অঙ্গ, আমাদের প্রতিটি সম্পর্ক এবং আমাদের সমস্ত জীবন ধরে রাখেন।

73. ঈশ্বর যখন আমাদের বাস করেন, তখন কে আমাদের বাধা দিতে পারে?

74. যখন ঈশ্বর আমাদের ত্বকের চেয়েও আমাদের কাছাকাছি থাকেন, তখন আমাদের পাপ, আমাদের ব্যর্থতা, আমাদের ত্রুটিগুলি অসীম দূরত্বে স্থানান্তরিত হয়।

75. যখন ঈশ্বর আমাদের হৃদয় ও মনে রাজত্ব করেন, তখন এটি একটি অবিরাম বৃষ্টি, আশীর্বাদের বর্ষণ।

76. ঈশ্বর যখন আমাদের জীবন চালান, এটি ধ্বংসের মধ্যে শেষ হবে না।

77. যখন আশা এবং নিশ্চিত সেই মনোভাবকে বিশ্বাস বলা হয়।

78. যখন সবই ঈশ্বরের জন্য, তখন সবই ভালোর জন্য।

79. যীশু যখন বলেছিলেন, "যদি তোমার বিশ্বাস সরিষার দানার মতোও থাকে, তবে তুমি পাহাড়কে সমুদ্রে ফেলে দিতে পারো", এর অর্থ হল আমাদের সন্দেহ থাকলেও, ঈশ্বরের শক্তি এবং বিশ্বস্ততা সম্পর্কে আমাদের সামান্য প্রত্যয়ই হতে পারে। আমাদের

সমস্যাগুলি এই মুহুর্তে বড়, উঁচু, ভারী এবং শিকড়ের মতো পাহাড়ের মতো মনে হতে পারে যা তাঁর ভালবাসা এবং শক্তির গভীরতায় নিক্ষিপ্ত হতে পারে।

80. যখন জীবন আমাদের উপর পরীক্ষা, সমস্যা এবং প্রলোভন নিয়ে ভ্রুকুটি করে, তখন ঈশ্বর আমাদের শান্তি, আনন্দ এবং বিজয়ের মুকুট দেন।

81. মার্কস এবং হেগেল যখন থিসিস এবং অ্যান্টি-থিসিস সম্পর্কে লিখেছিলেন, তখন তারা অনিচ্ছাকৃতভাবে ভাল এবং মন্দ সম্পর্কে লিখেছিলেন এবং স্বীকার করেছিলেন নৈতিক পরম-ঈশ্বরের ভূমিকা, চূড়ান্ত মান-ধারক এবং মঙ্গলের সংশ্লেষক। অন্য কথায়, তারা ঈশ্বরের ধারণা ছাড়াই একটি নতুন ধর্ম তৈরি করার চেষ্টা করছিল।

82. যখন কেউ ঈশ্বরের সাথে মিলিত হয়, সে কখনই মানুষের সাথে মিলিত হওয়ার চেষ্টা করে না।

83. যখন আমাদের নেট খালি থাকে, কিন্তু আমরা আশাবাদী হতে থাকি, ঈশ্বর কিছু বৃহৎ মাছ পাঠাবেন, যার অর্থ প্রভাবশালী এবং পদার্থের পাশাপাশি আমাদের নেটওয়ার্কে সুযোগ রয়েছে।

84. যখন বাবা-মায়েরা তাদের সন্তানদের মধ্যে ঈশ্বরের প্রতি সত্যিকারের বিশ্বাস এবং সম্মানের অনুপ্রেরণা দেয় না, তখন তারা অজান্তেই কিন্তু নিশ্চিতভাবে তাদের জীবনে ব্যর্থতা এবং পরাজয়ের জন্য তাদের সেট করে।

85. মানুষ যখন অর্ধ-সত্যের উপর তাদের জীবন গড়ে তোলে, তখন তাদের অনেক শক্তি, সাফল্য, সুখ থাকে। যখন আমরা আমাদের জীবনকে সম্পূর্ণ সত্যের উপর গড়ে তুলব তখন আমাদের শক্তি, সাফল্য, সুখের কথা কল্পনা করুন।

86. যখন লোকেরা আমাকে বলে, বই বা বাইবেলে ফিরে, আমি তাদের বলি যে আমাদের বেশিরভাগই বাইবেলের দিকে ফিরে যাই।

87. যখন শেক্সপিয়র লিখেছিলেন যে "কেউ মহত্ত্ব অর্জন করে, কেউ মহান জন্মগ্রহণ করে এবং অন্যদের উপর মহত্ত্ব চাপিয়ে দেয়," তিনি ভুলে গিয়েছিলেন অথবা জানতেন না যে কেউ কেউ আমাদের পিতা ঈশ্বরের উপর পিগিব্যাকের মত চড়ে চিরকালের মহত্ত্বের দিকে চলে যাই।

88. যখন শব্দের তীরটি আমাদের মনের ধনুকে লাগানো হয়, তখন এটি জ্ঞানের কম তীরগুলিকে জন্ম দেবে যা হৃদয় ও মনকে বিদ্ধ করতে পারে মানুষের আশা, শক্তি এবং জ্ঞান দিতে.

89. যখন জীবন কঠিন হয়, কঠিনভাবে প্রার্থনাও বেড়ে যায়.

90. যখন কোন বিশেষ কাজ বা ঘটনার জন্য দায়ী লোকেরা প্রার্থনা করে, তখন প্রভু সাড়া দেন।

91. যখন কার্যত আপনি একমাত্র প্রার্থনা করতে পারেন তখন আপনি জানেন যে ঈশ্বরই রাজত্ব করেন।

92. আমরা আমাদের বন্ধুদের চেয়ে আমাদের শত্রুদের কাছ থেকে বেশি শিখি তার কারণ আমাদের শত্রুরা আমাদের শেখায় আমাদের কী করা উচিত নয়, যখন আমাদের বন্ধুরা কেবল আমাদের শেখায় আমাদের কী করা উচিত।

93. আমরা আজ এমন এক পৃথিবীতে বাস করি যেখানে তথ্য জ্ঞান হিসাবে এবং জ্ঞানকে প্রজ্ঞা হিসাবে মাস্করেড করে যখন জ্ঞানকে কোণে ঠেলে দেওয়া হয়।

94. আমরা আজ এমন এক যুগে বাস করছি যখন স্মার্টনেস আমাদের মোবাইল ফোনে আউটসোর্স করা হয়, আমাদের ডিভাইসে জ্ঞান এবং প্রজ্ঞা নিষিদ্ধ, দৃষ্টির বাইরে, সবই মনের বাইরে।

95. আমরা আমাদের পরিকল্পনাগুলি এত সুন্দরভাবে তৈরি করতে পারি তবে এটি কীভাবে কার্যকর হবে তা সম্পূর্ণরূপে মানুষের উপর নির্ভর করে না।

96. জীবনের ব্যাকরণ বলে যে আমরা যদি ক্রিয়াপদের ভাল যত্ন নিই, বিশেষ্যগুলি অনুসরণ করবে।

97. আমাদের অনুমানযোগ্য হতে হবে না, তবে আমাদের হওয়া উচিত সামঞ্জস্যপূর্ণ

98. চরিত্রের গভীরতা যত বেশি, আপনি একটি ভাল জিনিস ঘটতে বা খারাপ জিনিস পরিবর্তনের জন্য অপেক্ষা করতে তত বেশি ইচ্ছুক।

99. মূল্যবোধের কাঠামোতে মানানসই হওয়ার জন্য আমাদের স্বপ্ন এবং আকাঙ্ক্ষাকে ছোট করতে হবে।

100. আমাদের তাৎক্ষণিক এবং আপেক্ষিক বাস্তবতাকে চূড়ান্ত এবং পরম এবং তদ্বিপরীত লেন্সের মাধ্যমে দেখতে হবে।

101. ঈশ্বর আমাদের জীবনে নেতিবাচককে অনুমতি দেন যাতে আমরা ইতিবাচকতার পূর্ণ শক্তি উপভোগ করতে পারি।

"একটি হাতির সমস্ত শক্তি থাকতে পারে, তবে তাকে পিঁপড়ার মতো হুল ফোটাতে, সতর্ক করার জন্য এবং পিষে না দেওয়ার জন্য ব্যবহার করা উচিত।"

শিল্পীর অনুপ্রেরণা:

চিত্রকর্মটি ফিলিপিজমের একটি সচিত্র উপস্থাপনা হতে অনুপ্রাণিত হয়েছিল।

শক্তি

1. একজনের কাছে হাতির সমস্ত শক্তি থাকতে পারে, তবে তাকে পিঁপড়ার মতো হুল ফোটাতে, সতর্ক করার জন্য এবং পিষে না দেওয়ার জন্য ব্যবহার করা উচিত।

2. আপনি যা চান তা পাওয়ার জন্য শক্তি একটি দ্রুত সমাধান নয় বরং দায়িত্ব এবং প্রতিক্রিয়া-ক্ষমতার মিশ্রণ।

3. কেউ বলে, "ক্ষমতাই বিষ"। শক্তি তখনই বিষাক্ত, যদি আপনি এটিকে খোঁচা, চুরি এবং বর্বরতার জন্য ব্যবহার করেন। আপনি যদি এটিকে আন্তরিকভাবে এবং দুর্বল, অসহায় এবং যাদের জন্য এবং যাদের কাছ থেকে এটি উদ্ভূত হয় তাদের সুবিধার জন্য ব্যবহার করেন, এটি প্রকৃতপক্ষে অমৃত, মধুর জীবনদাতা এবং জীবনের জীবন-বর্ধক অমৃত।

4. কঠিন উপায়ে জিনিস শেখা কাঁটার বিরুদ্ধে লাথি মারার মত।

5. লালসা তার ক্ষয়িষ্ণু প্রভাবে মরিচারের অনুরূপ কিন্তু মরিচা থেকে ভিন্ন যা প্রথমে বাইরের পৃষ্ঠকে দুর্বল করে, এটি মানুষের অভ্যন্তরীণ মূলকে কলুষিত করে।

6. আমাদের বিশ্বাস, মূল্যবোধ এবং নীতিগুলি আমাদের নৈতিক, আধ্যাত্মিক এবং বৌদ্ধিক ডিএনএ গঠন করে।

7. গতির চেয়ে বিরতি এবং ভদ্রতা অনেক বেশি গুরুত্বপূর্ণ।

8. বিরতি হল ভদ্রতার রহস্য।

9. উপলব্ধি করা, গ্রহণ করা, ধারণা করা।

10. নীতির মধ্যে রয়েছে সেটি যা মানুষের আবেগকে রক্ষা করে, নিয়ন্ত্রিত করে এবং এটিকে একটি আকার, একটি দিক এবং চরিত্র দেয় যেমন একটি পাত্র এতে থাকা তরলকে করে।

11. ধরে রাখা এবং মনোযোগ আমাদের উত্তেজনা থেকে মুক্তি দেবে।

12. চোর ধরার জন্য প্রধানদের সেট করুন।

13. কথা বলা, শিক্ষা দেওয়া, এবং প্রচার করা এবং অনুশীলন করা, বাস্তবায়ন করা, গাড়ির সামনের দুটি চাকার মতো হওয়া উচিত। উভয়কেই একসাথে চলাফেরা করতে হবে বা নেতৃত্বের অক্ষটি যদি জীবনের না হয় তবে ভেঙ্গে যাবে এবং গাড়িটি বিধ্বস্ত হয়ে থেমে যাবে।

14. অহংকারকে প্রতারিত করার এবং আপনার অদক্ষতার স্তরে অকালে পৌঁছানোর আগে থেকে খালি করার উপায় হল নিজেকে এক স্তর বা আপনার বর্তমান অবস্থানের নীচে একাধিক স্তরের ভাবা। রাখাল হলেও নিজেকে ভেড়া ভাবুন, রাজা হলেও নিজেকে সেবক ভাবুন, জেনারেল হলেও নিজেকে সৈনিক ভাবুন, অধ্যাপক ভাবুন আবার আজীবন ছাত্রও।

15. আমাদের ব্যক্তিগত এবং সামষ্টিক ইতিহাসে অগ্রগতির একটি অসম্ভাব্য সমার্থক হল সমস্যা।

16. সমৃদ্ধিকে আপনার প্রচেষ্টার উদ্দেশ্য হতে দিন এবং জীবন: এটি কেবল ঘটনাগত হতে দিন, আপনার আজীবন প্রচেষ্টার দুর্ঘটনাজনিত বা উদ্দেশ্যমূলক ফলাফল নয়।

17. প্রতিটি মানুষের একটি ত্রিমূখী উদ্দেশ্য আছে - বেঁচে থাকা, উন্নতি করা এবং সেবা করা।

18. জীবনে আমরা যে মহৎ উদ্দেশ্য খুঁজে পেতে পারি তা হল অন্যদের বেঁচে থাকতে বা উন্নতি করতে সাহায্য করা।

19. জীবনের উদ্দেশ্য সুখের সাধনা নয় বরং জীবনের উদ্দেশ্য পূরণ করা। সুখ বা অন্যথা শুধুমাত্র ঘটনাগত.

20. সিস্টেমটি একটি উদ্দেশ্যে বিদ্যমান। যদি উদ্দেশ্য পূরণ না হয়, তাহলে আমাদের একটি পদ্ধতিগত পরিবর্তনের পরিকল্পনা করা উচিত।

21. কাঠকয়লা তাপ দেয় এবং স্ব-ধ্বংস করে যখন একটি হীরা চিরকাল শীতল থাকে।

22. সমগ্র বিশ্ব জয় করার চেষ্টা করার পরে, বিজয়ী বুঝতে পারে যে বিজয়ের সন্ধান তার মধ্যে শুরু হওয়া উচিত এবং শেষ হওয়া উচিত।

23. সব প্রশ্ন কেউ জানে না। তাহলে কিভাবে কারো কাছে সব উত্তর থাকতে পারে?

24. আপনার আকাঙ্ক্ষাগুলি উপলব্ধি করার সবচেয়ে নিশ্চিত উপায় হল আপনার ইচ্ছার তালিকা থেকে আপনার প্রার্থনা তালিকায় জিনিসগুলি স্থানান্তর করা।

25. আপনি যে জিনিসগুলির জন্য অর্থ প্রদান করতে পারবেন না, তার জন্য প্রার্থনা করুন: যেমন প্রেম, স্বাস্থ্য, দীর্ঘায়ু, অনন্ত জীবন, শান্তি, আনন্দ এবং করুণা।

26. ঈশ্বরের জন্য তৃষ্ণা আমাদের জীবনের খোরাক হয়ে ওঠে এবং তাই জন্য আমরা তাঁকে বিশ্বাস করি।

27. বিশ্বাস, আশা এবং প্রেমের তিনটি আধ্যাত্মিক মাত্রা জীবনের সমস্ত শারীরিক, বৌদ্ধিক, মানসিক এবং সামাজিক মাত্রাকে রূপান্তরিত করে এবং এটিকে বহু-শক্তিশালী করে তোলে।

28. সবচেয়ে কঠিন যুদ্ধ যা আমরা কখনও লড়তে পারি তা হল অদৃশ্য শত্রু। আগুনের সাথে লড়াই করতে যেমন আগুন লাগে, ইস্পাতের সাথে লড়াই করতে ইস্পাত লাগে, বুলেটের জন্য বুলেট লাগে, তেমনি অদৃশ্যের সাথে লড়াই করতে আমাদের দরকার অদৃশ্য অদম্যের সাহায্য।

29. ট্রিনিটি নিশ্চিত করে যে কিছুই অসার নয় যদিও ট্রিনিটি ছাড়া সবকিছুই প্রকৃতপক্ষে অসার।

30. নম্রতার চূড়ান্ত কাজটি হল ঈশ্বরের কাছে আত্মসমর্পণ করা এবং ঔদ্ধত্যের চূড়ান্ত কাজ হল অ-সমর্পন।

31. ঈশ্বরের অদৃশ্য এবং অশ্রাব্য উপস্থিতি অনেক বেশি শক্তিশালী এবং পৃথিবীর সবচেয়ে শক্তিশালী লোকদের দেখা এবং শোনা উপস্থিতির চেয়ে সক্ষম।

32. অদৃশ্য সৃষ্টি করেছে দৃশ্যমান যাতে দেখার লোক দেখতে পারে অদেখা।

33. আপনার অস্তিত্বের সত্যই ঈশ্বরের অস্তিত্বের যথেষ্ট প্রমাণ। আপনি যখন ঈশ্বরের অস্তিত্বকে প্রশ্ন করেন, তখন আপনি আপনার নিজেরই প্রশ্ন করেন।

34. গ্রহটির নাম, "পৃথিবী" আমাদেরকে কীভাবে দক্ষ জীবনযাপন করতে হয় তার একটি সূত্র দেয়: শুনুন এবং চিন্তা করুন।

35. দৃশ্যমান নক্ষত্র, সূর্য এবং চন্দ্রকে স্বর্গীয় সংস্থা বলা হয় যাতে মানুষের কাছে দেখানো হয় যে অদৃশ্য স্বর্গ যে কোনও মানুষের নাগালের বাইরে। অনেক দূরে অবস্থিত স্বর্গে

পৌঁছানোর জন্য, আমাদের এমন একটি সেতুর প্রয়োজন হবে যা মানব প্রজ্ঞা বা হাত বা মানবসৃষ্ট ধর্ম দ্বারা স্থাপন করা হয়নি। যেমন যিশুর সমস্যাযুক্ত জলের উপর সেতু।

36. আপনার সাহস জোগাড় করার এবং আপনার শক্তিকে মার্শাল করার উপায় হল ঈশ্বর, অন্যদের এবং নিজের প্রতি আপনার বিশ্বাসকে শক্তিশালী করা।

37. মানুষের অস্ত্র হত্যা বা নিহত হতে সাহায্য করে আর ঈশ্বর আরো পরিপূর্ণভাবে বাঁচতে সাহায্য করে।

38. সমগ্র মহাবিশ্ব একটি বিশাল কুমারের চাকা আমাদের প্রত্যেকের উপর সর্বদা ঘুরছে এবং আমরা সকলেই এমন পাত্রের মতো যা স্রষ্টার দ্বারা তৈরি করা হচ্ছে - তাঁর স্বাদে মুক্তিদাতা এবং আমাদের জীবনের জন্য তাঁর উদ্দেশ্য পূরণ করার জন্য। আরও, আছে চাকার মধ্যে চাকা - কুমারের চাকার প্রতিটি মোড়ের সাথে আমাদের জীবনের কিছু দিক কুমারের হাতের তালুর স্পর্শে ঢালাই এবং আকার পায়। চাকা থেকে লাফ দেওয়ার চেষ্টা করার পরিবর্তে আমাদের ধীরে ধীরে কুমারের কাছে আত্মসমর্পণ করা উচিত যেমনটি আমরা প্রায়শই করি।

39. দুষ্টরা মনে করে যে ঈশ্বর অন্ধ, যতক্ষণ না তারা তার চোখে আগুন দেখতে পায়।

40. "চিন্তা" এবং "উপাসনা" শব্দের একই মূল রয়েছে - 'ভর': এর অর্থ হল আমাদের সমস্ত উদ্বেগকে উপাসনার উৎসে পরিণত করতে পারে যদি আমরা দুশ্চিন্তাগুলি ঈশ্বরের কাছে শুরু করার পরেই হস্তান্তর করি।

41. আমাদের উদ্বেগগুলি হল ঈশ্বরের সুযোগ যা আমাদের জীবনে খুব বাস্তব এবং ব্যবহারিকভাবে কাজ করার জন্য।

42. "ব্রিদ বা breathe" শব্দটিতে জীবনের জন্য প্রয়োজনীয় সমস্ত জিনিস রয়েছে: be বা হও, beat বা স্পন্দন, heart বা হৃদয়, he বা সে, thee বা তুমি, eat বা খাওয়া এবং tea বা চা।

43. ব্যুৎপত্তিগতভাবে" Mortgage বা মর্টগেজ" শব্দের অর্থ" engage with death বা মৃত্যুর সাথে জড়িত"। আপনি এবং আমি ঈশ্বরের কাছে অত্যন্ত মূল্যবান যে আমাদের চিরন্তন বন্ধক থেকে আমাদের উদ্ধার করার চেষ্টা করবেন না।

44. "প্রতিক্রিয়া বা reaction" শব্দের মধ্যে "সৃষ্টি বা creation" শব্দটি এম্বেড করা আছে। যেদিন আপনি প্রতিক্রিয়া বন্ধ করবেন, আপনি শুরু করবেন তৈরি করা

45. শব্দ মাংসে পরিণত হয়েছে এবং ঈশ্বরের মতোই - এর অর্থ কী? এর মানে যীশু আমাদের প্রসঙ্গে পাঠ্য।

46. গারদেন বা বাগান শব্দের মধ্যে "গার্ড ইডেন" শব্দটি লুকিয়ে আছে। আমাদের ইডেন, আমাদের অভ্যন্তরীণ রাজ্য, আমাদের বাড়িঘর, আমাদের গ্রাম, শহর, দেশগুলিকে পাহারা দিতে হবে নাহলে এগুলিতে চোরদের আস্তানায় পরিণত হবে।

47. শব্দটি পরিবর্তনের বীজ। প্রথমে শব্দকে সঠিক জায়গায় নিয়ে যেতে হবে তাহলে, ঘটনা এবং বাস্তবতা অনুসরণ করবে। আমেরিকার সংবিধানে বলা হয়েছে, "সকল পুরুষকে সমানভাবে সৃষ্টি করা হয়েছে"। তখন কালো দাস ও শ্বেতাঙ্গ প্রভুদের মধ্যে সমতার কথা ভাবাও হয়নি। কিন্তু শব্দটি গতিশীল জিনিস সেট করে এবং আমরা ইতিমধ্যে হোয়াইট হাউসে একজন কালো মানুষ পেয়েছি। মার্কস যা লিখেছেন তার বিপরীতে, শব্দটি বৈপরীত্য দূর করবে এবং বাস্তবতা তৈরি করবে।

48. ঈশ্বরের বাক্য মানুষের জগতের অসুস্থতাগুলিকে নিরাময় করে যা অন্য কিছুই পারে না।

49. ঈশ্বরের বাণী যখন বিশ্বাসের সাথে গৃহীত হয় এবং আমাদের হৃদয়ে প্রতিস্থাপিত হয়, তখন আমরা একটি নতুন প্রজন্ম হয়ে উঠি এবং ব্যাপকভাবে মানবজাতির জন্য আশা ও শক্তির উৎপাদক হয়ে উঠি। পাপ এবং মৃত্যুর ছায়ায়।

50. প্রভুর বাক্য হল দূরবর্তী সমাপ্তি রেখা দেখার জন্য একটি টেলিস্কোপ, আমাদের এবং অন্যদের গভীরে কী ঘটছে তা দেখার জন্য একটি মাইক্রোস্কোপ, আমাদের সামনের পথটি দেখার জন্য দূরবীন, আমাদের মধ্যে কী ভুল রয়েছে তা অধ্যয়নের জন্য একটি এন্ডোস্কোপ। এবং শত্রুর পরবর্তী পদক্ষেপ দেখার জন্য একটি পেরিস্কোপ এবং ভাল ফ্রেমযুক্ত লেন্স আমাদের পরবর্তী কয়েকটি পদক্ষেপ দেখতে সক্ষম করে, আমাদের নিকট এবং দূরের দৃষ্টিকে সংশোধন করে।

51. বিশ্ব বা ওয়ার্ল্ড ওয়ার্ড বা শব্দ থেকে এসেছে। এখন, শব্দটি বিশ্বকে ফিরিয়ে দেওয়ার সময় এসেছে।

52. বাইবেলে 774,746টি শব্দ রয়েছে। তবু কেন একে বাণী বলা হয় ঈশ্বরের এবং ঈশ্বরের শব্দ না? এটা কারন ঈশ্বর ব্যাকরণকে সম্মান করে না। না, আমরা যখন একটি শব্দ বা আয়াত পড়ি এবং ধ্যান করি, তখন যেন পুরোটাই বিশ্বাস করা হয় এবং মানা হয়। বিপরীতভাবে, একটি শব্দও যদি অবিশ্বাস করা হয়, তাহলে পুরোটাই অবিশ্বাসের মতো হয়ে যায়।

53. ঈশ্বরের দেবত্ব এবং অসীমতার প্রতি মানুষের তিনটি প্রতিক্রিয়া রয়েছে: করুণা এবং করুণার সসীম, বাস্তব এবং অস্পষ্ট কাজের জন্য ধন্যবাদ, প্রশংসা তাঁর গুণাবলী এবং নীরবতা, শ্রদ্ধা এবং তাঁর বিস্ময়করতার উপাসনার জন্য।

54. গড় মানুষের মন একটি বিস্ময়কর এবং বহুমুখী টুল কিট কিন্তু দুর্ভাগ্যবশত এটি সাধারণত একটি বাক্সে লক করা হয়। সেই বাক্সটি খোলার চাবিকাঠি হল eqthinking.

55. দুই ধরনের আশীর্বাদ রয়েছে: জাগতিক বা এই গ্রহে আমাদের জীবনের সাথে সম্পর্কিত এবং আধ্যাত্মিক বা চিরন্তন সমতলের সাথে সম্পর্কিত। যদিও আমরা পূর্বের বর্তমান মূল্যকে উপেক্ষা করতে পারি না, তবে পরবর্তীটির অনেক বেশি তাৎপর্য এবং মূল্য রয়েছে।

56. জীবন যাপনের দুটি উপায় আছে - আপনার দ্বারা বা অন্যদের দ্বারা লিখিত লিপি অনুসারে বা ধর্মগ্রন্থ অনুসারে। পরেরটি নিজে বেছে নিন।

57. আমাদের প্রত্যেকের ভিতরে একটি মৃত সাগর এবং একটি গ্যালিল সাগর রয়েছে: বার্তা - আমাদের পছন্দগুলি নির্ধারণ করে যে আমরা সম্পূর্ণ এবং প্রচুর পরিমাণে বাস করি কিনা। একটি তৃতীয় সমুদ্র রয়েছে - লোহিত সাগর যা মৃত্যু এবং জীবন, স্বাধীনতা এবং বন্ধনকে পৃথক করে - এটি কেবল ঈশ্বরের দ্বারা প্রদত্ত নিরাপদ পথ দিয়ে অতিক্রম করা যেতে পারে।

58. মহাবিশ্বের সাথে সংযোগ স্থাপনের জন্য বালির প্রতিটি দানার জন্য একটি যন্ত্রণাদায়ক প্রয়োজন রয়েছে এমনকি প্রতিটি মানুষের স্বর্গে আমাদের পিতার সাথে সম্পর্ক করার একটি কষ্টকর প্রয়োজন রয়েছে।

59. পেরেক ছাড়া কোন ক্রস নেই - ক্রুশের জন্য আমাদের কষ্ট ও সহ্য করতে হয়েছে।

60. কোন মানুষের মধ্যে কোন সহজাত প্রতিভা বা মহত্ত্ব বা ভালত্ব নেই। বিশুদ্ধ আলোকে স্ফটিক করার জন্য আমরা কেবল স্বচ্ছ স্ফটিক হিসাবে কাজ করি আমাদের বিভিন্ন ধারণা, চিন্তা, উদ্ভাবন, ধারণা এবং কাজে স্রষ্টা।

61. আপনার নিজের দেহের চেয়ে বড় কোনো প্রাসাদ নেই, আপনার নিজের ভেতরের থেকে ভালো কোনো মন্দির নেই, এর চেয়ে কার্যকরী কোনো প্রতিষ্ঠান নেই, কোনো যন্ত্র বেশি দক্ষ নেই।

62. শব্দ এবং অনুগ্রহের জগতে আমার জন্য কোন স্থান নেই।

63. ঈশ্বর সম্পর্কে গড় বা সাধারণ কিছুই নেই। আমরা যদি সত্যিই তাঁর সাথে যুক্ত থাকি, তাহলে আমরা অসাধারণ হয়ে উঠি।

64. এই পৃথিবীতে স্থায়ী কিছু নেই- সম্পদ নয়, আনন্দ নয়, খ্যাতি নয়, ক্ষমতা বা ভালবাসা নয়। পৃথিবী শুধুমাত্র একটি ট্রানজিট স্টেশন- সঠিক সময়ে নামার জন্য প্রস্তুত হন।

65. গ্রহের সবচেয়ে অকেজো পণ্য শূন্য বা নেতিবাচক সঙ্গে সবচেয়ে বড় ব্র্যান্ড হতে পারে পুষ্টি এবং স্বাস্থ্য মান। বিশ্বব্যাপী ব্র্যান্ড তৈরির বিষয়ে ব্যবস্থাপনা এবং বিজ্ঞাপন গুরু এবং বিশেষজ্ঞদের সমস্ত আলোচনার জন্য এত কিছু। ব্র্যান্ড বিল্ডিং প্রায়ই কেলেঙ্কারী বিল্ডিং সম্পর্কে হয়ে থাকে।

66. পর্বত আরোহীর দিকে তাকিয়ে হেসে বলে, "তুমি আমাকে আরোহণ কর একবার এবং দাবি করুন আপনি আমাকে জয় করেছেন যখন আপনি যা করেছেন তা হল আপনি নিজের একটি অংশকে জয় করেছেন - আপনার ভয়"।

67. এভারেস্ট কেবল সেখানে থাকার মাধ্যমে আমাদের একটি জিনিস শিখিয়েছে যে আমাদের কখনই পরিচিত এবং অজানাকে জয় করা, আবিষ্কার করা, নতুন কীর্তি অর্জন করা উচিত নয়।

68. ইতিহাস থেকে মানবজাতি একমাত্র শিক্ষা পেয়েছে তা হল মানুষ ইতিহাস থেকে কোন শিক্ষা নেয়নি।

69. শুধুমাত্র যাদের ব্যবস্থাপনায় স্নাতকোত্তর বা ডক্টরেট দেওয়া উচিত তারাই যারা শিখেছেন এবং স্ব-ব্যবস্থাপনা অনুশীলন করছেন কি কাজে তারা নিজেকে পরিচালনা না করে কিছু পরিচালনা করছেন।

70. শুধুমাত্র একজন মানুষ তার জন্মে অংশগ্রহণ করতে পারে বিশ্বাসের মাধ্যমে আধ্যাত্মিক পুনর্জন্ম।

71. মানুষের কাছে যাওয়ার এবং অর্জন করার একমাত্র উপায় নিরঙ্কুশের মাধ্যমে পরম হয়।

72. পাপ, দাগ এবং ব্যথা থেকে দূরে থাকার একমাত্র উপায় হল আপনার ত্বকের চেয়ে তাঁর কাছাকাছি থাকা।

73. শ্রেষ্ঠত্বের জন্য আবেগকে অবশ্যই মানুষের প্রতি সহানুভূতি সহকারে করতে হবে যাতে এটিকে সত্যিকার অর্থে মূল্যবান করে তোলা যায়।

74. একটি উদ্দেশ্য নির্ধারণ থেকে তার ফলাফলের পথ হল প্রক্রিয়া। প্রক্রিয়ায় ফোকাস করুন এবং প্রক্রিয়া শেষে ফলাফল উদযাপন বা উপভোগ করুন।

75. পৃথিবীর উভয় প্রান্তে মেরু বরফের ঢিপি, যার কেন্দ্রস্থলে আগুন রয়েছে আমাদের বলে যে আমাদের পেটে আগুন জ্বালানোর পাশাপাশি জীবনের ভারসাম্য বজায় রাখতে আমাদের শীর্ষে এবং লেজে শীতল হওয়া উচিত।

76. ট্রিগারের পিছনে শক্তি হল মনোভাব এবং ম্যাগাজিনের কার্তুজ নয়।

77. জ্ঞানের দাম কম, কিন্তু খরচ বেশ বেশি। তবে, পুরষ্কার আরও বেশি।

78. স্থান এবং সময়ের প্রিজমগুলিও মানুষের মনের কারাগার এবং আত্মা। বিশ্বাস এবং কল্পনার বাহন ব্যবহার করে, আমরা সীমাবদ্ধ স্থানগুলিকে পালাতে পারি এবং অনেক দূরে যেতে পারি।

79. কারণ মানুষ একটি লেজবিহীন প্রাণী তাকে তার মাথা ব্যবহার করে এগিয়ে এবং উপরের দিকে চালিত করার জন্য উপাঙ্গের উপর নির্ভর করে না।

80. আবহাওয়া পরিবর্তনের কারণে নদীর গতিপথ পরিবর্তন হয় না। স্বচ্ছ দৃষ্টিভঙ্গি এবং মূল্যবোধের অধিকারী একজন ব্যক্তি প্রশংসার ঝরনা বা সমালোচনার ঝড় দ্বারা প্রভাবিত হয় না।

81. নির্মম প্রায়ই মূলহীন হয়. যখন কেউ সত্যে নিহিত থাকে, তখন চরিত্র ও জীবনের ফল ভাল থেকে মহৎ পর্যন্ত হয়।

82. সুখের গোপন অঙ্গীকার। এটি ব্যথা, শৃঙ্খলা, প্রচেষ্টা এবং প্রতিশ্রুতির ত্যাগ যা সুখের আনন্দের দিকে নিয়ে যায়।

83. যদিও কর্তৃত্বটি লিখিত শব্দ থেকে উদ্ভূত হয়, তবে এটিতে বেশিরভাগ কথ্য শব্দের মাধ্যমে প্রয়োগ করা হয়।

84. তাৎক্ষণিক, ধ্রুবক, সামঞ্জস্যপূর্ণ এবং অবিরাম বৃদ্ধির গোপন রহস্য - আপনি এতদূর যা স্বাচ্ছন্দ্য বোধ করেছেন তা নিয়ে ক্রমবর্ধমান অস্বস্তি বোধ করুন।

85. মানুষের সুখের শেলফ লাইফ এত কম। প্রতিদিন একজনের টপ-আপ বা রিফিল প্রয়োজন। এমনকি গতকালের সুখও আজকে একজনের মোমবাতি বা উষ্ণতা দিতে পারে না তার হৃদয়ের চঞ্চল কোকিলকে।

86. দুটি বিন্দুর মধ্যে সবচেয়ে কম দূরত্ব হল দুটি মানুষের হৃদয় একই কম্পাঙ্কে বা দুটি মন নিখুঁত চুক্তিতে স্পন্দিত হলে।

87. এই বিশাল মহাবিশ্বে আমাদের তুচ্ছতার তাৎপর্য এই যে আমরা আমাদের তাৎপর্য অর্জন করি না আমরা কে বা আমরা কী বা আমরা যা করি তা অনন্তকালের ওজনের দাঁড়িপাল্লায় তুচ্ছ।

88. 'সরল জটিল' সবসময় 'জটিল সরল' থেকে পছন্দ করা উচিত। সরল জটিল হল যখন জটিলকে সরলীকৃত করা হয় সার্বজনীন বোঝার জন্য, সকলের সাধারণ সুবিধার জন্য জ্ঞান এবং প্রক্রিয়ার অশ্লীলকরণ যখন জটিল সরল হয় যখন সহজকে জটিল করে তোলা হয় কিছু লোকের লাভের জন্য, শ্রেণীগুলির পক্ষে জনসাধারণকে অন্ধ করা হয়।

89. মানুষের ভাষার সবথেকে সহজ এক অক্ষরের শব্দ " I বা আমি" যাতে লুকিয়ে আছে অর্থের গভীরতম, সবচেয়ে অশুভ রহস্য এবং নির্মল সত্য।

90. আমাদের জীবনের একমাত্র উদ্দেশ্য হল আমাদের আত্মার উদ্দেশ্য খুঁজে বের করা, তা অনুসরণ করা, তা পূরণ করা এবং এটাতে বাস করতে।

91. আশা এবং সম্ভাবনা নামক রাস্তাটি সমস্ত প্রতিকূলতার বিরুদ্ধে মানুষের কৃতিত্বের ঘর দিয়ে বিস্তৃত।

www.eqthinking.com   www.prateepphilip.com   www.fillipisms.com

92. আমাদের মোট সুখ নির্ভর করে যে আমরা ব্যক্তি হিসাবে এটি থেকে উত্তোলনের চেয়ে বেশি আমানত করছি কিনা।

93. সমস্ত প্রজাতির মধ্যে লিঙ্গের উত্থানের সমলয়তা একটি যুক্তি যা এ পর্যন্ত অবহেলিত হয়েছে বা দেওয়া হয়নি সৃষ্টির প্রামাণ্যতা এবং বিবর্তনের অসম্ভাব্যতা প্রমাণ করার জন্য।

94. শিক্ষক জাদুকর নন। ছাত্র প্রস্তুত হলেই তিনি উপস্থিত হন না। প্রায়শই, তিনি ছাত্রদের ধরেন যখন তারা তাদের সকেট থেকে বিস্মিত বা হতবাক হয়। নতুন যুগের গুরুরা তার বিপরীত শেখান ।

95. বিশ্বাস এবং মনের মধ্যে উত্তেজনা হল যে যখন মন স্মৃতির উপর নির্ভর করে পিছনে কাজ করে, বিশ্বাস দৃষ্টিভঙ্গি, স্বপ্ন এবং আশা নিয়ে কাজ করে সামনের দিকে কাজ করে।

96. প্রাথমিক মানব জীবনে বিমূর্ততা বোঝার সম্পূর্ণ অভাব পরবর্তী জীবনে বাধার দিকে পরিচালিত করবে।

97. একজন মানুষের প্রকৃত শক্তি তার বাইসেপ এর উপর কি দেখায় তা নয় কিন্তু দেখায় তার অন্তর্নিহিত লুকানো শক্তির উপর.

98. আপনার এইচআর দক্ষতার চূড়ান্ত পরীক্ষা হল একটি খারাপ দিনে আপনার সবচেয়ে খারাপ ক্লায়েন্টদের জন্য আপনার সেরা হাসি সংরক্ষণ করা।

99. সম্পদ, ক্ষমতা এবং প্রভাবের জন্য সার্বজনীন ক্ষুধা সর্বদা ব্যক্তি এবং প্রতিষ্ঠানের পবিত্রতা সংরক্ষণের জন্য নৈতিকতার চিরন্তন শৃঙ্খলার অধীন হওয়া উচিত।

100. অচিন্তনীয় প্রায়ই তাদের সাথে ঘটে যারা মনে করে যে তারা ডুবে যায় না।

101. একজন ব্যক্তি যিনি ক্রমাগত ঈশ্বরের আত্মা দ্বারা আবৃত থাকেন তিনি সবচেয়ে উৎপাদনশীল, সবচেয়ে সৃজনশীল, সবচেয়ে পরিপূর্ণ।

David Lobo

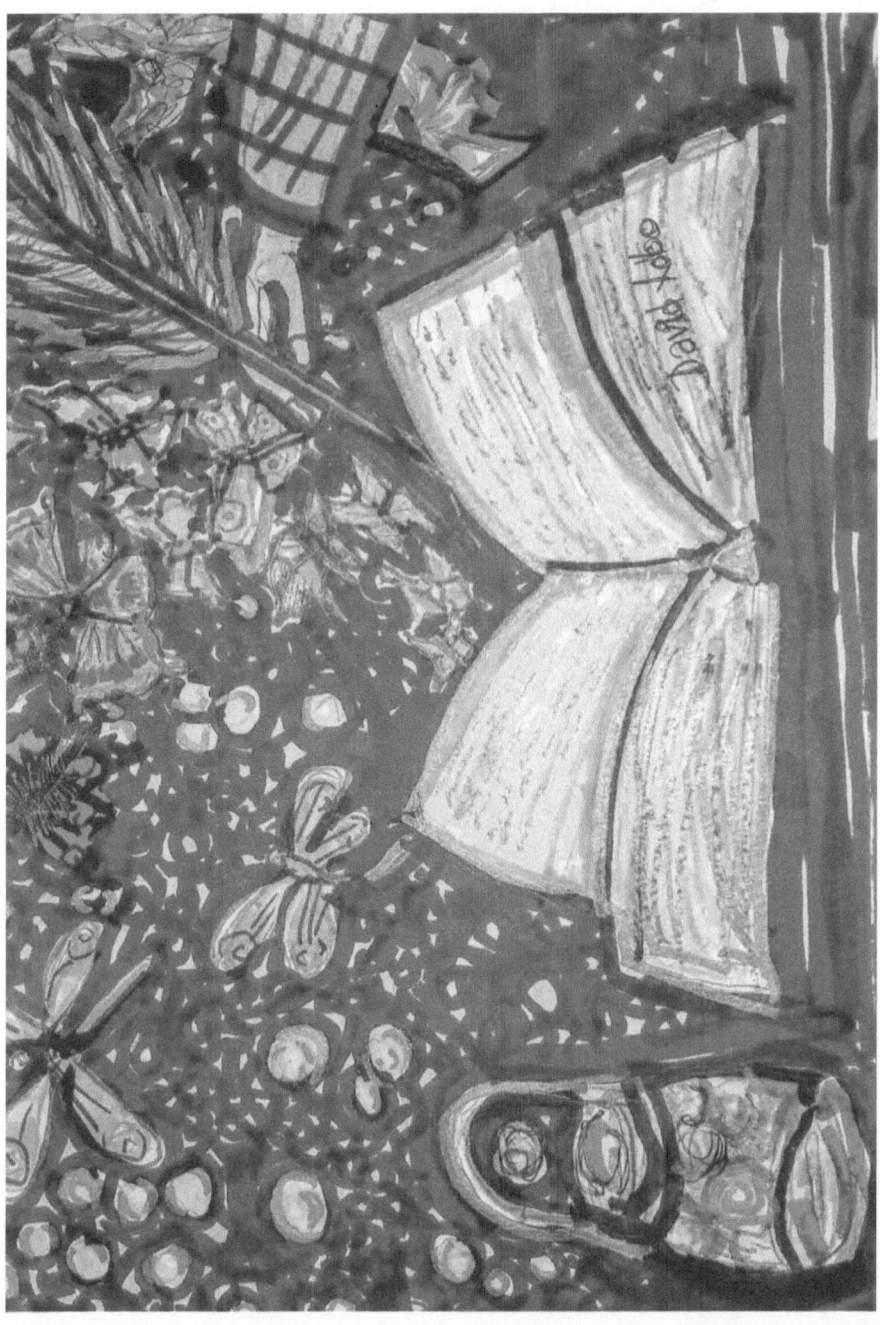

"আমাদের প্রত্যেকেরই একটি বিশৃঙ্খলা বা বার্তার একটি পছন্দ আছে।"

শিল্পীর অনুপ্রেরণা:

লেখকের সহপাঠী এবং অভিব্যক্তিবাদী ডেভিড লোবো এই কাজে অবদান রেখেছেন। ফিলিপিজমের মধ্যে থাকা উপদেশগুলি প্রায়শই তাকে উৎসাহিত করত যদিও তিনি ক্যান্সারে অসুস্থ ছিলেন।

উপদেশ

1. আমাদের প্রত্যেকের হয় একটি জগাখিচুড়ি বা একটি বার্তার একটি পছন্দ আছে.

2. আপনার জোয়ালকে স্টোক করবেন না, এটিকে ভেঙ্গেই দিন।

3. অন্ধকার তাড়ানোর চেষ্টা করবেন না, শুধু আলো আনুন।

4. কেউ তার সম্পর্কে ভাল কিছু বলার জন্য মারা যাওয়া পর্যন্ত অপেক্ষা করবেন না।

5. আপনি আপনার প্রতিবেশীকে ভালবাসতে শুরু করার আগে কবরে না যাওয়া পর্যন্ত অপেক্ষা করবেন না।

6. জীবনের দৌড় এমনভাবে দৌড়াবেন না যেন ওডিয়ামের মঞ্চে গিয়ে শেষ হয়।

7. আমাদের প্রত্যেককে জন্মের সময় বা পরে জাতি, ধর্ম, জাতীয়তা, বর্ণ, শ্রেণী, ক্ষমতার বিভিন্ন বাক্সে স্লট করা হয়েছে। এই বাক্সগুলি থেকে বেরিয়ে আসাই স্বাধীনতা, বৃদ্ধি এবং পরিপূর্ণতা।

8. বুদ্ধিবৃত্তিক গতিশীলতার সাথে নৈতিক সামঞ্জস্য কেবল নিশ্চিত করতে পারে যে মানুষ উভয়ই স্থিতিশীল এবং সক্ষম।

9. প্রত্যেক মানুষকে বিশ্বাস করতে হবে এবং আচরণ করতে হবে যে সে অন্যদের মতই কিন্তু প্রমাণ করতে হবে যে সে তাদের কাজে আলাদা।

10. আমাদের স্বাধীনতার সর্বোত্তম ব্যবহার হ'ল ভুল কাজ বা অন্যের ক্ষতি করার স্বাধীনতাকে অস্বীকার করা।

11. সবকিছু যা শেখা যায় তা শেখানো যায় না।

12. যা দেখা যায় তা থেকে আমরা অনুমান করতে পারি যা দেখা যায় না।

13. কষ্ট সাধারণ মানুষকে বকাঝকা করে কিন্তু অসাধারণকে উদ্দীপিত করে ব্যতিক্রমী লক্ষ্যে।

14. যদি আপনি এটি নিতে পারেন, আপনি এটি তৈরি করতে পারেন।

www.eqthinking.com www.prateepphilip.com www.fillipisms.com

15. জায়ান্ট হওয়ার চেয়ে জায়ান্ট কিলার হওয়া ভালো!

16. আপনার শরীরের উচ্চতা নয় বরং আপনার মনের গভীরতাই আপনার উচ্চতা নির্ধারণ করে।

17. একটি বড় গাছ ধরে রাখতে একটি শক্তিশালী শিকড় লাগে।

18. বিচারকদের ভাল বিচার করুন যাতে আপনি আরও ভাল বিচারক হন।

19. আপনার কান মাটিতে রাখুন নাহলে আপনার নাক মাটিতে থাকবে।

20. অন্যদের নেতৃত্ব দেওয়ার চেয়ে নিজের জীবন পরিচালনা করা অনেক বেশি কঠিন। একবার আপনি প্রথমটি আয়ত্ত করার পরে, বাকিরা এটি অনুসরণ করবে।

21. সাপ আমাদের ত্বকের সাথে খুব বেশি সংযুক্ত না হতে শেখায় - আমাদের জীবনের উপরিভাগক বিশেষ করে। এটি ঝেড়ে ফেলতে থাকুন এবং বেড়ে ওঠার পরবর্তী স্তরে যান।

22. নিজের ভুল থেকে শেখা হল কিছু মূল্যে শেখা কিন্তু ভুল থেকে শেখা অন্যদের ফি পরিশোধ না করে টিউশন বা কোচিং পাঠ পাওয়ার মতো।

23. আসুন আমরা পদ্মের মতো হই, কাদামাটিতে আটকে থাকি, ঘোলা জলে ঘেরা কিন্তু বিশুদ্ধ, নির্মল, সুন্দর, একতাবদ্ধ, সমন্বিত এবং সর্বদা ঊর্ধ্বমুখী থাকি।

24. বর্তমান মুহূর্তের আনন্দের জন্য ভবিষ্যৎ সামান্যই হাল ছেড়ে দেওয়ার মতো।

25. আপনার শত্রুদের ভালোবাসুন কিন্তু তাদের নখর এবং খপ্পর থেকে দূরে থাকুন।

26. মানুষ এবং ব্যবস্থাপনার কেন্দ্রীয় ফোকাস এবং বিষয় হওয়া উচিত।

27. আমাদের "সমর্থতা" আমাদের ক্ষমতার মতোই গুরুত্বপূর্ণ। ব্যর্থতাকে কীভাবে মোকাবেলা করতে হয় তা শেখা যতটা গুরুত্বপূর্ণ, সফল হতে শেখা ততটাই গুরুত্বপূর্ণ।

28. আপনি ফুলের চেয়ে বেশি ফলদায়ক হতে পারেন।

29. উপলব্ধ গুণ করুন।

30. কখনই বলবেন না বা বিশ্বাস করবেন না "বাঁধাটা বেশি" কারণ আপনি জুয়াড়ি নন বরং আপনার জীবনের একজন স্টেকহোল্ডার: পরিবর্তে বলুন, "আমার বাজি গভীর"।

31. আর গাছে চড় না, বন্ধু। তুমি বরং গাছ হয়ে যাও।

32. অবশ্যই, টাকা গাছে জন্মায় না। কিন্তু অর্থ, ক্ষমতা, খ্যাতি, বিশ্বাস, জীবন গাছের মতো বেড়ে ওঠে। বীজ নাও, রোপণ কর, এটিকে জল দিন, এটিকে পুষ্ট করুন, এটিকে লালন করুন, এটিকে ভালোবাসুন, এটিকে বেড়া দিন, এটি কাটান, এটিকে গ্রাস করুন, এটি ভাগ করুন, এটি উপভোগ করুন, এটি প্রতিস্থাপন করুন, এটিকে গুন করুন। বীজ নাও, রোপণ করুন।

33. একজনকে অন্যের জন্য উপকারী হতে হবে, ব্যথার কারণ নয়।

34. নিষ্ঠার সাথে একজন প্রতিভা দশজনের কাজ করতে পারে না।

35. আমাদের নালী আমাদের আচরণ নির্ধারণ করে।

36. আমাদের অবস্থান আমাদের পরিস্থিতি পরিবর্তন করতে পারে।

37. আমাদের বিশ্বাস আমাদের চেষ্টাকে অর্থবহ করে তোলে।

38. আমাদের শব্দভান্ডার আমাদের উদ্দেশ্য ডিকোড করে।

39. সীমানা সম্মান.

40. আপনার ভয় চালান এবং আপনি আপনার দুঃস্বপ্ন কাটিয়ে উঠবেন।

41. দিন-রাত্রি, শ্বাস-প্রশ্বাস, উত্থান-পতন, উচ্চ-নিচগুলি তাঁতের শাটলের নড়াচড়ার মতো যা আমাদের জীবনে স্বাস্থ্য-অসুখ, সাফল্য-ব্যর্থতা, আনন্দ-দুঃখের নমুনা তৈরি করে।

42. কিছু সমাপ্ত, কিছু শেষ এবং কিছু ভাল শেষ.

43. কৌশলগত বিরতি আমাদের আত্ম-ধ্বংস বোতাম সক্রিয় হতে বাধা দেয়।

44. জীবনে চ্যালেঞ্জ প্রথমে বেঁচে থাকা এবং তারপরে উন্নতি লাভ করা।

45. মানব জাতির প্রতিযোগিতামূলক সুখ বাধা দেয় প্রত্যেকে যা চায় তা অর্জন থেকে

46. সর্বশ্রেষ্ঠ প্রায়ই নম্র হয়.

47. যে মাথা একটি মুকুট পরে তা ভ্রূকুটি বা ভাঁড় করা উচিত নয়.

48. আপনার হেড অফ দা ডিপারমেনট তিনি সর্বদা মনে রাখবেন যে তিনি ঈশ্বর নন।

49. যত বেশি আমরা আমাদের চিন্তাভাবনা এবং শব্দগুলি সম্পাদনা করি, তত বেশি ক্রেডিট আমরা পাই।

50. পাহাড় হয়ে যায় রাস্তা, সমস্যা পথ।

51. কৃতজ্ঞতার বিপরীত হল ইঁদুর-মনোভাব।

52. অসম্ভবের বিপরীতটি 'সম্ভব' নয় বরং রুটিন।

53. স্ব-শৃঙ্খলার বেদনা সিদ্ধির আনন্দের দিকে নিয়ে যায়।

54. কষ্টের বেদনা প্রায়ই চরিত্রের দাগ দূর করে।

55. বেশিরভাগ অর্থনীতিবিদরা তাদের গণনা ভুল করার কারণ হল যে ফলাফল সংখ্যা দ্বারা চালিত হয় না বরং আবেগ, সৃজনশীলতা, দক্ষতা, দৃষ্টি এবং সহানুভূতি দ্বারা চালিত হয়।

56. প্রতিফলন আপনার ভাল আত্মা।

57. সমস্ত নরম দক্ষতার মূল হল চিন্তাভাবনা।

58. গোলাপ সবসময় কাঁটার উপরে থাকে। যদিও আমাদের জীবনের কাঁটা অনেক, তবুও আসুন আমরা সবসময় কষ্ট, পরীক্ষা, দুঃখ, বেদনার ঊর্ধ্বে উঠি। হতে উঠুন গোলাপ

59. সৎ লাভের পথটি সর্বদাই এবং কিছু ব্যতিক্রম ছাড়াও অনেক কষ্টের মধ্য দিয়ে যায়।

60. জ্ঞানীরা আকার নিয়ে চিন্তিত নয়।

61. "অসম্ভব" শব্দটি কারও অভিধানে থাকা উচিত নয় তবে সম্ভবত, "অসম্ভব" শব্দটি হওয়া উচিত।

62. শেষ পর্যন্ত রক্ষা।

63. সত্য এমন কিছু যা আপনি যোগ বা বিয়োগ করতে পারবেন না।

64. সর্বদা বিশ্বাস, সাহস, আনন্দ, ভালবাসা এবং আশার উপর পাঁচ-ব্যান্ডের সংকেতে শক্তি বজায় রাখার চেষ্টা করুন।

65. নেতিবাচক পরীক্ষা থেকে ইতিবাচক অভিজ্ঞতায় পরিণত করুন।

66. জীবনের আধ্যাত্মিক উদ্দেশ্য এবং শাশ্বত মূল্যবোধের দিকনির্দেশনা সম্পর্কে সচেতনতা ছাড়া, একজন মানুষ তীরের মাথাবিহীন বাণ বা সর্বোত্তম লক্ষ্য থেকে বিপথগামী তীরের মতো।

67. আপনার হাতির শক্তি না থাকলে শিঙা বাজাবেন না বাকি পালের জন্য জনসমক্ষে প্রতিভা এবং কৃতিত্ব কেবল এটিকে পদদলিত করার সুযোগের জন্য অপেক্ষা করবে।

68. অনেক মানুষ এবং অনেক লেখক ভিন্ন, তাদের বইয়েরও মেরুদণ্ড আছে।

69. আপনার হত্যাকারী প্রবৃত্তিকে সুযোগের উপর ব্যবহার করুন এবং মানুষের উপর নয় ঠিক যেমন একটি ঈগল জানে কখন তার অসহায় শিকারের উপর ঝাঁপিয়ে পড়তে হবে।

70. ঘুমের ক্ষেত্রে আমরা সবাই সমান, এটা আমাদের জেগে ওঠার কার্যকলাপ যা সব পার্থক্য করে। সুতরাং, জেগে উঠুন এবং আপনি এখানে থাকাকালীন বিশ্বে একটি পার্থক্য তৈরি করুন।

71. আমাদের সৃষ্টি করা হয়েছে উপত্যকার জন্য নয় বরং আমাদের সামনের পাহাড়ের চূড়ায় ওঠার জন্য।

72. আমরা আমাদের বাড়ির চারপাশে পাথরের দেয়াল তৈরি করি কিন্তু আমাদের তথ্য প্রযুক্তির চারপাশে ফায়ারওয়াল।

73. শিকড়ের কথা চিন্তা না করে আমরা ফল পরিবর্তন করতে পারি না।

74. আমরা অতিমাত্রায় অভিপ্রায়, ধারনা এবং প্রচেষ্টার মাধ্যমে সর্বোত্তম স্তরে পৌঁছাতে পারি না।

75. বিশ্রামের সময় আমরা প্রতিটি ক্ষেত্রে এভারেস্টে আরোহণের আশা করতে পারি না। আমরা যদি কখনও অস্থির থাকি তবেই আমরা এটি করতে পারি।

76. আমরা জীবনের অনেকগুলো ধাপের মুখোমুখি হতে পেরেছি এক মুখ নিয়ে – মুখ যা বিশ্বাসের কিন্তু অনেক গতিতে।

77. আমরা অন্যদের অন্তর্ভুক্ত করার আগে আমাদের নিজেদের মধ্যে বিনিয়োগ করতে হবে।

78. আমরা মানুষকে তাদের কর্মক্ষমতা অনুযায়ী বিচার করি এবং আমাদের সামর্থ্য অনুযায়ী নিজেকে বিচার করি।

79. আপনি যা শেষ করতে পারবেন না, সহ্য করুন।

80। আমরা গতকাল যা করেছি তা আর বেশি গণনা করি না। আজ আমরা যা করি তা গণনা করা হয়।

81. আমরা যা দেখি তা হল দৃষ্টি, আমরা যা করি তা হল মিশন।

82. আপনি যা ত্যাগ করতে ইচ্ছুক তা নির্ধারণ করবে আপনি জীবনে কী লাভ করবেন।

83. আপনি যা বিশ্বাস করেন তা আপনার আচরণকে প্রভাবিত করে।

84. আপনি কি জন্য দাঁড়াচ্ছেন তার চেয়ে বেশি গুরুত্বপূর্ণ আপনি কি জন্য দৌড়াচ্ছেন।

85. যখন কেউ একটি বাড়ি তৈরি করে, তখন তাকে কেবল এটিকে শক্তিশালী এবং সুন্দর করা বেছে নেওয়া উচিত নয়, তবে তাকে প্রথমে গুরুত্ব দিতে হবে যে সে কোথায় তৈরি করবে।

86. যখন কেউ কিছু ঝুঁকি নিতে ইচ্ছুক না, তখন তার সবকিছু হারানোর ঝুঁকি থাকে।

87. আপনি যা করতে পারেন তা করতে থাকলে, আপনি যা করতে পারবেন না তা শেষ করে দেবেন।

88. জীবনে একজন যার মুখোমুখি হন, তাকেই সবচেয়ে বেশি গণনা করেন।

89. আপনি কাকে অনুসরণ করবেন তা নির্ধারণ করবে কে এবং কীভাবে আপনি নেতৃত্ব দেবেন।

90. শীঘ্রই মারা যাচ্ছে এমন কারো জন্য বিলিয়ন ডলারের লটারি জেতা অর্থহীন।

91. আমরা যা উপলব্ধি করি, আমরা চোখের রেটিনায় ধারণ করা চিত্রের মতো প্রতিফলিত করি।

92. আপনি যেকোন কিছুতেই ব্যর্থ হতে পারেন কিন্তু ব্যর্থতা থেকে শিখতে কখনই ব্যর্থ হবেন না।

93. আপনি ব্যবধানটি মনে রাখতে সক্ষম হতে পারে তবে এটি মেরামত করতে বা শেষ করতে সক্ষম হবে না।

94. আপনার "ইম্প্যাক্টোমিটার" আপনার স্পিডোমিটারের মতোই ভাল হওয়া উচিত।

95. আপনার নেটওয়ার্কের (আপনি যাদের জানেন) আপনার নেট মূল্য নির্ধারণ করা উচিত (আপনি কে), অন্যভাবে অন্যকিছু নয়।

96. প্রত্যেকেরই নিজের জন্য স্বপ্ন থাকে কিন্তু শুধুমাত্র স্বপ্নদ্রষ্টারা অন্যদের জন্য, সংস্থা এবং জাতির জন্য স্বপ্ন দেখে।

97. ঈশ্বরের কাজ আমাদের ভাঙ্গনের জন্য ডিজাইন করা হয় না. তিনি আমাদের সাফল্যের জন্য পরিকল্পনা করেন।

98. আত্মার দুঃসাহসিক কাজ মন এবং শরীরের সাহসিকতার চেয়ে অনেক বেশি। গোলগোথার আরোহণ এভারেস্টের চেয়ে অনেক বেশি।

99. অ্যালগরিদমগুলি সবই মানুষের সাথে থাকে কিন্তু 'অল গো'ছন্দ সবই থাকে সৃষ্টিকর্তার.

100. অনেক মানুষ বুঝতে পারে না যে একটি দুঃস্বপ্ন মোটেও ঘোড়া নয়। আসলে, এটি একটি ঘোড়া যা আমাদের দিনের চিন্তা, আবেগ এবং ভয়ের উপর চড়ে।

101. ঈশ্বরের অযৌক্তিক যুক্তি মানুষের যৌক্তিক যুক্তির চেয়ে অনেক বড়। মানুষের যুক্তি সবসময় 1 যোগ 1 সমান 2 এর উপর কাজ করে। কিন্তু ঈশ্বরের জন্য 1 যোগ 1 হতে পারে কিছু, অসীম বা এমনকি কিছুই না।

আমাদের অনুপ্রেরণার উৎস, আমাদের বাড়ি, ভ্রমণের পথ, গন্তব্য, আত্মার খাদ্যের উৎস এবং আমাদের স্বপ্নের বুনন।"

শিল্পীর অনুপ্রেরণা:

পেইন্টিংটি শিল্পীর জলের নিচে ডাইভিং অভিজ্ঞতার দ্বারা অনুপ্রাণিত হয়েছিল একটি তিমির পোডের সাথে এবং তারা যে দৃঢ় সম্পর্কের বন্ধন ভাগ করে নেয় তা মানুষের সম্পর্ককে সর্বোত্তমভাবে ফুটিয়ে তুলতে।

সম্পর্ক

1. সম্পর্ক হল একটি মাধ্যম যেখানে আমাদের জীবন ঠিক একটি সাঁতার কাটা তিমির দল। এটি আমাদের অনুপ্রেরণার উৎস, আমাদের বাড়ি, ভ্রমণের পথ, গন্তব্য, আত্মার খাদ্যের উৎস এবং আমাদের স্বপ্নের বুনন।

2. মানব সম্পর্কের বিষয়ে একটি তথ্য পদার্থবিদরা কখনই আবিষ্কার করেননি: যে ঘর্ষণ দলাদলি তৈরি করে - তাই এটিকে মসৃণ রাখুন।

3. একটি বন্য বলদ এবং একটি পালিত গরু কদাচিৎ এমনকী ধূর্ত শেয়ালের হস্তক্ষেপের সাথেও মিলিত হয়।

4. প্রত্যেক ব্যক্তি যে আপনাকে অপছন্দ করে, আপনাকে ঘৃণা করে, আপনার একটি পায়ের ছাউনিও প্রত্যাখ্যান করে আপনার পরবর্তী স্তরে যাওয়ার জন্য। তাকে না জানিয়ে এগিয়ে যান যদি সে জানে সে আপনাকে আরও ঘৃণা করবে।

5. আমাদের আত্মীয় এবং বন্ধুদের পাশে, আমাদের সবচেয়ে কাছের ব্যক্তিরা আমাদের শত্রু।

6. জ্ঞানের অপ্রচলিততার হার সর্বদা শেখার হারকে ছাড়িয়ে যাবে। যা অপরিহার্য তা হল বিদ্যমান সীমানা এবং সম্ভাবনা সম্পর্কে সচেতনতা।

7. ঈশ্বর একটি ছায়ার মতো যা আমাদের অনুসরণ করে, একটি ছায়া যা আমাদেরকে ঢেকে রাখে, একটি আশ্রয় যা আমাদের রক্ষা করে।

8. আমরা ঈশ্বরকে কোয়ারেন্টাইন করেছি আমাদের হৃদয়, জীবন, বাড়ি, পরিবার থেকে এবং শুধুমাত্র কঠিন প্রয়োজনের সময়ে ঈশ্বরকে বের করে আনার চেষ্টা করি।

9. বেশিরভাগ মানুষ বালির ভাস্কর এবং একটি স্থায়ী উত্তরাধিকার রেখে যাওয়ার জন্য পাথরে খোদাই করে না।

10. আপনি যদি কিংবদন্তি হতে না পারেন তবে অন্য কাউকে কিংবদন্তি করতে একটি লীগে যোগ দিন।

11. স্থায়ী উত্তরাধিকার রেখে যাওয়ার জন্য আপনাকে কিংবদন্তি হতে হবে না।

12. একটি দুই-মুখী পরিবার বা সংগঠন হল সংযুক্ত সিয়ামিজ যমজ সন্তানের মতো, প্রকৃতির পাগল এবং তাই একজনের মাথা এবং অন্যটি ঘাড় হওয়া উচিত।

13. আইন ছাড়া স্বাধীনতা থাকতে পারে না। স্বাধীনতা ছাড়া আইনের কোনো উদ্দেশ্য নেই।

14. শুধুমাত্র সেই ব্যক্তি যিনি সমগ্র অঞ্চল জানেন তিনিই একটি মানচিত্র তৈরি করতে পারেন। বাকিদের অঞ্চলটি আবিষ্কার করতে মানচিত্রের উপর নির্ভর করা উচিত।

15. একজন পরামর্শদাতা হলেন একজন মনীষী, মেন্ডার এবং বিঘ্নকারী।

16. অন্য সব আগুন নিভে গেলেই পেটের আগুন জ্বলতে শুরু করে।

17. আপনার উপহার উপলব্ধি করুন, আপনার জীবনের কাজ কল্পনা করুন।

18. নিজেকে ভালভাবে পরিবেশন করুন এবং আপনার জন্য সর্বোত্তম এবং সর্বশ্রেষ্ঠ উপায়ে পরিবেশন করা হবে বিশ্বকে।

19. জীবনে নেওয়া শর্ট কাট জিনিসগুলিকে সহজ করে তুলতে পারে তবে পরে গভীর কাটার কারণ হতে পারে।

20. আনন্দের রহস্য হল ডবল এন্ট্রি বইয়ের মতো: আপনার ভার হালকা করুন এবং আপনার মনকে আলোকিত করুন, আপনার হৃদয়কে আলোকিত করুন।

21. আঠালো সম্পর্কে অনেকেরই ধারণা নেই যা মানুষকে একসাথে রাখে এবং সম্পর্ক মজবুত করে। এটি সর্বদা অধ্যয়ন, অধ্যবসায় এবং অন্তর্দৃষ্টি প্রয়োজন।

22. গম্ভীর হতে শেখার আগে জীবন প্রথমে আমাদের হাসতে শেখায়।

23. একজন ব্যক্তি যতই মহান কিংবদন্তি হয়ে উঠুক না কেন, অবশেষে বালতিতে লাথি দিলেই সে পায়ের শেষ পায়।

24. এটা কি আশ্চর্যজনক সত্য নয় যে জগত বাইরে থেকে আলো পায় যখন আমরা ভেতর থেকে আলো পাই?

25. ঈশ্বরের রাজ্যের যুবরাজ যীশু শান্তির রাজকুমার হয়েছিলেন পৃথিবীতে শান্তির মূল্য পরিশোধ করে আমরা পৃথিবীবাসীরা রাজ্যের রাজকুমার হতে পারি।

www.eqthinking.com www.prateepphilip.com www.fillipisms.com

26. যীশু গবাদি পশুর শ্রেণীতে জন্মগ্রহণ করেছিলেন যাতে সমস্ত মানবজাতি ঈশ্বরের দয়া অনুভব করে।

27. আনন্দ আপনার উপর নির্ভর করে। এটি একটি শান্ত বসন্ত যা আপনার আত্মার গভীর থেকে শুরু হয়। সুখ অন্যদের, ঘটনা এবং পরিস্থিতির উপর নির্ভর করে। কাউকে আপনার আনন্দকে প্রভাবিত করতে দেবেন না যখন আপনার সুখ ইয়ো-ইয়োর মতো উপরে উঠবে।

28. আনন্দ একটি উপরিভাগের আবরণ নয় বরং একটি গভীর অভ্যন্তরীণ স্প্রিং।

29. মানুষের দুঃখ-কষ্ট যেমন কল্পকাহিনী নয়, তেমনি আমাদের জাতির জন্য ঈশ্বরের বিশেষ সাহায্য ও অনুগ্রহ একটি সত্য।

30. যেমন কোনও সূর্যস্নানকারী কখনও দাবি করতে পারে না যে তিনি সূর্যের জন্য সূর্যস্নান করছেন, তেমনি কোনও মানুষ ঈশ্বরের জন্য ঈশ্বরের প্রশংসা করার দাবি করতে পারে না, তবে সে তার নিজের স্বার্থে, তার আত্মার জন্য এবং তার জীবন বাজির জন্য তা করে।

31. বিজ্ঞানীরা যেমন পরীক্ষা-নিরীক্ষার মাধ্যমে তাদের হাইপোথিসিস পরীক্ষা করেন, তেমনি ঈশ্বর চান যে আমরা তাঁর প্রতিশ্রুতিগুলোকে পরীক্ষা করে আস্বাদন করি, আমাদের জীবনের অভিজ্ঞতার মধ্যে একে একে।

32. যেভাবে প্রতিটি জীবের নাকের ছিদ্র থেকে প্রতিনিয়ত শ্বাস-প্রশ্বাস নির্গত হয়, তেমনি বিশ্বাসীর হৃদয়ও ক্রমাগত প্রশংসা, ইতিবাচকতা এবং কৃতজ্ঞতা প্রকাশ করে।

33. যেমন আপনি প্রতিদিন ফেসবুক খুলুন, প্রতিদিন একটি প্রশংসা বই খুলুন যেখানে আপনি ঈশ্বরকে ধন্যবাদ জানান যে তিনি আপনাকে তৈরি করেছেন, আপনি আকারহীন নন, একটি অ্যামিবার মতো নিরাকার যে আমাদের বিজ্ঞানীদের পথ পেলে আপনার মতো হতেন।

34. ঈশ্বর আমাদের সব কিছু প্রদান করেন, তাই আসুন আমরা তাকে মঞ্জুর না করি।

35. কেউ প্রার্থনা করার জন্য হাঁটু গেড়ে বসে থাকার কারণে, আপনি বোকা হবেন যে তিনি দুর্বল-হাঁটুযুক্ত। এটি কেবল একটি লক্ষণ যে প্রতিটি শক্তিশালী মানুষের আরও বেশি প্রয়োজন রয়েছে।

36. আপনি যখন ভাবছেন কিছুই ঘটছে না, তখন ঈশ্বর হয়তো কাজ করতে চলেছেন।

37. ন্যায়বিচার হল একজনের কাজ এবং কথার জন্য অর্থ প্রদান। করুণা হচ্ছে ঈশ্বরের একজনের কাজ এবং কথায় ঘাটতি জন্য পরিশোধ করা.

38. হাঁটু শক্তিশালী করা হয় না যাতে আমরা বাঁক বা কাঁপতে পারি। যে ঈশ্বরের সামনে হাঁটু গেড়ে বসে, মানুষ হয়ে সে পড়ে যাবে না বরং উঠে যাবে এবং শক্তি থেকে শক্তিতে যাবে।

39. হাঁটু শক্ত করা হয় যাতে আমরা হাঁটু গেড়ে বসতে পারি, এমন নয় যে আমরা পুরুষদের সামনে নত হতে পারি। আমরা ঈশ্বরের সামনে আমাদের হাঁটুতে পরে যাই না, কিন্তু আমরা আমাদের হাঁটুতে উঠি।

40. জ্ঞান এবং বিশ্বাস একই সুড়ঙ্গের দুটি প্রান্ত: জ্ঞান ফানেলের প্রশস্ত মুখ থেকে শুরু হয় এবং শেষ হয় সরু টানেলের মধ্য দিয়ে কিছুতেই বিশ্বাস টানেলের শুরুতে প্রায় কিছুই দিয়ে শুরু হয় এবং প্রশস্ত মুখের কাছে শেষ হয় যা অসীম এবং অনন্তকালের মধ্যে খোলে।

41. জ্ঞান হল নেতার প্রান্ত। "নও-এল-এজ" শব্দটি আমাদের জীবনের যন্ত্রণাদায়ক ব্যবধান বন্ধ করার সূত্র বা চাবিকাঠি দেয়: ঈশ্বরের ভালবাসা জানা বা আগাপে ব্যবধান বন্ধ করে।

42. নেতাদের প্রায়ই অজানা জলের উপর হাঁটতে বলা হয়, বড় ঝুঁকি নিতে এবং তারা যদি ঈশ্বরের হাত ধরে রাখা বেছে নেয় তবে এটি সহায়ক হবে।

43. হৃদয় দিয়ে শিখুন, করুণার সাথে কথা বলুন এবং হাতে উপার্জন করুন।

44. নেতৃত্ব, ব্যবস্থাপনা, মানুষের চিন্তাভাবনা এবং প্রচেষ্টা থেকে ঈশ্বরকে ত্যাগ করা হয় সম্পূর্ণ অন্ধ বা আংশিকভাবে অন্ধ নেতা বা পরিচালকদের সৃষ্টি করে। তারা তাদের অজ্ঞতা, অহংকার, আবেগ এবং দুর্বলতা দ্বারা অন্ধ হয়ে 'অনুরাগী' এবং ভাড়াটে। সংজ্ঞা অনুসারে এবং আজীবন শিক্ষা, পরিমার্জন এবং সক্ষমতার প্রক্রিয়ার মাধ্যমে শুধুমাত্র ধার্মিক নেতা এবং পরিচালকরাই স্বপ্নদর্শী হতে পারেন।

45. ঈশ্বর সম্পর্কে চিন্তা করা এবং লেখার বাইরে থাকা নেতৃত্ব হলো দৃষ্টিহীন দেহের মতো, অক্সিজেনবিহীন ফুসফুস এবং রক্তবিহীন ধমনী।

46. জীবন ভয়ঙ্কর হতে পারে যদি কেউ ঈশ্বরের মধ্যে লুকিয়ে না থাকে বা ঈশ্বর তার কাছ থেকে লুকিয়ে থাকে।

47. জীবন লিভারের উপর নির্ভর করে। বিশ্বাস, জ্ঞান, প্রজ্ঞা, প্রভাব, প্রতিভা, ক্ষমতা এবং প্রাকৃতিক শক্তি দ্বারা উত্তোলন করা যায় না এমন ভার ও বোঝা থেকে লিভারেজ পান।

48. জীবন হল ঈশ্বর, সম্পর্ক, নীতি এবং মানুষের প্রতি অঙ্গীকারের একটি চুক্তির যাত্রা।

49. জীবন আমাদের অসারতা উপলব্ধি করতে যথেষ্ট ছোট কিন্তু ঈশ্বরের মহিমা উপলব্ধি করতে যথেষ্ট দীর্ঘ।

50. প্রাচীন কালের মত, মানুষ সত্যের উপর মিথ্যা, শান্তির উপর দ্বন্দ্ব, যীশুর উপর চোর বেছে নিতে থাকে।

51. নূহের মতো, আমরা বন্যার পূর্বাভাস দিতে পারি, ঐশ্বরিকভাবে প্রকাশিত নির্দেশের জন্য আমাদের আশ্রয় তৈরি করতে পারি, আমাদের কষ্টের বন্যার উপর চড়তে পারি, অপেক্ষা করতে পারি যতক্ষণ না এটি শেষ হয় এবং জল কমে যায় এবং তারপরে চূড়ান্ত ধনুক নেওয়ার আগে আশীর্বাদের রংধনু আশা করতে এবং গ্রহণ করতে পারি।

52. তাল পাতার মতো, আমাদের অবশ্যই আমাদের সর্বোচ্চ পার্থিব স্থানে উঠতে হবে সম্ভাব্য এবং স্বর্গের দিকে বাঁক, ঈশ্বরের সমস্ত গুণাবলী, সমস্ত নৈবেদ্য আমাদের হাতের তালুতে থাকে।

53. প্রেম, আনন্দ, শান্তি, ধৈর্য, দয়া, মঙ্গল, বিশ্বস্ততা, নম্রতা এবং আত্মনিয়ন্ত্রণ হল আমাদের হৃদয় থেকে প্রবাহিত নয়টি আত্মাপুষ্ট নদী, কিছু আমাদের মনের মধ্য দিয়ে এবং কিছু আমাদের মুখ দিয়ে, আমাদের জীবনের পাহাড়ের উপর দিয়ে প্রবাহিত হয়।

54. প্রেম বিচার সত্ত্বেও করুণা।

55. ম্যাকিয়াভেলি "দ্য প্রিন্স" বইটি লিখেছিলেন একজন শাসক বা নেতাকে এমন একজন ব্যক্তি হিসাবে বর্ণনা করার জন্য যিনি একজন নির্মম স্বার্থান্বেষী এবং ক্ষমতার মঙ্গল যিনি কোনও নীতি অনুসরণ করেন না। তার বেশি ভুল হতে পারে না। ঈশ্বরে বিশ্বাসী প্রতিটি মানুষই রাজপুত্র। সংজ্ঞা অনুসারে একজন রাজপুত্র ঈশ্বরের রাজ্যের নীতি অনুসরণ করে।

56. মনুষ্যসৃষ্ট ধর্ম সুন্দর চেহারা, ভাল অনুভব করার উপর ভিত্তি করে যেখানে প্রকৃত আধ্যাত্মিকতা ভাল থাকা এবং ভাল করার উপর ভিত্তি করে।

57. সামাজিক দূরত্ব শক্তিশালী, কার্যকর এবং প্রভাবশালী হয়ে ওঠে যখন এটি সামাজিক এবং আধ্যাত্মিক বার্তার সাথে মিলিত হয়।

58. মানুষ খোঁজে বা অনুসন্ধান করে তবুও ঈশ্বরকে খুঁজে পায় না কিন্তু যে মানুষ খোঁজে তাকেই ঈশ্বর খুঁজে পান।

59. মানুষ একা অভিজ্ঞতামূলক প্রমাণ দ্বারা বাঁচে না, কিন্তু অভিজ্ঞতামূলক বিশ্বাসের দ্বারা বাঁচে।

60. মানুষের একটি পছন্দ আছে একটি অধীন বা ঈশ্বরের অধীন হতে। ভাল পছন্দ যদিও কিন্তু খুব কম মানুষই এটা নেবে।

61. মানুষ সবই রক্তাক্ত এবং ঈশ্বর সবই মহিমা সম্পর্কে।

62. মানুষ তার সবকিছুতে লাভের সন্ধান করে যখন ঈশ্বর খুঁজে পান প্রত্যেকের মধ্যে একজন নবী আছে।

63. আপনার প্রতিবেশীকে অবশ্যই ভালোবাসুন কিন্তু সে যদি একজন পরচর্চাকারী, ঝামেলা সৃষ্টিকারী, প্রতারক, অপরাধী বা সন্ত্রাসী হয় তবে তাকে দূর থেকে ভালোবাসুন।

64. বৈচিত্র্যকে আপনার বিশ্ববিদ্যালয় এবং ঐক্যকে আপনার লক্ষ্য করুন।

65. শান্তিকে আপনার প্রথম অগ্রাধিকার এবং সমৃদ্ধিকে আপনার শেষ করুন এবং আপনি উভয়ই আপনার জন্য দীর্ঘস্থায়ী পাবেন।

66. নিশ্চিত করুন যে অ্যালকোহল প্রোটোকলকে বিরূপভাবে প্রভাবিত করে না।

67. নিশ্চিত করুন যে প্রতিদিন সৃজনশীলতার সীমা অন্বেষণের জন্য নিবেদিত হয়, নিছক প্রতিক্রিয়াশীলতা, কার্যকলাপ বা নেতিবাচকতা নয় এবং সপ্তম দিনে সৃষ্টিকর্তার প্রশংসা করুন।

68. মানুষ দৈত্যাকার লাফের চেয়ে ছোট ছোট ধাপে অগ্রসর হয়, কিন্তু এটি শেষের কথা যা সমস্ত শিরোনাম দখল করে।

69। মানুষের অহংকার এবং মূর্খতা এতটাই দুর্দান্ত যে আমরা সমস্ত প্রকৃতি এবং মহাবিশ্বের সৃষ্টিকে "বিবর্তন" বলি যেখানে মেশিন এবং শিল্পের তুলনামূলকভাবে সাম্প্রতিক সৃষ্টিকে শিল্প "বিপ্লব" বলে।

70. মানুষের পবিত্র কল্পনা ঈশ্বরের গৌরবের দিকে নিয়ে যায়।

71. মানবজাতি তার সমস্ত ভাষায় শুধুমাত্র তিনটি কালের জন্য প্রদান করেছে - অতীত, বর্তমান এবং ভবিষ্যত। আমরা যা ভুলে যেতে চাই তা হল চতুর্থ এবং সবচেয়ে গুরুত্বপূর্ণ কাল - চিরন্তন কাল।

72. যদি আমাদের রিসিভার কাজ করে এবং যথেষ্ট সংবেদনশীল হয়, তাহলে কোন মানুষের মধ্যে সংকট, আমরা কিছু অন্তর্নিহিত আধ্যাত্মিক বার্তার স্পষ্ট সংকেত তুলে নেব।

73. মানবজাতি মহাবিশ্বের দৈর্ঘ্যের তুলনায় পরিমাণগতভাবে নগণ্য কিন্তু গুণগতভাবে তাৎপর্যপূর্ণ। আমাদেরও পরিমাণগতভাবে তাৎপর্যপূর্ণ না হওয়া উচিত (যেমন বিশ্বের সবচেয়ে ধনী বা সবচেয়ে শক্তিশালী ব্যক্তি) কিন্তু গুণগতভাবে তাৎপর্যপূর্ণ হওয়া উচিত (যেমন বিশ্বের সবচেয়ে দয়ালু, নম্র ব্যক্তি)।

74. অনেক বিশ্বাস সম্পন্ন হয় 'বিশ্বাস সাধন' বা এর অনুশীলনের মাধ্যমে সম্পন্ন হয় বিশ্বাস

75. অনেক মানুষ বেঁচে থাকে যেন তারা বিবর্তনের প্রমাণ, কিন্তু আসুন আমরা সৃষ্টির দৃঢ় প্রমাণ হিসাবে বাঁচি।

76. অনেকে প্রমিসকে "প্র-মিস" হিসাবে বানান করে অন্তত তাদের হৃদয় ও মনে স্বাভাবিকভাবেই তারা তাদের জীবনে প্রতিশ্রুতিগুলোকে মিস করে।

77. মানসিকভাবে, নৈতিকভাবে এবং আধ্যাত্মিকভাবে বলতে গেলে আমরা এমন একটি সময় এবং প্রজন্মে বাস করছি যেখানে আমরা বাঁধাকপি, লাগেজ এবং আবর্জনার মধ্যে পার্থক্য বলতে পারি না।

78. মানুষের মনের রূপান্তরের জন্য রূপক প্রয়োজনীয়।

79. আপনি একজন বিজয়ী, একজন চ্যাম্পিয়ন, একজন কর্মকারী, একজন বেঁচে থাকা মানুষ। পৃথিবীতে এবং গর্ভের বাইরে কোনও জাতি বা প্রতিযোগিতায়, আপনি কি কখনও এমন প্রতিযোগিতা পাবেন না।

80. দুঃখ খুব কম থাকার পাশাপাশি খুব কম মান থাকার কারণেও আসতে পারে।

81. আধুনিক শিক্ষা অভিজাতবাদের উপর ভিত্তি করে - লক্ষ্য হল প্রতিযোগিতার মাধ্যমে তৈরি করা এবং একাডেমিক পারফরমারদের একটি সংকীর্ণ অভিজাতকে নির্মূল করা। এটা দেশগুলোকে তাদের বিপুল ও মূল্যবান মানব সম্পদ কেড়ে নেয়। পরিবর্তে, যদি সবাইকে তাদের অনন্য বৈশিষ্ট্যগুলি খুঁজে পেতে এবং বিকাশ করতে শেখানো হয়, তাহলে দক্ষতা, প্রতিভা এবং শ্রেষ্ঠত্বের মনোভাব, এটি সমস্ত ডোমেন এবং সমস্ত সংস্থানের উপর একটি গুণক প্রভাব ফেলবে।

82. আধুনিক সংবাদ মাধ্যম মানুষের মনকে ক্রমাগত বিপর্যয় সৃষ্টি করে, খারাপ খবর, ট্র্যাজেডি, ট্রমা তাদের জীবনে আশা করতে পারে। সুসংবাদ মাধ্যম আমাদের চিন্তা করতে, কথা বলতে, বাঁচতে প্রশিক্ষণ দেয় এবং সত্য, ন্যায্য, বিশুদ্ধ, সুন্দর, ভাল, মহৎ, সুন্দর, যোগ্য, ইতিবাচক কি তা অনুভব করুন।

83. টাকা বা ক্ষমতা বা গ্ল্যামার মানুষকে গুরুত্বপূর্ণ করে না। সর্বাধিক সংখ্যক মানুষের জীবনকে উল্লেখযোগ্যভাবে উন্নত করার জন্য আপনি এই এবং অন্যান্য এনডোমেন্ট দিয়ে কী করেছেন তা গুরুত্বপূর্ণ।

84. বেশি জিনিস আপনার জীবনকে পূর্ণ করতে পারে না, আরও ব্লাফ আপনার মনকে সন্তুষ্ট করতে পারে না। সত্য এবং পরম সত্যের কম কিছুই একা এটি করতে পারে না।

85. অধিকাংশ মানুষ একটি জীবন্ত স্বপ্ন শনাক্ত করতে পারে না কিন্তু একা স্বপ্ন দেখতে সক্ষম। একটি জীবন্ত স্বপ্ন বর্তমান বাস্তবতার কিছু দিক থেকে ইতিবাচক অর্থে সম্পূর্ণ বিপরীত কিছু।

86. অধিকাংশ মানুষ কিভাবে মানিয়ে নিতে জানেন কিন্তু কোন ধারণা বা ইচ্ছা নেই শুধু।

87. বেশীরভাগ মানুষ মনে করে যে তারা প্রথমে উন্নতি করবে তারপর তারা শান্তি পাবে। প্রথমে শান্তি পান তারপর উন্নতি লাভ করুন শান্তি ছাড়া যা হয় উন্নতি।

88. অসহায়দের সাহায্য করার মধ্যে অনেক সুখ নিহিত।

89. আপনার চারপাশের লোকেদের আশীর্বাদ করার চেষ্টা করুন এবং তাদের চাপ দেবেন না কারণ তাদের অনেক চ্যালেঞ্জ রয়েছে।

90. আমরা, মানুষ, সমৃদ্ধির আলো দিতে প্রতিকূলতায় জ্বলি।

91. আমার কনিষ্ঠ আঙুল ওজনযুক্তভাবে ফাটানোর সময় একটি দৃঢ় খপ্পর একটি ভারী ডাম্বেল লক করতে ব্যবহৃত হয়. সামান্য অংশ বা সামান্য লোকের শক্তিকে কখনই অবমূল্যায়ন করবেন না কারণ পরেরটি একজন শক্তিশালী শাসককে অপসারণ করতে পারে।

92. যে রাজপুত্র বা শাসক নীতি অনুসারে কাজ করে না সে বাতিক।

93. মেসেঞ্জারকে শু বা গুলি করবেন না কারণ তার কাছে একটি বার্তা থাকতে পারে যা আপনার জীবন পরিবর্তন করতে পারে, আপনার অনেক উন্নতি করতে পারে বা আপনার আত্মাকে বাঁচাতে পারে।

94. লুসিফারের প্রথম তিনটি অক্ষর ভাগ করে এমন একটি জিনিসের জন্য প্রতারণাপূর্ণ ভাগ্যকে কখনই বিশ্বাস করবেন না।

95. কখনই কোন মানুষকে ভাল বা মহৎ বলে দেব না - তার উত্তরাধিকার ধ্বংস করার এটি একটি নিশ্চিত উপায়।

96. এটি তৈরি করতে কখনই বাজারের উপর নির্ভর করবেন না। পরিবর্তে আপনার উপর নির্ভর করুন।

97. প্রযুক্তিকে কখনই আপনার চেয়ে স্মার্ট বা জ্ঞানী হতে দেবেন না।

98. কখনই আপনার ধনগুলিকে আপনার হৃদয়ের চেয়ে বড় হতে দেবেন না কারণ যখন আরও ভাল কিছু আসে তখন এটি "হাউসফুল" বা "হৃদয়পূর্ণ" বলে।

99. বাহ্যিক আপনার ভিতরের আনন্দ আউটসোর্স না. কখনও বিশ্বাস করবেন না যে বাহ্যিক কিছু আপনাকে অভ্যন্তরীণ এবং চিরন্তন আনন্দ বা শক্তি আনতে পারে।

100. অর্ধসত্য বা সম্পূর্ণ মিথ্যা উভয়ই আমাদের জীবনে স্বাস্থ্যকর প্রভাব ফেলতে পারে না।

101. সোনার স্পর্শ দিয়ে কুমারকে কখনও প্রতিরোধ করবেন না। নরম কাদামাটির মতো তাঁর কাছে আত্মসমর্পণ করুন যাতে আপনার মাটির পা লোহার শক্তি গ্রহণ করে তবে আপনার আত্মার, দাঁত এবং পেরেকের শত্রুকে প্রতিহত করে।

"লোকাসের দিকে মনোনিবেশ করুন এবং ভয়, লোভ, মূর্খতা, দুষ্টতার পঙ্গপাল আমাদের জীবনের সেরা বছরগুলি খাবে না।"

শিল্পীর অনুপ্রেরণা:

চিত্রকর্মটি ফিলিপিজমের একটি সচিত্র উপস্থাপনা হতে অনুপ্রাণিত হয়েছিল।

আত্মা

1. লোকাসের উপর ফোকাস করুন এবং ভয়, লোভ, মূর্খতা, ভাইসের পঙ্গপাল আমাদের জীবনের সেরা বছরগুলি খাবে না।

2. যেমন তারা বলে যে একজন মানুষের হৃদয়ের সর্বোত্তম উপায় তার পেটের মাধ্যমে, একজন মানুষের আত্মার সর্বোত্তম উপায় তার মনের মাধ্যমে।

3. অবদানের উপর ফোকাস করুন, প্রতিশোধ বা পুরস্কার নয়।

4. আপনার আত্মার শত্রুকে আপনার একমাত্র দিন এবং বন্ধুকে আত্মা দিন।

5. লোকাসের দিকে মনোযোগ দিন এবং আপনি একটি জলাশয়ে একটি পদ্মে পরিণত হবেন।

6. অন্য সকলের জন্য লোকাসের উপর ফোকাস করা একটি পঙ্গপালের মতো যা আমাদের ফল এবং সম্ভাবনাকে বিভ্রান্ত করে, বিরক্ত করে, ধ্বংস করে।

7. লোকাসের উপর ফোকাস করুন, নিয়ন্ত্রণের অবস্থানটি মানুষের মধ্যে রয়েছে এবং এর বাইরে নয়।

8. বিজয়ীর ফোকাস হল ফিনিশিং লাইন এবং বিজয়ের স্ট্যান্ড যখন পরাজিতের ফোকাস প্রচেষ্টা, ত্যাগ এবং খরচের উপর।

9. একটি সন্ন্যাসী এবং একটি বানরের মধ্যে পার্থক্য হল প্রথমটি মনোযোগী, অন্যটি নয়। বেশিরভাগ মানুষই "বানর" এবং কয়েকজন সন্ন্যাসী।

10. সুখী হওয়ার জন্য, একজনকে উপস্থিত মন বা মনোযোগী হতে হবে - যখন সে একটি ডিম খাচ্ছে, তখন তার মুরগির কথা চিন্তা করা উচিত নয় যে এটি হতে পারত। একটি মুরগি খাওয়ার সময় তার মনে করা উচিত নয় যে এটি ডিম পাড়তে পারে।

11. যখন আমরা ভাল সঞ্চয় করি, তখন হৃদয় প্রসারিত হয়। যখন আমরা মন্দ সঞ্চয় করি, তখন তা সংকুচিত হয়।

12. ফোকাসের বিকল্প বা গভীর অর্থ হল প্রায়শই ব্যর্থ হওয়া, মনোনিবেশ করা সফল হওয়া পর্যন্ত।

13. একটি গাছ তার নিজের জন্য অস্তিত্ব নেই. এটা একটা আওয়াজ কোন তোলে না।

তবুও এটি আমাদের শ্বাস-প্রশ্বাসের বাতাসকে সমৃদ্ধ করে, আচ্ছাদন এবং আশ্রয় দেয়, পাখিদের জন্য পার্চ, ভিজ্যুয়ালের জন্য পাতা, আগুনের জন্য কাঠ এবং খাবারের জন্য ফল। তাই, আপনি এবং আমি আমাদের নিজেদের জন্য অস্তিত্ব নেই.

14. যদি আমাদের সামর্থ্যের বৃত্তটি আমাদের দায়িত্বের বৃত্তের চেয়ে কম হয়, তবে পরবর্তীটি পূরণ করার জন্য আমাদের পূর্বেরটি প্রসারিত করতে হবে। এটি বেশি হলে, আমরা অবদানের অন্যান্য ক্ষেত্রে অবদান রাখতে পারি।

15. দীর্ঘতম দূরত্বের সংক্ষিপ্ততম যাত্রাটি একজনের মৃত্যুর মুহূর্তে নেওয়া হয়।

16. যদিও মৃত্যু আমাদের সকলের জন্য শীঘ্র বা পরে আসন্ন, তবে আমরা যখনই বিশিষ্ট হতে চেষ্টা করি তখন ভাল হয় লাইভ দেখা যায়।

17. শিক্ষা দেওয়া হল অস্পৃশ্য হৃদয়, আত্মা এবং মনকে স্পর্শ করা। আপনি যদি এই ধরনের স্পর্শ কখনও না শেখান, যদি আপনাকে স্পর্শ না করা হয় তবে আপনাকে সত্যিকারের শিক্ষা দেওয়া হয়নি।

18. আমাদের, মানুষের সহজাত উৎপাদনের ত্রুটি নেই, কিন্তু আমরা অপারেশনাল ঘাটতি ভোগ করি।

19. আজকের বিশ্বের বেশিরভাগ বিষণ্ণতার কারণ হল মানুষকে বলা এবং শেখানো যে জীবনের উদ্দেশ্য হল মানুষের সুখ এবং এটি কোথাও খুঁজে না পাওয়ায়, হতাশাগ্রস্ত হন এবং আশা হারান।

20. যদি আমাদের সংজ্ঞায়িত মুহূর্তগুলি সত্যিই এমন হয় তবে এটি পরিমার্জিত মুহূর্তগুলির একটি অবিরাম, নিরবচ্ছিন্ন সিরিজের দিকে নিয়ে যাবে।

21. মোটামুটি দীর্ঘ সময় ধরে একজনের জীবনে শৃঙ্খলা অন্যদের মধ্যে অনুপ্রেরণা তৈরি করে।

22. শৃঙ্খলা সীমাহীন কিছু অর্জনের জন্য নিজেকে সীমাবদ্ধ করে।

23. অহংকার ডিমের খোসার মতো ভঙ্গুর এবং বেলুনের মতো, প্লাস্টিকের মতো। আমরা যদি ভেঙ্গে না পড়ি, জীবন নরকের মত হবে।

24. ডিমের মত অহংকার উপযোগী করতে ভাঙতে হয়।

25. যে কোনো পথে যে কারো একজনের একটি সাবাসির প্রয়োজন কারো কাছ থেকে যে এগিয়ে গেছে।

26. একটি বড় পেট সঙ্গে একটি মানুষ কয়েকটি আঘাত নিতে পারে।

27. আমাদের জীবনযাত্রার পাশাপাশি চরিত্রের মান উন্নত করার জন্য প্রাথমিকভাবে সমতা প্রয়োজন।

28. দৈহিক ভারসাম্য হল পৃথিবীর গতিবিধির মত স্থিরতা যখন মানুষের ভারসাম্য হল আবেগের মধ্যে স্থিরতা।

29. অভিজ্ঞতা আমাদের জীবনের এমন দিক এবং পাঠ সম্পর্কে শিক্ষিত করে যা কোনও শ্রেণীকক্ষ বা পাঠ্যপুস্তক কখনও করতে পারে না।

30. মৃত্যু এবং রোগের ব্যবহার রয়েছে: মৃত্যু ছাড়া পুনরুত্থান কীভাবে হতে পারে? রোগ ছাড়া নিরাময় হবে কী করে?

31. ঈশ্বরের ব্যাকরণে মৃত্যু একটি কমা মাত্র।

32. আলোতে আনন্দ।

33. ঈশ্বরের উপর নির্ভরতা মানুষের হতাশা প্রতিরোধ করে।

34. অবিশ্বাস হল সেই পর্বত যা জীবনের মরুভূমিতে বিশ্বাসের মরূদ্যান সম্পর্কে আমাদের দৃষ্টিভঙ্গিকে বাধা দেয়।

35. ঐশ্বরিক কৃপা সর্বদা মাটির পাত্রগুলি পূরণ করতে প্রস্তুত থাকে যদি পরেরটি হয় খালি, ভাঙা বা উভয়ই থাকে।

36. বিভাজন দৃষ্টিশক্তির জন্ম দেয় না, তবে একটি দৃষ্টি বিভাজন নিরাময় করতে পারে।

37. আপনার সৌন্দর্য দর্শকের চোখ দ্বারা সিদ্ধান্ত নিতে দেবেন না। যতক্ষণ আপনি যে পরিস্থিতিতে আপনার সেরা দেখান, প্রেক্ষাপটে আপনার সেরা আচরণ করুন, আপনার অবস্থাতে আপনার সেরাটি করুন, আপনি সুন্দর।

38. আপনার পরিস্থিতি থেকে পালিয়ে যাবেন না বরং বিশ্বাসের অবস্থান ব্যবহার করুন যাতে এটি আপনার পরবর্তী স্তরের চ্যালেঞ্জ এবং জীবনের উদ্দেশ্য সিদ্ধির জন্য রানওয়েতে পরিণত হয়।

39. এক সময়ে একটি কাজ করুন. ঈশ্বর জানেন যে লোকেরা বহু-কাজ করার চেয়ে বহু-জিজ্ঞাসাতে ভাল।

40. আপনি কি জানেন কেন সুযোগ-সুবিধাকে এমন বলা হয়? বেশিরভাগ সময় আমরা এইগুলির জন্য প্রার্থনা করি এবং একটি আমীন দিয়ে শেষ করি।

41. শুধুমাত্র বেদনা এবং কষ্টের মাধ্যমে ঈশ্বরকে আপনার মনোযোগ পেতে বাধ্য না করার জন্য আপনার যথাসাধ্য চেষ্টা করুন। আপনি আপনার প্লেটে যথেষ্ট আছে এটি হিসাবে।

42. ঈশ্বরের ইচ্ছা পালন করা হল তাঁর সদিচ্ছা জয় করা।

43. ডলার এবং পাউন্ড, আমার কিছু আছে কিন্তু আমি আপনাকে দিতে পারি যা আমার আছে বিশ্বাস, আশা এবং ভালবাসা।

44. আশার পাথরের উপর খড়ের কুঁড়েঘর তৈরি করবেন না। বাতাসে নয়, পাথরে দুর্গ তৈরি করুন।

45. ঈশ্বর যখন আপনার পথে আশীর্বাদের ঝরনা পাঠান তখন ছাতা ধরবেন না।

46. আপনার সমস্যা আপনার হাতে বা মাথায় রাখবেন জমিয়ে রাখবেন। প্রার্থনা করুন এবং ঈশ্বরের কাছে দান করুন। একটি সম্পূর্ণ সরল রেখা আঁকতে যেমন আমাদের একটি স্কেল প্রয়োজন, তেমনি একটি ধার্মিক জীবনযাপনের জন্য আমাদের একটি মান প্রয়োজন।

47. আমাদের উপরিভাগের বিচারকে সৃষ্টিকর্তার গভীর করুণার সাথে হস্তক্ষেপ করতে দেবেন না।

48. যখন আপনি একটি মাইকেল এঞ্জেলো বা একটি দা ভিঞ্চি বা একটি রাফায়েল আপনার জন্য অরিজিনাল দেখেন তখন আপনার চোয়ালকে আতঙ্কিত হতে দেবেন না, দর্শকের মূল্য অনেক বেশি - আপনি ঈশ্বরের আসল সৃষ্টি ।

49. ঈশ্বরকে অতিপ্রাকৃত বা আধ্যাত্মিক জগতের মধ্যে সীমাবদ্ধ করবেন না। তিনি আমাদের সাহায্য করেন এমনকি ব্যবহারিক এবং ডাউন টু আর্থ উপায়ে।

50. গোল্ড স্ট্যান্ডার্ডের দিকে তাকান না, বরং ঈশ্বরের স্ট্যান্ডার্ডের দিকে তাকান।

51. বার্তাবাহকের সাথে ঝামেলা করবেন না, বরং তাকে আশীর্বাদ করুন।

52. পুরষ্কার চাইবেন না, পরিবর্তে পুরস্কারদাতাকে সন্ধান করুন।

53. শেখান বা প্রচার করবেন না, শুধু স্পর্শ করুন।

54. ঈশ্বরের সাথে এটিএমের মত আচরণ করবেন না। আমরা যদি আমাদের চাহিদা বা আকাঙ্ক্ষার তাৎক্ষণিক পরিতৃপ্তি আশা করি তবে এর অর্থ হল আমাদের বিশ্বাসের এটি শৈশবকাল নয় কিন্তু এটি এখন জন্মেছে।

55. নিজে এগিয়ে ঈশ্বরকে পিছনে ফেলে যাওয়ার চেষ্টা করবেন না।

56. আপনার আধ্যাত্মিক বর্ম দান করার জন্য যুদ্ধ শুরু হওয়ার জন্য অপেক্ষা করবেন না কারণ আপনি সর্বদা একজনের মাঝখানে আছেন এবং ঈশ্বর আপনার জন্য যুদ্ধ করছেন।

57. ঈশ্বর আপনার সাথে কথা বলার জন্য এবং আপনার জীবনে তাঁর পদক্ষেপগুলি বোঝাতে একটি গাধার মুখ খোলা পর্যন্ত অপেক্ষা করবেন না।

58. সন্দেহ হল সেই প্রবেশদ্বার যার মাধ্যমে শয়তান আমাদের জীবনে প্রবেশ করে এবং যা দিয়ে ঈশ্বর চলে যান। বিশ্বাস হল সেই প্রবেশদ্বার যার মাধ্যমে ঈশ্বর প্রবেশ করেন এবং শয়তান চলে যায়।

59. সাধারণ জ্ঞানের বিপরীতে, একজন অজানা বা পরিচিত ফেরেশতা যে কোনও দিন পরিচিত শয়তানের চেয়ে ভাল। শুধুমাত্র একটি নিশ্চিত এবং অসংশোধনযোগ্য বোকা একটি পরিচিত শয়তানের সাথে মোকাবিলা করবে। আপনি আপনারটা পছন্দ করুন।

60. সৃজনশীল ঘুম - প্রতি রাতে আপনি বিছানায় আঘাত করার আগে, একটি নির্দিষ্ট লক্ষ্য, প্রশ্ন, সমস্যা বা দিনের মধ্যে আপনি যে সমস্যার মুখোমুখি হন তার সাথে জড়িত হন। ঘুমের জন্য অপেক্ষা করার সময় আবেগের সাথে এটি সম্পর্কে চিন্তা করুন। পরের দিন বা সামনের দিনগুলিতে, আপনি সৃজনশীল সমাধান নিয়ে আসবেন।

61. ডারউইন মানুষকে অন্য প্রজাতি হিসাবে লিখেছিলেন এবং ভেবেছিলেন।তার মূর্খতা ছিল যখন অন্য সব প্রজাতি তারা যা আছে তা হয়ে তাদের উদ্দেশ্য পূরণ করে যেমন একটি ফুল কেবল একটি ফুল হয়ে তার উদ্দেশ্য পূরণ করে, মানুষ এই মুহূর্তে যা নেই তা হয়ে তাদের উদ্দেশ্য পূরণ করে। এটি যোগ্যতমের বেঁচে থাকার বিষয়ে নয়, বরং উন্নতির বিষয়ে আনন্দময়, সহায়ক, প্রেমময়, বিশ্বস্ত, জ্ঞানী, চিন্তাশীল, দয়ালু, সহানুভূতিশীল।

62. বিনিয়োগকারীরা যারা তাদের অর্থের বৃদ্ধি দেখতে চান এবং তাদের কাছে ফিরে যেতে চান তাদের জন্য মন্ত্রটি হল: যাচাই করুন, নিরীক্ষণ করুন, বৈচিত্র্য করুন, ফেজ ভ্যালু চেক করুন ফেস ভ্যালু নয়।

63. গভীর ভিত্তি সবসময় ফোলা পকেটের চেয়ে ভাল পরিবেশন করে।

64. বৈধ ইচ্ছা মন্দ বা কষ্টের উৎস নয়। বরং এটা অনেক আনন্দের উৎস।

65. ট্র্যাকশন বা গতিবেগ বিকাশ করুন এবং সাফল্যের আকর্ষণ এবং প্রভাব স্বয়ংক্রিয়ভাবে অনুসরণ করবে।

66. বিচক্ষণতা হল বিচার এবং সিদ্ধান্ত গ্রহণের ক্ষেত্রে প্রজ্ঞার একটি সংক্ষিপ্ত এবং ক্রমাঙ্কিত প্রয়োগ।

67. একটি ঐশ্বরিক অসন্তুষ্টি হল তৃপ্তির একটি আমূল রূপ - একই সময়ে যা আছে তার জন্য কৃতজ্ঞতা সময় একটি মনোভাব লালন পরিবর্তনের ইচ্ছা এবং আগ্রহের, বৃদ্ধি পেতে, আরও বেশি আশীর্বাদ করার জন্য।

68. সন্দেহ বা অবিশ্বাস হল বিস্তৃত পথ যা আমাদেরকে নিম্নগামী সর্পিল দিকে নিয়ে যায়। আমাদের লক্ষ লক্ষ সন্দেহ থাকতে পারে এবং এটাকে আরও বেশি করে অবিশ্বাসে পরিণত করতে পারি। বিশ্বাস হল সরু সিঁড়ি যা স্বর্গের দিকে নিয়ে যায়।

69. দমন করা সন্দেহ আমাদের বিশ্বাসকে খায়, প্রকাশ করা সন্দেহ একটি উদ্ঘাটনের দিকে নিয়ে যায় এবং বৃহত্তর বিশ্বাসকে অনুপ্রাণিত করে।

70. প্রতিটি মানুষকে একটি কাচের প্রিজম হিসাবে ডিজাইন করা হয়েছে যারা বিভক্ত করে ঈশ্বরের ভালবাসা এবং শক্তির আলোর রংধনুতে সাতটি আশীর্বাদের দ্বিগুণ অংশ, বিধান, পুনরুদ্ধার, উপস্থিতি, শক্তি, সুরক্ষা, দৃষ্টি এবং পরিত্রাণ।

71. আমরা প্রত্যেকেই একটি মূল্যবান পাথর কিন্তু আমরা একা একা পাথর নই বরং সংযুক্ত, ভালবাসার দ্বারা একত্রিত এবং বিশ্বাসের দ্বারা একত্রিত, আমাদের ত্রুটিগুলি অন্যের শক্তি দ্বারা তৈরি, আমাদের চাহিদা অন্যের সামর্থ্যে পূরণ হয়।

72. আমরা প্রত্যেকে এমনভাবে জীবন যাপন করি যেন ঈশ্বর আমাদের অনেক ঋণী, এই সত্য যে আমরা তাঁর দেওয়া জীবন যাপন করছি। কিন্তু আমাদের যা কিছু দেওয়ার প্রয়োজন ছিল তা তিনি ইতিমধ্যেই আমাদের মধ্যে এবং আমাদের চারপাশে রেখেছেন। এটা ব্যবহার করা, ফিউজ করা বা হারানো আমাদের ব্যাপার।

73. আমাদের প্রত্যেককে এমনভাবে জীবনযাপন করা উচিত যাতে আমরা ঈশ্বরের দিকে নির্দেশিত সাইনবোর্ড।

74. কার্যকর জীবনযাপনের জন্য প্রয়োজন যে আমরা স্পঞ্জের মতো জ্ঞানকে শুষে নিই কিন্তু ঈশ্বরের ঠোঁট থেকে একটি গানের মতো ঝরতে থাকি।

75. বিজ্ঞান, ধর্ম এবং কুসংস্কারের ঊর্ধ্বে আপনার বিশ্বাসকে একটি সুপার-সায়েন্সের স্তরে উন্নীত করুন।

76. আবেগ হল সেই স্ট্রিং যা আমাদেরকে ঈশ্বর এবং শয়তান উভয়ের সাথেই সংযুক্ত করে। আমরা আমাদের জীবনের সঙ্গীত বাজানোর জন্য কোন স্ট্রিংগুলি বেছে নিয়েছি তা সম্পূর্ণরূপে আমাদের উপর নির্ভর করে যদিও আমাদের পরিস্থিতিকে দোষারোপ করার একটি উপায় রয়েছে।

77. এমনকি প্রতিশ্রুতিপূর্ণ সন্তানকেও কঠিনভাবে বড় করতে হবে। এমনকি প্রতিশ্রুত ভূমিকেও কঠিন লড়াইয়ে জয় করতে হবে। প্রতিশ্রুতি কেবলমাত্র আমাদের আশায় উদ্বুদ্ধ করে এবং জয়ের নিশ্চয়তা দেয় যদি আমরা সম্ভাব্য সবকিছু করেছি এবং এমনকি অতিরিক্ত মাইলও অতিক্রম করেছি।

78. তৃপ্তির সাথে আত্মতুষ্টিকে বিভ্রান্ত করবেন না।

79. সুখ অনুধাবন করবেন না, এটা যাক তোমাকে তাড়া করুক, তোমাকে ধরতে দাও, তোমাকে ওভারটেক করে তোমার কোলে শুইয়ে দাও।

80. আপনি কি এখানে এবং এখন আনন্দের সাথে খেতে চান নাকি আপনি এটিকে একটি টেকঅ্যাওয়ে হিসাবে চান? তোমার মনস্থির করো।

81. আপনি কি আবার কখনও ভুল করতে চান যা আপনি বলেন - এটি করুন একটি শব্দ বলার আগে জিহ্বা রক্ষাকারী 32টি দাঁতের প্রতিটি থেকে অনুমতি নেওয়ার অভ্যাস করুন।

82. "করতে পারব না" হবেন না, একটি ক্যানডল হোন এবং আপনি গভীরতম অন্ধকারকে সামলাতে পারবেন এবং আপনি জ্বলতে গিয়ে মোম বা বড় হবেন।

83. অন্য কারোর ক্লোন হবেন না কারণ ক্লোন একজন ক্লাউন। অনুপ্রেরন করুন কিন্তু অনুকরণ করবেন না। প্রশংসিত করুন কিন্তু পূজা না।

84. তোমার ভাইয়ের রক্ষক না হয়ে তোমার ভাইয়ের কান্নাকাটি করতে সঙ্গী হও। আপনার দুঃখী ভাই ও বোনদের জন্য আপনার তরল প্রার্থনা একদিন হৃদয়হীন সিস্টেম এবং কঠোর মানুষদের মধ্যে পরিবর্তন আনবে।

85. কাউকে পরিবর্তন করার চেষ্টা করবেন না। শুধু তাকে চ্যালেঞ্জ করুন এবং সে নিজেই বদলে যাবে।

86. সম্পদ, খ্যাতি, ক্ষমতা, সৌন্দর্যের মতো ঘটনাগুলিতে ফোকাস করবেন না। পরিবর্তে, অদৃশ্যের উপর ফোকাস করুন।

87. আপনার অঙ্গ দিতে না দুঃস্বপ্ন এবং উদ্বেগ তবে আপনার স্বপ্ন এবং কল্পনাকে ডানা দেয়।

88. শুধু এটা করবেন না, ঠিক করুন।

89. আমরা যখন ঈশ্বরকে অনুকরণ করি তখন আমরা নিজেদের এবং ঈশ্বরের প্রতিমূর্তি হয়ে উঠি।

90. আপনার বিজ্ঞান শিক্ষক আপনাকে প্রতারিত হতে দেবেন না। সাধারণ জ্ঞান এবং বিজ্ঞানের সর্বোচ্চ জ্ঞানই আপনাকে বলবে যে বিবর্তন অসম্ভব, অসম্ভাব্য, অযৌক্তিক এবং একেবারে অসাধু। জীবনের জিগ-স ধাঁধার মধ্যে যখন আপনি চূড়ান্ত অংশটি খুঁজে পাবেন তখনই আপনার শান্তি হবে। যখন আপনি এটি দেখেন, আপনি একটি জিগ করেন।

91. আপনার জীবনে সুখের সন্ধান করবেন না। পরিবর্তে, আশীর্বাদ চাইতে. সুখ আশীর্বাদের উপজাতগুলির মধ্যে একটি মাত্র।

92. বার্ধক্যের জন্য নম্রভাবে ত্যাগ করবেন না। একটি স্বাস্থ্যকর জীবনধারার সাথে আপনার পঞ্চাশের দশককে নতুন ত্রিশ এবং চল্লিশ হিসাবে পুনরায় সংজ্ঞায়িত করুন। আমি ফ্রিস্টাইল অ্যারোবিক নাচ, সঙ্গীত, ধ্যান, ব্যায়াম ইত্যাদি করি।

93. স্বপ্ন দেখা অনেকটা ঘুড়ি ওড়ানোর মতো। এটি যথেষ্ট উচ্চ হওয়া উচিত তবে আপনি দেখতে, ধরে রাখতে এবং নিয়ন্ত্রণ করতে পারবেন তার চেয়ে বেশি নয়।

94. যথাযথ শ্রদ্ধা, যথাযথ জ্ঞান, যথাযথ অধ্যবসায়, যথাযথ প্রচেষ্টা যথাযথভাবে লাভ করবে নির্ধারিত সময়ে পুরস্কার।

95. পোশাকের অর্থনীতির মতো শব্দের অর্থনীতিটি আরও চোখের বলকে আকর্ষণ করে বলে মনে হয়, বিভিন্ন কারণে প্রথমটি আরও বেশি লুকিয়ে থাকে এবং পরবর্তীটি আরও প্রকাশ করে।

96. শিক্ষা কোন আজীবন ওয়ারেন্টি প্রদান করে না। এটি ব্যর্থতা বা মূর্খতার বিরুদ্ধে কোন গ্যারান্টি দেয় না। এটি ভিতরে বা বাইরে মন্দ বিরুদ্ধে কাউকে বীমা করে না। তবুও কেউ এটা ছাড়া করতে পারে না।

97. কার্যকারিতা বলতে বোঝায় সঠিক পরিমাণে চাপ বা শক্তি ব্যবহার করে একটি বিষয় বা কাজের উপর সঠিক দিকনির্দেশনা এবং সঠিক সময়ের জন্য সর্বনিম্ন খরচে সর্বোত্তম ফলাফল তৈরি করা।

98. যদি আপনি উঁচুতে উড়তে চান তবে রাস্তাগুলিকে আলিঙ্গন করবেন না কারণ আপনার চলাফেরা বাধাগ্রস্ত হবে এবং রাস্তায় যারা আছেন তাদের জন্য এটি একটি বড় বিপদ ডেকে আনবে।

99. আমরা উচ্চ উড়ে বোঝানো হয়. একটি ঈগল যেটি একটি উচ্চ বিমানে উড়ে যায় সে কখনই দাবি করে না যে এটি তার টুপিতে একটি পালক পেয়েছে।

100. এমনকি ঈশ্বর একটি সুখী সমাপ্তি সঙ্গে গল্প পছন্দ.

101. নিজেকে শাস্তি দেবেন না বরং চিন্তা করে প্রচুর, আনন্দময়, সৃজনশীল জীবনযাপন করার জন্য নিজেকে শাস্তি দিন, অনুভূতি, আচরণ, সম্পর্ক, কথা বলা এবং একইভাবে করা।

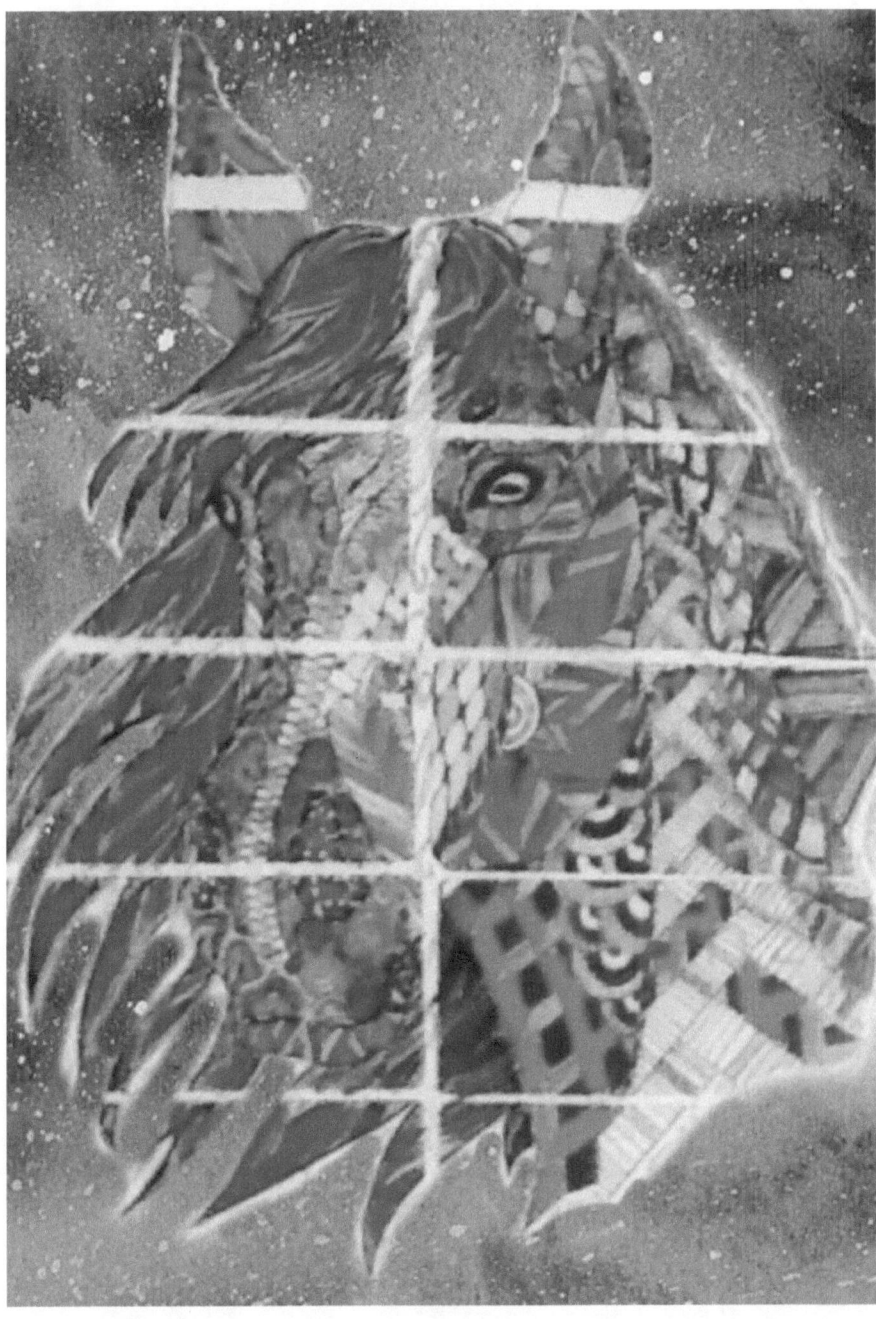

"জীবনের রহস্য বোঝা আমাদের জীবনের আয়ত্ত দেয়।"

শিল্পীর অনুপ্রেরণা:

পেইন্টিংটি ফিলিপিজমের একটি সচিত্র উপস্থাপনা, একটি "যুদ্ধের ঘোড়া" এর মধ্যে বিদ্যমান আত্মার প্রতি শিল্পীর ভালবাসা এবং পশুর সাথে তার ঘনিষ্ঠ বন্ধন।

স্পিরিট

1. জীবনের রহস্য বোঝা আমাদের জীবনের আয়ত্ত দেয়।

2. অবশ্যই, কুচকাওয়াজ চলতে হবে কিন্তু চ্যারেড নয়।

3. এই পৃথিবীতে সাফল্যকে এতটাই পূজা করা হয় যে ব্যর্থতাকে মৃত্যুর সাথে সমান করা হয়। আমাদের বুঝতে হবে যে আমাদের প্রত্যেকের সাফল্য-ব্যর্থতার প্যাটার্ন রয়েছে এবং ব্যর্থতাগুলি হয় সাফল্যের আগে বা সফল হয় ঠিক যেমন রাত অনুসরণ করে দিনের আগে।

4. এটি প্রায়ই বিপদ যা মানুষকে মুক্তোতে পরিবর্তিত করে।

5. একজন মানুষের একটি অন্তর্নিহিত আহ্বান রয়েছে যা অসিদ্ধ হলেও চমৎকার হতে পারে।

6. আমাদের জীবনের সবচেয়ে বড় আলো প্রায়শই আমাদের জীবনের সবচেয়ে অন্ধকার সময়ে পাওয়া যায়।

7. আমাদের জীবনের চক্রটি আমাদের সাফল্য এবং ব্যর্থতার পাহাড়ের চূড়া থেকে সবচেয়ে ভাল দেখা হয়।

8. প্রত্যেক মানুষের মঙ্গলের প্রতি অন্য মানুষের একটি অংশ রয়েছে।

9. অধিকার পাওয়ার আগে একজনকে প্রথমে আবেশ করতে হবে। (অবসেশনের আইন)

10. আপনি যে সর্বশ্রেষ্ঠ উপহারগুলি পাবেন তা আপনার ভিতরেই লুকিয়ে আছে।

11. কেউ আমাদের আত্ম-ধ্বংসের অভ্যন্তরীণ বোতামগুলিতে একটি সুরক্ষা ক্যাচ রাখতে পারে না এবং তাদের এটি নির্মূল করা অনেক সহজ।

12. সুখের রহস্য নিছক আমাদের চাহিদার তৃপ্তিতে নিহিত নয় বরং অন্যের চাহিদা মেটানোর জন্য আমাদের মধ্যে যে বীজ রয়েছে তা বৃদ্ধি করা।

13. যখন ছোটকে স্বল্পমেয়াদে অনুশীলন করা হয়, তখন দীর্ঘমেয়াদে বড়টি সম্ভব।

14. আপনার ছোট মুহূর্ত, ছোট বিজয়, ছোট আশীর্বাদ উদযাপন করুন এইগুলি ছাড়া মহান বা উল্লেখযোগ্য কিছুই হবে না।

15. আমাদের সামর্থ্য এবং আমাদের লক্ষ্যের মধ্যে নিরন্তর খরগোশ এবং কচ্ছপের দৌড় আমাদের জীবন-দীর্ঘ অন্তহীন শ্রেষ্ঠত্বের পথে নিয়ে যায় - একটি সত্যিকারের খরগোশ দৌড়ের অভিজ্ঞতা।

16. আমাদের সম্পর্কগত সংগ্রামের সমাধান করা আমাদের অস্তিত্বের সংগ্রামে সফল হওয়ার চাবিকাঠি।

17. জীবনে সাফল্যের জন্য, এটা যুক্তিসঙ্গত যে আমাদের প্রস্তুতি সম্পূর্ণ, ব্যাপক এবং ভবিষ্যতের দিন বা ভবিষ্যতের প্রচেষ্টার জন্য কিস্তিতে রেশন করা উচিত নয়।

18. যা অনুপস্থিত তা নিয়ে চিন্তা করবেন না। মনোনিবেশ করুন এবং বর্তমান আশীর্বাদের জন্য কৃতজ্ঞ হন।

19. একটি কেন্দ্রীয় ফোকাস ছাড়া, অবস্থান বা লক্ষ্য, আমাদের জন্য রেফারেন্স একটি ফ্রেম চিন্তা, স্বভাব, জিহ্বা, প্রতিভা এবং সময়, প্রতিটি পঙ্গপাল হয়ে যায় - তৈরি না করেই গ্রাস করে ফেলবে।

20. ফোকাস ছাড়া, আমাদের কার্যকর গতিশীলতা থাকতে পারে না। লোকাসের উপর ফোকাস না করে, সবকিছুই জাল হয়ে উঠবে।

21. কিছু ট্রফির দিকে কাজ করুন, তা আধ্যাত্মিক, জাগতিক, সাহিত্যিক, একাডেমিক বা শৈল্পিক হোক নাহলে আপনার বৌদ্ধিক, মানসিক এবং আধ্যাত্মিক পেশীগুলি ক্ষয়প্রাপ্ত হবে।

22. আগে মুরগি গণনা বুদ্ধিমত্তা এবং দূরদর্শিতা এবং পরে গণনা করা খবর।

23. প্রত্যেকের জন্য সবকিছু একদিন শেষ হয়ে যায় এবং এটির জন্য আগে থেকেই প্রস্তুত করা ভাল এবং শুধুমাত্র যখন এটি মুখের দিকে তাকিয়ে থাকে তখন নয়।

24. পশ্চাৎদৃষ্টির চেয়ে দূরদর্শিতা অনেক বেশি গুরুত্বপূর্ণ নইলে আমাদের মাথার পিছনে চোখ দেওয়া হত।

25. মানুষের সমস্ত অসারতার মধ্যে, সবচেয়ে বড় বিশ্বাস যে কেউ নিজেকে এবং তার প্রচেষ্টাকে বাঁচাতে পারে।

26. বোতল ওপেনার যেমন বোতল ও ক্যাপ থেকে পুরস্কারের মধ্যে লিভারেজ করে ঠিক তেমনই এই সমস্যাটি শক্তিকে ছেড়ে দেওয়ার এবং একটিকে উঁচুতে তোলার জন্য একটি পূর্ণাঙ্গ হিসেবে কাজ করে।

27. যদি "এটি" আপনার জীবনের লক্ষ্যগুলিকে প্রতিনিধিত্ব করে, তাহলে এটিকে সংজ্ঞায়িত করুন, পরিমার্জন করুন এবং এটি খুঁজুন।

28. কিছু লোক সিক্স প্যাক, কিন্তু বেশিরভাগ লোক একটি বস্তা।

29. মিথ্যা অনুগামীরা হল সেই ফুলের মত যা তাদের ধরে থাকা ডালপালা পড়ে গেলে ঝরে যায়। বৃন্ত বা নেতার স্থান নেবে প্রকৃত অনুসারীরা।

30. প্রায়ই অন্যায় এবং অন্যায় না করে কীভাবে ক্ষমা করতে হয় তা শেখা অসম্ভব।

31. পরিহাসের বিষয় হল Love বা প্রেম এবং Hope বা আশার মতো চার অক্ষরের শব্দগুলি গভীরতম, ধনী, শক্তিশালী শব্দ গঠন করে কিন্তু মানবজাতি অভিশাপ, গালি এবং উপহাস করার জন্য চারটি অক্ষরের শব্দ ব্যবহার করে।

32. প্রকৃত, স্থায়ী এবং সর্বব্যাপী স্বাধীনতা হল আধ্যাত্মিক। আর্থিক, মানসিক, সামাজিক, রাজনৈতিক বা সাংস্কৃতিক নয়।

33. প্রকৃত স্বাধীনতা হল সত্যের দাস বা সেবক হওয়া।

34. আপনার বন্ধুদের শেখান এবং আপনার শত্রুদের থেকে শিখুন।

35. আপনার ফলকে কখনই লজ্জায় ফেলতে দেবেন না।

36. আমাদের পাকা ফল ছিঁড়ে ফেলার অনুমতি দেওয়া যায় কিন্তু কাঁচা অবস্থায় তা লুট করা যায় না।

37. ভবিষ্যত এমন একটি পাখি যাকে আপনি খাঁচায় বন্দী করতে পারেন বা মুক্ত করতে পারেন।

38. আপনি হাসতে, খেতে, চিবাতে বা কামড়ানোর জন্য আপনার দাঁত ব্যবহার করতে পারেন। আপনি আপনার উপহারগুলি কীভাবে ব্যবহার করবেন তা সম্পূর্ণ আপনার উপর নির্ভর করে।

39. বর্তমান গৌরব আমাদের বিস্ময় আমাদের অতীতের দুর্দশা ভুলে যেতে যখন অতীত গৌরব আমাদের বিস্ময় আমাদের ভবিষ্যতের গৌরব ভুলিয়ে তোলে.

40. কৃতজ্ঞতা হল এমন একটি বেদী যা আমরা আমাদের হৃদয়ে প্রতিদিন তৈরি করি সমস্ত অনুগ্রহ, নির্দেশিকা, সাহায্য এবং আশীর্বাদের জন্য যা আমরা পেয়েছি এবং উপলব্ধি করেছি।

41. যে ব্যক্তি নিজেকে স্ব-নির্মিত বলে মনে করে তার জন্য কৃতজ্ঞ হওয়ার সুযোগ নেই।

42. একজন মানুষ তার জীবনের মাধ্যমে বা এমনকি একটি দিনেও একই ব্যক্তি নয় ঠিক যেমন সূর্য, যা ভোরবেলা সুন্দর এবং সৌম্য, দুপুরে উষ্ণ হয়ে ওঠে এবং সন্ধ্যায় অদৃশ্য হয়ে শীতল হয়।

43. পদ্ম তখনই প্রস্ফুটিত হবে যদি সমস্ত পাপড়ি একত্রে একতা, নম্রতা, শান্তি এবং সম্প্রীতির সাথে একত্রিত হয়, একটি সাধারণ ভাগ্যের সন্ধানে একত্রিত হয়, একই মাটির মাটিতে প্রোথিত হয়, একই জলে ভাসতে থাকে, একই দিকে নির্দেশ করে।

44. ঈশ্বর আমাদের জন্য হলেও, আমাদের অনেক লোক থাকতে পারে আমাদের বিরুদ্ধে, কিন্তু বিন্দু হল যে তিনি নিশ্চিত করবেন যে আমরা নিরাপদ, পরিচ্ছন্ন এবং বিজয়ী হয়ে উঠব।

45. এমনকি যদি আপনি সেখানে কোন কিছুর প্রধান হন, তবুও তুষ বলে অভিহিত করবেন না কারণ আমরা ঈশ্বরের সাথে ব্যক্তিগত সম্পর্ক ছাড়াই আছি।

46. এমনকি পর্বত আরোহীর বিশ্বাস এবং সংকল্পের কাছে মাথা নত করবে। একটি ফল-বোঝাই বৃক্ষ দৃঢ়সংকল্পে বেঁকে যাবে।

47. এমনকি বিশ্বের সেরা মস্তিস্ক, সর্বশ্রেষ্ঠ বিজ্ঞানী বা গণিতবিদরাও ঈশ্বর বা তাঁর পথ নির্ণয় করতে পারে না, এমনকি একটি ক্ষুদ্র পিঁপড়াও বুঝতে পারে না যে টাওয়ারটি প্রতিদিন কতটা উঁচুতে চলে।

48. একজন মানুষের প্রয়োজনীয় প্রতিটি মনোভাবই 'gr-attitude' শব্দে রয়েছে - একটি great attitude বা মহান মনোভাব, একটি gracious attitude বা করুণাময় মনোভাব এবং একটি grateful attitude বা কৃতজ্ঞ মনোভাব।

49. ভয়ের প্রতিটি কারণই বিশ্বাসের উৎস হতে পারে।

50. প্রত্যেক ভালো বাবা-মায়ের তাদের সন্তানের জন্য সর্বাগ্রে আকাঙ্ক্ষা হল যে সে একজন হোমো সেপিয়েন বা একজন জ্ঞানী মানুষ না হয়ে পাশবিক, মিথ্যাবাদী, চোর, ভবঘুরে বা নিরর্থক সহকর্মী হয়ে ওঠে।

51. প্রতিটি মানুষ যতই বৃদ্ধ হোক বা জ্ঞানী, মহৎ, নিপুণ বা শক্তিশালী, ঈশ্বরের সামনে একটি শিশুর মত।

52. প্রতিটি মানুষের ইঁদুর দৌড়ে দৌড়ানোর জন্য হবসনের পছন্দ রয়েছে সংগ্রামের মাধ্যমে মেধা অর্জন বা অবাধে মেধা অর্জনের অনুগ্রহের দৌড়।

53. প্রতিটি মানুষ অলৌকিক ঘটনা একটি জটিল বান্ডিল. আমাদের প্রয়োজনকে মুক্তি দিতে একটু বিশ্বাস লাগে।

54. প্রতিটি মানুষের একটি আধ্যাত্মিক সিপিআর প্রয়োজন যেখানে ঈশ্বর আমাদের আধ্যাত্মিকভাবে পুনরুজ্জীবিত করার জন্য আমাদের হৃদয়কে ম্যাসেজ বা বার্তা দেন এবং আচারিকভাবে নয়।

55. প্রতিটি অলৌকিক বা অতিপ্রাকৃত ফলাফলের জন্য একটি প্রাকৃতিক বীজ প্রয়োজন।

56. অতীতের প্রতিটি মুহূর্ত বর্তমান মুহূর্তে কোনো না কোনো আকারে উপস্থিত থাকে। আমাদের উদ্দীপনা ঈশ্বরের অনুগ্রহ নির্ধারণ করে।

57. আমাদের জীবনের প্রতিটি উপদেষ্টা একদিন অপ্রয়োজনীয় হবে কিন্তু ঈশ্বর কখনই হবেন না।

58. প্রতিটি সূর্যোদয় আমাদের বলে যে ঈশ্বর আমাদের সম্পূর্ণভাবে বেঁচে থাকার অনুমতি দিয়েছেন। বাতাস, জল এবং আপনার যা প্রয়োজন তা নিন। আমাদের যা আছে তার অর্ধেক আমরা আমাদের ছাড়া বা বাইরে থেকে পাই - শক্তি, বায়ু, জল, খাদ্য। বাকি অর্ধেকটি আমাদের ভিতরে যা শুরু হয় - আমাদের চিন্তাভাবনা, আবেগ, ইচ্ছা, আশা, বিশ্বাস, ভয়, শক্তি, দুর্বলতা, স্বপ্ন। এই সেই ভাল অর্ধ।

59. প্রতিবার এবং প্রতিদিন, আমরা কোন ব্যক্তি বা প্রকৃতি বা ঘটনার মধ্যে ভাল বা ইতিবাচক বা বিস্ময়কর বা সুন্দর কিছু দেখতে পাই, আমরা যদি ঈশ্বরের প্রশংসা করতে এবং ধন্যবাদ দিতে ব্যর্থ হই তবে আমরা তাঁর মহিমা হরণ করি।

60. প্রতিবার যখন একজন মানুষের মধ্যে ভালোর জন্য একটি অভ্যন্তরীণ পরিবর্তন হয়, তখনই শতভাগের জন্য বাহ্যিক পরিবর্তন হয়।

61. আশার সাথে মোকাবিলা করার জন্য প্রত্যেকেরই একটি পূর্ণ সমর্থন প্রয়োজন।

62. প্রত্যেকেরই একটি প্রতিশ্রুত ভূমি, একটি প্রতিশ্রুত ত্রাণকর্তা এবং প্রতিশ্রুতিশীল জীবনে বিশ্বাসের প্রয়োজন। এই ধরনের বিশ্বাস আমাদের রক্তের হিমোগ্লোবিনের মতো যা প্রতিটি কোষ, অঙ্গ, সম্পর্ক, কার্যকলাপ এবং আমাদের জীবনের অংশে আশার বন্ধন অক্সিজেন ছেড়ে দেয়।

63. জীবন সম্পর্কে সবকিছুই পদ্ম থেকে শেখা যায়: শিকড় হও, ঘোলা জলের দ্বারা প্রভাবিত হও না, যে কোনও কিছুর ভোজন শুদ্ধ কর, ময়লা এবং নোংরার উর্ধ্বে থাক, জীবনের আপনার পরিস্থিতি থেকে পুষ্টি এবং শক্তি টেনে আন, সব পরিস্থিতিতে ভাসমান থাক, আপনি যতটা সুন্দর হতে পারেন, কঠিন সময়ে উন্নতি করতে শিখুন পরিস্থিতি এবং প্রতিকূলতা থেকে, একটি ঐক্যবদ্ধ দৃষ্টি এবং জীবনের ধারণা আছে, প্রবাহের সাথে থাকুন তবে এটি হতে দেবেন না। ড্রিফ্ট, সর্বদা আপনি যা কিছু করেন তা গভীরভাবে প্রোথিত হতে দিন, একটি অভ্যন্তরীণ বৃত্ত এবং একটি বাহ্যিক বৃত্ত রয়েছে তবে সমস্ত কিছুর কৃতিত্ব ঈশ্বরকে তাঁর মহিমা এবং একমাত্র তাঁর অনুগ্রহের জন্য নির্দেশ করুন।

64. সংবেদনশীল বুদ্ধিমত্তার মানে হল যে আপনি একটি ছোট আনন্দ বা ভালো কিছু বাদ দিয়ে পরে একটি বৃহত্তর আনন্দ অনুভব করতে পারেন যখন আধ্যাত্মিক বুদ্ধিমত্তা বোঝায় যে আপনি এখন একটি ছোট যন্ত্রণা ভোগ করছেন যাতে পরবর্তীতে বড় কষ্ট না হয়। বুদ্ধি মানে আমাদের সমস্ত ইনোকুলেশন সময়মত নেওয়া।

65. শক্তিশালী ইতিবাচক মডেল অনুকরণ করুন, শক্তিশালী নেতিবাচক উদাহরণগুলি প্রতিহত করুন - এটি মানব চুম্বকত্বের নিয়ম।

66. আপনি যখন পারেন উপভোগ করুন, যখন আপনি পারবেন না তখন সহ্য করুন।

67. এমন একটি চিন্তা প্রক্রিয়া খুঁজুন এবং কাজে লাগান যা কেবল ব্লকগুলিই সরিয়ে দেয় না কিন্তু আমাদের জীবনের হোঁচট খাওয়াকে আমাদের সাফল্যের বিল্ডিং ব্লকে পরিণত করে।

68. অনন্তকাল হল অতীত বর্তমানের সাথে মিশে যাওয়া এবং বর্তমানকে ভবিষ্যতের সাথে এবং ভবিষ্যতকে চিরকালের মধ্যে।

69. যুগে যুগে মানুষের জ্ঞান বৃদ্ধির সাথে সাথে প্রজ্ঞায়ও হ্রাস পেয়েছে।

70. এমনকি বিশিষ্টরাও শেষ পর্যন্ত নিভে যায় এবং তাই গুরুত্বপূর্ণ হল কতজন নিজের উদাহরণ, উপদেশ এবং শব্দ দ্বারা শ্রেষ্ঠত্বের জন্য আগুনে পুড়ে গেছে।

71. ট্রিলিয়ন বছর পেরিয়ে গেলেও একটি নির্জীব কণাকে সহজতম জীবন রূপে পরিণত হতে দেখা যায় না। সময় বুদ্ধি বা উদ্দেশ্যের বিকল্প নয়।

72. প্রতিটি কাজ, শব্দ, প্রতিটি ব্যক্তির একটি ব্যক্তিগত সুবাস আছে - হয় ভাল বা খারাপ। সালফার ডাই অক্সাইডের মতো নয়, গোলাপের মতো ভালো গন্ধ নেওয়ার চেষ্টা করুন।

73. প্রত্যেক গড় মানুষকে পাঁচটি অনন্য প্রতিভা দেওয়া হয় - একটি শারীরিক প্রতিভা যা শরীরে থাকে, একটি বুদ্ধির প্রতিভা, একটি মানসিক প্রতিভা, একটি সামাজিক প্রতিভা এবং একটি আধ্যাত্মিক প্রতিভা। এই প্রতিভাগুলি খুঁজে বের করা, বিকাশ করা, ব্যবহার করা এবং গুণ করা আমাদের উপর নির্ভর করে।

74. আমাদের দোলনা প্রাচীর থেকে জীবনের প্রতিটি বাধার উদ্দেশ্য আমাদেরকে নিরাপদ এবং আমাদের সামর্থ্যের বাইরে আলোড়ন সৃষ্টি করা থেকে বিরত রাখা কিন্তু আমরা বড় হওয়ার সাথে সাথে আমরা অতিক্রম করতে থাকি প্রতিটি পূর্বে অনতিক্রম্য বাধা।

75. বিজ্ঞানীরা এবং বিজ্ঞান দাবি করে যে সবকিছুই নিজে থেকেই সৃষ্টি হয়েছে তা ঈশ্বরের পেটেন্ট অধিকার চুরি করার সমান।

76. সমুদ্রের প্রতিটি নৌকা গর্বিতভাবে মনে করে যে এটি একটি টাইটানিক যতক্ষণ না দুর্যোগ আসে এবং এটি অনুরোধ করবে, "আমাকে রেহাই দাও কারণ আমি একটি ছোট জাহাজ।"

77. প্রতিটি আপস আমাদের আত্মা একটি বিক্রয় জড়িত. একমাত্র প্রশ্ন এটি পাইকারি নাকি খুচরা।

78. প্রতিদিন হল যীশুর সাথে একটি AMC (সমষ্টিগত রক্ষণাবেক্ষণ চুক্তি) পেতে বা এটি পুনর্নবীকরণ করার সুযোগ।

79. একটি পর্বতের প্রতিটি নিম্নগামী ঢাল এবং প্রতিটি উত্থান একটি উপত্যকা বা বিজয় চিহ্নের জন্য একটি V গঠন করে। একইভাবে, প্রতিটি চ্যালেঞ্জ আপনি এইমাত্র অতিক্রম

করেছেন এবং প্রতিটি চ্যালেঞ্জ আপনি এখন মোকাবেলা করছেন আপনার মধ্যে একটি নতুন শক্তি তৈরি করছে - একটি নতুন বিজয়। প্রতিটি উপত্যকা বিজয়ের ইঙ্গিত দেয়।

80. আমাদের জন্য সবকিছুই সম্ভব কারণ ঈশ্বরের জন্য কিছুই অসম্ভব নয়।

81. প্রাকৃতিক সবকিছুকে অতিপ্রাকৃত ভাষায় ব্যাখ্যা করা যায় এবং অতিপ্রাকৃত সবকিছুকে প্রাকৃতিক ভাষায় ব্যাখ্যা করা যায়।

82. প্রতিটি মানুষের জীবনে যা কিছু আছে তা উপহার ছাড়া আর কিছুই নয়। অতএব, আমাদের জীবন আনন্দ এবং ধন্যবাদের একটি অবিচ্ছিন্ন গান হওয়া উচিত।

83. সব কিছুতে যা স্পষ্ট, পুরুষদের সাথে কথা বলুন এবং বিতর্কিত সবকিছুতে ঈশ্বরের সাথে কথা বলুন।

84. মন্দ সর্বদা ভাল দ্বারা হুমকিপ্রাপ্ত হয় ঠিক যেমন মধ্যম এবং নিস্তেজ বুদ্ধিমত্তা এবং মহত্ত্ব দ্বারা হুমকিপ্রাপ্ত হয়, মিথ্যা সত্য দ্বারা হুমকি, ঘৃণা ভালবাসা দ্বারা হুমকি, শান্তি এবং ভদ্রতা দ্বারা বিবাদ হুমকির সম্মুখীন হয়।

85. বিশ্বাস ব্যায়াম অনেকটা কর্তৃত্ব চর্চার মত।

86. ধার্মিক চরিত্র প্রদর্শন করুন এবং রাজকীয় ক্ষমতা প্রয়োগ করুন।

87. ব্যর্থতা প্রায়শই ঈশ্বরের নিয়ন্ত্রণ পরীক্ষা যা মানুষকে প্রমাণ করার জন্য যে তিনি উপস্থিত না থাকলে বা পরামর্শ না পেলে বা তাঁর আশীর্বাদ চাওয়া হলে কী ঘটবে।

88. 'বিশ্বাসের ক্রিয়া' হল একটি মার্জিন যা আমাদের ঈশ্বরের অনুগ্রহের অগ্রগতির আগে নামিয়ে রাখতে হবে।

89. একমাত্র বিশ্বাসই আমাদের ভাগ্যকে পরিবর্তন করতে পারে এবং আমাদের জীবনকে একটি উৎসবে পরিণত করতে পারে।

90. বিশ্বাস এবং অনুগ্রহ একসঙ্গে কাজ করে যে দিনগুলিতে কঠোর পরিশ্রম কাজ করে না।

91. বিশ্বাস এবং ভালবাসা দুটি ছোট কিন্তু নিশ্চিত বিশ্বাসী একজন মানুষের পা। তিনি ঈশ্বরের সাথে এবং মানুষের সাথে হাঁটতে পারেন, তিনি অদম্য উচ্চতায় দৌড়াতে বা

মাউন্ট করতে পারেন, এই দুটি ছোট পায়ের উপরে স্বর্গে ফেরেশতাদের সাথে উড়তে পারেন।

92. বিশ্বাস এবং যুক্তি হল একটি বিশাল জোড়া কাঁচির দুটি ব্লেড যা পারে একটি বিশাল পর্বতকে ছোট ছোট খণ্ড বা বিটগুলিতে কেটে ফেলুন যা পুনরায় একত্রিত করা যেতে পারে যেখানে আমরা এটিকে আমাদের প্রয়োজনীয় যে কোনও আকার এবং আকারে পুনরায় সনাক্ত করতে চাই।

93. যথার্থ কারণ, যথাযথ পরিশ্রম, এবং যথাযথ ধৈর্যের পরেই বিশ্বাস যথার্থ মৌসুমে ফল দেয়।

94. বিশ্বাস সত্য এবং ভাগ্য উভয় পরিবর্তন করতে পারে.

95. বিশ্বাস হয় জীবন এবং বাস্তবতা থেকে মুক্তির পথ হতে পারে অথবা বৃহত্তর স্বাধীনতা, দায়িত্ব এবং পরিপূর্ণতার একটি প্রবেশদ্বার হতে পারে।

96. বিশ্বাস শুধু পাহাড় নাড়াতে পারে না। এটি প্রেম, আনন্দ, শান্তি, করুণা এবং স্বর্গীয় এবং পার্থিব আশীর্বাদের ফোয়ারা খুলতে পারে।

97. প্রথম চারটি অক্ষরের জন্য Faith বা বিশ্বাস সত্য, বুদ্ধিহীন বা ভিত্তিহীন হতে পারে না "fait বা বিশ্বাস" মানে সত্য।

98. ঈশ্বরের অস্তিত্ব নেই এবং তিনি আছেন এই দুটিই প্রমাণের বাইরের বিশ্বাস কিন্তু বিশ্বাস করা যে তিনি আছেন এবং মানুষ তাঁর মূর্তিতে সৃষ্ট একটি অনেক বেশি শক্তিশালী, বাস্তববাদী এবং সক্ষম বিশ্বাস।

99. ধনী বা খ্যাতি পান - দ্রুত সূত্র আমাদের জীবনের দ্রুত বালি।

100. যখন মানুষ ট্রমা এবং দুঃখজনক পরিস্থিতিতে জয়লাভ করে, তখন তারা সর্বাধিক সম্মান অর্জন করে এবং অনেককে অনুপ্রাণিত করে।

101. সত্য একটি বহু-পছন্দের প্রশ্ন নয় - এটি একচেটিয়া কিন্তু এর একচেটিয়াতায় অন্তর্ভুক্ত।

"দাবা বোর্ডের আসল রাজা কৌশল। কৌশলগত চিন্তা আপনাকে আপনার খেলার রাজা করে তোলে।"

শিল্পীর অনুপ্রেরণা:

চিত্রকর্মটি ফিলিপিজমের একটি সচিত্র উপস্থাপনা।

সুযোগের ছোট্ট দরজা বা জানালার সন্ধান করুন।

কৌশল

1. দাবাবোর্ডের আসল রাজা হল কৌশল। কৌশলগত চিন্তা আপনাকে আপনার খেলার রাজা করে তোলে।

2. কখনও একটি দৈত্য বা একটি অদৃশ্য শত্রুর সাথে হাতের লড়াইয়ে হাত বাড়াবেন না।

3. সমস্যা হল আমরা যথেষ্ট জানি না এবং আমরা যা জানি তা আমরা করি না।

4. আমাদের শ্বাস-প্রশ্বাসের প্রক্রিয়ার মতো, আমাদের রূপান্তর এবং পুনর্নবীকরণের জন্য আমাদের ভালোর জন্য বাঁচতে হবে, আমাদের এবং অন্যদের মধ্যে ইতিবাচকতা, এর বিপরীত ত্যাগ করতে হবে যেমন- ব্যবহৃত, অকেজো, নেতিবাচক এবং বিষাক্ত।

5. মনোরম ফল উৎপাদনের জন্য প্রায়ই বেদনাদায়ক প্রক্রিয়া লাগে।

6. বেশিরভাগ মানুষ তাদের জীবনের উপরিকাঠামো তৈরি করে এবং তারপর এটির নীচে একটি ভিত্তি স্থাপনের সন্ধান করে। পরিবর্তে, প্রথমে ভিত্তি নিন এবং তারপরে এটি তৈরি করুন।

7. মানুষের যেভাবে আত্মা, মন এবং শরীরে কনফিগার করা হয়েছে, আমাদের প্রত্যেককে আমাদের লক্ষ্যের দিকে এগিয়ে যেতে, ডান অঙ্গ এবং বাম অঙ্গ হিসাবে ইতিবাচক বা শক্তিগুলিকে শক্তিশালী করতে হবে, আমাদের মধ্যে নেতিবাচক বা দুর্বলতাগুলি কাটিয়ে উঠতে হবে এবং পরিবেশ. নেতৃত্ব এবং "জীবন নিজেই একটি দ্বিমুখী প্রক্রিয়া"।

8. মানুষের জন্য ফলমূল একটি মৌসুমী ঘটনা নয় বরং একটি জীবনব্যাপী প্রক্রিয়া।

9. আমরা তথ্য যুগ থেকে রূপান্তরের যুগে বাস করছি। রূপান্তরটি শব্দ প্রক্রিয়ার মাধ্যমে ঘটে যা আমাদের চিন্তা প্রক্রিয়াকে প্রভাবিত করে এবং চিন্তা প্রক্রিয়া আমাদের জীবন প্রক্রিয়াকে প্রভাবিত করে।

10. একজন পেশাদার যার তার পেশার প্রয়োজনীয় দক্ষতা নেই সে এমন একজন জেলের মতো যে সাঁতার জানে না।

11. উদ্দেশ্যমূলকভাবে বেঁচে থাকা ব্যক্তি একটি উড়ন্ত তীরের মতো। তার লক্ষ্য এবং দৃষ্টি হল তীরের মাথা এবং তার প্রচেষ্টা এবং কৌশলগুলি হল সেই খাদ যা তীরকে চালিত করে।

12. আমাদের প্রতিপক্ষ, শত্রু, প্রতিরোধকারীরা সেই উত্থান-পতন যার বিরুদ্ধে আমাদের ভাগ্যের ঘুড়ি উঠে। তাই, যাত্রা উপভোগ করুন।

13. একটি যুক্তি বা বিবাদের পরে নীরবতা প্রতিক্রিয়াশীল যখন একটি তর্কের সময় কৌশলগত বা সক্রিয় নীরবতা এটিকে বাধা দেয়।

14. একজন মানুষের অজ্ঞতার জন্য বাইরে থেকে সমাধান আছে কিন্তু মানুষের বিদ্বেষের জন্য শুধুমাত্র ভিতরে থেকে সমাধান হতে পারে।

15. যদি আমরা যখনই প্রয়োজন আমাদের ঠোঁট জিপ করতে পারি, এটি অনেক মানবিক জ্ঞান, সুখ এবং শান্তির কারণ হবে।

16. আপনি যা কিছু বলুন এবং করেন তাতে যদি আপনি পরিপূর্ণতা চান তবে আগে সাত বার চিন্তা করুন এবং তারপরে একশোবার চিন্তা করা এড়িয়ে চলুন।

17. জীবন পঞ্চ-মাত্রিক এবং বাকি সবকিছু দ্বি-মাত্রিক: আমি কী বললাম তা আপনাকে এবং আমাকে প্রভাবিত করে।

18. কেউ এক ডানা দিয়ে বা ভাঁজ করা ডানা দিয়ে উড়তে পারে না - আপনি যা করেন তাতে নিজেকে পুরোপুরি প্রসারিত করুন এবং তারপরে আপনি উড়বেন।

19. সবসময় মনে রাখবেন যে আমরা যা বলি তা কখনও কখনও করাতের মতো কাউকে কেটে ফেলতে পারে এবং কখনও কখনও আমরা যা দেখি তা আমাদের বপনের মতো গন্ধ করতে পারে।

20. কিছু লোক লুকিয়ে গর্ব করে যে তাদের কাছে গ্যাবের উপহার রয়েছে।

কিন্তু তাদের যা আছে তা হল জ্যাবের দান- কটূক্তি, ভোঁতা কথা ও ঘৃণ্য কথা দিয়ে মানুষকে আঘাত করা।

21. এমনভাবে কথা বলুন এবং নিজেকে প্রকাশ করুন যাতে এটি করার স্বাধীনতা কেবল মূল্যবান বলে মনে হয় না তবে এটি অমূল্য।

22. আন্তরিক তোতলামির স্তব্ধতা প্রায়শই বাগ্মীতার চেয়ে বেশি সত্য ধরে রাখতে পারে চতুর বক্তার মতো।

23. পুরানো চুক্তির অধীনে, ঈশ্বর বলেছিলেন, "আলো হোক।" নতুন চুক্তিতে, ঈশ্বর বলেছেন, "আমাকে তোমার আলো হতে দাও।"

24. ঈশ্বরের সাথে পুরানো চুক্তির অধীনে, মানুষের মৃত প্রাণী বা প্রাণীর ভাল অংশগুলিকে বলি দিতে হবে আর এখন আমাদের নিজেদের জীবনের খারাপ অংশগুলি বা আমাদের মধ্যে থাকা প্রাণীগুলিকে বলি দিতে হবে যাতে আমরা সম্পূর্ণরূপে মানব হিসাবে বেঁচে থাকি।

25. যদি কেউ ঈশ্বরের দেওয়া লোফ অফ ব্রেড বা রুটি না খায় - এই শব্দ, মানুষকে একটি লোফার হওয়ার ভাগ্য প্রদান করে - যে মরুভূমিতে নিছক, লক্ষ্যহীন পরিভ্রমণকারী।

26. আইনী সাক্ষীর বিপরীতে যাকে শুধুমাত্র বাক্সের মধ্যে গ্রিল করা হয়, ঈশ্বরের জন্য একজন সাক্ষীকে সব সময় যাচাই করা হয় - তার জীবন, কথা, কাজ, নীরবতা, পছন্দ, সম্পর্ক দেখে।

27. অযোগ্য যন্ত্রণা মানবতাকে অযোগ্য অনুগ্রহ এনেছে।

28. টেকসই সাফল্য ব্যর্থ হয়।

29. ওমেগা পরিস্থিতি মোকাবেলা করতে আলফা শক্তি ব্যবহার করুন।

30. কালো এবং সাদা কি তা জানতে আপনার ধূসর কোষ ব্যবহার করুন। ধূসর এলাকায় কি সঠিক তা বোঝার জন্য ঈশ্বর প্রদত্ত প্রজ্ঞা ব্যবহার করুন।

31. ব্যবহার করুন আপনার মুখে আপনার দুঃখ, বেদনা, হতাশা, সন্দেহ, ভয়ের পাহাড়ের কথা বলার জন্য এবং তারা কেবল নড়াচড়া করবে না বরং আনন্দ, তৃপ্তি, আশা, বিশ্বাস এবং সাহসের ফোয়ারায় পরিণত হবে।

32. বৈধতা এবং সত্যায়ন প্রভুর কাছ থেকে হয়।

33. জীবনে প্রায়শই, এটি প্ল্যান A বা B নয় যে কাজ করে তবে প্ল্যান জি (ঈশ্বরের পরিকল্পনা)

34. খুব প্রায়ই যখন আমরা প্রার্থনা করি: আমাদের জীবনকে আশীর্বাদ করুন, আমরা বলি, "আমাদের জগাখিচুড়িকে আশীর্বাদ করুন": আমাকে এটি বুঝতে সাহায্য করুন, আমাকে জানতে দিন আমি কে, আপনি আমাকে কে হতে চান, আমি কোথায় এবং কেন আমি যেখানে আমাকে যেতে হবে।

35. কার্যত, শারীরিক সবকিছুর একটি আধ্যাত্মিক ফলাফল রয়েছে।

36. বিশ্বাসের সাথে হাঁটুন, প্রার্থনায় নতজানু হোন, আবেগের জন্য দৌড়ান, লাঠিপেটা করুন - এটি জীবনের পুরো যোগফল।

37. আমরা ভাঙা মাটির পাত্র যেগুলি নিরাময় করা হয়, প্রভুর স্পর্শে এবং আত্মার আগুনে জ্বলতে থাকে।

38. আমরা ঈশ্বরের প্রতিশ্রুতির সন্তান, দুনিয়া ও তার পথের সাথে আপস করার সন্তান নই।

39. আমরা সম্পূর্ণরূপে ঈশ্বরের কাছে আত্মসমর্পণ করি যা রক্ষা করা যায়। আমরা রক্ষাকবজ পরে এই বিশ্বে চ্যাম্পিয়ন এবং বিজয়ী হিসাবে মাঠে নেমেছে।

40. আমরা সুন্দরভাবে, আশ্চর্যজনকভাবে এবং আনন্দের সাথে তৈরি করেছি - তাই, সুন্দর, বিস্ময়কর এবং আনন্দময় হও।

41. আমাদের শাশ্বত জীবনের গাছের সুন্দর শাখা বলতে বোঝানো হয়েছে যার মূল এবং কাণ্ড স্বয়ং ঈশ্বর। আমরা শুকিয়ে যেতে পারি এবং মাটিতে পড়ে যেতে পারি, কিন্তু আমাদের কখনই নিজেদের কাটা উচিত নয়।

42. তারা বলে যে শিক্ষার উদ্দেশ্য হল একটি গাধাকে সম্পদে পরিণত করা। কিন্তু সর্বোপরি, এটি যা অর্জন করে তা হল একটি গাধাকে একটি শিক্ষিত গাধায় পরিণত করা।

43. একটি নিয়ম হিসাবে, যারা স্লোগানের সাথে ভাল তারা ফলাফল-ভিত্তিক কর্মের ক্ষেত্রে ধীর বন্দুক।

44. চিন্তা করা হল নিজের সাথে যোগাযোগ। কথা বলা হল অন্যদের সাথে যোগাযোগ। নিজের সাথে যোগাযোগ না করে, অন্যদের সাথে আপনার যোগাযোগ কখনই স্বাস্থ্যকর, উদ্দেশ্যমূলক বা কার্যকর হওয়ার আশা করতে পারে না।

45. এই সর্বজনীন মানবিক প্রবণতা দ্রুত পুরানো বছরকে বিদায় জানানো এবং নতুনকে বাজানো আমাদের চঞ্চল মনের লক্ষণ।

46. যারা খুব তাড়াতাড়ি উচ্চাকাঙ্ক্ষা করে না তারা শেষ পর্যন্ত ষড়যন্ত্র করে তাদের জন্য যারা করে।

47. যারা নিজেদেরকে বিশুদ্ধভাবে যুক্তির মধ্যে সীমাবদ্ধ রাখে তারা তাদের সম্ভাবনা এবং তাদের অভিজ্ঞতাকে সীমাবদ্ধ রাখে অন্যথায় মানুষের জীবনে সম্ভাবনার সীমাহীন পরিসরের।

48. যারা ককপিটে শুরু করে, তারা গর্তে শেষ হয় কিন্তু যারা গর্তে শুরু করে, তারা ককপিটে শেষ হয়।

49. যদিও আমরা ধূলিকণা থেকে গঠিত, বিশ্বাস করুন আমরা স্টারডাস্টে রূপান্তরিত হতে পারি এবং একদিন আমরা তারার মতো উজ্জ্বল হব।

50. যদিও আমাদের একই সময়ে একাধিক পরিচয় রয়েছে, আমরা যাকে আমাদের সবচেয়ে গুরুত্বপূর্ণ পরিচয় বলে মনে করি তা আমাদেরকে সংজ্ঞায়িত করে এবং এটি আমাদের পরিমার্জিত বা অপবিত্র করতে পারে, আমাদের সীমাবদ্ধ করতে পারে বা আমাদের দৃষ্টি ও প্রভাবকে প্রসারিত করতে পারে।

51. দুঃখ এবং অনেক যন্ত্রণার মধ্য দিয়ে একজন পুরুষ বা মহিলাকে অবিরাম আনন্দের জন্য একটি সুন্দর মুক্তার আকার দেওয়া হয় কেবল তাকে বা তার শূকর বানানোর জন্য।

52. সময় হল সেই কঙ্কাল যার উপর আমরা আমাদের চিন্তা, কথা এবং কাজ দিয়ে মাংস এবং রক্ত রাখি।

53. গর্ভের সন্তানের কাছে জরায়ু হল মহাবিশ্ব। একজন মানুষের কাছে মহাবিশ্বই মহাবিশ্ব। মৃতদেহের কাছে কবর হল মহাবিশ্ব। বাস্তবতা আমরা জানি বহুদূর পর্যন্ত বিস্তৃত।

54. ক্ষতি এড়াতে, আইন অনুসরণ করুন।

55. অর্ধ-শিক্ষিত হওয়া মানে অর্ধেক রান্না বা বেকড হওয়ার মতো কারণ কেউ জানে না সম্পূর্ণভাবে রান্না করা বা বেক করা অংশগুলি কোথায়।

56. স্থির থাকার অর্থ হল নিজের ইচ্ছাকে দান করা, স্থির থাকা মানে অদম্যের সাথে আপাতদৃষ্টিতে অনিবার্যকে অতিক্রম করা।

57. এক পরিবেশ থেকে অন্য পরিবেশে প্রতিস্থাপন করা হল রূপান্তরিত হওয়ার প্রথম ধাপ।

58. সত্যিই অসামান্য হতে হলে কাঁটাঝোপের ক্ষেতে একটি ফলের গাছের মতো, বুরুশ কাঠের বনে একটি দেবদারু হিসাবে দাঁড়ানো।

59. একজন ইতিবাচক, নেতিবাচক এবং ভারসাম্যপূর্ণ চিন্তাবিদদের মধ্যে পার্থক্য জানতে: যদি তিনজনকেই তাদের সন্তানের মার্কশিট দেওয়া হয়, তাহলে ইতিবাচক চিন্তাবিদ কেবলমাত্র সে যে বিষয়ে উচ্চ স্কোর করেছে তা দেখবে, নেতিবাচক চিন্তাবিদ সেগুলিকে দেখবে যেগুলি সে খারাপ করেছে, আর যখন ভারসাম্য চিন্তাবিদ যে যে প্রথমে ভাল স্কোর এবং তারপর কম স্কোরের দিকে তাকাবেন।

60. ভাল প্রযুক্তি এবং খারাপ মনস্তত্ত্ব দিয়ে সাহসী নতুন বিশ্বের অশ্বারোহণ করা বিশ্বব্যাপী এবং ব্যক্তিগত বিপর্যয়ের একটি রেসিপি।

61. আজকের বীজ, আগামীকালের মূল, আজকের মূল, আগামীকালের অঙ্কুর, আজকের অঙ্কুর, আগামীকালের শাখা, আজকের শাখা, আগামীকালের কুঁড়ি, আজকের কুঁড়ি, আগামীকালের ফুল, আজকের ফুল, আগামীকালের ফল, আজকের ফল, আগামীকালের বীজ।

62. প্রক্রিয়া প্রশ্ন স্ব-নেতৃত্ব এবং পরিচালনার একটি নতুন হাতিয়ার। প্রসেস প্রশ্নগুলি হল একটি স্ট্যান্ডার্ড প্রশ্নগুলির একটি সেট যা আমরা একটি শব্দ বলার আগে, সিদ্ধান্ত নেওয়ার আগে, অভিনয় বা প্রতিক্রিয়া করার আগে নিজেদেরকে জিজ্ঞাসা করি।

63. আপনি নিজেকে যে প্রশ্নগুলি জিজ্ঞাসা করেন তা আপনাকে চূড়ান্ত দিক নির্দেশ করে যা আপনাকে যেতে হবে।

64. সব বিষয়ে প্রশ্ন করবেন না বা সমস্ত প্রশ্নের উত্তর দেবেন না পূর্বের জন্য ধারাবাহিকতার চাবিকাঠি যখন পরেরটি পরিবর্তনের চাবিকাঠি।

65. যুক্তির রাজ্যে, আমরা জ্ঞান থেকে অভিজ্ঞতা এবং বিশ্বাসে পা রাখি। বিশ্বাসের রাজ্যে, আমরা অভিজ্ঞতা এবং বিশ্বাস থেকে জ্ঞানে পা রাখি।

66. বিল্ড টু লাস্ট মানে জীবনকে স্থিতিস্থাপক হওয়ার জন্য গড়ে তোলা, খারাপ আবহাওয়াকে ছাড়িয়ে যাওয়া এবং তা থেকে বাঁচতে, শুধুমাত্র একদিন নয়, কখনও কখনও খারাপ উপাদানগুলির পুরো মৌসুম একজনের জীবন।

67. সমুদ্রের ধারে পাথরের উপর কেউ কখনও কুঁড়েঘর তৈরি করেনি। যখন আমাদের দৈনন্দিন চ্যালেঞ্জগুলি বিশাল, স্থিতিস্থাপকতা একটি বিকল্প নয়।

68. যদি একজনের স্থিতিস্থাপকতা শেখার প্রয়োজন হয়, তবে সে এটি তার পেট থেকে শিখতে পারে, যা কিছু এবং যা কিছু ছুঁড়ে দেওয়া হয় তা গ্রহণ করতে সক্ষম হতে পারে, যা প্রয়োজন তা গ্রহণ করতে, বাকিগুলি প্রত্যাখ্যান করতে, কঠিন জিনিসগুলিকে ভেঙে ফেলার জন্য, দিনে ফিরে আসতে পারে। দিনের পর পরিস্থিতি, পরিস্থিতির পর পরিস্থিতি।

69. আমরা ঈশ্বরের কাছে তাৎপর্যপূর্ণ এবং দরকারী যেমন একটি ফল গাছের শাখা।

70. আমরা প্রাকৃতিক ন্যায়বিচারের কথা বলতে অভ্যস্ত কিন্তু মানুষের অভিজ্ঞতা দেখায় যে প্রাকৃতিকভাবে যা পাওয়া যায় তা প্রাকৃতিক অবিচার। বাস্তব ন্যায়বিচার প্রদানের জন্য অতিপ্রাকৃত প্রয়োজন।

71. আমরা প্রার্থনায় চাই, আমরা প্রচেষ্টার সাথে চাই, আমরা প্রত্যাশার সাথে নক করি। জিজ্ঞাসা হল বিশ্বাসের দিক, চাওয়া হল অধ্যবসায়ের দিক এবং নক হল প্রতিটি সুযোগ পেতে আগ্রহী হওয়া: সমস্ত দিক থেকে জীবনের অগ্রগতি, ডোমেনগুলি এই ভারসাম্যের উপর ভিত্তি করে।

72. আমরা মূল্যায়ন করি এবং প্রভুর কাছে আমাদের জীবনের গাধাগুলি ছেড়ে দিই এবং সম্পদগুলি রাখি নিজেদেরকে।

73. আমরা অন্ধকারে একটি মোমবাতি হয়ে উঠি যখন আমরা সমস্ত সমস্যা এবং উদ্বেগগুলিকে প্রভুর কাছে হস্তান্তর করতে পারি না যিনি করতে পারেন এবং চান।

74. আমরা অতীত, বর্তমান এবং ভবিষ্যৎ কাল বলি। আশ্চর্যের কিছু নেই যে আমরা সব সময় টেনশনে থাকি। একবার আমরা অনন্তকাল সম্পর্কে শিখলে, আমরা উত্তেজনা করা বন্ধ করতে পারি, আমাদের অতীতের জন্য আরও কৃতজ্ঞ হতে পারি, ভবিষ্যতের জন্য আরও আশাবাদী এবং আরও আনন্দিত হতে পারি এবং বর্তমানের প্রতি আরও মনোযোগ দিতে পারি।

75. আমরা আমাদের সিদ্ধান্ত গ্রহণে স্বায়ত্তশাসিত হতে পারি কিন্তু আমাদের জ্ঞান এবং প্রজ্ঞা আমাদের স্বায়ত্তশাসনকে সমর্থন করার জন্য অপর্যাপ্ত। শূন্যস্থান পূরণ হতে পারে শুধুমাত্র মানুষের প্রতি আস্থা এবং ঈশ্বরে বিশ্বাসের মাধ্যমে।

76. আমরা আমাদের জীবন "বাইবেল প্রমাণ" করতে পারি কারণ এটি আমাদের শেখায় যে যদিও আমরা নিছক বুদবুদের মতো, তবুও আমরা চিরকাল বেঁচে থাকতে পারি।

77. আমরা ইতিহাসের সমস্ত নক্ষত্র, এই পৃথিবী এবং মহাবিশ্বকে উপেক্ষা করতে পারি তবে আমাদের নিশ্চিত করা উচিত যে মর্নিং স্টার আমাদের উপর জ্বলছে।

78. আমরা আমাদের সিদ্ধান্ত গ্রহণে স্বায়ত্তশাসিত হতে পারি কিন্তু আমাদের জ্ঞানে স্বাধীন।

79. আমরা উদ্দীপনা, স্নেহের একটি শব্দ দিতে এবং গ্রহণ করতে পারি, উৎসাহ কিন্তু শুধুমাত্র ঈশ্বর আমাদের পরিত্রাণের একটি শব্দ দিতে পারেন.

80. আমরা যেকোন কিছুর সন্ধান করতে পারি এবং এটি খুঁজে পেতে পারি কিন্তু আমরা ঈশ্বরের সত্য তখনই খুঁজে পেতে পারি যখন তিনি আমাদের কাছে এটি প্রকাশ করতে চান। তিনি তাদের জন্য মুক্তা সংরক্ষণ করেন যাদের এটি প্রয়োজন, এটি চিনতে এবং কীভাবে এটি মূল্য দিতে হয় তা জানেন।

81. শৃঙ্খলা আমাদের মৌলিক প্রবৃত্তি এবং অনুষদগুলি ধারাবাহিকভাবে আমাদের উচ্চ এবং মহৎ উদ্দেশ্য এবং অনুষদের পরিবেশন করা সম্পর্কে।

82. আমরা আমাদের সীমিত সময়সীমার মধ্যে ঈশ্বরকে বক্স করতে পারি না। আমাদের অবশ্যই তাকে তার নিজের সময়ে কিছু করার অনুমতি দিতে হবে।

83. সত্যিকারের বিশ্বস্তদের প্রার্থনার জন্য ঘরের প্রয়োজন হয় না, কারণ আমাদের যে কোনও জায়গায় প্রার্থনা করতে হবে এবং আরও প্রার্থনার জন্য সর্বদা জায়গা থাকে।

84. আজ, সারা বিশ্বে আমাদের প্রচুর শীতাতপ নিয়ন্ত্রণ ব্যবস্থা রয়েছে তবে খুব কম হলিস্টিক মাইন্ড কন্ডিশনার রয়েছে।

85. আজ, আমরা এমন এক যুগ এবং সময়ে বাস করছি যেখানে গতকালের অস্বাভাবিকতা আজকের স্বাভাবিক।

86. যেকোনো গ্রীষ্মমন্ডলীয় ঝড়ের চেয়ে টপিক্যাল ঝড় মানুষের বেশি ক্ষতি করে।

87. ট্র্যাকশন সাফল্য বা লক্ষ্য অর্জনের 90 শতাংশের জন্য দায়ী যেখানে আকর্ষণ 10 শতাংশ। টান 90 শতাংশ যখন ধাক্কা 10 শতাংশ।

88. অতিক্রম করা ভিক্ষু-সদৃশ বিচ্ছিন্নতা বা বানরের মতো এক ইচ্ছা থেকে অন্য ইচ্ছায় দোলানো নয়, বরং একটি ঘোলা জলাশয়ের পদ্ম বা তার কাঁটার উপরে গোলাপের মতো, জীবনযাপন, চিন্তাভাবনা, অনুভূতি, কথা বলা, করা, পরিস্থিতির এক স্তর উপরে প্রতিক্রিয়া বা উস্কানি।

89. উপার্জন করার সুযোগের চেয়ে অনেক বেশি শেখার সুযোগকে মূল্যায়ন করুন এবং আপনি যা উপার্জন করবেন তাতে আপনি অবাক হয়ে যাবেন।

90. একজন জ্ঞানী শিক্ষক হিসাবে ব্যথা এবং একটি ধ্রুবক সঙ্গী হিসাবে আনন্দের আচরণ।

91. গাছের নির্দিষ্ট সময়ে খাবার হয় না কিন্তু তার ডালপালা থেকে প্রবাহিত রসের দ্বারা সর্বদা পুষ্ট হয়। একইভাবে, আমাদের ক্রমাগত চিন্তা ও ধারণা দ্বারা পুষ্ট করা উচিত।

92. সত্যের সাথে পরীক্ষা করা খুব বড়, কিন্তু এটি অভিজ্ঞতার জন্য যথেষ্ট ছোট।

93. অবিরাম প্রচেষ্টার দ্বারা হিংসা বাড়ানোর চেষ্টা করুন যা শেষ পর্যন্ত শ্রেষ্ঠত্ব হিংসাকে ছাড়িয়ে যায়।

94. সুনামি বেশিরভাগ মানবজাতিকে একটি নতুন শব্দ শিখিয়েছে। মহা বিপর্যয় আমাদের এক শটে দর্শন ও ধর্মতত্ত্ব শেখায় ।

95. চালু করুন চাকির পাথর যা আপনাকে ভারাক্রান্ত করে এবং যেগুলি আপনাকে আপনার অগ্রগতি এবং সাফল্যের মাইলফলকগুলিতে চূর্ণ করার হুমকি দেয়।

96. শব্দগুলিকে জ্ঞানে পরিণত করা যতটা সহজ ততই চর্বিকে পেশীতে পরিণত করা। এটা শুধু অনেক মানসিক শৃঙ্খলা এবং অনেক কঠোর পরিশ্রম লাগে।

97. টুইট শুধুমাত্র যখন জিনিস মিষ্টি হয়. যখন আপনি তিক্ত হন তখন টুইটারে না যান।

98. দুটি সত্য আমাদের সর্বদা মনে রাখতে হবে যে আমরা অসিদ্ধ এবং কোন কিছুই আমাদের পরিপূর্ণতার দিকে কাজ করা এবং বেড়ে উঠতে বাধা দেয় না।

99. কখনোই ধারণা ধার করবেন না বরং সেগুলোকে ধার করে নিন।

100. কখনও একা সরু রাস্তাটি নেওয়ার চেষ্টা করবেন না কারণ আপনি এটি কেবলমাত্র ঈশ্বরের সাথে আপনার পাশ দিয়ে হাঁটতে পারেন।

101. জীবনে আপনি যা কিছু অর্জন করেছেন বা হারিয়েছেন তা যাই হোক না কেন, স্বর্গে যাওয়ার দ্বিমুখী সিঁড়ির স্বপ্নকে কখনই ছাড়বেন না।

"সাফল্যের সিম্ফনি এবং প্রকৃতপক্ষে জীবনে অনেক লাইটিং সুর এবং ব্যর্থতার শোকের নোট রয়েছে।"

শিল্পীর অনুপ্রেরণা:

চিত্রকর্ম, শিল্পীর সিম্ফোনির প্রতি ভালবাসার দ্বারা অনুপ্রাণিত, সঙ্গীতশিল্পীদের জন্য একটি আশীর্বাদ, যারা সাফল্য পাওয়ার আগে ব্যর্থতার অনেক নোটের মধ্য দিয়ে যায়।

www.eqthinking.com   www.prateepphilip.com   www.fillipisms.com

সফলতা

1. সাফল্যের সিম্ফনি এবং প্রকৃতপক্ষে জীবনের, অনেক লাইটিং সুর এবং ব্যর্থতার শোকের নোট রয়েছে।

2. অপরিচিত ব্যক্তিরা যদি নিজেকে আপনার আত্মীয় বলে দাবি করে তবে এটি সাফল্যের একটি নিশ্চিত লক্ষণ।

3. আমাদের চরিত্র যতটা আমাদের সাফল্যের দ্বারা নির্ধারিত হয় ঠিক ততটাই আমরা "হ্যাঁ" বলি এবং যাকে "না" বলা উচিত ।

4. যেকোনো কিছুতে সাফল্যের জন্য, আমাদের 4 M's প্রয়োজন: একটি model বা মডেল, একটি method বা পদ্ধতি, metrics বা মেট্রিক্স এবং সবচেয়ে গুরুত্বপূর্ণভাবে, motivation বা অনুপ্রেরণা, শেষটি ওজনে অন্য তিনটির সমান।

5. সাফল্যের অনেক উপাদান রয়েছে যদি এটি সম্পূর্ণ এবং সামগ্রিক হতে হয়: একটি বিশ্বাসের উপাদান, কল্পনা এবং স্বপ্নের উপাদান, একটি আবেগ উপাদান, একটি লক্ষ্য নির্ধারণের উপাদান, একটি কৌশল উপাদান, একটি প্রচেষ্টা উপাদান, একটি শেখার ও অশিক্ষার উপাদান এবং অপেক্ষার উপাদান।

6. সাফল্য হল এক কাপ কফি তৈরি করার মতো: উপাদানগুলি - কফি, চিনি, দুধ যা বিভিন্ন এজেন্ট দ্বারা প্রদান করা হয়. এটি আমাদের শক্তি দ্বারা আলোড়িত হয় যা আমাদের ইচ্ছা দ্বারা উদ্দীপিত হয়।

7. ঠিক যেমন জীবনের অনেক অঙ্গ যখন ঘটে এবং ভালভাবে কাজ করে এবং সাদৃশ্যে, সাফল্য তখনই ঘটে যখন অনেকগুলি কারণ একসাথে কাজ করে।

8. আপনি যখন সাফল্যের চূড়ায় দাঁড়ান তখন সতর্ক থাকুন আপনার জন্য সবচেয়ে বেশি ঝুঁকিপূর্ণ কারণ আপনার শত্রু সহ সকলেরই আপনার সম্পর্কে স্পষ্ট দৃষ্টিভঙ্গি রয়েছে এবং আপনি সহজেই দূরে সরে যেতে পারেন।

9. আকাশের নীচে আমাদের কাছে দুটি বিকল্প আছে হয় তারার মতো জ্বলতে বা ধূমকেতুর মতো জ্বলতে পারে।

10. ঐতিহাসিক সাফল্য যে সফল হয় তার জীবনকে ছাড়িয়ে যায়।

11. যেকোনো উদ্যোগে সাফল্য দ্রুত সমাধান নয় বরং মনোভাব, ক্ষমতা, সুযোগ, অধ্যবসায়, বিশ্বাস এবং অনুগ্রহের মিশ্রণ।

12. প্রচুর চিন্তা, প্রচুর জ্ঞান, প্রচুর আবেগ, প্রচুর স্পষ্টতা এবং প্রচেষ্টা প্রচুর ফলাফলের আগে।

13. প্রায় প্রত্যেকেই ভাল শুরুতে বিশেষজ্ঞ তবে কয়েকজনই ভাল শেষের ক্ষেত্রে।

14. প্রত্যেকেরই স্বপ্ন থাকে কিন্তু অল্প কয়েকজনই এগুলোকে পরিকল্পনা, কর্ম এবং ফলাফলে রূপান্তরিত করে।

15. আপনি যদি আপনার অনুশোচনা এবং ব্যর্থতাগুলি কমিয়ে আনতে চান এবং আপনার সন্তুষ্টি এবং সাফল্যকে সর্বাধিক করতে চান তবে সর্বদা TFA প্যাটার্ন অনুসরণ করুন যার অর্থ প্রথমে চিন্তাভাবনা, পরবর্তী অনুভূতি এবং পদক্ষেপ শেষ এটি একটি সু-ভারসাম্যযুক্ত তীরের মতো লক্ষ্যবস্তুতে আঘাত করবে।

16. প্রত্যেক ব্যক্তি সফল হোক, কেউ ব্যর্থ না হোক। বাঁচো আর বাঁচতে দাও অনেক কিছু বলে না। পরিবর্তে, সফল হন এবং অন্যকে সফল হতে দিন।

17. যারা তাদের সাফল্যের নেশায় মত্ত,তাদের ডিটক্সিফাই করতে ব্যর্থতার একটি বড় ডোজ প্রয়োজন।

18. চিন্তাভাবনা এবং ধারণাগুলির অনির্দেশ্যতার সাথে মিলিত শারীরিক অভ্যাস এবং আবেগের পূর্বাভাস একটি দুর্দান্ত ককটেল যা সাফল্য, আনন্দ এবং কৃতিত্বের জন্য তৈরি করে।

19. আমাদের সর্বশ্রেষ্ঠ ব্যর্থতা যখন ভালভাবে ব্যবহার করা হয় তখন আমাদের সর্বশ্রেষ্ঠ ভবিষ্যত সাফল্য তৈরি করে।

20. আপনার কর্মজীবন আপনার সাফল্যের একটি পণ্য, কিন্তু আপনার চরিত্রটি মূলত আপনার ব্যর্থতার ফসল।

21. সাফল্য একটি ভাল সঙ্গী কিন্তু একটি দরিদ্রতা. ব্যর্থতাই একজন ভালো শিক্ষক। আপনার শিক্ষকের সংখ্যা বাড়ান এবং আপনি কোম্পানির জন্য আরও সাফল্য পাবেন।

22. ইসিজি বা ইইজিতে দেখা আমাদের হৃৎপিণ্ডের তরঙ্গ এবং মস্তিষ্কের তরঙ্গগুলির একটি সারসরি অধ্যয়ন বিচক্ষণ মনের কাছে প্রকাশ করবে যে আমাদের অস্তিত্বের কোনও দিক থেকে আমরা সমতল জীবনযাপন করব না। আপনি অবশ্যই এগিয়ে যান, গতি তৈরি করুন এবং আমাদের সর্বোচ্চ সম্ভাবনায় উঠুন এবং তারপরে, সত্যটি গ্রহণ করুন যে আমাদের তারপর প্রশমিত করা আবশ্যক. আমরা পতনের জন্য উঠি এবং উঠতে পড়ি। আমরা সফল হতে ব্যর্থ এবং ব্যর্থ হতে সফল।

23. সাফল্য তার মধ্যে ব্যর্থতার বীজ বহন করে ঠিক যেমন ব্যর্থতা তার মধ্যে সাফল্যের বীজ বহন করে।

24. প্রাকৃতিক প্রতিরোধের একটি বিন্দু পর্যন্ত বা ব্রেক-ইভেন পয়েন্ট একটি ব্যর্থতা।

আমাদের সফল হতে এবং জীবনে বা জীবনের অনেকগুলি ডোমেনের যে কোনও একটিতে ভালভাবে শেষ করার জন্য সেই বিন্দুর বাইরে স্থির থাকতে হবে।

25. সাফল্যের রহস্য হল পাহাড়ের চূড়া দেখা যখন আমরা উপত্যকায় যাত্রা করছি। নম্রতার রহস্য হল পাহাড়ের চূড়া থেকে উপত্যকা দেখা।

26. মানবজাতি সাফল্যের জন্য ডিজাইন করা হয়েছে, ব্যর্থতার জন্য প্রোগ্রাম করা হয়েছে।

27. যখনই এবং যাই হোক না কেন আপনি ব্যর্থ হন, এটি বুট আউট করুন এবং আপনার সিস্টেম পুনরায় বুট করুন।

28. সাফল্য এবং ব্যর্থতা, আনন্দ এবং দুঃখ, আনন্দ এবং বেদনা, স্বাস্থ্য এবং অসুস্থতা, ক্ষতি এবং লাভ একজোড়া সেলাইয়ের সুঁচের মতন যে ডিভাইন ডিজাইনার তার চরিত্রকে আমাদের জীবনের খুব ফ্যাব্রিক এবং ট্যাপেস্ট্রিতে বুনতে ব্যবহার করেন।

29. প্রতিটি ব্যর্থতা থেকে শেখা এবং উপকৃত হওয়া মানে ব্যর্থতার মধ্যেও সফল হওয়া।

30. সাফল্য এবং ব্যর্থতা উভয়ই হোঁচট খাওয়ার পাথর বা সোপান হতে পারে: কোনটি হবে তা নির্ভর করে আমাদের পছন্দের উপর।

31. ছোট স্কেলে ব্যর্থ হওয়ার অনুশীলন করুন যাতে আপনি গ্র্যান্ড স্কেলে সফল হতে পারেন।

32. সাফল্য হল ব্যর্থতার প্যাটার্নে একটি বিরতি এবং ব্যর্থতা হল সাফল্যের প্যাটার্নে একটি বিরতি।

33. সাফল্য আমাদের এমন কিছু বলার চেষ্টা করে যা আমরা ইতিমধ্যে জানি যখন ব্যর্থতা আমাদের নতুন জিনিস শেখায় যা আমরা অন্যথায় জানতাম না।

34. ব্যর্থতা এবং হতাশা আমাদের সাফল্য এবং প্রস্ফুটিত রাজদণ্ড থেকে দূরে রাখতে পারে না।

35. যখন আপনার মধ্যে সমস্ত শক্তির যোগফল পরিস্থিতির শক্তির যোগফলকে ছাড়িয়ে যায়, তখন আপনি জয়ী হন এবং আপনি না পেলেও আপনি একজন বিজয়ীর মতো অনুভব করবেন।

36. কখনও কখনও সফল হওয়া একটি ভিড় লোকাল ট্রেন বা মেট্রোতে চড়ার মত। আপনি যদি সঠিক সময়ে সঠিক ভিড়ের মধ্যে দাঁড়ান এবং ভিড় আপনাকে কিছু না করেই ট্রেনে নিয়ে যাবে।

37. যখন আমরা পড়ে যাই আমাদের চরিত্র তৈরি হয়, যখন আমরা উঠি, আমাদের ক্যারিয়ার তৈরি হয়।

38. ঠিক যেমন সাফল্য এবং ব্যর্থতা ভিন্ন দৃষ্টান্ত নয় কিন্তু কিছু উপাদানের পরিবর্তনের সাথে একই দৃষ্টান্ত, আনন্দ এবং দুঃখ, শান্তি এবং কলহ কিছু উপাদানের পরিবর্তনের সাথে একই দৃষ্টান্ত।

39. জীবন এবং অভিজ্ঞতা আমাদের সাফল্য এবং ব্যর্থতাকে সমানভাবে মূল্যায়ন করতে শেখায় যেমন সাফল্য আমাদের উপার্জনে যোগ করে, এটি ব্যর্থতা আমাদের শিক্ষাকে আরও যোগ করে।

40. সর্বোচ্চ পর্বতে আরোহণ করতে সক্ষম হওয়ার জন্য গভীর উপত্যকায় নামতে ইচ্ছুক হওয়া উচিত নয়তো সমতলে লেগে থাকতে হবে।

41. সাফল্য হল ব্যর্থতার অন্য মুখ। অতএব, ব্যর্থতায় খুব বেশি নিরুৎসাহিত হবেন না এবং সাফল্যে খুব বেশি উচ্ছ্বসিত হবেন না।

42. আপনি যখন আপনার পর্বতের চূড়ায় আরোহণ করেছেন তখন স্লিপের জন্য আরও সতর্ক থাকুন উপত্যকায় বা আপনার জীবনের মালভূমিতে স্লিপের চেয়ে অনেক বেশি ব্যয়বহুল হতে পারে।

43. বীজ, মাটি, খাদ্য, বৃষ্টি এবং সূর্য আমাদের সাফল্য এবং ব্যর্থতা, আনন্দ এবং দুঃখ, ধ্বংস বা বৃদ্ধি আমাদের নিজেদের মধ্যে পাওয়া যায়।

44. সংগ্রাম বিজয়কে সবসময় মধুর করে তোলে।

45. যখন কেউ ইতিহাসের মাধ্যমে যেকোন ডোমেনে পিরামিডের শীর্ষে পৌঁছায়, তখন সে দেখতে পায় আর কিছুই নেই। যদি ব্যায়াম করার কোন মানে না হয়, তাহলে জীবনের উদ্দেশ্য আরোহণ নয় বরং এমন কিছু যা আপনি সারাক্ষণ আরোহণ করছেন।

46. অধিকাংশ মানুষ অতিরিক্ত সঙ্গে সাফল্য বিভ্রান্ত. যারা নিজেদেরকে সফল বলে দাবি করে তাদের বেশিরভাগই সফলতাকে বোকা বানানো হয়!

47. নিরানব্বই শতাংশ সময় আমরা সাফল্যের সেতু নির্মাণ করছি এবং মাত্র এক শতাংশ সময় আমরা সেই সেতুগুলো অতিক্রম করছি। এটি ফলাফলের উপর প্রক্রিয়া এবং নীতিগুলির প্রাধান্য দেখায়।

48. আপনি যদি শুধুমাত্র পুরস্কার বা সাফল্যের ফলাফলের প্রতি আকৃষ্ট হন এবং সাফল্য প্রক্রিয়ার মূল্য পরিশোধ করতে প্রতিশ্রুতিবদ্ধ না হন তবে আপনি বিভ্রান্তির আইনের অধীন হবেন যা আপনাকে ফলাফল থেকে দূরে রাখবে।

49. আমরা যদি আমাদের মুখের কথাগুলিকে ফিল্টারের মাধ্যমে না চালাই, তবে আমরা অবশ্যই নড়বড়ে হয়ে যাব।

50. সফল হওয়ার লক্ষ্য রাখবেন না। এটি অনেক কঠিন কাজ, আপনি কখনই নিশ্চিত হতে পারবেন না, আপনি অর্থ প্রদান করেন একটি বিশাল মূল্য, কখনও কখনও এটি আপনার সুখের মূল্য হয়। পরিবর্তে আশীর্বাদ করা লক্ষ্য. যখন আপনি আশীর্বাদ করেন, আপনি সফল এবং সুখী উভয়ই দুইই হন।

51. সাফল্য স্বল্পস্থায়ী যখন সাফল্য থেকে প্রাপ্ত সুখ দীর্ঘস্থায়ী হয়।

52. সাফল্য শুধুমাত্র কঙ্কাল. সুখ হল মাংস এবং ভালবাসা হল জীবনের রক্ত.

53. যখন আমরা সাফল্যকে সুখ হিসাবে পুনরায় সংজ্ঞায়িত করি, তখন আমরা সফল হব।

54. সাফল্য, সুখ, মঙ্গল, পরিপূর্ণতা জীবনের ম্যাট্রিক্সে বিন্দু নয় বরং একটি ধারাবাহিকতা। আমরা যা করেছি বা অর্জন করেছি তা নয়; এটা আমাদের ওয়াগনকে কোনো ভবঘুরে নক্ষত্রের কাছে টেনে নিয়ে যাচ্ছে না, বরং এটা বোঝা যাচ্ছে যে আমরা চিরন্তন মূল্যবোধের মাটিতে কতটা গভীরভাবে নোঙর করছি।

55. অবিলম্বে চূড়ান্তের সাথে মিলিত হওয়াই সাফল্য, সুখ এবং পরিপূর্ণতার রহস্য।

56. আমরা আমাদের বন্ধুদের এবং পরিবারের কাছে আমাদের সুখের ঋণী কিন্তু আমাদের শক্তি এবং সাফল্য আমাদের শত্রুদের কাছে চ্যালেঞ্জের জন্য আমাদের পরবর্তী স্তরে নিয়ে যায়।

57. সাফল্য বা ব্যর্থতা যাই থাক না কেন আপনার সুখকে হস্তক্ষেপ করতে দেবেন না।

58. একজনের রুটিন সাফল্য এবং দীর্ঘস্থায়ী সুখের পথ হতে পারে বা এটি তার পথ চলার কারণ হতে পারে।

59. লক্ষ্য নির্ধারণ এবং এগুলি অর্জন না করে কেউ সফল হতে পারে না।

ব্যর্থতা এবং ঝামেলা ছাড়া বিজয় অর্জন করা যায় না। জীবনে, আমাদের সফল এবং বিজয়ী উভয় হতে বলা হয়. আমাদের সাফল্য আমাদের আরও আনন্দিত করে তোলে। আমাদের বিজয় আমাদের শক্তিশালী করে।

60. সাফল্যের পাঠ আমাদের শেখায় কিভাবে জিততে হয় এবং ব্যর্থতার পাঠ আমাদের শেখায় কিভাবে বিজয়ী হতে হয়।

61. আমাদের শিখর বা সাফল্যের মুহূর্তগুলির চেয়েও বেশি, জীবনের উপত্যকায় দীর্ঘ প্রসারিত বিজয়ের জন্য সংগ্রাম করা বা আমাদের দুর্বলতা এবং সীমাবদ্ধতাগুলি কাটিয়ে ওঠা, শিং দিয়ে চ্যালেঞ্জ নেওয়া আমাদের চরিত্র গঠন এবং ব্যক্তিত্বের গভীরতার জন্য দায়ী হওয়া।

62. আমরা সাফল্যের শিখর এবং উপত্যকার বিজয়ের সময়কালের মধ্যে জীবনকে ভাগ করে ব্যর্থতা এবং পরাজয়ের ধারণাটি নির্মূল করতে পারি।

63. এটি সাফল্যের বাহ্যিক বা জাগতিক লক্ষ্য নয় যার পিছনে আমাদের ঝুঁকতে হবে বরং অভ্যন্তরীণ বিজয়। যা চিরন্তন আনন্দ দেয় এবং আমাদের উচ্চতর আত্মাদের সাথে সাথে যারা কাছের এবং প্রিয় তাদের সাথে বিশ্বাসঘাতকতা করা থেকে আমাদের রাখে।

64. সাফল্য আমাদের পাবলিক স্পেসে ঘটে যখন বিজয় আমাদের ব্যক্তিগত জায়গায় ঘটে: তাই, আমাদের শান্তি এবং মঙ্গলের জন্য, বিজয় আরও তাৎপর্যপূর্ণ।

65. সফলতা পাহাড়ের চূড়ায় পাওয়া যায়, কিন্তু বিজয় উপত্যকায়।

66. প্রতিটি সফল মানুষ ব্যর্থতায় তার জীবন শেষ করে যখন সে পরকালের প্রতি বিশ্বাস ও আশা ছাড়াই মারা যায়।

67. আপনার প্রতিভাকে পুড়িয়ে ফেলবেন না বরং ক্রমাগত ব্যবহার করে পুড়িয়ে ফেলুন। প্রচ্ছন্ন করুন।

68. সাফল্যের মত কোন কিছুই কলুষিত করে না এবং ব্যর্থতার মত কিছুই সংশোধন করে না।

69. পুনরাবৃত্তিমূলক ব্যর্থতা হল পুরস্কৃত সাফল্যের মূল্য।

70. সাফল্যকে সংজ্ঞায়িত করার চেয়ে পরিমার্জিত করা আরও গুরুত্বপূর্ণ।

71. ভাল সাফল্য হল সাফল্য যেখানে আপনি সাফল্যের বেদীতে আপনার এবং অন্যের সুখ বিসর্জন দেন না যখন খারাপ সাফল্য বোঝায় আপনি হয়ে ওঠেন আপনার সুখ বা অন্যের সুখ।

72. ঐতিহাসিক সাফল্যের থেকে সামগ্রিক সাফল্য পছন্দ করুন।

73. স্বাস্থ্য, সুখ, সাফল্য, পরিপূর্ণতা হল আন্তঃ-লকিং চেনাশোনা বা জীবনের অংশ কারণ এইগুলি একে অপরের উপর ফিড করে এবং অনেক কিছু সাধারণভাবে ভাগ করে নেয়।

74. কখনই সুখের পিছনে ছুটবেন না। আমরা হাঁপাতে হাঁপাতে এবং এগিয়ে যাওয়ার চেষ্টা করার সময় এটি আমাদের পিছনে ধরার জন্য অপেক্ষা করছে। আমাদের সুখের পদার্থ খুঁজে পেতে পিছনে তাকান। কারণ এবং উৎস খুঁজে পেতে ভিতরে তাকান।

75. কেউ কখনও সুখের উদ্দেশ্য কী তা জিজ্ঞাসা করে না যখন সবাই জিজ্ঞাসা করে সারাক্ষণ দুঃখের উদ্দেশ্য কী।

76. শিক্ষার্থীরা খুশি না হলে একজন সুখী শিক্ষক থাকতে পারে না। কিন্তু সুখী শিক্ষার্থীরা আজ, বেশিরভাগ শিক্ষার্থীর জন্য তাদের আনন্দ ক্লাসরুমের বাইরে, বইয়ের বাইরে, পাঠ্যক্রমের বাইরে খুঁজে পাওয়া কঠিন।

77. সুখ সত্য নয় কিন্তু সত্য জানা একজন ব্যক্তিকে সুখী এবং আশীর্বাদ করতে পারে।

78. সুখের মরীচিকা অনুসরণ করার পরিবর্তে, সর্বদা আনন্দের সাথে থাকতে ভুলবেন না।

79. সাফল্য বা জীবন সম্পর্কে খুব গোপন কিছু নেই কারণ এটি আপনাকে মুখের দিকে তাকাচ্ছে যদি আপনি যা নিয়ে কাজ করতে ইচ্ছুক হন ইতিমধ্যে জানি তা আছে।

80. সাফল্য হল আনন্দ এবং উদযাপনের আহ্বান, আর ব্যর্থতা হল প্রজ্ঞা এবং প্রতিফলনের আহ্বান। এটি আমাদের দীর্ঘমেয়াদী মঙ্গলের স্বার্থে বিকল্প বা বিরতিহীন উভয়ই।

81. যখন আমরা আমাদের নেতিবাচক চিন্তা, শব্দ, কাজ এবং প্রতিক্রিয়া দিয়ে দিনের চ্যালেঞ্জ, সমস্যা এবং অসুবিধাগুলি যোগ করি, তখন আমরা আমাদের স্বাস্থ্য, সুখ, সম্পর্ক, উৎপাদনশীলতা, দীর্ঘায়ু, উত্তরাধিকার এবং সম্ভাবনার মোট থেকে বিয়োগ করি। সহজ নিয়ম: ধনাত্মক যোগ করুন, ঋণাত্মক বিয়োগ করুন।

82. আপনি যা মেরামত করতে পারবেন না, শেষ করুন। আপনি যা শেষ করতে পারবেন না, সংশোধন করুন।

83. প্রতিটি সমস্যারই এর সমাধানের চাবিকাঠি বা সূত্র থাকে।

84. কখনও ফুল খাবেন না। এটি একটি ফল হয়ে যাওয়া পর্যন্ত অপেক্ষা করুন তবে এটি দেখতে উপভোগ করুন।

85. সে যেমন বপন করে এবং আগাছা দেয়, তেমনি সে হাসিতে কাটে বা দুঃখে কাটে।

86. অনুগামীরা এমন ফুলের মত যা একজনের জীবনকে সাজায় কিন্তু শুধুমাত্র কেউ কেউ ফলদায়ক হয়ে উঠবে।

87. কারো একটি বাগ প্রয়োজন, কিন্তু প্রত্যেকের একটি টাগ এবং একটি আলিঙ্গন প্রয়োজন।

88. যদি কেউ প্রথম অক্ষর V of victory বা বিজয়েরএর উপর ধ্যান করে, এটি আমাদের বিজয়ী হওয়ার রহস্য বলে দেবে, খাড়া পতনের পরে, আমরা আবার উঠি যখন।

89. শিকারী, সিংহ, বাঘ বা চিতাবাঘের মুখোমুখি হলে, "হ্যান্ডস আপ" বলতে থামবেন না, শুধু গুলি করুন।

90. মোমবাতির শিখা সবচেয়ে উজ্জ্বল হয় যখন এটি পুড়িয়ে ফেলা হয়।

আপনার সেরা সময়, আপনার সর্বশ্রেষ্ঠ অর্জন এখনও আসতে বাকি. সেই ক্রমবর্ধমান আশা এবং আবেগের সাথে শেষ পর্যন্ত জ্বলতে থাকুন।

91. চমৎকার কাজ. শ্রেষ্ঠত্বের সূক্ষ্ম শিল্পে যতটা নিখুঁত হন এবং আপনি যতটা অভিনয় করতে পারেন ততটা আনন্দ আহরণ করুন।

92. সম্পূর্ণরূপে জীবিত হতে সম্পূর্ণরূপে বিশ্বাসের প্রয়োজন।

93. যদি আপনার একটি খারাপ অভ্যাস থাকে, তাহলে আপনার এটি থাকবেই। এটা শীঘ্রই বা পরে পাবেন যে তোমার ছাগল আপনার যদি একটি সৃজনশীল অভ্যাস থাকে তবে আপনার কাছে এটি সবই থাকবে। আপনি আপনার লক্ষ্য পাবেন. শেষ পর্যন্ত এটি আপনার ছাগল এবং আপনার লক্ষ্যের মধ্যে একটি পছন্দ।

94. যদি কেউ চিন্তা, মেজাজ, জিহ্বা, প্রতিভা এবং সময় ব্যবহারে জ্ঞানী হয় তবে সে সফল, আনন্দিত এবং কার্যকর হতে বাধ্য।

95. আমরা অধিকার বজায় রাখলে আমাদের সম্ভাবনা, দৃষ্টিকোণ ঠিক থাকবে।

96. আপনি এখন বিশ্রাম, কাজ, শান্তিতে সম্পর্ক না থাকলে, আপনি পরে টুকরো টুকরো বিশ্রাম আশা করতে পারেন না।

97. একটি শান্ত জীবনের জন্য চার-অক্ষরের সূত্র হল: work hard বা কঠোর পরিশ্রম করুন, play hard বা কঠোরভাবে খেলুন, pray hard বা কঠোর প্রার্থনা করুন, talk soft বা নরম কথা বলুন।

98. আপনার অতীতে ঝাঁপিয়ে পড়বেন না বরং বর্তমান এবং ভবিষ্যতের জন্য নিজেকে কাজ করুন।

99. আপনি যদি আপনাকে বাঁচানোর জন্য ভেতর থেকে আগুন খুঁজে না পান তবে বাইরের আগুন আপনাকে ধ্বংস করতে পারে।

100. কখনও কখনও খুব স্বপ্ন তার বাস্তবায়নের চেয়ে বেশি গুরুত্বপূর্ণ।

101. আমাদের দিন এবং জীবনের উচ্চ পয়েন্টগুলিতে আমরা কীভাবে আচরণ করি তা নয় তবে আমাদের দিন এবং জীবনের নিম্ন পয়েন্টগুলিতে আমরা কীভাবে প্রতিক্রিয়া দেখাই যা আমরা কে সে সম্পর্কে বলে।

www.eqthinking.com www.prateepphilip.com www.fillipisms.com

A Jacob

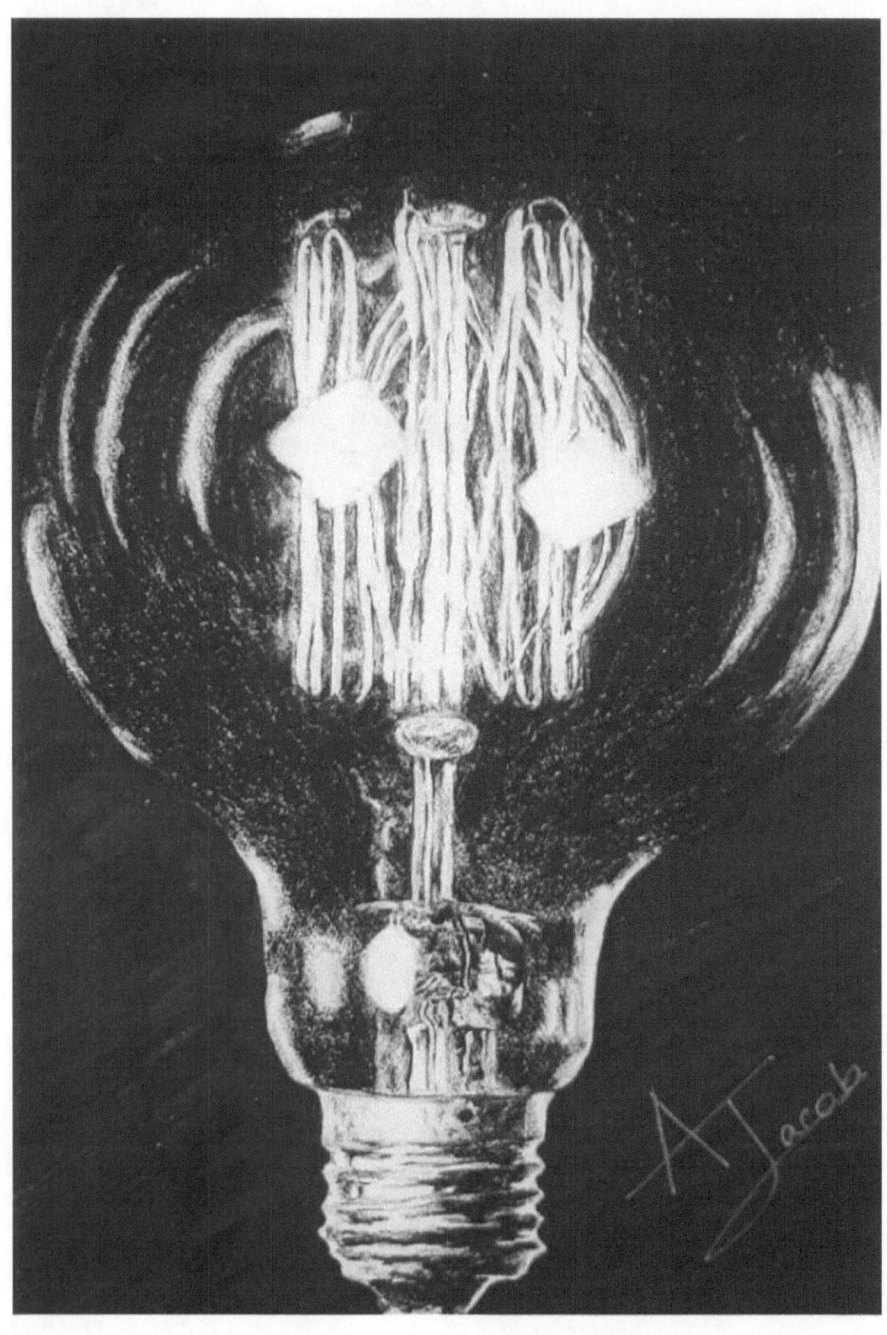

"সামনের চিন্তা করা হল দৃষ্টি এবং কল্পনা, পিছনের দিকে চিন্তা করা হল স্মৃতি এবং এখন চিন্তা করা হল ফোকাস।"

শিল্পীর অনুপ্রেরণা:

স্থপতি, আদর্শ জ্যাকব দ্বারা তৈরি একটি পেন্সিল স্কেচ চিত্রিত করার জন্য কীভাবে চিন্তার প্রক্রিয়াটি অন্ধকারে আলোকিত বাল্বের মতো।

ভাবনা

1. সামনের দিকে চিন্তা করা হল দৃষ্টি এবং কল্পনা, পিছনের দিকে চিন্তা করা হল স্মৃতি এবং এখন চিন্তা করা হল ফোকাস।

2. ইতিবাচক চিন্তা শুধুমাত্র তখনই উপযোগী হয় যখন এটি দৃষ্টিভঙ্গি, মিশন, লক্ষ্য, পরিকল্পনা, কৃতিত্বের দিকে নিয়ে যায় এবং কেবল বিভ্রম নয়।

3. "সম্ভাবনা" এবং তারপর 'পজিটিভাইজ' - স্বপ্ন থেকে বাস্তবে দীর্ঘ রূপান্তরের দুটি ছোট ধাপ।

4. আজকের সম্ভাবনার জন্য গতকালের অসম্ভব চিন্তা অনুশীলন করুন। একইভাবে, আজকের অসম্ভবগুলি আগামীকালের সম্ভাবনা।

5. আপনি যদি মনে করেন আপনি ডুবে যাবেন তবে আপনি ডুবে যাবেন কিন্তু আপনি যদি মনে করেন আপনি উঠবেন তবে আপনি উড়ে যাবেন।

6. চিন্তাভাবনা সমস্ত ফ্যাকাল্টির রাজা। এটি আমাদের ব্যর্থতা এবং সাফল্য, দুঃখ এবং আনন্দ, স্থবিরতা এবং অগ্রগতি, বিশৃঙ্খলা এবং শৃঙ্খলা, দ্বন্দ্ব এবং সম্প্রীতির মধ্যে পাতলা কিন্তু কঠিন লাইন অতিক্রম করতে সক্ষম করে।

7. চিন্তাভাবনা, কথা এবং কাজ একে অপরের মধ্যে রূপান্তরিত হয় এবং একে অপরকে সব সময় শক্তিশালী করে এবং তাই জীবনের জলরোধী অংশ হিসাবে দেখা যায় না।

8. আমাদের অবশ্যই ভাবতে হবে বাক্সের বাইরে কিন্তু শান্ত, সাহস, সহানুভূতি এবং সৃজনশীলতার যৌগিক নীতিশাস্ত্রের বৃত্তের মধ্যে। বাক্সের বাইরে চিন্তা করা কিন্তু নৈতিকতার বৃত্তের মধ্যেই ইকথিঙ্কিং বা ইকুইলিব্রিয়াম চিন্তা।

9. এমন কিছু নিয়ে চিন্তা করা যা সম্পর্কে আপনি কিছু করতে পারেন তা হল ভাবা আর যখন আপনি কিছু করতে পারবেন না এমন কিছু নিয়ে চিন্তা করা হল চিন্তা। চিন্তা করবেন না, শুধু ভাবুন।

10. একটি একা নেকড়ে হিসাবে চিন্তা করুন কিন্তু একটি দল হিসাবে কাজ করুন।

11. বড় ভাবুন কিন্তু কখনই বড় কাজ করবেন না।

12. মৃত্যু একটি অপরিচিত বিষয় নয় আমাদের ভয় করতে হবে যদি আমরা বুঝতে পারি যে প্রতিদিন, যখন আমরা জেগে থাকি, আমরা জীবন অনুশীলন করি এবং যখন আমরা ঘুমিয়ে থাকি, আমরা মৃত্যুর অনুশীলন করি।

13. গভীরভাবে চিন্তা করুন, তীব্রভাবে অনুভব করুন, মনোযোগ সহকারে শুনুন এবং ইচ্ছাকৃতভাবে কাজ করুন।

14. সমস্ত ডোমেনে সাফল্যের জন্য তিনটি জিনিস খুবই গুরুত্বপূর্ণ বিষয় - যোগাযোগ, যোগাযোগ এবং যোগাযোগ।

15. একজন চিন্তাবিদ অনেকটা সেকালের একজন মুক্তো ডুবুরির মতো যিনি কোনো সরঞ্জাম দিয়ে সাহায্য নেননি কিন্তু তার মন মানব-ঐশ্বরিক চেতনার গভীরে ডুব দিয়ে জ্ঞানের মুক্তো নিয়ে আসে যারা তাদের জীবনকে সাজাতে পারে। এটি পরতে চয়ন করুন।

16. যদি আমাদের চিন্তার ঘনত্ব বেশি হয়, তাহলে তা লবণের স্ফটিকের মতো নীরবতার জলের পৃষ্ঠতলের নীচে থাকবে।

17. জ্ঞান অবাধে পাওয়া যায় কিন্তু খুব কমই পাওয়া যায়।

18. এটি যোগাযোগের একটি উল্লেখযোগ্য বৈশিষ্ট্য যে আমরা যত বেশি আমাদের চিন্তার গতি এবং গভীরতা বাড়াই, আমাদের কথাবার্তা ধীর হয়ে যায়।

19. চিন্তা ছাড়া জীবন ঘটতে পারে না। ভাবনার কারণেই ঘটেছে। তাই আমাদের প্রয়োজন, যৌক্তিক আবেগ এবং আবেগপূর্ণ যুক্তি নিয়ে জীবনযাপন করা।

20. সমান্তরাল চিন্তাভাবনা: প্রায়শই এমনকি সর্বোত্তম উদ্দেশ্য নিয়েও আমরা ব্যর্থ হইআমাদের চিন্তাভাবনা, আবেগ, সিদ্ধান্তের মান প্রতিদিন ধরে রাখতে হয় কারণ অদৃশ্য জগতে আমাদের কোনও রেফারেন্স পয়েন্ট নেই। তাই, প্রতিদিন যদি আমরা সেই কাল্পনিক রেখার সমান্তরালভাবে কাজ করার জন্য আমাদের চিন্তা, আবেগ এবং সিদ্ধান্তের জন্য আমাদের মনে একটি কাল্পনিক রেখা আঁকি, আমরা সমান্তরাল চিন্তাভাবনা অনুশীলন করতে পারি। উদাহরণস্বরূপ, আমরা একটি মানসিক লাইন আঁকা যে আমরা মানুষের

সাথে সুন্দর, আমাদের কথায় সদয় হব - তারপর দিনের বেলা, আমাদের প্রকৃত শব্দ এবং আচরণ যতটা সম্ভব সেই মানের সাথে সমান্তরাল হওয়া উচিত।

21. আমাদের প্রতিটি পদক্ষেপ আমাদের পদচারণায় অবদান রাখে; আমরা যা বলি প্রতিটি শব্দ আমাদের বক্তৃতায় অবদান রাখে। অতএব, প্রতিটি পদক্ষেপের পরিকল্পনা করুন, প্রতিটি পর্যায়ে প্রার্থনা করুন, প্রতিটি শব্দকে ওজন করুন।

22. কেউ কেউ ভাবেন এবং পান করেন না। কেউ কেউ পান করেন এবং মনে করেন না। আবার কেউ কেউ ভেবে পান করে। এখনও অন্যরা পান করে এবং চিন্তা করে।

23. সর্বদা আপনার চিন্তার যত্ন নিন এবং আপনার কথা, কাজ এবং প্রতিক্রিয়াগুলি নিজের যত্ন নেবে।

24. শক্ত খুলি-নরম মস্তিষ্কের সমন্বয়ে আমাদের প্রত্যেকের জন্য একটি শিক্ষা রয়েছে- আমরা কঠোরতা এবং কোমলতায় একত্রিত রয়েছি. জেলি মাছের মতো নরম হবেন না। একটি সজারু মত সব কঠিন হবে না. হার্ড এবং নরম চিন্তা, হার্ড এবং নরম শব্দ, হার্ড এবং নরম কৌশল একত্রিত করুন যাতে দিনের শেষে সবাই জানে আপনার সত্যিকারের মখমলের দস্তানায় লোহার হাত আছে। পার্থক্য হল যে মাথার খুলির বিপরীতে - মস্তিষ্কের উপর শক্ত বাইরে এবং ভিতরে নরম, বাইরের দিকে নরম এবং শক্ত ভিতরে।

25. "পৃথিবী বা earth" শব্দের কিছু গোপন সূত্র আছে - শোনার জন্য ear বা কান এবং "th বা থ" চিন্তা বা thinking করার জন্য দাঁড়িয়ে।

26. ভিন্ন হতে ভিন্নভাবে চিন্তা করুন, সম্মানের সাথে আচরণ করুন এবং বিভিন্ন লক্ষ্য অর্জন করুন।

27. আপনি আপনার কফিনে স্থাপন করা পর্যন্ত বাক্সের বাইরে সবকিছু সম্পর্কে চিন্তা করুন।

28. আপনি মানুষের মস্তিষ্ক তৈরি বা উদ্ভাবন করতে পারবেন না, তবে আপনি চিন্তা করার একটি নতুন উপায় তৈরি করতে আপনার মস্তিষ্ক ব্যবহার করতে পারেন। চিন্তার একটি নতুন উপায় জীবনযাপনের একটি নতুন উপায় নিয়ে যেতে পারে।

29. মানব প্রকৃতির বিস্ময় হল যে কেউ যদি একদিন লোভী, কুৎসিত শুঁয়োপোকা হয়, সে পরের দিন একটি সুন্দর নিঃস্বার্থ প্রজাপতি হতে পারে।

30. "Heart বা হৃদয়" শব্দটি "Earth বা পৃথিবী" শব্দে বিদ্যমান এবং এর বিপরীতে। পৃথিবীতে ভালো-মন্দ যা আছে সবই পাওয়া যায় মানুষের হৃদয়েও।

31. কৌশল হল একটি সেতু যা লক্ষ্যগুলিকে তাদের অর্জনের সাথে সংযুক্ত করে।

32. যে সন্দেহ, ভয়, হুমকিগুলি আমাদেরকে আক্রমণ করে তা আমাদেরকে ঝড়ের মধ্য দিয়ে যাত্রা করা থেকে ঠিক এগিয়ে থাকা নিরাপদ তীরে পৌঁছাতে বাধা দেবেন না।

33. " De যা de-feat থেকে দূরে নিয়ে যায় এবং এটি তৈরি করে একটি কৃতিত্ব হল de- dication বা উৎসর্গ, de-termination বা নিঃসরণ এবং de-votion বা ভক্তি।

34. চ্যালেঞ্জটি কেবল আমাদের উপত্যকার অভিজ্ঞতার কেবল হাসতে এবং সহ্য করা নয় বরং আমাদের জীবনের উপত্যকা-নীচের অভিজ্ঞতাগুলিতে পাহাড়ের চূড়ার উচ্ছ্বাস উপভোগ করা।

35. আপনার অবস্থান আপনার পরিস্থিতি নির্ধারণ করে।

36. আপনার অনন্য প্রতিভা বা দক্ষতা একটি স্প্যানার যা কারও বাদামকে শক্ত বা আলগা করতে পারে।

37. যেকোনো ধরনের নিশ্চিতকরণের অনেক ধরনের বিকৃতি পরিবর্তন করার একটি উপায় রয়েছে।

38. আপনার জুতাকে আপনার মুখের চেয়ে বেশি উজ্জ্বল হতে দেবেন না।

39. একটি সমস্যা সমাধানের সর্বোত্তম উপায় হল ধাপে ধাপে একমাত্র উপায়।

40. শিক্ষিত মনকে বোতল খোলার মতো কাজ করা উচিত যা এখন পর্যন্ত অমীমাংসিত সমস্যার জন্য খোলা সমাধানগুলিকে ক্র্যাক করবে।

41. সত্যিকারের সম্মান বাইরের ভয় এবং ভিতরে অবজ্ঞা বা ঘৃণার উপর ভিত্তি করে নয় বরং ভিতরের ভালবাসা এবং বাইরের স্নেহের উপর ভিত্তি করে।

42. যদি আমরা আমাদের শিকড়ের সাথে পর্যাপ্ত পরিমাণে নীচের দিকে না বাড়তে পারি তবে আমরা আমাদের ফলের সাথে যথেষ্ট পরিমাণে উপরে উঠতে পারি না।

43. শুধু পৃথিবীর অস্পষ্ট এবং অদৃশ্য লবণ হওয়ার লক্ষ্য রাখবেন না, নিন সময় এবং দৃশ্যমান উজ্জ্বল আলো হতে সুযোগ খুঁজে।

www.eqthinking.com www.prateepphilip.com www.fillipisms.com

44. আপনার বাম কানকে কখনই জানতে দেবেন না যে আপনার ডান কান কী শুনতে পাচ্ছে।

45. মঞ্জুর যে ভাল বোধ একটি বিলাসবহুল জিনিস সবাই তা রাখতে পারেনা কিন্তু সাধারন বোধটি থাকা তো অতি সামান্য কথা।

46. একজন অত্যন্ত গুরুত্বপূর্ণ ব্যক্তি হওয়ার আকাঙ্খার পরিবর্তে, একজন অত্যন্ত গুরুত্বপূর্ণ ব্যক্তি হওয়ার লক্ষ্য রাখুন, যিনি অধিকারী অনুভূতি এবং আচরণ করার পরিবর্তে সেবা করেন এবং অবদান রাখেন।

47. মহাবিশ্ব এতই বিস্তৃত যে বিশ্বের সবচেয়ে বুদ্ধিমান, শক্তিশালী, সবচেয়ে সুন্দর, ধনী বা সর্বশ্রেষ্ঠ হওয়ার জন্য মর্যাদা অর্জনের চেষ্টা করা অ্যামিবার মতো ক্ষুদ্র প্রাণীদের মতো নিজেদেরকে মিস্টার এবং মিসেস অ্যামিবা বা ডঃঅ্যামিবা আপনি যদি তা পছন্দ করেন।

48. গভীর নীরবতার চুল্লিতে সেরা শব্দগুলি নকল করা হয়।

49. আত্মার মধ্যে নিখুঁত সাদৃশ্য থাকে যখন আমাদের দেহ আমাদের আত্মা যা চায় তাই চায়, আমাদের মন যা আমাদের আত্মা চায় এবং আমাদের দেহ, মন এবং আত্মা ঈশ্বর যা চান তা চায়।

50. বাস্তব সত্য এবং বিশ্বাস বাস্তব আছে. ফ্যাক্ট বাস্তব হল আমরা এখন কোথায় আছি এবং আমরা কি সম্মুখীন বা অনুভব করছি। বিশ্বাস হল প্রতিশ্রুত ভূমি যার দিকে আমরা যাত্রা করছি।

51. যারা বলে ঈশ্বর নেই, তারা মহাবিশ্বকে 'জারজ' বা অবৈধ মহাবিশ্ব বলছে।

52. যদিও ঈশ্বর আমাদের সামর্থ্যের চেয়ে আমাদের প্রাপ্যতাকে বেশি মূল্য দেন, তবুও তিনি আমাদের ক্ষমতাকেও ব্যবহার করতে পারেন এবং করেন। অতএব, উপলব্ধ হও, সক্ষম হও।

53. যদিও চাঁদের মত, আমাদের আপনার নিজস্ব কোন আলো নেই, যদি আমরা বিশ্বাসের দ্বারা স্রষ্টার আলোকে প্রতিফলিত করি তবে আমরা এই বিশ্বের তারাকে ছাড়িয়ে যেতে পারি।

54. তিন প্রজন্ম বা 3G বলতে প্রথমে বোঝায়, আমাদের বিশ্বাসের একটি আব্রাহাম প্রজন্ম আছে, তারপর, হাসি ও আশীর্বাদের একটি আইজ্যাক প্রজন্ম এবং অবশেষে,

সংগ্রাম এবং আশীর্বাদের একটি জ্যাকব প্রজন্ম। এটা সব নির্ভর করে কিভাবে আমরা ঈশ্বরের কাছ থেকে সংকেত ধরি এবং যোগাযোগ করি।

55. ঘুঘু হয়ে উন্নতি লাভ করুন কিন্তু সাপের অনুকরণ করে বেঁচে থাকুন।

56. প্রার্থনা এবং ঐশ্বরিকভাবে অর্পিত কর্তৃত্বের অনুশীলনের মাধ্যমে, আমাদেরকে পাহাড় সমতল করার এবং উপত্যকাগুলিকে উঁচু করার ক্ষমতা দেওয়া হয়েছে।

57. ঈশ্বরকে স্বীকার করা হল যে নিজের এবং সেইসাথে সমষ্টিগত মানুষের জ্ঞান সীমিত এবং তাই এটি করার জন্য নম্রতা এবং সততা উভয়েরই প্রয়োজন।

58. স্বীকার করা যে ঈশ্বর আমাদের জ্ঞান এবং প্রজ্ঞার উৎস, সর্বদা বৃহত্তর জ্ঞানের দিকে পরিচালিত করে।

59. প্রার্থনা করে আপনি কী লাভ করেন তা জিজ্ঞাসা করা শ্বাস-প্রশ্বাসের মাধ্যমে আপনি কী লাভ করেন তা জিজ্ঞাসা করার মতো।

60. ঈশ্বরের প্রতি অনুরাগী হওয়া মানে মানুষের প্রতি সহানুভূতিশীল হওয়া।

61. আধ্যাত্মিক হওয়ার অর্থ এই নয় যে একজনকে ধার্মিক হতে হবে, অন্যটি জাগতিক, ধর্মীয় বা গুপ্তচরিত হতে হবে। মোজেস জোশুয়া বা গিডিয়নের মতো একই সময়ে একজন যুদ্ধ এবং উপাসনাকারী হতে পারে।

62. ঈশ্বরের অস্তিত্ব নেই বলে বিশ্বাস করা যথেষ্ট খারাপ কিন্তু তার অস্তিত্ব নেই বলে কাজ করা নৈতিক নৈরাজ্যের উৎস।

63. সাময়িক লাভের জন্য নির্মাণ করা বৃথা এবং চিরস্থায়ী লাভের জন্য নির্মাণ করা কখনই বৃথা নয়।

64. আপনি এবং আমি যে মাস্টার্স পিস তা জানতে আমাদের অ্যাক্সেস দেয় মাস্টারের শান্তি।

65. স্বর্গের মূল্যবোধ নিয়ে পৃথিবীতে বেঁচে থাকা সবচেয়ে দুঃসাহসিক, চ্যালেঞ্জিং, ঝুঁকিপূর্ণও সবচেয়ে আশীর্বাদপূর্ণ এবং পুরস্কৃত জীবন যে কেউ বাঁচতে পারে।

66. রশ্মি হয়ে ওঠার আগেই আমাদের চোখ থেকে কণা বের করে নেওয়ার জন্য প্রয়োজন 'বাইবেলের চশমা'।

67. শেখানো হল এমন মানুষকে স্পর্শ করা যেখানে মানুষের আঙুলও পারে না এবং চিরন্তন চিন্তার অমোচনীয় চিহ্ন রেখে যায়।

68. সত্যিকারের হতে হলে, একজনকে সত্যে বিশ্বাস করতে হবে, সম্পূর্ণ সত্য এবং সত্য ছাড়া আর কিছুই নয়।

69. আজ, মানবজাতির বিজ্ঞান এবং ভুল বা লক্ষণ এবং আশ্চর্যের একটি পছন্দ আছে, আমি পরবর্তীটি বেছে নিই। আপনি আপনারটা তৈরি করুন।

70. আজ, আমাদের কলমে নিরাপদ একটি ভেড়ার বিপরীতে 99টি হারানো ভেড়া রয়েছে। যে নির্জন ভেড়া উপসাগর বা 99 বিপথগামী জন্য প্রার্থনা করা প্রয়োজন।

71. সমস্যা হল ঈশ্বরের উদ্ভাবনগুলির মধ্যে একটি যা আমাদেরকে আমাদের আরামের অঞ্চল থেকে একটি অজানা অঞ্চলে, অপরিচিত অঞ্চলে নিয়ে যেতে বাধ্য করে যেখানে আমাদের জীবনের চেয়েও বড় এবং স্ত্রীর চেয়ে বুদ্ধিমান একজন সান্ত্বনার প্রয়োজন।

72. সত্যিকারের বিশ্বাস কৃষি ও উদ্যানপালন সম্পর্কে যতটা না সংস্কৃতি বা ধর্ম সম্পর্কে তার চেয়ে বেশি, একজন সত্যিকারের বিশ্বস্ত ব্যক্তির জন্য একটি ফলদায়ক গাছ ছাড়া আর কিছুই নয়।

73. সত্য বিশ্বাস অন্ধ নয় কিন্তু এটি বাঁধাই কারণ এটি যুক্তি, আবেগ, প্রাকৃতিক, অতিপ্রাকৃত, রহস্য, ইতিহাস, উচ্চাকাঙ্ক্ষা, উদ্দেশ্য এবং শিল্পকে একত্রে আবদ্ধ করে।

74. সত্যিকারের অনুপ্রেরণা হল সেই স্ফুলিঙ্গ যা আধ্যাত্মিকতার শিখা থেকে উড়ে যায়।

75. সত্যিকারের আনন্দ হল সাড়া দেওয়া, প্রতিফলিত করা এবং খুব হৃদয়ে সৃষ্টিকর্তাকে অনুরণিত করা।

76. সত্যিকারের সাফল্য হল একটি ট্রেন যার সীসা ইঞ্জিন যাকে বলা হয় ঈশ্বর ও আত্মায় বিশ্বাস এবং পিছনের ইঞ্জিনকে আত্মবিশ্বাস বলা হয়। এর মধ্যে থাকা কোচগুলি হল কঠোর পরিশ্রম, লক্ষ্য নির্ধারণ, সতর্ক পরিকল্পনা, অধ্যবসায়, সামাজিক দক্ষতা, প্রজ্ঞা, জ্ঞান, বোঝাপড়া, শৃঙ্খলা।

77. আপনার ট্রাভেল এজেন্টের চেয়ে আপনার ট্রাভেল এঞ্জেলকে বেশি বিশ্বাস করুন।

78. "অতিপ্রাকৃত" হতে চেষ্টা করুন - প্রাকৃতিক এবং অতিপ্রাকৃতের মিশ্রণ।

79. আমাদের সীমিত মন দিয়ে ঈশ্বরকে বোঝার চেষ্টা করা থার্মোমিটার দিয়ে ভূমিকম্প সনাক্ত করার চেষ্টা করার মতো।

80. ঈশ্বরকে আমাদের জীবন থেকে দূরে রাখার চেষ্টা করা আমাদের নাকের ছিদ্র থেকে বাতাসকে দূরে রাখার চেষ্টা করার মতো।

81. ঈশ্বরকে আমাদের জীবন থেকে দূরে রেখে বাঁচার চেষ্টা করা বায়ু ছাড়া বা বাঁচার চেষ্টা করার মতো। অক্সিজেনকে আমাদের ফুসফুসে, আমাদের শ্বাস নিতে সাহায্য করার জন্য তৈরি করা হয়েছিল। আমাদের আত্মাকে বিশ্বাস করতে এবং আমাদের বাঁচতে সাহায্য করার জন্য তৈরি করা হয়েছিল, এখন এবং চিরকাল।

82. দুটি অমীমাংসিত সার্বজনীন সমস্যা যা প্রতিটি মানুষকে প্রভাবিত করে তা হল পাপ (লক্ষণগুলি হল দুঃখ, ব্যর্থতা, রোগ, অভিশাপ, হতাশা, দ্বন্দ্ব) এবং মৃত্যু: যীশু পাপের কাছে নতি স্বীকার না করে পাপকে জয় করেছিলেন এবং এর কাছে আত্মসমর্পণ করে মৃত্যুকে জয় করেছিলেন।

83. পৃথিবী সমতল বা গোলাকার নয়, এটি বাইনারি।

84. পৃথিবী অনেক উপায়ে বিস্ময়কর এবং জঘন্য কিন্তু আপনার প্রয়োজন শব্দ এটি সব অর্থবহ করতে।

85. পৃথিবী তাদের জন্য যারা ইচ্ছুক এবং সক্ষম। শব্দটি যারা ইচ্ছুক এবং বাধ্য তাদের জন্য দেখায়।

86. "হ্যাঁ-মনের" সবসময় "না-মনের" উপর জয়লাভ করে।

87. এক হয় প্রতিভাবান এবং প্রতিভা আছে, কিন্তু সম্পূর্ণ প্রতিভা হল সেই ব্যক্তি যার নম্রতা আছে যে স্বীকার করে যে মানুষের জ্ঞান, যুক্তি এবং ক্ষমতার শূন্যস্থান পূরণ করার জন্য বিশ্বাস প্রয়োজন।

88. প্রধানত দুই ধরনের মানুষ আছে - বিশ্বাসী মানুষ এবং ভাগ্যবান মানুষ। একজনের পছন্দ নির্ধারণ করে যে সে একজন কিনা ভাগ্য গঠনকারী বা ভাগ্যের শিকার।

89. পশ্চাৎদৃষ্টি ও দূরদৃষ্টি ছাড়াও তিন ধরনের দৃষ্টি রয়েছে: দৃষ্টিশক্তি, মনদৃষ্টি এবং হৃদয়দৃষ্টি। মাথার চেয়ে হৃদয় দেখে, চোখের চেয়ে মন দেখে।

90. যেকোনো জাতির মধ্যে তিনটি জিনিস সবচেয়ে গুরুত্বপূর্ণ এবং তা হলো- উন্নয়ন, উন্নয়ন ও উন্নয়ন।

91. পরিবর্তন পরিচালনা বা সাড়া দেওয়ার তিনটি উপায় রয়েছে: এটিকে গ্রহণ করা এবং মানিয়ে নেওয়া, প্রতিরোধ করা এবং একপাশে ভেসে যাওয়া এবং দ্রুত গতিতে পরিবর্তন তৈরি করা এবং পরিবর্তনের তরঙ্গের শীর্ষে অশ্বারোহণ করা।

92. দারিদ্র্য মোকাবেলার দুটি উপায় রয়েছে: দরিদ্রদের উন্নীত করা এবং দোলের মাধ্যমে বা আরও ভাল উপায় ধনীদের মনকে উন্নত করার মাধ্যমে অবকাঠামো, শিক্ষা, স্বাস্থ্য এবং কর্মসংস্থানে ন্যায়সঙ্গত অ্যাক্সেসের অনুমতি দেওয়া।

93. আমাদের চারপাশে সবসময় দুটি জগত কাজ করে: বড়, খারাপ ও পাগল পৃথিবী এবং ছোট, ভাল ও বুদ্ধিমান পৃথিবী। আমাদের পছন্দগুলি নির্ধারণ করে যে আমরা কোনটির জনসংখ্যা করব।

94. "এখনও দাঁড়িয়ে" এবং "স্থির থাকা" এর মধ্যে অর্থের পার্থক্য রয়েছে - প্রথমটি একজন বেঁচে থাকাকে বোঝায় যখন পরেরটি একজন বিজয়ীর কথা।

95. বৈধ কর্তৃত্বের অবমাননার জন্য কোন প্রতিরক্ষা নেই।

96. পুলিশের মত কোন বাহিনী নেই এবং পুলিশের মত কোন শত্রু নেই।

97. চারপাশে এত বেশি মধ্যপন্থা রয়েছে যে প্রতিটি কাজ এবং শ্রেষ্ঠত্বের শব্দটি গ্রেট পিরামিড, পিসার হেলানো টাওয়ারের মতো দাঁড়িয়ে আছে।

98. বাবা ছাড়া কোন মা থাকত না। তাই এটি কেবল পিতামাতা দিবস হওয়া উচিত ছিল, মা বা বাবার নয়। ঈশ্বর যা একসাথে রেখেছেন তা মানুষ আলাদা করবে না।

99. আজকাল আমরা আমাদের চারপাশে একমাত্র চরিত্র বা তার অনুপস্থিতি দেখতে পাই ১৪০টি অক্ষরের টুইট।

100. প্রায়শই, জিনিসগুলির সাথে টিঙ্ক করা যথেষ্ট নয় বরং নতুন করে চিন্তা করা, একটি দৃষ্টান্ত পরিবর্তন করার জন্য যথেষ্ট নয় বরং এটি পরিবর্তন করার জন্য।

101. রোগ হল আরামের অনুপস্থিতি।

"মরা শিকড় সহ গাছে জীবন্ত ফল দিতে পারে না।"

শিল্পীর অনুপ্রেরণা:

চিত্রকর্মটি ফিলিপিজমের একটি সচিত্র উপস্থাপনা।

মূল্য

1. মৃত শিকড় সহ একটি গাছ জীবন্ত ফল দিতে পারে না।

2. যে জয় সহজে পাওয়া যায় তা সহজেই হেরে যায়।

3. একশত লোক সৈন্য হিসাবে যুদ্ধে গিয়েছিল এবং তিনজন ভাই হিসাবে ফিরে এসেছিল।

4. বোকারা কেবল শান্তি দিতে পারে এমন সুবিধাগুলি সুরক্ষিত করার জন্য যুদ্ধ করে।

5. শত্রুর ভিতরে একবার শারীরিক প্রাচীর তোলার কোন মানে নেই। অভ্যন্তরীণ সীমানা ব্যবহার করা এবং সর্বদা সতর্ক থাকা আরও কার্যকর।

6. কেন একা অ্যাডামকে দোষারোপ করেন? প্রতিটি প্রজন্মের সর্বত্র মানুষ প্রমাণ করেছে যে তারা ইডেনকে একটি আস্তানায় পরিণত করতে পারে।

7. একজন অত্যধিক ধনী ব্যক্তি এমনকি যখন তিনি নরম বালিশে বসেন তখন মনে হয় যেন তিনি পিনের উপর বসে আছেন।

8. অধিকাংশ মানুষ সুচের চোখ দিয়ে স্বর্গে যেতে পছন্দ করে: তারা উপরে যাওয়ার আগে ধনী হতে চায়।

9. সত্য, ন্যায়বিচার এবং বাস্তববাদ সর্বজনীন নীতির জন্য ভাল দিকনির্দেশনা যেখানে এই উপাদানগুলির মধ্যে অন্তত দুটি যেকোন সময়ে পরীক্ষা করার জন্য ব্যবহার করা হয়।

10. আপনার আয়ের উপর ফোকাস করবেন না, আপনার ফলাফলের উপর ফোকাস করুন: আয় সুট অনুসরণ করবে।

11. কোনো সিদ্ধান্ত নেবেন না, শুধু দৃঢ় সংকল্প করুন এবং আপনার যা করতে হবে তা করুন, এটি সঠিকভাবে করুন এবং প্রতিবার, প্রতিদিন এটি আরও ভাল করুন।

www.eqthinking.com　　　www.prateepphilip.com　　　www.fillipisms.com

12. বৃহত্তর সত্য থেকে, আমরা একটি ধারণা বিকাশ করি, ধারণা থেকে, আমরা একটি নীতি অর্জন করি এবং একটি নীতি থেকে আমরা একটি অনুশীলন বা অভ্যাস গড়ে তুলি।

13. অতিশয় জন্য যান, অতিরিক্ত জন্য নয়.

14. আইনে, "মৃত্যু ঘোষণা" নামে পরিচিত এর ধারণা এবং পবিত্রতা মূল্যবান বলে বিবেচিত হয়। কিন্তু আমাদের "লিভিং ডিক্লারেশন", আমাদের বিশ্বাসের প্রবন্ধ, আমাদের মূল বিশ্বাস এবং মূল্যবোধ কি?

15. নির্দেশ হল নির্মাণ।

16. নীতিগুলিকে অভ্যন্তরীণ করার জন্য এটি যথেষ্ট নয়; এক এটা চিরন্তন করা প্রয়োজন।

17. শেখার পরিবর্তন হচ্ছে। পরিবর্তন বাড়ছে। ক্রমবর্ধমান ভাল বসবাস।

18. কাঁদবেন না, চেষ্টা করুন।

19. লক্ষ্যের লিভারেজের সাথে মূল্যবোধের অ্যাঙ্করেজকে একত্রিত করার চেষ্টা করুন।

20. আমাদের হাতের ফলন নাটকীয়ভাবে বৃদ্ধি পায় যখন আমরা সম্পূর্ণরূপে সৃষ্টিকর্তার কাছে ফলন করি।

21. কান্নার অলৌকিক ঘটনা কানের গ্ল্যামারকে সর্বকালের জন্য ছাড়িয়ে গেছে এবং প্রমাণিত হয়েছে মানুষ যা পারে না তা ঈশ্বর করতে পারেন সব সময়ের জন্য।

22. আপনার যে অলৌকিক ঘটনাটি প্রয়োজন তা কেবল একটি প্রার্থনা দূরে।

23. আমাদের জীবনে আমরা যে অলৌকিক ঘটনাগুলি অনুভব করি তা প্রায়শই অন্য কারো প্রার্থনার উত্তর।

24. যে মুহূর্ত একজন তার জীবনের যেকোন কিছুর চেয়ে বড় বা ভালো হতে দেয়

খোদা, সে ষড়যন্ত্র হেরেছে, পরাজিত হওয়ার জন্য সে নিজেই পদত্যাগ করেছে।

25. যে মুহুর্তে কেউ প্রার্থনা করে, প্রশংসা করে, ঈশ্বরকে ধন্যবাদ দেয় আমাদের প্রয়োজনের একটি বীজ আধ্যাত্মিক অঞ্চলে বপন করা হয় যা সময়ের সাথে বৃদ্ধি পায় এবং তার পছন্দের সময়ে কাটার জন্য প্রস্তুত।

26. যে মুহূর্তে ব্যক্তিত্ব চরিত্রকে ছাড়িয়ে যায়, সম্পদ গুণকে ছাড়িয়ে যায় - এটিকে বলা হয় মানুষের ব্যক্তির ব্রেকিং পয়েন্ট।

27. চাঁদ সূর্যের আলো প্রতিফলিত করে সূর্যের প্রশংসা করে। একইভাবে, একজন মানুষ ঈশ্বরের আলো প্রতিফলিত করে তাঁর প্রশংসা করে।

28. মানব জাতি যত বেশি গন্ডগোল করে, ততই আমরা বুঝতে পারি যে একমাত্র ঈশ্বরের অনুগ্রহই আমাদের আশীর্বাদ করে।

29. উন্নীত হওয়ার চেয়ে আনন্দিত হওয়া বেশি গুরুত্বপূর্ণ।

30. সবচেয়ে গুরুত্বপূর্ণ নেতৃত্বের ধারণা হল আমাদের ঈশ্বরের ধারণা - আমাদের ঈশ্বর কে তা বোঝা আমাদের উপলব্ধি নির্ধারণ করবে আমরা কে এবং আমরা কি করতে এবং অর্জন করতে সক্ষম। আমরা যদি এই অধিকার পাই, বাকি সব জায়গায় পড়ে যাবে. আমরা যদি না করি, তাহলে আর কিছুই আসে যায় না।

31. মুখটি শুধু মাড়ির রেখায় নয় বরং দাঁত দিয়ে পূর্ণ করা যেত। সত্য যে ঈশ্বর আমাদের একটি আশ্চর্যজনক জিহ্বা দিয়ে ডিজাইন করেছেন স্বাদের কুঁড়ি দিয়ে বিন্দু, এটি বোঝায় যে তিনি আমাদের জীবন উপভোগ করতে চান কারণ তিনি কোন আনন্দ ঘাতক নয় বরং একজন আনন্দদাতা।

32. জোসেফের বহু রঙের কোট প্রভুর উপস্থিতির বহু-বর্ণের আশীর্বাদের রূপক। আমাদের এটিকে কোটের মতো আমাদের চারপাশে শক্ত করে পরতে হবে। আমাদের সবচেয়ে মূল্যবান সম্পত্তি হিসাবে এটি মূল্য. শত্রুকে আমাদের পিঠ থেকে চুরি করতে দেবেন না।

33. ঈশ্বরের প্রতি আবেশ যে কোনো পুরুষ, মহিলা বা শিশুর জন্য সবচেয়ে বড়, সর্বশ্রেষ্ঠ এবং সবচেয়ে ফলপ্রসূ আবেশ।

34. যিনি আমাদের আশ্চর্যজনক চোখ তৈরি করেছেন - তিনি কি আমাদের দেখতে শেখাতে পারেন না? যিনি আমাদের সংবেদনশীল কান দিয়েছেন - তিনি কি আমাদের শুনতে পারেন না? যিনি আমাদের গঠন করেছেন অসাধারণ জিহ্বা - তিনি কি আমাদের কথা বলতে শেখাতে পারেন না? যিনি আমাদের নিপুণ হাত দিয়েছেন, তিনি কি আমাদের

কাজ শেখাতে পারেন না? যিনি আমাদের শক্তিশালী পা তৈরি করেছেন, তিনি কি আমাদের দাঁড়াতে, হাঁটতে এবং দৌড়াতে শেখাতে পারেন না? যিনি গঠন করেছেন আমাদের চমৎকার মস্তিষ্ক, তিনি কি আমাদের চিন্তা করতে শেখাতে পারেন না? যিনি আমাদের কোমল হৃদয়কে রূপ দিয়েছেন, তিনি কি আমাদের শেখাতে পারেন না কীভাবে অনুভব করতে হয়?

35. যিনি আমাদের নিঃশ্বাস কেড়ে নেন তিনিই যিনি প্রথম দিয়েছেন।

36. একমাত্র অন্য যে জাতিতে আমরা দৌড়াতে পারি যদি আমরা ইঁদুর দৌড় থেকে বেরিয়ে আসতে পারি তা হল অনুগ্রহের জাতি।

37. যখন আপনি আপনার জিহ্বা ব্যবহার না করে কথা বলবেন তখনই হল নামাজ।

এটা নিখুঁত যোগাযোগ. সুতরাং, ক্রমাগত নিখুঁত যোগাযোগের রহস্য হল প্রার্থনা করা।

38. ভয়ের বিপরীত সাহস নয় বরং বিশ্বাস।

39. বিশ্বাসের পথ চিরকালের জন্য শক্তি বা শক্তির অক্ষয় মজুদ পাওয়া নয়। কিন্তু, প্রতিদিন প্রভুর কাছে যেতে হবে শক্তির ঊর্ধ্বগতির জন্য এবং তারপর যাও এবং পৃথিবীর বাকি দিনগুলি কাটিয়ে দিন, তারপর ক্লান্ত হয়ে প্রভুর কাছে ফিরে আসুন আমাদের সমস্ত দিন শেষ না হওয়া পর্যন্ত শক্তির পুনর্নবীকরণের জন্য আবার।

40. নাম রাখার ক্ষমতা স্রষ্টার অর্পিত বিশেষাধিকার এবং এটি নামকরণ করা জিনিস বা প্রাণীর পরিচয়কে আকার দেয়।

41. আশীর্বাদ করার ক্ষমতা ঈশ্বর এবং মানুষের দ্বারা ভাগ করা হয়। নিশ্চিত করুন যে আপনি প্রতিদিন আপনার ইচ্ছার চেয়ে বেশি লোককে আশীর্বাদ করেন।

42. বিশ্বাসের উপস্থিতি ঈশ্বরের উপস্থিতিতে সূচনা করে। উপস্থিতি

ঈশ্বর উসার ঈশ্বরের উপহার।

43. আমাদের সাথে ঈশ্বরের উপস্থিতি আমাদের মনের উপস্থিতির চেয়ে অনেক বেশি গুরুত্বপূর্ণ।

44. যখন আমরা যা সম্ভব তা করে আমাদের বিশ্বাস দেখাই, ঈশ্বর যা অসম্ভব তা করে তাঁর বিশ্বস্ততা দেখান।

45. প্রধান ফ্যাক্টর যা আমাদের জীবনের চূড়ান্ত উদ্দেশ্যকে সংজ্ঞায়িত করে তা হল ঈশ্বরের অনুপ্রেরণা এবং প্রধান ফ্যাক্টর যা এটির পরিপূর্ণতাকে সক্ষম করে তা হল আমাদের ঘাম।

46. মানুষের উচ্চাকাঙ্ক্ষার সমস্যা হল যে ঈশ্বর যখন একটি দরজা বন্ধ করেন, আমরা একটি জানালা দিয়ে প্রবেশ করার চেষ্টা করি।

47. ঈশ্বরের প্রতিশ্রুতি মানুষের নিছক ভিত্তির চেয়ে আমাদের জীবনের জন্য আরও নির্ভরযোগ্য ভিত্তি।

48. ঈশ্বরের প্রতিশ্রুতি রূপরেখা মানুষের স্বপ্নের রূপরেখা এবং তার বাস্তবায়ন নিশ্চিত করা।

49. জীবনের উদ্দেশ্য, যদি এটিকে পাঁচটি শব্দে সংজ্ঞায়িত করা যায়, তা হল: edifying people while glorifying God বা ঈশ্বরকে মহিমান্বিত করার সাথে সাথে মানুষকে উন্নত করা।

50. জীবনের উদ্দেশ্য লাভ এবং সম্পদের টানেল নয় বরং অনেকের জন্য আশীর্বাদের চ্যানেল হওয়া। সর্বোপরি, আমরা ইঁদুর নই, কিন্তু ঈশ্বরের প্রতিমূর্তিতে তৈরি মানুষ।

51. মহানতার সাধনা হল ঈশ্বরের মহিমার সাধনা।

52. প্রশ্ন "আমি কে?" উত্তর দেওয়ার পরে সবচেয়ে ভাল উত্তর দেওয়া হয়,"কার আমি?"

53. রংধনু হল একটি প্রতীক যার মাধ্যমে ঈশ্বর তাঁর ধারণা প্রকাশ করেন যে জীবন এবং তাঁর ভালবাসা বহু বর্ণের, বহুমাত্রিক, বহুমুখী এবং বহু জাঁকজমকপূর্ণ।

54. রংধনু হল ঈশ্বরের বহু জাঁকজমকপূর্ণ বিশ্বাস উদযাপনের উপায়।

55. ঈশ্বর কেন কুকুর সৃষ্টি করেছেন তা হল একজন মানুষকে কুকুরের মালিকের মতো বিশ্বস্ত, প্রেমময় এবং বাধ্য হতে শেখানো।

56. ঈশ্বর কেন তাঁর অস্তিত্ব, তাঁর চরিত্র বা তাঁর ভালবাসার খুব বেশি দৈহিক প্রমাণ দেন না তা হল যে তখন কোন বিশ্বাসের সুযোগ থাকবে না।

57. পৃথিবীকে সর্বজনীনভাবে মাদার আর্থ বলা হয় তার কারণ হল ঈশ্বর পৃথিবীকে নিয়েছিলেন এবং এটি থেকে আমাদের গঠন করেছেন কারণ তিনি চিরন্তন পিতা।

আমাদের শরীর পৃথিবী থেকে রাসায়নিক এবং খনিজগুলির একটি ককটেল হতে পারে তবে তিনি আমাদের মধ্যে তাঁর আত্মা ফুঁকে দেওয়ার সাথে সাথে আমরা পৃথিবীতে আধ্যাত্মিক প্রাণী হয়েছি।

58. আমাদের জীবনে ঈশ্বরের রাজত্ব আশীর্বাদের বৃষ্টি এবং কষ্টের বন্যা উভয়ই নিয়ে আসে। আমরা একটি গ্রহণ করতে এবং অন্যটিকে প্রত্যাখ্যান করতে পারি না।

59. সত্যিকারের ধর্মপ্রাণ ব্যক্তিদের খ্যাতি তাদের আগে পাইলটের মতো এবং একজন প্রহরীর মতো তাদের অনুসরণ করে।

60. সুখ-পবিত্রতা অপ্টিমাইজেশান পেতে ঈশ্বরের প্রয়োজনীয়তা এবং মানুষের প্রয়োজনীয়তা অর্ধেক পূরণ করতে হবে।

61. উদার ব্যক্তিরা কখনোই শত্রুতার বাইরে কথা বলে না বা কাজ করে না, খুব কমই একমত হয়, প্রায়শই বেনামী থাকে এবং মরণোত্তর স্বীকৃত হয়।

62. সমস্ত ঋতুর পুরুষ বা মহিলা মাড়াই রডকে তরবারিতে এবং তলোয়ারকে মাড়াই দণ্ডে পরিবর্তন করতে পারে।

63. মিডিয়া সর্বশ্রেষ্ঠ আইকন নির্মাতা এবং একই সাথে সর্বশ্রেষ্ঠ আইকনোক্লাস্ট গোপনীয়তা হল তারা যখন নির্মাণ করছে তখনও তারা ধ্বংস শুরু করার আগে এক্সপোজার থেকে সরে আসা।

64. মধ্যম পথ বা সুবর্ণ মানে সন্ন্যাসী এবং বানরের মধ্যে অর্ধেক পথ থাকা এবং আচরণ করা নয়।

65. মন একটি গভীর খনির মতো, আপনি যত গভীরে ডুব দেবেন বা অনুসন্ধান করবেন, মহাবিশ্বের ধন ও গোপনীয়তা তত বেশি পাওয়া যাবে।

66. সফল ব্যক্তির মন লক্ষ্যের পথে হীরে-টিপযুক্ত তীরের মতো নির্দেশিত এবং ম্যাপ করা হয়, লক্ষ্যে আঘাত না করা পর্যন্ত অগ্রসর হওয়ার জন্য চিন্তা, অনুভব এবং কাজ করা বন্ধ করে না।

67. মন-মুখের সংযোগ বা এর অনুপস্থিতি হয় আমাদের জীবন তৈরি বা মারতে।

সুতরাং, আমাদের সর্বদা আমাদের মুখের কথা মনে রাখতে হবে এবং আমাদের মনের কাছে মুখ দিতে হবে।

68. আয়না আমাদের দেখায় আমরা কে. আধ্যাত্মিক আয়না - শব্দটি আমাদের দেখায় যে আমরা কে হতে পারি এবং আমাদের তা হতে সক্ষম করে।

69. যে মুহুর্তে কেউ বা যেকোন কিছুকে সেরা স্থান দেওয়া হয়, এটি তার শেষের শুরু।

70. চাঁদ যদিও অসীম বড় নক্ষত্রের চেয়ে অনেক ছোট এবং সূর্যের মধ্যে বেশি প্রভাবশালী দেখায় গড় রাতের আকাশে। এটি একটি প্রতীক যে আমাদের কাছাকাছি থাকা ছোট জিনিসগুলি আমাদের আয়ত্ত করে অনেক বেশি প্রতিফলন এবং আত্মদর্শন দ্বারা আবিষ্কৃত অসীম আরও উল্লেখযোগ্য দিকগুলির তুলনায় জীবনযাপন করে।

71. শব্দ, আধ্যাত্মিক তলোয়ার দিয়ে আমরা যত বেশি নিজেদেরকে আমাদের সত্তার মূল অংশে কেটে ফেলি, ততই আমরা আশীর্বাদ, নিরাময় এবং প্রভাবশালী হয়ে উঠি।

72. সকাল সূর্য আনে না, কিন্তু সূর্য সকাল আনে।

73. সবচেয়ে শক্তিশালী অস্ত্র এমন একটি অস্ত্র নয় যা হত্যা করে এবং ধ্বংস করে তবে একটি যা জীবন দেয় এবং উন্নত করে, যা বাঁচায় এবং নিরাময় করে।

74. ঈশ্বরের প্রতি মানুষের হৃদয়ের প্রতিক্রিয়া এবং ঈশ্বরের ডোমেইন হল বিশ্বাস।

75. যে জল অল্প পরিমাণে ঢেলে আমাদের তৃষ্ণা মেটাতে পারে, সেই একই জল যখন প্রচণ্ড বর্ষণে নেমে আসে তখন আমাদের ডুবিয়ে ধ্বংস করতে পারে। একই শিখা যা আমাদের আলো এবং উষ্ণতা দিতে পারে একটি বিশাল অগ্নিতে আমাদের ধ্বংস করতে পারে। মহান উপহার জন্য জিজ্ঞাসা না. এই কারণেই প্রভু আমাদের মাঝারি বৃষ্টি বা আশীর্বাদ দেন।

76. বীজ একটি উদ্ভিদ হওয়ার প্রতিশ্রুতি দেয়, উদ্ভিদ একটি ফুল উৎপাদন করার প্রতিশ্রুতি দেয়, ফুল একটি ফল হওয়ার প্রতিশ্রুতি দেয়, ফল বীজ উৎপাদন করার প্রতিশ্রুতি দেয়।

77. স্ব-নির্মিত মানুষ একটি মিথ. নিজেকে একা রেখে আমি আমার শার্টের বোতাম তৈরি করতে পারতাম না। আমি সকলের কাছেই ঋণী কিন্তু প্রধানত আমাদের সৃষ্টিকর্তার কাছে। আমাদের শরীর এবং মন ঈশ্বরের তৈরি। আমরা যদি চাই যে আমাদের পরিবার, আমাদের বাড়ি, আমাদের ক্যারিয়ার এবং আমাদের বর্তমান ও ভবিষ্যত ঈশ্বরের তৈরি হোক।

www.eqthinking.com www.prateepphilip.com www.fillipisms.com

78. স্ব-নির্মিত মানুষটি বলে, "আমি যা আছি তা আমার কঠোর পরিশ্রম, আমার ক্ষমতা দ্বারা।" ঈশ্বর-সৃষ্ট মানুষ বলে, "আমি যা আছি ঈশ্বরের কৃপায় আমি তাই।"

79. ইডেনের সর্প এটিকে একটি খাদে পরিণত করেছে এবং সমস্ত সাপকে একটি বদনাম দিয়েছে। ইডেনের পুরুষ এবং মহিলা অনন্ত জীবন হারিয়েছে এবং সমস্ত পুরুষ এবং মহিলাকে একটি খারাপ সময় দিয়েছে।

80. জীবনের অনেক চ্যালেঞ্জের অনিশ্চয়তা এবং জটিলতা নেভিগেট করার সবচেয়ে সহজ, সস্তা, অনায়াসে উপায় হল আমাদের তৈরি করা সর্বোচ্চ বুদ্ধিমত্তা, শক্তি এবং ভালবাসার সহায়তা নেওয়া।

81. পদার্থের ক্ষুদ্রতম কণা - পরমাণু এত শক্তি দিয়ে বিনিয়োগ করেছি যে আমাদের মধ্যে ছোট থেকে বড় এবং সর্ববৃহৎ স্রষ্টার শক্তিতে বিস্মিত হবে - সৃষ্টি এবং ধ্বংস উভয়ই।

82. জ্ঞানী ব্যক্তি সক্রেটিস বলেছেন: "নিজেকে জানা জ্ঞানের সারমর্ম" কিন্তু আমি সত্যই বলি যে "ঈশ্বরকে জানা জ্ঞানের সারমর্ম।"

83. পুত্র বিশ্বাসের খামিরে উদিত হন।

84. সোল আপনার আত্মার মুখ. আপনি এটি কি খাওয়ান; আত্মা তাই হয়ে যায়। তাই যদি আপনাকে সমগ্র পৃথিবীকে হারাতে হয়, তবুও আপনার আত্মার যত্ন নিন।

85. ঈশ্বরের সার্বভৌমত্ব এমন যে তিনি যে কোনও কিছু এবং সবকিছুকে শেষ করতে এবং সংশোধন করতে পারেন।

86. মহত্ত্বের বীজ বপনকারী হলেন ঈশ্বর, চাষী আপনি এবং আমি, ফসল কাটানোর জন্য বাকি মানবতা।

87. মানুষের আত্মা, মন এবং দেহ হল স্বাধীনতা ও আনন্দের দৃশ্যের প্রবেশদ্বার এবং মুক্তির পথ নয়। ফটকগুলোকে কারাগারের দরজায় পরিণত করবেন না।

88. শক্তিশালীদের শক্তি, সবচেয়ে ধনীর সম্পদ, সবচেয়ে বুদ্ধিমানের বুদ্ধি, সবচেয়ে সুন্দরের সৌন্দর্য, সবচেয়ে ভালোর ভালো গুণী, স্রষ্টার অসীম শক্তি, ঐশ্বর্য, প্রজ্ঞা, সৌন্দর্য এবং মঙ্গলের সাথে তুলনা করলে বুদ্ধিমানদের কৌশলগুলি অপ্রাসঙ্গিক, অকেজো এবং তুচ্ছ।

89. এমন সময় আছে যখন পরামর্শদাতারা যন্ত্রণাদায়ক হয়ে যায়।

90. জীবনের দ্বন্দ্ব শেষ হয় যখন আমরা ঈশ্বরের সাথে শান্তি পাই।

91. ন্যায়পরায়ণতার সূর্য মানুষের উপর উজ্জ্বল হয়ে ওঠে এবং কেবল আলো এবং উষ্ণতা দেয় না, বরং নিরাময়, পুষ্টি, আশ্রয়, প্রজ্ঞা, নির্দেশনা, শান্তি এবং সমৃদ্ধি দেয়।

92. সূর্য, চন্দ্র এবং তারা প্রতিদিন উদয় এবং অস্ত যায়, কিন্তু ঈশ্বরের ভালবাসা কখনও অস্ত যায় না। যদিও প্রতিদিন একটি বৃদ্ধি আশা।

93. অতিপ্রাকৃত মানুষের হৃদয়ে একটি শূন্যতা ঘৃণা করে।

94. আমাদের জীবনের সংজ্ঞায়িত মুহূর্তে আমরা যা শিখি তা আমাদের পরিমার্জিত করতে পারে।

95. আপনার সংকট রূপান্তরের একটি শক্তিশালী ট্রিগার হতে পারে।

96. অহংবোধ হল সমস্ত পুণ্যের অস্বীকার।

97. মূল্যবোধ হল সেই বীজ যা আবেগ, ধারণা, কৌশলের জন্ম দেয়।

98. আজ, আমরা আমাদের চারপাশে থাকা প্রয়োজনের সাগরের প্রতি উদাসীন দ্বীপে পরিণত হয়েছি।

99. ভাগ্য দ্বারা মহান দোকান সেট না যেহেতু এটি আপনাকে পরিত্যাগ করবে যখন আপনার এটির সবচেয়ে বেশি প্রয়োজন হবে কিন্তু তার পরিবর্তে ঈশ্বরের অনুগ্রহের নিশ্চিততার উপর নির্ভর করুন।

100. বিশ্বাসের নিশ্চিততা এবং আশ্বাসের সাথে, আমরা সন্দেহের একটি দলকে মোকাবেলা করতে পারি।

101. পরম সত্য হল এমন কিছু যা থেকে আমরা কিছু যোগ করতে বা কিছু নিতে পারি না।

www.eqthinking.com   www.prateepphilip.com   www.fillipisms.com

"মানুষের সম্ভাবনা সম্পর্কে আশ্চর্যজনক গতিশীলতা হল যে দুর্বলতার শক্তিতে পরিণত হওয়ার সম্ভাবনা, ব্যর্থতার সাফল্যে রূপান্তরিত হওয়ার সম্ভাবনা, দুঃখকে আনন্দে এবং এর বিপরীতে নিয়ে যায়।"

শিল্পীর অনুপ্রেরণা:

চিত্রকর্মটি ফিলিপিজমের একটি সচিত্র উপস্থাপনা।

পুণ্য

1. মানুষের সম্ভাবনা সম্পর্কে আশ্চর্যজনক গতিশীলতা হল যে দুর্বলতা একটি শক্তিতে পরিণত হওয়ার সম্ভাবনা, ব্যর্থতার সাফল্যে রূপান্তরিত হওয়ার সম্ভাবনা, দুঃখকে আনন্দে এবং এর বিপরীতে নিয়ে যায়।

2. প্রতিটি মানুষের মধ্যে একটি জিরো, একটি হিরো বা একটি নিরো হতে পারে।

3. মানুষের সম্ভাবনা আশ্চর্যজনক কিন্তু প্রচেষ্টা খুব কম এবং এর মধ্যে অনেক দূরে।

4. বিস্তীর্ণ মহাবিশ্বের একটি ক্ষুদ্র ছিদ্র হলেও পৃথিবী যেমন সবচেয়ে তাৎপর্যপূর্ণ অংশগুলির মধ্যে একটি, আপনি এবং আমি যদিও আমরা এত ক্ষুদ্র, সমস্ত স্থান এবং সময়ের মধ্যে সবচেয়ে তাৎপর্যপূর্ণ হতে পারি। আমাদের আকার আমাদের সম্ভাবনাকে সীমাবদ্ধ করে না।

5. চাঁদ প্রতি মাসে ছোট হতে শুরু করে, পূর্ণিমা পর্যন্ত বেড়ে ওঠা এবং তারপরে চাঁদ না হওয়া একটি লক্ষণ যে আমাদের পূর্ণ সম্ভাবনা অর্জনের জন্য প্রতি মাসে স্লগ করতে হবে। কিন্তু আমরা কখনই বলতে পারি না যে আমরা এসেছি। আমরা শীঘ্রই আবার শুরু করব।

6. যদি আমরা পরিকল্পনার জন্য সিজনে পরিকল্পনা না করি, যদি আমরা না থাকি রোপণের মৌসুমে রোপণ করা, বপনের মৌসুমে বপন করা নয়, চাষের মৌসুমে চাষ করা, জল দেওয়ার ঋতুতে জল দেওয়া, আমরা ফসল কাটার মৌসুমে কাটব না।

7. আমাদের প্রত্যেকের ক্ষমতার একটি সত্যিকারের স্তর রয়েছে, সম্ভাব্যতা যা ইতিমধ্যেই ট্যাপ করা হয়েছে, সম্মানিত হয়েছে এবং উপলব্ধি করা হয়েছে। আমাদের প্রত্যেকের ক্ষমতার একটি সম্ভাব্য স্তর রয়েছে যা ট্যাপ, বিকাশ এবং ব্যবহারের জন্য অপেক্ষা করছে। এটা আমাদের পার্সোনাল পাওয়ার পটেনশিয়াল বা পিপিপি।

8. অভ্যন্তরীণ হয় চিরন্তন বা নরক হতে পারে।

9. যারা সবচেয়ে বেশি ক্ষতবিক্ষত হয় তাদের সহজেই আহত হওয়ার সম্ভাবনা থাকে।

10. সমস্যা সমাধানের পূর্বাভাস দেয়।

11. একই অক্সিজেন যা জীবনকে টিকিয়ে রাখে আবার মরিচা আকারে পদার্থকে ধ্বংস করে।একইভাবে, একটি ভাল উপদেশ অন্য প্রসঙ্গে ক্ষতিকারক প্রমাণিত হতে পারে।

12. ইন্দ্রিয় প্রায়ই ইন্দ্রিয়ের উপর প্রাধান্য পায়।

13. অগভীর এবং ফাঁপা লোকেরা প্রায়শই দুঃখে ডুবে থাকে।

14. টাকা আপনাকে খুশি করে না। এটি আপনাকে অসুখীও করে না।

15. পার্সের অভিশাপ হল যে যার কাছে খুব বেশি নগদ আছে তার সত্যিকারের ধন খুব কম এবং যার কাছে খুব কম সে সত্যিকারের ধনের আকাঙ্খা করে না।

16. টাকা একটি দৈত্য অক্টোপাস মত হয়ে গেছে যেটি কার্যত প্রতিটি ব্যক্তি এবং প্রতিটি সিস্টেমের চারপাশে তার বিলিয়ন তাঁবু পেয়েছে, সবকিছুর মধ্যে জীবনকে চেপে ধরেছে।

17. আমাদের কত বড় পরিকল্পনা আছে এবং তবুও, আমাদের জীবন এক মুহূর্ত, এক নিঃশ্বাসের পাতলা থ্রেডে ঝুলে আছে।

18. আপনার প্রেরণা আপনার উদ্দেশ্য থেকে প্রবাহিত হবে জন্য আপনার উদ্দেশ্যর অধিকার পান।

19. শব্দটি যেভাবে ভাইরাল হয় তা ইতিবাচক, অনুপ্রেরণামূলক বা দরকারী নয় বরং শূন্য, নিরর্থক বা নেতিবাচক।

20. প্রতিটি নেতিবাচক চিন্তাভাবনা এবং শব্দের সাথে, আমরা নিজেদেরকে দুর্বল করার, ত্রুটিপূর্ণ করার অনুমতি দিই।

21. যদি এটি সত্যিই নেতিবাচক কিছু হয়, তবে এটি আপনি নন - এটিকে রক্ষা করবেন না, এটি খাওয়াবেন না, প্রতিক্রিয়া নিন এবং আসল আপনার জন্য এটি ছেড়ে দিন।

22. শুধুমাত্র ঈশ্বরের একজন দাস মানুষের প্রকৃত নেতা হতে পারে।

23. শুধুমাত্র ঈশ্বরই আমাদের গভীরতম যন্ত্রণা থেকে সুন্দর কিছু তৈরি করতে পারেন।

24. শুধুমাত্র যদি আপনি ঈশ্বরকে নিজের সাথে মোকাবিলা করতে দেন, আপনি সত্যিই অন্যদের নেতৃত্ব দিতে পারবেন।

25. একমাত্র সর্বশক্তিমান ঈশ্বরই যেকোনো মানুষকে সর্বশক্তিমান করতে পারেন।

26. অন্যান্য নেতাদের জিজ্ঞাসা তাদের অনুসারীরা তাদের অনুসরণ করবে এবং তাদের সারাজীবন অনুগামী হিসেবে রাখবে যখন যীশু একাই বলেছিলেন, "এসো এবং আমাকে অনুসরণ কর এবং আমি তোমাকে একজন নেতা, নেতাদের নেতা, একজন নেতা-নির্মাতা, একজন সর্বজনীন নেতা, একজন সত্যবাদী নেতা এবং অনন্তকালের একজন নেতা। সে সেগুলোও বানায়ও।

27. অন্যান্য জিনিসগুলি একই রয়ে গেছে, দুটি অন্ধ পছন্দ যেমন দুটি কার্ড উল্টে দেওয়া বা একটি বিমান যাত্রী দুটি অভিন্ন থেকে ভুল ব্যাগ তুলে নিলে, একটি ভুল পছন্দের সম্ভাবনা সঠিক পছন্দের চেয়ে বেশি। বিশ্বাস, প্রার্থনা, অন্তর্দৃষ্টি, প্রতিফলন, প্রজ্ঞা সঠিক পছন্দ করার সম্ভাবনাকে উন্নত করে।

28. আমাদের সূচনা এবং শেষ ঈশ্বরের সাথে নিহিত কিন্তু এর মধ্যে যা রয়েছে তা আমাদের দায়িত্ব।

29. প্রভু এবং তাঁর বাক্যে আমাদের বিশ্বাস আমাদের স্বস্তি দেয়।

30. আমাদের দেহগুলি আমাদের আত্মার জন্য শক্ত এবং ভঙ্গুর খামের মতো:

বার্তাটি গন্তব্যে পৌঁছানো পর্যন্ত এটির যত্ন নিন।

31. আমাদের মস্তিষ্ক হল শস্যাগার যা ঈশ্বর আমাদের মধ্যে তৈরি করেছেন। এতে সংরক্ষণ করা হয়

আমাদের ভবিষ্যতের বীজ, এর বীজ পরিকল্পনা এবং গাছপালা নয়, এই গ্রহের ইতিবাচক সবকিছুর বীজ।

32. আমাদের বিশ্বাস আমাদের আশীর্বাদের দুর্ভিক্ষ অতিক্রম করা উচিত।

33. আমাদের বিশ্বাস সত্য এবং দরকারী হতে হবে যৌক্তিকভাবে সামঞ্জস্যপূর্ণ, বৈজ্ঞানিকভাবে যৌক্তিক, ঐতিহাসিকভাবে যাচাইযোগ্য, ব্যবহারিকভাবে বাস্তবসম্মত, সর্বজনীনভাবে প্রযোজ্য এবং অভিজ্ঞতাগতভাবে পরীক্ষামূলক।

34. আমাদের ভয় এবং আমাদের হুমকি গোপন হতে পারে, কিন্তু ঈশ্বর তাঁর ব্যর্থ-প্রমাণ, নির্বোধ, অগ্নি-প্রমাণ, বন্যা-প্রমাণ, বুলেট-প্রুফ, বোমা-প্রুফ, দুর্যোগ-প্রমাণ, হতাশা-প্রমাণ সুরক্ষা পরিষেবার কোনও গোপন রাখেন না।

35. বোকাদের আপনার হাতিয়ারের সাথে বিশ্বাস করবেন না কারণ তারা এটিকে মল হিসাবে বিবেচনা করবে।

36. আমাদের হৃদয়ের মনোভাব হল ঈশ্বরের আত্মার উর্ধ্বমুখী বায়ুকে ধরার জন্য আমাদের আত্মার পাল।

37. পাওয়ার সিন্ড্রোম বোঝায় যখন যার "শক্তির আছে" সে ক্ষমতা ভাগ করে নেয় যার সাথে যার"শক্তি নেই" তখন তারা ভালোবাসে এবং ঘৃণা করে যখন তারা করে না।

38. আমাদের বাড়িগুলি থ্রি-ফেজ পাওয়ারে চালিত হয় কিন্তু দুর্ভাগ্যবশত আমাদের নিজেদের কোনো ব্যাকআপ নেই। যখন আমাদের শরীর বা মন একটি বন্ধ হয়, তখন আত্মা এছাড়া বন্ধ হয়ে যায়।

39. আমাদের মন এবং আমাদের আত্মা মানুষের দুই পায়ের মতো যা আমাদের হাঁটতে, দৌড়াতে, লাফ দিতে এবং দাঁড়াতে সক্ষম করে, যাতে আমাদের বিশ্বাস যুক্তির উপর ভিত্তি করে এবং আমাদের যুক্তি বিশ্বাসের উপর ভিত্তি করে।

40. আমাদের ভুল ঈশ্বরের হাতে মাস্টারস্ট্রোক হয়।

41. ঈশ্বরের সাথে আমাদের চুক্তি আমাদের জীবনকে অক্ষত রাখে এবং প্রকৃতপক্ষে আমাদের প্রভাব বৃদ্ধি করে। ঈশ্বরের সঙ্গে ব্যক্তিগত হও।

42. আমাদের সম্ভাবনা হল ঈশ্বরের প্রতি আমাদের প্রতিশ্রুতি, তাঁর প্রতিশ্রুতি হল এটি উপলব্ধি করার উপায়।

43. আমাদের দৃষ্টিভঙ্গি এবং বিশ্বাস পছন্দের স্থান বাড়ায় বা হ্রাস করে। আমাদের সেগুলি বেছে নেওয়া উচিত যা স্থান বাড়ায়।

44. ঈশ্বরের সাথে শান্তি মানবজাতির মধ্যে আনন্দ এবং সৌভাগ্যের দিকে পরিচালিত করে এবং অন্য দিকে নয়।

45. লোকেরা তাদের বিয়েতে ঈশ্বরকে আমন্ত্রণ জানায় কিন্তু তাকে তাদের বিয়ে থেকে দূরে রাখে।

46. যারা নরকে অভ্যস্ত তারা স্বর্গ দেখলে চিনতে পারবে না।

47. যারা মানুষকে তাদের চিন্তা, তাদের ধারণা, তাদের শিক্ষা দিয়ে নেতৃত্ব দেয় তারা খুব কমই প্রতিক্রিয়ার সুবিধা পায়। অনুপাত দশের মধ্যে একটি - এমনকি যীশুও যিনি দশজনকে সুস্থ করেছিলেন সেই ভয়ানক রোগের কুষ্ঠরোগীরা তাকে ধন্যবাদ জানাতে ফিরে আসে। ফিরে আসা সেই কুষ্ঠরোগীদের মত হও।

48. যারা বলে যে তারা ঈশ্বরকে বিশ্বাস করে এবং তবুও তাদের জীবনের অনেক দিক নিয়ে চিন্তিত তারা হয় ঈশ্বরের ক্ষমতাকে কম অনুমান করেছে বা ঈশ্বরের প্রতিশ্রুতি এবং তাদের অকার্যকর অবদান দিয়ে শূন্যস্থান পূরণ করার চেষ্টা করুন।

49. একটি বুলেট এবং বোমা প্রমাণ চরিত্রের রহস্য হল নিজেকে কঠোরভাবে এবং নির্মমভাবে বিচার করা এবং অন্যদের উদারভাবে বিচার করা।

50. আপনার সমস্যার জন্য ঈশ্বরের প্রশংসা করুন এবং আপনি শীঘ্রই অবাক হবেন না আপনার জীবনের সমস্যাগুলির সাথে অলৌকিক মিথস্ক্রিয়া খুঁজে পান এবং আপনি সমাধানের জন্য তিনি আপনাকে যে সমস্যাগুলি দিয়েছেন তার জন্য আপনি ঈশ্বরকে ধন্যবাদ জানাবেন।

51. প্রশংসা ঈশ্বরের ভয়ঙ্কর একটি প্রাকৃতিক প্রতিফলন।

52. প্রশংসা একটি দ্বিমুখী প্রক্রিয়া। মাছের মতো যে তার মুখ নিরন্তর খোলে এবং জল, বাতাস এবং ডায়টম দিয়ে পূর্ণ হয়ে যায়, আমরা যখন আমাদের মুখ খুলি, তখন আমাদের জীবন অনেক ধন্য হয়।

53. প্রশংসা একটি রাজার পথ. ঈশ্বরের পথের উপাসনা করুন। এই কারণে প্রশংসা এবং একটি দৈনন্দিন ভিত্তিতে উপাসনা উপাদান সংযোগ এবং কমিউন অপরিহার্য।

54. মর্যাদা নয়, দৈহিক উচ্চতা দেখুন।

55. প্রশংসা আপনাকে একটি বৃদ্ধি পেতে পারে না, কিন্তু এটি আপনাকে অনুগ্রহ দেবে।

56. প্রশংসা বার বাড়ায়।

57. প্রশংসা অনুগ্রহ আনলক করে।

58. বিশ্বব্যাপী প্রার্থনা করুন, স্থানীয়ভাবে কাজ করুন।

59. আপনার দুর্বলতাগুলির উপর প্রার্থনা করুন এবং আপনার শক্তিগুলি থেকে খেলুন।

60. প্রার্থনা অনেকটা শ্বাস-প্রশ্বাসের মতো। শ্বাস বন্ধ করুন এবং আমরা মৃত। প্রার্থনা করা বন্ধ করুন এবং আমরা আধ্যাত্মিকভাবে মারা যেতে বেশি সময় লাগবে না।

61. প্রার্থনা এক অর্থে সচেতনভাবে স্বপ্ন দেখা। তবুও, এটি স্বপ্ন দেখার চেয়ে অনেক বড় কারণ এটি একজন সর্বজ্ঞানী, সর্ব-প্রদানকারী, সর্ব-প্রেমময় একের হাত ধরে স্বপ্ন দেখছে এবং সেইজন্য, এই জাতীয় সচেতন স্বপ্ন দেখার এবং তার বাস্তবায়নের কোনও সীমা নেই।

62. প্রার্থনা হল স্বর্গে যাওয়ার সিঁড়ির মতো যেখানে প্রশংসা ও উপাসনা হল স্বর্গে যাওয়ার পথ।

63. প্রার্থনা একটি ক্রমাগত অনুরোধের লিটানি নয় বরং স্রষ্টার সাথে ক্রমাগত সংস্পর্শে থাকার এবং হৃদয় ও জীবনকে স্পর্শ করার জন্য তাঁর হাতের প্রসারিত হওয়ার অবস্থা।

64. প্রার্থনা হল ক্যাটাপল্ট যা আমাদের অনুরোধগুলিকে সরাসরি স্বর্গে পাঠায়।

65. প্রার্থনা ব্যথার জন্য সর্বোত্তম মলম।

66. প্যাথলজি পথের অধ্যয়ন নয়। একজন সাইকোপ্যাথ সে নয় যে জীবনের পথ খুঁজে পেয়েছে কিন্তু যে এটি হারিয়েছে।

67. শান্তি আমাদের জীবনে এমন একটি জিনিস যা আমরা পেলে উপেক্ষা করি এবং যখন আমরা এটি হারিয়ে ফেলি তখন এর জন্য ক্ষয় হওয়ার ভাব করি।

68. শান্তি হল সমৃদ্ধির নিশ্চিত ভিত্তি। উল্টোদিকে নয়।

69. যখন তত্ত্ব অনুশীলনের সাথে বিবাহিত হয়, তখন বংশধররা নেতৃত্ব এবং শ্রেষ্ঠত্ব।

70. সাধারণভাবে, একজন প্রতিভাবান ব্যক্তি, একজন তিনজন প্রতিভাবান ব্যক্তি বা একজন পাঁচজন প্রতিভাবান ব্যক্তি হিসাবে সামর্থ্যের ভিত্তিতে শ্রেণীবদ্ধ করা যেতে পারে। সঠিক মনোভাবের একজন প্রতিভাবান ব্যক্তি ভুল মনোভাব সহ পাঁচজন প্রতিভাবান ব্যক্তির চেয়ে বেশি করতে পারেন।

71. মানুষ বা জাতি আমাদের প্রকৃত শত্রু নয়। যতক্ষণ না আমরা মানবতার প্রকৃত শত্রু- দারিদ্র্য, দুর্দশা, রোগ ও সহিংসতার বিরুদ্ধে সাধারণ কারণ তৈরি করি না, ততক্ষণ পর্যন্ত এগুলো অমীমাংসিত, অপ্রতিরোধ্য থাকবে।

www.eqthinking.com www.prateepphilip.com www.fillipisms.com

72. মানুষ কথা বলে মহান স্মৃতি কৌশল, কিন্তু মহান স্মৃতি কৌশল শেখানো বা শেখা হয় না. কারণ সাফল্যের স্মৃতি মানুষকে আত্মবিশ্বাস দেয়, ব্যর্থতার স্মৃতি জ্ঞান দেয়, সুখী মুহূর্তের স্মৃতি দেয় আনন্দ, আত্মত্যাগের স্মৃতি তাকে অনুপ্রাণিত করে, অন্যায়ের স্মৃতি তাকে তিক্ত করে, অন্যায়ের স্মৃতি তাকে অপরাধী করে।

73. মানুষ আজকাল বইয়ের পোকা হওয়া বন্ধ করে ফেসবুকের কীট হয়েছে।

74. মানুষ, সিস্টেম, সংস্থাগুলি বুট পায় যখন তারা প্রতিবার সময়মতো রিবুট না করে।

75. স্টিফেন হকিং-এর মতো ব্যক্তিরা মহাবিশ্বকে একটি জারজ মহাবিশ্বের মতো দেখায়।

76. আপনার সম্পত্তি হালকাভাবে দখল করুন কিন্তু এটি দ্বারা ভোগদখল না।

77. পোস্ট-ট্রুথ বিশ্বে, গান্ধীজির তিনটি বানর - মন্দ দেখো না, মন্দ কথা বলবে না, মন্দ শুনবে না, তিনটি সিংহ দিয়ে প্রতিস্থাপিত হওয়ার দরকার নেই - মন্দ চিন্তা ধ্বংস করুন, মন্দ কাজ ধ্বংস করুন এবং মন্দ শব্দগুলি ধ্বংস করুন।

78. "কৃতজ্ঞতা" অনুশীলন করুন - এই মনোভাব যে আপনি মহান এবং আপনার চারপাশের সবাই হয় মহান বা তার হবার সম্ভাবনা বা এটা মহান হতে কি আর লাগে।

79. প্রগতিশীল তৃপ্তি অনুশীলন করা বোঝায় যে আমরা কম নিয়ে বাঁচতে শিখি যদিও আমরা আরও বেশি করার চেষ্টা করি।

80. ভঙ্গি করতে ভঙ্গি পছন্দ করুন।

81. গানের উপর আপনার জীবন রাখুন, আপনি বেশি দিন বাঁচতে পারবেন না, তবে আপনি সুখে বাঁচবেন।

82. সমস্ত ডোমেনে প্রশিক্ষণের অগ্রাধিকারগুলি এখন KSA বা কেএসএ বা নলেজ ফার্স্ট, স্কিলস নেক্সট এবং অ্যাটিটিউডের প্যাটার্নে সংগঠিত, সর্বোত্তম এবং সবচেয়ে স্থায়ী ফলাফল পেতে ASK হিসাবে পুনরায় সেট করা দরকার।

83. পুনঃজন্মের আনন্দ, আনন্দ জন্মের প্রশংসা ও প্রশংসা জন্মের আশীর্বাদ, আশীর্বাদ জন্মের আনন্দ।

84. ইতিবাচক বা শক্তিকে শক্তিশালী করা কার্যকারিতা। নেতিবাচক বা দুর্বলতা কাটিয়ে উঠা মহানতা। দুটোই করা মানেই ভারসাম্য। ভারসাম্যের জন্য লক্ষ্য করুন।

85. প্রার্থনা হল সেই গুলতি যার উপর আমরা গর্ভগৃহ থেকে ঈশ্বরের প্রতিশ্রুতির তীরগুলি সেরিব্রাম সেরিবেলামে নিক্ষেপ করি এবং আমরা যে চ্যালেঞ্জের বিরুদ্ধে আছি তার হৃদয়ে।

86. ঈশ্বরের কাছে প্রার্থনা তাঁর কাছে প্রশংসা নিয়ে আসে কারণ উত্তরগুলি প্রায়শই আমাদের প্রত্যাশা বা কল্পনা ছাড়িয়ে যায়।

87. প্রার্থনা আপনাকে দুর্বল বলে দেখায় না কারণ এটি একজন শক্তিশালী মানুষকে আরও শক্তিশালী করে তোলে, একজন সাহসী মানুষকে আরও সাহসী করে, একজন জ্ঞানী ব্যক্তিকে আরও জ্ঞানী করে তোলে।

88. এটা ঘটার অনেক আগেই আপনার বিশ্বাসকে প্রাক-পজিশন করুন: কারণ তিনি আপনাকে ভেতর থেকে শক্তিশালী করেন, আপনাকে পাশে থেকে সাহায্য করেন, আপনাকে নীচে থেকে ধরে রাখেন, আপনাকে উপর থেকে আশীর্বাদ করেন, আপনাকে ঘিরে রাখেন।

89. বিজ্ঞান ও দর্শনে উন্মোচিত মানুষের প্রজ্ঞা এবং জ্ঞানের চেয়ে শাস্ত্রে প্রকাশিত ঈশ্বরের জ্ঞান ও জ্ঞানকে প্রাধান্য দিন কারণ পরেরটি বাহ্যিক, এটির একটি সীমিত শেলফ লাইফ এবং একটি মেয়াদ শেষ হওয়ার তারিখ রয়েছে যখন আগেরটি চিরন্তন এবং অভ্যন্তরীণ।

90. প্রচলিত প্রার্থনা সীমিত মানুষকে অপ্রতিরোধ্য, কাবু করার ক্ষমতার সীমাহীন অ্যাক্সেস দেয়।

91. নিরাময়ের চেয়ে প্রতিরোধ উত্তম এবং প্রার্থনা প্রতিরোধের চেয়ে উত্তম বা প্রার্থনার জন্য নিরাময় প্রতিরোধ এবং নিরাময় উভয়ই নিয়ে আসে।

92. সমস্যা এবং চ্যালেঞ্জগুলি আমাদের গলায় চাকির পাথর বলে মনে হতে পারে কিন্তু তীর্থযাত্রীর ঈশ্বরের দিকে ফিরে যাওয়ার পথে মাইলফলক।

93. সমস্যা হল ঈশ্বরের জানালা যা আমরা আমাদের জীবনে প্রবেশ করি দরজা নিরাপদে তালা রাখা আছে।

94. সমস্যা হল ঈশ্বরের প্রবেশদ্বার এবং আমাদের জীবনে কাজ করার দ্বার। প্রতিশ্রুতি সমস্যাগুলির সমাধান। একবার সমাধান বা সমাধান হয়ে গেলে, সমস্যাগুলি অগ্রগতির দিকে নিয়ে যায়।

95. "প্রোটোসিন্থেসিস" হল এমন একটি প্রক্রিয়া যার মাধ্যমে আমরা ঈশ্বরের জ্ঞান এবং সূর্যালোকে ঝাঁপিয়ে পড়ি এবং আমাদের প্রথম নীতি, আমাদের বিজয়ী মনোভাব, আমাদের সর্বোত্তম অভ্যাস, আমাদের সেরা সিদ্ধান্ত এবং সর্বশ্রেষ্ঠ সৃজনশীলতাকে সংশ্লেষিত করি বা পৌঁছাই।

96. আপনার আশীর্বাদ একটি সেভিংস ব্যাঙ্ক বা কারেন্ট অ্যাকাউন্টে রাখুন কিন্তু ফিক্সড ডিপোজিট স্কিমগুলিতে কখনই রাখবেন না কারণ আপনি আশীর্বাদ পেয়েও এটিকে ব্যয় করতে হবে।

97. প্রার্থনা দুটির মধ্যে একটির সম্ভাবনার দ্বারা আমাদের জীবনে একটি অসম্ভব সত্য হওয়ার সম্ভাবনাকে বাড়িয়ে দেয়।

98. সত্যকে মেনে না চলার পরিণতি প্রায়শই সত্যকে মেনে চলার পরিণতির চেয়ে বেশি গুরুতর হয়।

99. ইঁদুর দৌড় ত্যাগ করুন এবং অনুগ্রহের দৌড়ে যোগ দিন যেখানে আপনাকে এগিয়ে যাওয়ার জন্য উন্মত্তভাবে দৌড়াতে হবে না তবে আপনাকে কেবল আপনার আত্মাকে স্থির রাখতে হবে, আপনি যাকে বোঝাতে চান তা হন হতে হবে এবং ঈশ্বর আপনাকে নির্দেশিত পথে হাঁটতে থাকুন।

100. রিলেশনাল কমিউনিকেশন পারস্পরিক লাভের দ্বারা অনুপ্রাণিত হয় না, তবে এটি একজন ব্যক্তির সাথে যোগাযোগ শুধুমাত্র সেই ব্যক্তিকে স্বীকার করা, সেই সম্পর্কটিকে টিকিয়ে রাখা, গভীর করা এবং উদযাপন করা, সেই ব্যক্তির প্রতি তার বিশ্বাস নিশ্চিত করা।

101. আদর্শ ব্যক্তি হল সেই ব্যক্তি যিনি একজন সৈনিকের সাহস এবং সহনশীলতার সাথে ক্রীড়াবিদদের শৃঙ্খলা এবং মনোযোগ, কৃষকের আশা এবং ধৈর্য এবং একটি শিশুর আনন্দ ও বিশ্বাসের সাথে মিলিত হন।

www.eqthinking.com   www.prateepphilip.com   www.fillipisms.com

"কখনও অর্থকে আপনার নিরাপত্তা, সমৃদ্ধি, সাফল্য বা সুখের সূচক তৈরি করবেন না।"

শিল্পীর অনুপ্রেরণা:
চিত্রকর্মটি ফিলিপিজমের একটি সচিত্র উপস্থাপনা।

ভাল হচ্ছে

1. অর্থকে কখনই আপনার নিরাপত্তা, সমৃদ্ধি, সাফল্য বা সুখের সূচক তৈরি করবেন না।

2. শুধুমাত্র মূর্খরাই লক্ষ্য হিসাবে সম্পদ, পদ, ক্ষমতা এবং আনন্দের মত হাতিয়ার ব্যবহার করে।

3. লোকেরা তাদের নেট মূল্যের উন্নতিতে এত বেশি ব্যস্ত যে তারা বুঝতে পারে না যে তারা তাদের সাধনার জালে আটকা পড়তে পারে।

4. অতিরিক্ত সম্পদ এবং পিষে যাওয়া দারিদ্র উভয়ই আমাদের বিশ্বাস, চরিত্র এবং আত্মার উপর ক্ষয়কারী প্রভাব ফেলতে পারে।

5. যেখানে আপনি ব্যথা চয়ন করতে পারবেন না, আপনি এটির প্রতিক্রিয়া কিভাবে চয়ন করতে পারেন।

6. দক্ষতা পর্যাপ্ততার দিকে পরিচালিত করে।

7. মাছ কখনই পানিতে ডুবে যাওয়ার অভিযোগ করে না। একটি অনুপস্থিত যোগ্যতা আমাদের জীবনকে সম্পূর্ণ বা বাঁচাতে পারে।

8. যদি কেউ কেবল গ্রাস করে তবে সে কেবল পঙ্গপাল। সব উপায়ে গ্রাস করুন কিন্তু তৈরি এবং অবদানও করুন।

9. যখন আমরা একটি ইতিবাচক চিন্তা কাজ করি, এটি একটি সৃষ্টি। যখন আমরা কাজ করি

একটি নেতিবাচক চিন্তাতে, এটি একটি প্রতিক্রিয়া। সৃষ্টিকে সর্বাধিক করুন, প্রতিক্রিয়াকে ছোট করুন।

10. সৃজনশীলতা সবসময় বাস্তবতা এবং কল্পনার সীমানায় সঞ্চালিত হয়।

www.eqthinking.com   www.prateepphilip.com   www.fillipisms.com

11. একটি সৃজনশীল আবেশের সন্ধান করুন এবং নিজেকে, হৃদয় এবং আত্মাকে এতে নিক্ষেপ করুন, কারণ এটি আপনার পরিচয়, আপনার শক্তি, আপনার প্রভাব, আপনার সাফল্য, আপনার অর্থ, আপনার পরিপূর্ণতার উৎস।

12. React বা প্রতিক্রিয়া এবং create বা তৈরি করুন অতিরিক্ত অক্ষর 'e' ছাড়া একই অক্ষর রয়েছে যা বোঝায় যে আমরা প্রতিবার ইতিবাচক শক্তি মুক্ত করি যখন আমরা কেবল প্রতিক্রিয়া করার পরিবর্তে তৈরি করার জন্য অতিরিক্ত প্রচেষ্টা বেছে নিই।

13. বিশ্বাস মৃত্যুকে একটি পরম সমাপ্তিতে রূপান্তরিত করে, জীবনের একটি মৃত-শেষ গলিতে অন্ধ সমাপ্তি, সমস্ত আশা, স্বপ্ন, জ্ঞান এবং আকাঙ্ক্ষার পূর্ণ স্টপ আমাদের ব্যক্তিগত গল্প এবং আমাদের যৌথ ইতিহাসে কেবল একটি কমা হয়ে যেতে পারে।

14. সীমাবদ্ধতার কারণে, বুদ্ধিবৃত্তিক এবং অন্যথায় আমাদের সেরাদের, সমালোচনামূলক প্রতিক্রিয়া আমাদের জীবনের সাফল্যের জন্য সমালোচনামূলকভাবে গুরুত্বপূর্ণ। কিন্তু ইটের মতো আমাদের দিকে নিক্ষেপ করা উচিত নয় যা আমরা তুলে নিতে পারি এবং উপলক্ষ্যে নিক্ষেপ করতে পারি, বরং তা আমাদের কাছে রাখা উচিত খাবারের মতো যা আমরা তুলে খেতে পারি।

15. আপনি যদি কঠোর চিন্তা করেন এবং ভাল কাজ করেন তবে আপনি অনেক কিছু পেতে পারেন আপনার সমস্ত ক্ষতি থেকেও।

16. যখন লক্ষ্য নির্ধারণের কথা আসে, তখন বড় ভাবুন, লক্ষ্য অর্জনের জন্য কাজ করার ক্ষেত্রে ছোট ভাবুন।

17. লক্ষ্য নির্ধারণের এই সমস্ত আলোচনা ঠিক আছে তবে লক্ষ্য-অনুসরণ, লক্ষ্য-পূরণ এবং কীভাবে অসাধারণ সাফল্য বা দুর্ভাগ্যজনক ব্যর্থতাকে সামলানো যায় সে সম্পর্কে কিছু ইনপুট সম্পর্কে কী বলা যায়। এসব ক্ষেত্রে মানুষকে আরও শিক্ষা বা প্রশিক্ষণের প্রয়োজন, কিন্তু তা এখনও কোথাও শেখানো হয়নি।

18. সর্বদা আপনার লক্ষ্যগুলি আপনি যা অর্জন করতে চান তার চেয়ে এক বা একাধিক স্তরের উপরে সেট করুন কারণ আপনি যা সেট করেছেন তা অর্জনে

আপনি ব্যর্থ হলে, আপনি যা চেয়েছিলেন তা থেকে আপনি পিছিয়ে পড়বেন, যদি আপনি সফল হন তবে এটি একটি আশ্চর্য বোনাস হবে।

19. মহত্ত্বকে ভাগ্যের লক্ষ্য, দূরের স্বপ্ন বানাবেন না বরং একে সহযাত্রী করুন।

20. কিছু বৃদ্ধি আকস্মিক, কিছু বৃদ্ধি স্বাভাবিক কিন্তু ব্যতিক্রমী বৃদ্ধি ইচ্ছাকৃত।

21. চাপে শূন্য একজন নায়ক হয়ে ওঠে।

22. যেকোন ডোমেইনে উদ্ভাবক হল মাছের ট্যাঙ্কের হাঙ্গর যা মন্থর গতিতে, প্রতিরোধকে অতিক্রম করতে এবং অনেক দ্রুত গতিতে পরিবর্তন আনতে সময় বা বর্তমান স্থূল নিয়ম নির্দেশ বা অনুমতি।

23. আমরা প্রতিটি ভুল করি তা সঠিক হওয়ার জন্য একটি ফুল-ড্রেস রিহার্সাল।

24. মনোযোগ ছাড়াই আমাদের ফল্ট লাইনগুলি সময়ের সাথে দ্রুত, গভীর এবং বড় হয় - আমাদের চোখের একটি দাগ একটি তক্তা হয়ে উঠতে পারে যা আমাদের দৃষ্টিকে বাধা দেয়।

25. অতিরিক্ত সম্পদ, ক্ষমতা, আনন্দ, সৌন্দর্য বা শক্তি, জ্ঞান বা প্রজ্ঞা অকার্যকর। আপনি ব্যবহার করতে পারেন তার চেয়ে বেশি অর্জন বা অধিকার করার লক্ষ্য রাখবেন না। পর্যাপ্ত পরিমাপের মধ্যে একটি আশীর্বাদ এবং আনন্দ অতিরিক্ত একটি অভিশাপে পরিণত হতে পারে।

26. বস্তুগত বা আর্থিক সম্পদ মানুষের মঙ্গল ও সুখের উপকরণের চতুর্থ স্ট্রিং।

27. স্বাস্থ্য, আনন্দের অনুভূতি, মানসিক স্থিতিশীলতা এবং ক্ষমতার মতো সম্পদের অ-বস্তুগত কারণগুলির মূল্য বস্তুগত মাত্রার মূল্যের চেয়ে অনেক বেশি। এগুলি একসাথে আমাদের স্থূল ধারণাগত সুখ গঠন করে।

28. জীবনের আরও তাৎপর্যপূর্ণ আখ্যান হল কীভাবে সফল হওয়া যায় তা নয় বরং কীভাবে দুঃখকষ্ট সহ্য করা যায়, কীভাবে আঘাত, তিক্ততা, ব্যর্থতা, যন্ত্রণা কাটিয়ে উঠতে হয়।

29. আমাদের খুশি করতে অনেক কিছু লাগে, কিন্তু অন্যকে খুশি করতে খুব বেশি খরচ হয় না।

30. বেশিরভাগ মানুষ তাদের মস্তিষ্ক ব্যবহার করে যেন তারা নিউট্রন দিয়ে তৈরি। না, আমার বন্ধুরা, তারা নিউরন এবং নিউট্রন নয়। এইগুলি ব্যবহার করুন বা আপনি যদি এগুলিকে নিউট্রন, নিষ্ক্রিয়, জড় এবং সুপ্ত হিসাবে রাখেন তবে আপনি এগুলিকে আলগা করুন।

31. মস্তিষ্কই একমাত্র মানব অঙ্গ যা দান করা সহজ নয়। লক্ষ্য করবেন না মৃত্যুর পর দান করতে। পরিবর্তে, এটি ব্যবহার করুন এবং আপনার চিন্তাভাবনা এবং ধারণাগুলি দান করুন।

32. মানুষের মস্তিষ্কের আবর্তনে হাতির শুঁড় এবং তুষ, সিংহের মানি এবং গর্জন, চিতাবাঘের গতি, বাঘের ডোরা, সাপের ফণা এবং বিষদাঁত, বানরের পাঞ্জা এবং পাখির ডানা দ্বারা প্রদত্ত তুলনামূলক সুবিধা রয়েছে।

33. একজন মানুষের মস্তিষ্কের আকার কোন ইঙ্গিত নয় যে সে কতটা জ্ঞানী।

34. মস্তিষ্ককে সঠিক এবং ভারসাম্যপূর্ণ চিন্তা করার প্রশিক্ষণ দেওয়া, সহিংসতা এবং প্রতারণার অবলম্বন থেকে বিরত থাকা সমস্ত শিক্ষার মূল উদ্দেশ্য তবে এগিয়ে যাওয়া আমাদের ইতিহাসে এই পর্যন্ত প্রচেষ্টা নিষ্ফল হয়েছে।

35. এমনকি একজন সাহসী সৈনিকও অকারণে শত্রুর পরিখায় ঝাঁপ দেওয়ার চেষ্টা করে না।

36. পর্বতারোহীরা মাউন্ট এভারেস্টে পৌঁছানোর জন্য ব্যয়, কষ্ট এবং ত্যাগের পরিপ্রেক্ষিতে অনেক খরচ বহন করে এবং তারপরে এটি আরোহণের চেষ্টা করে। যাদের জীবনে চ্যালেঞ্জের মতো আপাতদৃষ্টিতে দুর্জয় এভারেস্ট রয়েছে তাদের ধন্যবাদ জানাতে হবে কারন চ্যালেঞ্জগুলি তাদের দোরগোড়ায় নিয়ে আসা হয়েছে কোনো অতিরিক্ত খরচ ছাড়াই।

37. বার্তা হওয়া, বার্তা বেঁচে থাকা এবং বার্তাবাহক হওয়া জীবনের চূড়ান্ত চ্যালেঞ্জ।

38. আমাদের জীবনের কষ্ট এবং পরীক্ষার পাহাড়ের চ্যালেঞ্জিং ঢালে আরোহণ করতে হবে যাতে আমরা শিক্ষার ট্যাবলেট নিয়ে ফিরে আসতে পারি।

39. আপনার দক্ষতার হত্যা করবেন না, আপনি পাহাড় পার না হওয়া পর্যন্ত এটি একটি ইচ্ছার কাজ।

40. বেশিরভাগ মানুষ এতই পরার্থপর যে তারা নিজেদের মধ্যে কোনো পরিবর্তনের চেষ্টা না করে বিশ্বকে আরও ভালোর জন্য পরিবর্তন করতে চায়।

41. আমাদের মানুষদের সাফল্য, স্বাস্থ্য, আনন্দ, শান্তির জন্য ডিজাইন করা হয়েছে কিন্তু আমরা ব্যর্থতার জন্য প্রোগ্রাম করেছি, অসুস্থতা, দুঃখ, কলহকে। আমাদের শুধুমাত্র আমাদের প্রোগ্রামিং পরিবর্তন করতে হবে - আমাদের মূল বিশ্বাস সিস্টেম এবং অভ্যন্তরীণ পরিবর্তন অনুভব করতে এবং বাহ্যিকভাবে প্রকাশ করার জন্য দরকার ওভারলাইং ভ্যালু সিস্টেম।

42. যখন আমরা পরিবর্তন ব্যবস্থাপনার কথা বলছি, তখন আমরা চেইন ম্যানেজমেন্ট করছি, অতীতের জিনিসগুলিকে বর্তমান এবং ভবিষ্যতের সাথে সংযুক্ত করছি যাতে কোন বাস্তব পরিবর্তন ঘটে না।

43. এটা সত্যিই জীবনের বিড়ম্বনা যে আমাদের শাস্তির উপায় আমাদের পরিত্রাণের উপায় হয়ে উঠতে পারে।

44. আমরা উত্তম প্রভুর কাছ থেকে যা কিছু পাই তার একটি অংশ, নগদ বা দয়া, তা অভাবীদের জন্য ছোট বা বড় আকারে ভাগ করা হোক।

45. একজন প্রার্থনাকারী ব্যক্তি খুব শক্তিশালী ব্যক্তি।

46. একটি রংধনু হল সাতটি বা অন্য কথায় আমাদের জীবনের সমস্ত ক্ষেত্রে ঈশ্বরের বিশ্বস্ততার একটি অতিপ্রাকৃত চিহ্ন - স্বাস্থ্য, সুখ, অর্থ, সম্পর্ক, পরিবার, কাজ, অবদান, উত্তরাধিকার। এটি অতীত এবং বর্তমান বিশ্বস্ততার পাশাপাশি ভবিষ্যতের জন্য একটি প্রতিশ্রুতি নিশ্চিত করার একটি চিহ্ন।

47. একটি একক ঘুঘু একটি একক জলপাই পাতা ফিরিয়ে আনছে নোহকে ইঙ্গিত করেছিলেন যে বন্যা হ্রাস পাচ্ছে। মুশকিল হল যে আজ মানুষ আশা করত ঘুঘু একটি সম্পূর্ণ জলপাই গাছ ফিরিয়ে আনবে।

48. একটি ঝড় সবসময় যে কোন মানুষের চেয়ে শক্তিশালী এবং তাই জীবনের ঝড় আসার আগে, আমাদের অবশ্যই একজনের হাত ধরতে হবে যিনি আমাদের থেকে বড়, শক্তিশালী, জ্ঞানী এবং ভাল।

49. একজন নিরক্ষর এবং অশিক্ষিত ব্যক্তি জানেন না যে তার অস্তিত্ব অক্সিজেনের উপর নির্ভর করে। একইভাবে, আধ্যাত্মিকভাবে নিরক্ষর ব্যক্তিরা ঈশ্বরের অস্তিত্ব সম্পর্কে জানেন না।

50. একটি গাছ শুধুমাত্র একটি দিকে বৃদ্ধি পায় - সূর্যের দিকে যা এটিকে টিকিয়ে রাখে এবং শক্তি দেয়। একইভাবে, আমাদের সেই পুত্রের দিকে বেড়ে উঠতে হবে যিনি আমাদের টিকিয়ে রাখেন এবং আমাদের শক্তি দেন।

51. একজন সত্যিকারের বিশ্বাসী একজন প্রতারক নয়। তিনি প্রতারণা করেন না এবং প্রতারিত হন না। তিনি নির্দোষ নন তবে বিশ্বাসযোগ্য। সে ভুল এবং দুর্বল এবং তার শক্তির উপর নির্ভর করে না।

52. একজন সত্যিকারের বন্ধু সেই যে শেষ পর্যন্ত আপনার সাথে থাকে। বাঁক পর্যন্ত যারা আপনার সাথে আছে তারাই আপনার সঙ্গী যারা আছে সময় পার. প্রায়শই আমরা দেখতে পাই যে যেকোনও সময়ে একমাত্র সত্যিকারের বন্ধু হলেন ঈশ্বর যিনি আপনার সাথে শেষ পর্যন্ত এবং এমনকি তার পরেও থাকেন।

53. একজন জ্ঞানী ব্যক্তি হল একটি সৌর প্যানেলের মতো যা সমস্ত জ্ঞানের উৎস থেকে সর্বাধিক আলো এবং তাপ পাওয়ার জন্য অবস্থান করে, যা ভাল এবং দরকারী। তারপর তিনি তা শব্দের মাধ্যমে চারপাশের বিশ্বে ছড়িয়ে দেন।

54. ঈশ্বর ছাড়া একটি পৃথিবী একটি প্যারেড কমান্ডার ছাড়া একটি প্যারেডের মত এবং জীবন এক ধরণের চ্যারেডে পরিণত হবে।

55. আদম এবং যীশু একজনের শক্তি প্রদর্শন করেছিলেন: পাপ এবং ধ্বংস করার শক্তি এবং সেইসাথে জয় এবং সৃষ্টি করার শক্তি, আমাদের প্রত্যেকের মধ্যে রয়েছে।

56. প্রতিকূলতা হল ঈশ্বরের বিশ্ববিদ্যালয় যা আমাদের জীবনের গভীরতম সত্য শেখায় এবং আমাদের অভ্যন্তরীণ চরিত্র গঠন করে।

57. প্রতিকূলতা কখনই ঈশ্বরের দ্বারা সৃষ্ট হয় না, তবে তিনি সর্বদা আমাদের শেখানোর সুযোগটি ব্যবহার করেন যা আমরা অন্যথায় শিখতে পারি না।

58. প্রতিদিন সকালে ধর্মগ্রন্থের উপর এক ঘন্টারও বেশি ধ্যান করার পরে, আমাদের মন একটি শক্তভাবে আটকানো ধনুকের মতো অনেকগুলি জীবনদানকারী এবং শক্তিশালী তীরগুলিকে একটিতে চালু করার জন্য অপেক্ষা করছে। অল্প হৃদয় এবং অনেক মন।

59. B2B জন্য লক্ষ্য কর আশীর্বাদ করা আশীর্বাদ।

60. আয়ত্তের লক্ষ্য প্রভুত্ব কোন রহস্য নয়। এর অর্থ হল আমাদের দায়িত্বের ক্ষেত্রে এবং আমাদের ক্ষমতার ক্ষেত্রে মাস্টারকে অনুকরণ করা।

61. সমস্ত জ্ঞান, প্রজ্ঞা এবং শক্তি ঈশ্বরের মধ্যে শুরু এবং শেষ। আমরা যদি তাঁর সাথে গভীরভাবে যুক্ত না থাকি তবে আমরা জ্ঞানী বা জ্ঞানী হতেও শুরু করিনি।

62. ঈশ্বর কে এবং তিনি কি চান তার সাথে সমস্ত ধর্মের খুব একটা সম্পর্ক নেই।

63. সমস্ত নদী সাগরে শেষ হয়। একইভাবে, আমাদের সমস্ত জীবন ঈশ্বরের মধ্যে শেষ হওয়া উচিত।

64. জীবনের শুরুতে এবং শেষের শব্দগুলির মধ্যে সমস্ত ক্রিয়া ঘটে যা আমরা একটি দৌড়ের মতো শুনি, আমরা প্রথমে শুনি, "অন ইয়উর মার্কস, গেট সেট" এবং অবশেষে, "অভিনন্দন, সাবাস।" এছাড়াও, আমাদের সমস্ত জীবন প্রথম শব্দ আলফা এবং শেষ শব্দ ওমেগার মধ্যে বন্ধনী করা হয়।

65. আপনি যা দেখেন, আমি আপনাকে বলি, "গড-গেট" অনেক ভালো গ্যাজেটের সাথে তুলনা ছাড়াই।

www.eqthinking.com www.prateepphilip.com www.fillipisms.com

66. একজন লেখক কখনই তার সাহিত্যিক আউটপুটের জন্য তার কলমকে কৃতিত্ব দেন না। রাজমিস্ত্রি কখনো দেয় না ক্রেডিট তার হাতিয়ার বা একজন ভাস্কর তার ছেনিকে। একইভাবে, ঈশ্বর কখনও মানুষের সাথে তাঁর মহিমা ভাগ করেন না।

67. সৃষ্টিকর্তার সাথে একটি চলমান কথোপকথন পৃথিবীর কষ্টের মধ্যে স্বর্গের আনন্দ আবিষ্কারের রহস্য।

68. মানবজাতির অনেক ট্র্যাজেডি জ্ঞান এবং প্রজ্ঞা, শক্তি এবং নম্রতার মধ্যে অমিলের কারণে ঘটে।

69. মানবজাতির অগ্রগতির বেশিরভাগই শুধুমাত্র পৃথিবীর ভূত্বকের উপর আঁচড় দিয়ে অর্জিত হয়েছে। এর গভীরতা এবং সমুদ্রের নীচে কী রয়েছে এবং আমরা যদি সেই সংস্থানগুলি অ্যাক্সেস করতে সক্ষম হই তবে কী করা যেতে পারে তা কল্পনা করুন।

70. আপনি আপনার নিজের সরু কাঁধে যা বহন করতে পারবেন না, ঈশ্বরের শক্তিশালী হাতে ছেড়ে দিন।

71. শুধু কাজ এবং কোন খেলাধুলো ছাড়া জীবন একটি উজ্জ্বল ছেলেকে একটি বিরক্তিকর প্রাপ্তবয়স্ক হয়।

72. সবসময় পার্থক্য দেখান।

73. আমেরিকানরা ভুলভাবে পেটে আগুন খুঁজে পেয়েছে। পেট জানে একমাত্র আগুন ক্ষুধা। কিন্তু প্রতিটি মানুষের হৃদয়ে আগুন আছে। এর বিরুদ্ধে আঘাত করুন, এটি নিভে যাবে। আপনি শিখা একটি সামান্য যোগ করুন যা একটি অনুপ্রেরণা হয়ে যাবে।

74. একটি সামগ্রিক নীতির প্রয়োগ, উপদেশ, প্রতিদিন অনুশীলন অবশ্যই ডাক্তারকে দূরে রাখে।

75. একজন আলোকিত মানুষের (নাগরিক) তার অধিকার ভোগ করার জন্য তার কর্তব্য পালনের জন্য সমান উদ্যোগ প্রতিফলিত করা উচিত।

76. চোখের বদলে চোখ, দাঁতের বদলে দাঁত সবাইকে শুধু অন্ধ না কিন্তু দাঁতহীনও করে ছারবে। শান্তি এবং করুণার জন্য একটি চোখ এবং সত্যে চিবানোর জন্য একটি দাঁত আমাদের শান্তিপূর্ণ, আনন্দময় এবং শক্তিশালী করে তুলবে।

77. একটি ভিতরের ক্ষত বেশি ক্ষতিকর এবং বাইরের ক্ষতের সাথে তুলনা করলে তা মারাত্মক হতে পারে। অভ্যন্তরীণ রক্তপাত সহজে বন্ধ বা নিরাময় করা যাবে না যার জন্য। শব্দ ভিতরের ক্ষত সৃষ্টি করে যখন আঘাত শুধুমাত্র বাইরের ক্ষত সৃষ্টি করে।

78. বিক্রিয়া এবং প্রতিক্রিয়ার মধ্যে এই মৌলিক পার্থক্য বোঝা যে কারও জীবন পরিবর্তন করতে পারে: কর্ম বিয়োগ জ্ঞান এবং প্রজ্ঞা হল প্রতিক্রিয়া যখন কর্ম এবং জ্ঞান এবং প্রজ্ঞা হল প্রতিক্রিয়া।

79. সংশ্লেষণের সাথে মিলিত বিশ্লেষণ একজনকে বুদ্ধিবৃত্তিক পক্ষাঘাত কাটিয়ে উঠতে সাহায্য করতে পারে।

80. আপনি কি সেলিব্রিটি? আপনিই সেই যে নিজের জীবন উদযাপন করেন!

81. যেমন একটি জাতি, আমাদের পণ্যের অভাবের চেয়ে ভালতার অভাব সম্পর্কে আরও চিন্তিত হওয়া উচিত।

82. প্রার্থনা হল শারীরিক জগতে শ্বাস নেওয়ার আধ্যাত্মিক সমতুল্য।

যদি শ্বাস বন্ধ হয়ে যায়, আমরা শারীরিকভাবে মারা যাই। প্রার্থনা বন্ধ হলে, আমরা আধ্যাত্মিকভাবে মারা যাই।

83. জীবন চলে যাওয়ার সাথে সাথে আমরা বুঝতে পারি যে অন্তর্দৃষ্টির একটি তত্ত্বাবধান হয়েছে।

84. আপনি আমাদের সাধারণ মহাকাশযানের পরবর্তী সমুদ্রযাত্রার জন্য প্রস্তুত হওয়ার সাথে সাথে, সূর্যের চারপাশে পৃথিবীর পরবর্তী 360 ডিগ্রি, মহাকাশযানের কমান্ডারকে মনে রাখবেন এবং অনুসরণ করুন। যেকোন সময় প্রস্থান করার জন্য এবং রাইডটি স্থায়ী হওয়া পর্যন্ত উপভোগ করতে প্রস্তুত থাকুন।

85. এমন এক সময়ে যখন ইশতেহার নিয়ে অনেক কথা হচ্ছে, নারী ও নারী সংগঠনগুলো যদি স্মার্ট হয়, তারা তাদের জিজ্ঞেস করবে, "আপনার উইমেনিফেস্টো ঠিক কী?"

86. কখনও কখনও, জীবন একটি যুদ্ধ যুদ্ধ, একটি দৌড় দৌড়, একটি মাঠ লাঙ্গল, একটি খেলা খেলা, একটি নাটক অভিনয়, প্রায়ই এই সব একসঙ্গে ঘটছে. সুতরাং জীবনের একটি বিজয়ী সংমিশ্রণ হল সৈনিকদের সাহস এবং সহনশীলতা, ধৈর্য। কৃষক এবং একজন ক্রীড়াবিদ এর অধ্যবসায়।

87. কখনও কখনও, বিন্দু সংযোগ করার কোন প্রয়োজন নেই. শুধু তাদের একে একে প্রশংসা করুন।

88. আপনার পক্ষে কঠিন এবং অসম্ভব চেষ্টা করুন অবশ্যই আপনি যতটা সম্ভব ভেবেছিলেন তার চেয়ে অনেক বেশি করতে পারবেন।

89. এমন কিছু করা বা এমন কিছু বলা এড়িয়ে চলুন যা আপনাকে আরপি বা রিমান্ড বন্দী করে তুলবে। এটি শান্তিতে বিশ্রামের মাত্র একটি ছোট পদক্ষেপ। প্রকৃতপক্ষে, প্রতিরোধই সর্বোত্তম প্রতিকার।

90. প্রতিটি মনোভাবগত প্রতিরোধ ত্যাগ করে ভয় এড়িয়ে চলুন।

91. খারাপ রাজনীতি কখনই ভালো অর্থনীতি তৈরি করতে পারে না।

92.যার একটি "স্বপ্ন আছে" হন এবং একটি "স্বপ্ন আছে আবার নেই হবেন না"।

93. শক্তির স্তম্ভ হোন যা অন্যকে সমর্থন করে এবং ধরে রাখে, এমন একটি শুঁয়োপোকা নয় যা সর্বদা গ্রাস করে।

94. একজন বিজয়ী হোন, বিজয়ীদের জন্য চিৎকার করবেন না।

95. শান্তিতে বিশ্রাম নেওয়ার সর্বোত্তম সময় যখন আমরা মারা যাই তা নয় কিন্তু যখন আমরা বেঁচে থাকি তখনও আমরা মরে যাই, আমরা কেবল টুকরো টুকরো হয়ে যাই।

96. বাস্তবতা বা প্রকৃতিতে নিখুঁত বা আদর্শের সম্পূর্ণ অনুপস্থিতির অর্থ এই নয় যে এটি বিদ্যমান নেই।

97. আমরা 24x7 ব্যয় করি খারাপ খবর শুনে, আমরা কিভাবে আশা করতে পারি ভালো খবর আসবে।

98. যখন কেউ একটি সেলফি তোলে বা কিছু বলে, তখন এটি চাঁদের সেলফির মতো অন্যদের উপর আলো প্রতিফলিত করা উচিত এবং নিজের প্রতি আলো বা মনোযোগ আকর্ষণ করা উচিত নয়। একজনকে অনুপ্রাণিত করা উচিত এবং আনন্দিত হওয়া উচিত নয়। আমরা চাঁদ বা ব্ল্যাক হোল হতে পারি।

99. আমাদের গ্রহের নাম - Earth পৃথিবী আমাদের সাফল্য, স্বাস্থ্য, সম্পদ এবং সুস্থতার রহস্য উদঘাটনের একটি সূত্র দেয়: ear বা 'কান', th'বা থ', ক্রমাগত hear বা"শ্রবণ" এবং think বা"চিন্তা" বোঝায়।

100. যা সামগ্রিক তা যৌক্তিক, আধ্যাত্মিক, জৈবিক, দরকারী এবং অর্থবহ।

101. মানুষের আত্মার মেরামতের জন্য আমাদের সাথে যুক্ত হওয়া প্রয়োজন

ঈশ্বরের আত্মা।

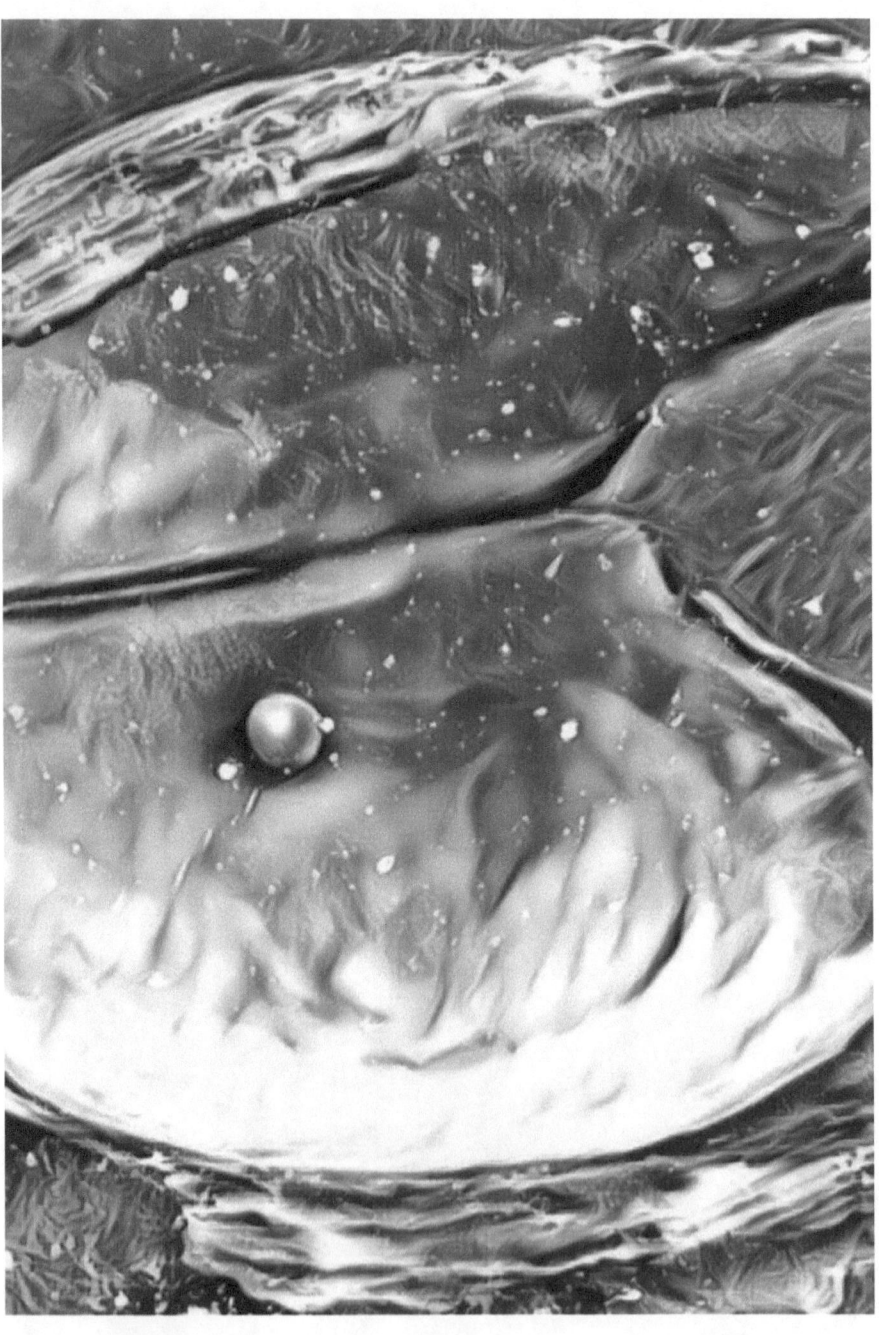

"ঝিনুকটিকে মহান সৌন্দর্যের একটি মুক্তো আহরণের জন্য হত্যা করা হয়: একইভাবে, দুর্ভোগ আমাদের একটি অংশকে হত্যা করে কিন্তু মহান মূল্যের জ্ঞান নিয়ে আসে।"

শিল্পীর অনুপ্রেরণা:

চিত্রকর্মটি একটি ঝিনুকের মধ্যে একটি মুক্তা খোঁজার শিল্পীর ডাইভিং অভিজ্ঞতা দ্বারা অনুপ্রাণিত।

বুদ্ধি

1. মহান সৌন্দর্যের মুক্তা আহরণের জন্য ঝিনুককে হত্যা করা হয়: একইভাবে, দুর্ভোগ আমাদের একটি অংশকে হত্যা করে কিন্তু মহান মূল্যের জ্ঞান নিয়ে আসে।

2. দূরে থাকা এবং বোকা থাকার মধ্যে, প্রথমটি বেছে নিন।

3. ক্ষমতার ব্যবহার আমাদেরকে খুব বেশি বা খুব কম শক্তির সীমা এবং সম্ভাবনা উভয়ই দেখানোর জন্য প্রজ্ঞার সাথে মেজাজ করা উচিত।

4. মানুষ প্রকৃতিগতভাবে অন্ধ- আমাদের অর্ধেক দৃষ্টি, অর্ধেক জ্ঞান, অর্ধেক উপলব্ধি, অর্ধেক প্রজ্ঞা এবং অর্ধেক বেকড।

5. জ্ঞান যদি মোমবাতি হয়, জ্ঞান হয় শিখা।

6. স্মার্ট হওয়ার কলা আয়ত্ত করতে শিখতে সারাজীবন লাগে এবং যখন কেউ সেখানে পৌঁছায়, তখন আমরা শিখি যে জ্ঞানী হওয়ার চেয়ে এটি আরও গুরুত্বপূর্ণ স্মার্ট গল্পের নৈতিকতা স্মার্ট হওয়ার চেয়ে জ্ঞানী হওয়া ভাল কারণ এটি কম খরচ করে এবং বেশি দেয়।

7. এটি অ্যাপ নয় যেটি গুরুত্বপূর্ণ কিন্তু কী প্রয়োগ করা হয়েছে।

8. বেশিরভাগ লোক মনে করে যে এটি তাদের সহজাত বুদ্ধিমত্তা এবং অন্য কারো সাথে পরামর্শ করার ক্ষমতার অপমান।

9. কোন অ্যাপ উপযুক্ত বক্তৃতা শেখাতে পারে না। একজনের উপযুক্ত প্রজ্ঞা প্রয়োজন সে যথাযথভাবে কথা বলার আগেই।

10. আমাদের মন তথ্য এবং জ্ঞানের দ্বারা এতটাই আচ্ছন্ন যে জ্ঞানের জন্য খুব কম জায়গা রয়েছে। জ্ঞানের জন্য জায়গা তৈরি করুন।

11. জ্ঞানের মুক্তা মানুষকে জীবনের বিপদ থেকে বাঁচাতে পারে।

12. প্রশস্ত দৃষ্টিভঙ্গি এবং গভীর মূল্যবোধ সম্পন্ন ব্যক্তিরা সরল ও সরু পথে লেগে থাকে।

13. জ্ঞান অর্থনীতির প্রতি বিশ্বকে তার আবেশ থেকে প্রজ্ঞা অর্থনীতিতে নিয়ে যাওয়ার সময় এসেছে। প্রজ্ঞা হল জ্ঞান, উপলব্ধি এবং অভিজ্ঞতার পাতন।

14. মূর্খতার একচেটিয়া অধিকার কারও নেই যেমন কারও জ্ঞানের একচেটিয়া নেই।

15. আপনার জ্ঞানকে প্রজ্ঞার পথে আসতে দেবেন না।

16. জ্ঞানের পণ্যগুলি জীবনের পরিমাণকে প্রভাবিত করে যখন জ্ঞানের পণ্যগুলি জীবনের গুণমানকে প্রভাবিত করে। আপনি যখন আগেরটিকে আপনার হাতে ধরে রাখতে পারেন, তবে পরবর্তীটিকে আপনি আপনার হৃদয় এবং মনে ধরে রাখতে পারেন। আপনার মনের বা হৃদয়ের পাখিটি আপনার হাতে কোটি টাকার মূল্য।

17. আমাদের শেখার এবং পরীক্ষার প্রাথমিক পদ্ধতি হল অভিজ্ঞতা এবং পরীক্ষা নয়।

18. একজন কৃপণ তার তার ভান্ডারে আনন্দ খুঁজে পায় এবং সবচেয়ে দুঃখজনক যখন একজন জ্ঞানী ব্যক্তি তার ধন তার আনন্দের মধ্যে খুঁজে পায় এবং সবচেয়ে আনন্দিত হয়।

19. পাহাড়ের মত উত্থান-পতন স্বাভাবিক। কিন্তু পড়ে ওঠাই বুদ্ধিমানের কাজ।

20. এটি অন্য জাগতিকতা নয় বরং নিছক বাস্তববাদ যা একজনকে তার ধ্বংসাত্মক সমৃদ্ধির চেয়ে তার অবিনশ্বর আত্মাকে মূল্য দেয়।

21. আইফোন, আইপ্যাড এবং এর মতো জ্ঞানের পণ্যগুলি শুধুমাত্র জীবনের পরিমাণে যোগ করে না জীবনের গুণমানকে নয়। জীবনযাত্রার মানকে প্রভাবিত করার জন্য, বিশ্বকে জ্ঞান অর্থনীতি থেকে জ্ঞানের দিকে যেতে হবে অর্থনীতি জ্ঞানের পণ্যগুলি প্রযুক্তিগত জ্ঞানের পণ্য। প্রজ্ঞার পণ্যগুলি মানুষের মনের পণ্য এবং জীবনকে সত্যিকার অর্থে পরিমার্জিত এবং সমৃদ্ধ করতে পারে।

22. আমাদের অধিকাংশই আমাদের জীবনের শেষ মুহূর্তের জন্য সর্বোত্তম জ্ঞান সংরক্ষণ করে রাখে।

23. আমাদের প্রাকৃতিক বুদ্ধিমত্তা প্রায়ই প্রজ্ঞার একটি ব্লক।

24. জ্ঞান প্রবেশের জন্য স্বাভাবিক জ্ঞানীয় প্রক্রিয়ায় একটি বিরতি প্রয়োজন।

www.eqthinking.com www.prateepphilip.com www.fillipisms.com

25. জীবনের পরিহাস হল যে একজন তখনই জ্ঞানী হয়ে ওঠে যখন সে বুঝতে পারে যে সে আছে সত্যিই মূর্খ এবং অজ্ঞ।

26. জ্ঞান যত প্রসারিত হয়, প্রজ্ঞা সংকুচিত হয়।

27. একজন ব্যক্তির নীরবতা তার প্রজ্ঞা অনুমান করে না।

28. একজন মানুষের চূড়ান্ত প্রশংসা করা যেতে পারে বলা হয় এ হোমোসাপিয়েন বা জ্ঞানী ব্যক্তি কিন্তু দুর্ভাগ্যবশত, আমাদের মধ্যে খুব কমই তার যোগ্য।

29. জ্ঞানীরা সবসময় বেঁচে থাকার জন্য প্রস্তুত এবং মরতেও প্রস্তুত।

30. জ্ঞানীরা চোখের জন্য চোখ নেওয়ার চেষ্টা করে না কিন্তু I বের করে

যে প্রতিশোধের উপসাগরকে।

31. জ্ঞানী ব্যক্তি আয়নায় তাকায় এবং বোকাকে তার মধ্যে দেখে যখন বোকা তার জানালা দিয়ে অন্যের মধ্যে বোকাকে দেখতে পায়।

32. সত্যিকারের জ্ঞান সর্বদা শক্তিকে সীমাবদ্ধ করে মুক্ত করে।

33. আমরা একই সময়ে অনেক জগতে বাস করি। প্রতিটি থেকে এবং এর মাধ্যমে নেভিগেট করতে দক্ষতা এবং প্রজ্ঞা লাগে।

34. আমরা জ্ঞানকে স্বাগত জানাই কিন্তু প্রজ্ঞাকে প্রতিহত করি এবং তাই মূর্খতার প্রান্তে বসবাস করার জন্য নিজেদের নিন্দা করি।

35. যখন জীবন আপনাকে নম্রতা এবং অপমানের মধ্যে একটি পছন্দ উপস্থাপন করে, জ্ঞানীরা প্রথমটি বেছে নেয়। এই কারণেই নম্ররা জ্ঞানী এবং জ্ঞানীরা নম্র।

36. প্রজ্ঞা হল চায়ের মত একটি তরল ঘটনা। এটা চিন্তা-আবেগ- অ্যাকশন।

37. প্রজ্ঞা হল কোন ক্ষমতার চেয়ে উচ্চতর ক্ষমতা। দুর্বলতা অপ্রাসঙ্গিক করার সময় এটি শক্তিগুলিকে অপ্টিমাইজ করে।

38. জ্ঞান হল একমাত্র ধন যা পরিমাপ ছাড়াই মানবজাতিকে স্থায়ী আনন্দ দেয়।

39. প্রজ্ঞা সাহসকে সংযত করে, কারণ প্রজ্ঞা কী জানে তা সাহস জানে না।

40. Wisdom@work-এর জন্য প্রয়োজন যে একজনকে আজ এবং এখন জীবনের ধারাবাহিকতার একটি সূচনা বিন্দু হিসাবে বিবেচনা করা প্রয়োজন যখন wisdom@life-এর জন্য প্রয়োজন যে একজনকে আজ এবং এখন আমাদের জীবনের সম্ভাব্য চূড়ান্ত বা ক্লাইম্যাক্স হিসাবে বিবেচনা করা। উভয়ের ভারসাম্য সিদ্ধি এবং তৃপ্তি, আগ্রাসন এবং ভদ্রতা, অগ্রগতি এবং শান্তির প্যারাডক্স তৈরি করে।

41. আপনি অনেক অঙ্গ প্রতিস্থাপন করতে পারেন, কিন্তু আপনি ইন্দ্রিয় এবং প্রজ্ঞা প্রতিস্থাপন করতে পারবেন না।

42. নিজের দ্বারা নিজের শৃঙ্খলা প্রজ্ঞা এবং অন্যের দ্বারা নিজের শৃঙ্খলা সংশোধন।

43. আমাদের আত্মার শত্রু আমাদের ঈশ্বরের কাছ থেকে দূরে সরিয়ে দেওয়ার জন্য কষ্ট এবং পরীক্ষা পাঠায় এবং ঈশ্বর অনুমতি দেন এগুলি আমাদেরকে তাঁর কাছে নিয়ে যাওয়ার জন্য।

44. শত্রুরা মানুষকে বন্দী করে যখন যীশু বিশ্বকে মোহিত করে।

45. ইস্ক্যাটোলজির সারমর্ম - যীশু বলেছিলেন, "আস্তে থেকো না কারণ আমি ফিরে আসব।"

46. জীবনের সারমর্ম শুধুমাত্র ঈশ্বরের উপস্থিতিতে ধরা হয়।

47. ঈশ্বর এবং শয়তানের প্রমাণ আমাদের জীবনে এবং জগতে ভাল এবং মন্দ।

48. ইসহাকের বিশ্বাসের উত্তরাধিকার অর্থ হাসি এবং বিজয়ের সময়

ইসমাঈল ছিলেন সংগ্রাম ও বিবাদের একজন।

49. বিশ্বাস যা অনুপ্রাণিত করে যা একটি বিশ্বাস যা পরাস্ত এবং সহ্য করে।

50. বাইবেলের প্রথম অধ্যায়টি গঠনের সাথে সম্পর্কিত এবং বাকি অধ্যায়টি

বাইবেল রূপান্তরের সাথে সম্পর্কিত।

51. অসম্ভবকে সম্ভব করার প্রথম ধাপ হল কল্পনা করা। পরবর্তী ধাপ হল বিশ্বাস করা যে এটি ইতিমধ্যে ঘটেছে। তৃতীয় ধাপ হল এটি ঘটানোর জন্য জিনিসগুলি করা।

52. যীশুর ফোকাস অসাধারণ ছিল। তিনি সহিংসতা, অমানবিকতা, অবিচার, দারিদ্র্য, লিঙ্গ বা অন্যান্য বৈষম্য, শোষণের সমস্যা সমাধানের চেষ্টা করেননি। তিনি সমাধান

করেছেন পাপের সমস্যা এবং মানবতার ঘাটতি কারণ তিনি জানতেন যে বাকি সবই এর প্রকাশ মাত্র।

53. বাগান হল আমাদের জীবনের সবচেয়ে সম্পূর্ণ রূপক।

প্রভু হল মালী তিনি ঠিক করেন কাকে কোথায় লাগানো হবে। তিনি জল এবং বেড়া প্রদান. তিনি বীজ এবং চারা, রোদ এবং বৃষ্টি প্রদান করেন। তিনি নিয়মানুবর্তিতার মাধ্যমে আমাদের ছাঁটাই করেন। আমরা যেখানে রোপণ করি সেই মাটি থেকে গভীর শিকড় নামানো, জল এবং পুষ্টি গ্রহণ করা আমাদের উপর নির্ভর করে। এটা আমাদের উপর নির্ভর করে ক্রমাগত প্রচুর পরিমাণে, বৈচিত্র্যময় এবং উচ্চ মানের ফল উৎপাদন করা। অন্যদের আশার অক্সিজেন সরবরাহ করা, ঝড় থেকে অন্যকে ছায়া ও আশ্রয় দেওয়া আমাদের দায়িত্ব।

54. G- বল মাধ্যাকর্ষণ আমাদের নিচে রাখে, G- বল করুণা আমাদের উত্তোলন করে।

55. গসপেল শুধুমাত্র ভাল খবর নয়, এটি একটি মহান খবর।

56. প্রকাশ্য ক্ষমতার প্রকাশ্য ব্যায়াম এই ধরনের ভয়ঙ্কর অপব্যবহারের অবসান ঘটাতে সময়ের সাথে সাথে একত্রিত হওয়ার জন্য কম শক্তিশালীকে প্ররোচিত করে।

57. সুসমাচার হল ঈশ্বরের ক্ষমতা ব্যক্তিকে পরিবর্তন করার জন্য, পরিবার, জাতি এবং বৃহত্তর বিশ্ব।

58. সর্বশ্রেষ্ঠ সৌন্দর্য সাঁতারের পোষাক আসে যে চাক্ষুষ ধরনের নয় বা পোশাক পরিধানের বিভিন্ন রাজ্যে কিন্তু ঈশ্বর আমাদের মধ্যে যে আত্মার শ্বাস দিয়েছেন তার অভ্যন্তরীণ, অতীন্দ্রিয় এবং বহুমাত্রিক সৌন্দর্য।

59. সর্বশ্রেষ্ঠ বিবাহবিচ্ছেদ বা বিচ্ছেদ যা থেকে কোটি কোটি মানুষ ক্রমাগত ভোগে তা হল আত্মা, মন এবং দেহের বিচ্ছেদ বা বিচ্ছেদ। এই ধরনের বিবাহবিচ্ছেদ হিটলারের মতো ঘটনা তৈরি করেছিল। কারণ এরা পুরুষ নয়, ফেনো-ম্যান। আত্মা, মন এবং দেহকে সামগ্রিকভাবে একত্রিত করা ডাঃ যীশুর কাজ ছিল এবং যিনি এই কথাগুলি বলেছিলেন যাদের তিনি সুস্থ করেছিলেন এবং স্পর্শ করেছিলেন, "সুস্থ হও"। তিনি যে রোগটি জানেন তা একটি গভীর অস্থিরতার লক্ষণ মাত্র - আত্মা, মন এবং দেহের বিবাহবিচ্ছেদ।

60. মানুষের অভিজ্ঞতার সবচেয়ে বড় দৃষ্টান্ত পরিবর্তন ঘটে যখন আমরা আইনের শাসন থেকে অনুগ্রহের শাসনে চলে যাই।

61. মহাবিশ্বের সর্বশ্রেষ্ঠ রহস্য তিনিই যিনি সমস্ত গোপনীয়তা তাঁর হাতে রাখেন।

62. ধার্মিকদের আত্মার মাহাত্ম্য যখন এটি একজনকে নিম্নমুখী দিকে নিয়ে যাওয়া শুরু করে তখন এটি নিজের শরীর, মন এবং ইচ্ছাকে শত্রু হিসাবে বিবেচনা করে।

63. স্বর্গ-নরক হল একটি পছন্দ যা আমরা জীবনে ডিফল্টভাবে বা ইচ্ছা করে করি। যদি আমরা এটিকে ডিফল্টরূপে তৈরি করতে বেছে নিই, আমরা যে জায়গায় যাই - আমরা অবশ্যই অনেক সেলিব্রেটি এবং বিনোদনকারীদের সাথে নিজেকে খুঁজে পাব কিন্তু খুব কম বিনোদন হবে।

64. আনুগত্যের সর্বোচ্চ রূপ হল ঈশ্বর এবং তাঁর অন্তর্নিহিত কল্যাণে বিশ্বাস এবং বিপরীতভাবে, সর্বোচ্চ অবাধ্যতা হল অবিশ্বাস।

65. মানুষের হৃদয়ে সবচেয়ে বড় দুর্গ বা সবচেয়ে বড় প্রাসাদের মতো কক্ষ, কম্পার্টমেন্ট বা প্রকোষ্ঠ রয়েছে। এর কোড ফোর্ট নক্সের লকারের মতোই জটিল। কিন্তু মৃদু নক, যিশুর মাস্টার পাসওয়ার্ড এটি খোলার জন্য যথেষ্ট এবং এটিতে সব আছে।

66. মানুষের হৃদয় পৃথিবীতে ঈশ্বরের সবচেয়ে মূল্যবান সম্পদ, এর আসন তার রাজ্য।

67. মানব জাতিকে মানুষ এবং মানবিক উভয়ভাবেই থাকার জন্য অন্য যেকোনো কিছুর চেয়ে ঈশ্বরের অনুগ্রহের প্রয়োজন।

68. মানব জাতির মুখোমুখি হওয়ার পাশাপাশি ঈশ্বরের অনুগ্রহ প্রয়োজন সারা জীবন।

69. ভগবানের অভিপ্রায় একটি বায়বীয়-পরীর আধ্যাত্মিকতা নয় বরং আমাদের জীবনের একটি নিম্ন-আর্থিক সামগ্রিক বৃদ্ধি এবং বিকাশ যাতে আমাদের মাথা মেঘের মধ্যে থাকে কিন্তু আমাদের পা মাটিতে থাকে।

70. ঈশ্বরের অদৃশ্যতা তার অপরাজেয়তাকে প্রভাবিত করে না।

71. আমাদের জীবনের দৃশ্যমান অংশগুলির চেয়ে অদৃশ্যটি আরও গুরুত্বপূর্ণ, শক্তিশালী এবং কার্যকর। অদৃশ্যের ব্যবস্থাপনাই চূড়ান্ত চ্যালেঞ্জ। বৈদ্যুতিক, পরমাণু, মানসিক উদাহরণ অবিলম্বে অদৃশ্য যার প্রভাব আমরা এখানে এবং এখন দেখতে পাচ্ছি কিন্তু আধ্যাত্মিক হল অতি-অদৃশ্যের রাজ্য যার প্রভাব চিরন্তন।

www.eqthinking.com   www.prateepphilip.com   www.fillipisms.com

72. বিভিন্ন দিক - শারীরিক, মানসিক, বুদ্ধিবৃত্তিক, আধ্যাত্মিক পরস্পর সংযুক্ত। আধ্যাত্মিক হল একটি অদৃশ্য সুতো যা আমাদের জীবনের সমস্ত বিভিন্ন মাত্রা এবং দিককে সংযুক্ত করে।

73. যীশুর স্পর্শ আমাদের ভিত্তিকে সোনায় পরিণত করতে সক্ষম করে না, তবে এটি আমাদের মূল লক্ষ্যগুলিকে মহৎ, আমাদের ভিত্তি প্রকৃতিকে উন্নত প্রকৃতিতে এবং আমাদের অভ্যন্তরীণ সহিংসতায় রূপান্তরিত করে ও প্রশান্তি এবং ভদ্রতার মধ্যে, আমাদের বেস আবেগ সহানুভূতিতে। আমাদের ভিত্তিহীন জীবন একটি শক্ত ভিত্তি অর্জন করে এবং আমাদের ভিত্তি প্রকৃতি মহৎ হয়ে ওঠে।

74. ঈশ্বরের রাজ্য হল "ইচ্ছা-সম্প্রদায়" কে জ্ঞানে পরিণত করার বিষয়।

75. ঈশ্বরের রাজ্য একটি দ্বিতীয় হাত বাজার নয়. আপনি এটি অন্য কারো মাধ্যমে অনুভব করতে পারবেন না। এটি আপনার ত্বকে প্রবেশ করতে হবে এবং প্রতিবার আপনার আত্মার মধ্যে সরাসরি প্রবেশ করুন। কোন গুরু আপনাকে সাহায্য করতে পারবেন না কারণ তিনি আপনার ত্বকে প্রবেশ করতে পারবেন না। শুধুমাত্র যীশু পারে এবং এখনও করতে পারে।

76. একজন যা গভীর খুঁজে পায় তা অন্যটি ভিত্তিহীন খুঁজে পায়।

77. যে হাঁটু প্রার্থনায় নতজানু হয় তারা ভয়ে নতজানু নয়।

78. যীশুর জীবন বেথলেহেমের তারকা থেকে জেরুজালেমের তারকা, ইস্রায়েলের তারকা, ইতিহাসের তারকা, বিশ্বের তারকা, মহাবিশ্বের তারা, স্বর্গের তারকা হওয়ার একটি অগ্রগতি।

79. যিশুর জীবন এবং মাদার তেরেসার মতো সত্যিকারের অনুসারীদের জীবন প্রমাণ করে যে চূড়ান্ত সৌন্দর্য হল ভাল কাজের সৌন্দর্য যা ইতিহাসের মাধ্যমে মানুষকে আকৃষ্ট করে যেমন মাছি আলো।

80. ভগবান মানুষের মস্তিষ্কের কয়েক ঘন সেন্টিমিটারের মধ্যে মহাবিশ্ব এবং এর সমস্ত কিছুর উপর কর্তৃত্বের ক্ষমতা লুকিয়ে রেখেছেন। কিন্তু, নিজের উপর কর্তৃত্ব করার ক্ষমতাকে তিনি এটি একই আশ্চর্যজনক মস্তিষ্কের নাগালের বাইরে রেখেছিলেন এবং মানুষের আত্মার রহস্যের মধ্যে লুকিয়ে রেখেছিলেন।

81. ভগবান একজন কুমার, রাখাল, রত্নবিদ এবং ধাতুবিদদের সমন্বয়। তিনি আমাদের অনেক চারণভূমির মধ্য দিয়ে নিয়ে যান এবং আমাদের খাওয়ান। তিনি আমাদেরকে কুমারের চাকায় ঢেলে দেন। সে আমাদের অনেক চুল্লিতে রাখে এবং তাপ দেয় এবং গলে যায়। তিনি আমাদের ঠান্ডা করার জন্য কুলার বা ফ্রিজারে রাখেন। তারপর তিনি আমাদের নিয়ে যান এবং তাঁর হাতের কাজের প্রশংসা করেন, একটি জীবন্ত হীরার অনেকগুলি দিক। তিনি আমাদের প্রত্যেককে একটি জীবন প্রক্রিয়ার অধীন করেন, প্রত্যেকের জন্য অনন্য, আমাদেরকে মূল্যবান রত্ন এবং জীবন্ত হীরাতে পরিণত করার জন্য, সকলের উপর তাঁর আঙুলের ছাপ একই নয়।

82. ঈশ্বর ব্যতীত জীবনের অর্থহীনতা, শক্তিহীনতা এবং উদ্দেশ্যহীনতা জ্ঞানীদের ঈশ্বরে অর্থ খুঁজতে বাধ্য করে।

83. মানুষ একটি প্যারাডক্স - আমরা স্বাধীন এবং স্বাধীন নই, দাস এবং রাজা, প্রজা ও শাসক, স্বাধীন ও পরনির্ভরশীল, জ্ঞানী ও মূর্খ, দয়ালু ও সংবেদনশীল, সামাজিক ও অসামাজিক, সত্যের সন্ধানকারী ও সত্য অস্বীকারকারী।

84. মানুষই একমাত্র প্রাণী যে মানুষ থেকে ফেরেশতা থেকে শয়তানে রূপান্তরকে বিভক্ত সেকেন্ডের মধ্যে পরিচালনা করতে পারে, একজন তার চোখের পাতা ব্যাট করতে পারে তার চেয়ে দ্রুত।

85. মানুষের মস্তিষ্কের একটি হাড় নেই এবং তবুও এটি সবচেয়ে শক্তিশালী, সবচেয়ে সৃজনশীল এবং শক্তিশালী হিসাবে সমস্ত অঙ্গের উপরে মাথা এবং কাঁধ থাকে। আপনার মস্তিষ্ককে প্রশিক্ষণ দিয়ে উদযাপন করুন।

86. মানুষের মস্তিষ্কই একমাত্র অঙ্গ যা বৃদ্ধির কোনো শারীরিক লক্ষণ ছাড়াই বৃদ্ধি পায়। আমরা এটি যত বেশি ব্যবহার করি ততই এটি বৃদ্ধি পায় এবং নেতিবাচক বিশ্বাস, চিন্তাভাবনা, দৃষ্টিভঙ্গি, সম্পর্ক এবং অভ্যাসের সাথে আমরা এটিকে যত বেশি অপব্যবহার করি তা সঙ্কুচিত হয়।

87. মানব মস্তিষ্ক, সমস্ত প্রজাতির মধ্যে অনন্য এবং প্রজাতির মধ্যে অনন্য, একটি বিশাল, ক্ষুদ্র এবং স্থিতিস্থাপক রুট সিস্টেম। মূল বা আত্মা শুধুমাত্র ঈশ্বরের মধ্যে বৃদ্ধি পেতে পারে যখন আগত শাখা এবং তন্তুযুক্ত শিকড় আমাদের অন্যান্য আগ্রহ, মূল্যবোধ এবং দক্ষতা।

88. মানুষের মন একটি গেটওয়ে, বাস্তবতা থেকে মুক্তি না।

89. মানুষের মন একটি সুইস ছুরির মতো - সরঞ্জামগুলির একটি সংক্ষিপ্ত বাক্স যা প্রয়োজনের সাথে সাথে ভাঁজ করা বা সুন্দরভাবে লুকিয়ে রাখা এবং টেনে বের করা।

90. মানুষের জিহ্বা মানব অমানুষদের মধ্যে সবচেয়ে সিজোফ্রেনিক। এটি সন্দেহজনকভাবে ব্যবহার করা যেতে পারে - একটি প্রান্ত কাটা, হত্যা এবং ধ্বংস করতে এবং অন্য প্রান্তটি আশীর্বাদ, নির্মাণ এবং উন্নত করতে।

91. মানুষের জিহ্বা বেশ হালকা হলেও একটি টন দিয়ে শুরু হয় কারণ জিহ্বা থেকে শব্দগুলি এক টন ইটের মতো আমাদের আঘাত করতে পারে। তাই সব সময় আপনার সুরের পাশাপাশি আপনার শব্দ চয়ন করার যত্ন নিন।

92. মানুষের ট্র্যাজেডি এতটাই মর্মান্তিক যে একজন মানুষ বিশ্বাস করতে থাকে যে সে পারে এবং সে তা করে, সে একজন আইকন হয়ে ওঠে এবং তারপর সে নিজেকে এবং অন্যদের ক্ষতি করে।

93. আপনার আরোহণের প্রবণতা আপনার পতনের প্রবণতা নির্ধারণ করবে।

94. আমাদের হৃদয় ও মনের অনুপ্রেরণা আমাদের অঙ্গ-প্রত্যঙ্গের পেশী এবং আমাদের পকেটে থাকা অর্থের চেয়ে বেশি শক্তিশালী।

95. আন্তঃপ্রজাতির দূরত্ব এতই বিস্তৃত যে, এমনকি একটি অ্যামিবার মধ্যেও এবং একটি প্যারামেসিয়াম সবচেয়ে জটিল সত্তার কথা না বললেই নয় - মানুষ, যে লক্ষ লক্ষ বছরের বিবর্তনও এটিকে অতিক্রম করতে পারেনি।

96. পরিহাস হল যে একজন ব্যক্তিকে নিচে নামানোর সর্বোত্তম উপায় হল তাকে একটি আইকন হিসাবে উন্নীত করা। শুধু তার পা নয় পুরো সত্তাই যে ধূলিকণা তা প্রমাণ করা সময়ের ব্যাপার মাত্র।

97. ঈশ্বর যখন শেষ শব্দ আছে, আমরা শেষ হাসি আছে.

98. আর্গুমেন্টকে চুক্তিতে পরিণত করার চাবিকাঠি হল অহং বোতামটি বন্ধ করা।

99. জ্ঞানের মূল্যে স্মার্ট হওয়ার চেষ্টা করা বোকামি।

100. প্রতিটি যুগে যা জানা এবং পাওয়া যায় তা চূড়ান্ত জ্ঞান এবং প্রজ্ঞা হিসাবে বিবেচিত হয়। প্রাচীনকালের জাদু আজ বিনোদন হিসাবে বিবেচিত হয়। একইভাবে, বিজ্ঞান ও প্রযুক্তিকে আজ চূড়ান্ত জ্ঞান ও প্রজ্ঞা হিসাবে বিবেচনা করা হয়।

101. যা নৈতিক তা স্বাভাবিক এবং যা নয় তা অস্বাভাবিক।

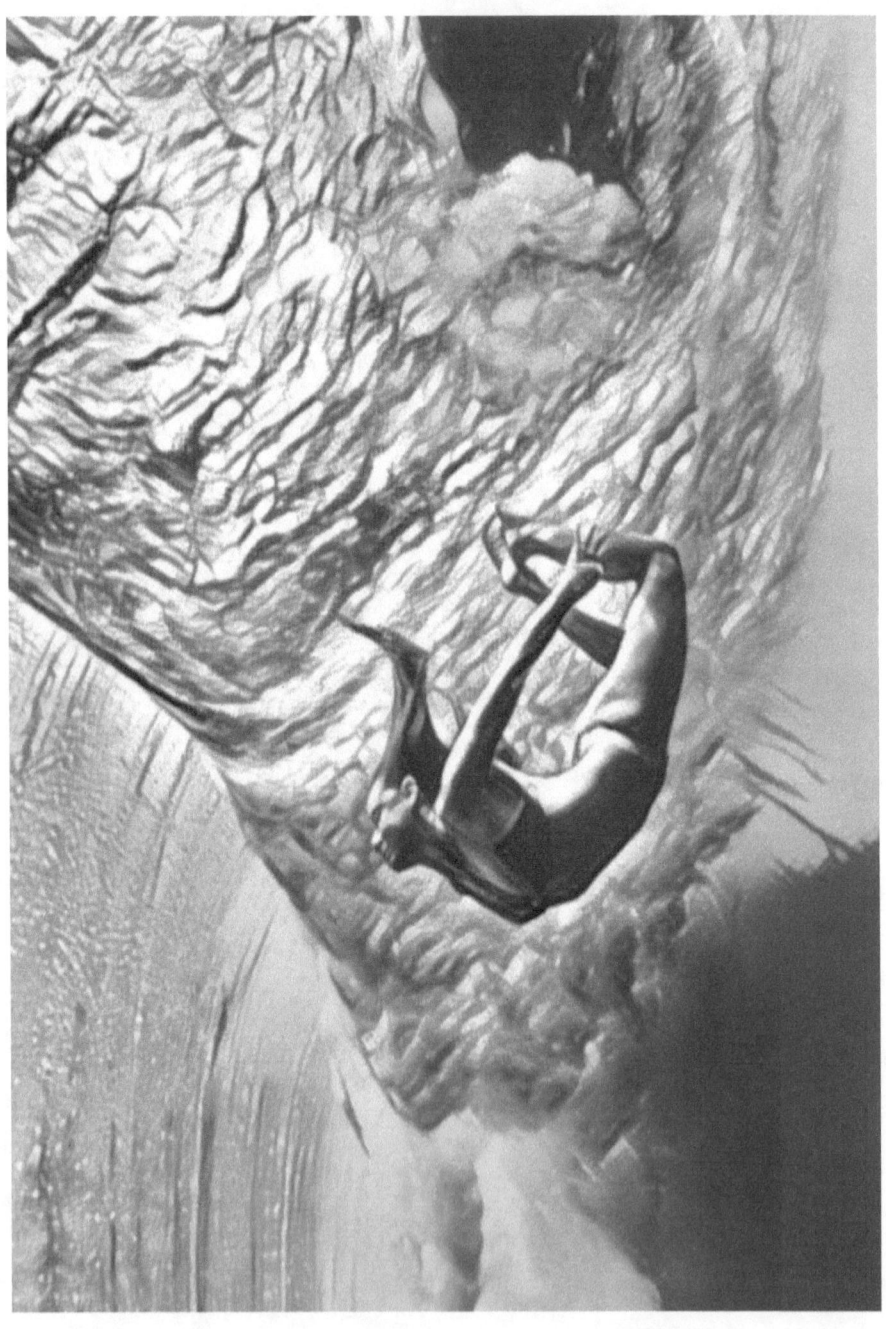

উৎসাহ বাস্তবকে আদর্শে এবং আদর্শকে বাস্তবে রূপান্তরিত করতে পারে।"

শিল্পীর অনুপ্রেরণা:

পেইন্টিংটি আর্টওয়ার্কের সিরিজের ক্লাইম্যাক্সকে মূর্ত করে যা একজনের অভ্যন্তরীণ কণ্ঠস্বর শুনে সর্বজনীন সত্যের উপলব্ধিতে চূড়ান্ত শান্তির প্রতীক।

গভীর ভাবাবেগ

1. উদ্যোগ বাস্তবকে আদর্শে এবং আদর্শকে বাস্তবে রূপান্তরিত করতে পারে।

2. এই মুহূর্তে কেউই তার স্পার্স অর্জন করে না, তবে এর জন্য সময়, প্রচেষ্টা এবং ধৈর্য লাগে।

3. একজন সত্যিকারের রাজপুত্র হলেন যিনি নীতি অনুসরণ করেন, ম্যাকিয়াভেলির শেয়ালের মতো রাজপুত্র নয়। তিনি তার আত্মা, মন, হৃদয় এবং শরীরের বিস্তৃত অঞ্চল শাসন করতে সন্তুষ্ট।

4. আমাদের অগ্রাধিকারের উপর ধারাবাহিকভাবে কাজ করা আমাদের জীবনের বিরল বিষয়গুলির মধ্যে একটি যখন আমাদের লালন-পালন করা উচিত এবং তা করার জন্য গর্জন করা উচিত।

5. ধনী হওয়া নয়, পৌঁছনোর লক্ষ্য দরকার।

6. সবসময় একটি মোমবাতি মত চিন্তা করুন যে আপনি পারেন!

7. জিজ্ঞাসা করো এবং কাজ করো কিন্তু মুখোশ পরো না।

8. সহজ এবং অতি সহজ পদক্ষেপে কঠিন বা অসম্ভব চেষ্টা করুন।

9. মনোভাব উচ্চতা নির্ধারণ করে যখন গুণাবলী আপনাকে সেই কক্ষপথে রাখে।

10. আপনার বাড়াবাড়ি এবং অজুহাতকে কুঠারের ধার দিয়ে উজ্জ্বল এবং চমৎকার করে তুলুন।

11. নম্র হও বা হোঁচট খাও।

12. আপনার কালি ফেলার আগে একটু ভাবুন।

13. শিকারের রোমাঞ্চ সবসময় হত্যার স্থির থেকে বেশি।

14. স্পর্শকাতর লোকেরা মানুষকে স্পর্শ করা কঠিন বলে মনে করে।

15. ব্রত বা প্রতিশ্রুতি বাহ উৎপন্ন করে।

16. যাই হোক না কেন আমাদের যা অপবিত্র করে, আমাদেরকে দুর্বল করে, আর যাই হোক না কেন আমাদের সংজ্ঞায়িত করে, আমাদের পরিশুদ্ধ করে।

17. উত্তেজিত হলে, পাজ মোড়ে যাবেন না, পরিবর্তে, বিরতি বোতাম টিপুন এবং চিন্তা করুন।

18. সকালের প্রথম পাখির গান শুনে, আমরা শুনতে পাই পাখির মিষ্টি কিচিরমিচির, কোকিলের বারবার ডাকের গভীর প্রতিধ্বনি এবং সেই সাথে কাকের কুৎসিত, বিকট কান্না। দুজনই তা শুনতে পায় না। শুনুন এবং প্রাক্তনকে উপভোগ করুন - জীবনের সুন্দর আশীর্বাদপূর্ণ এক টান। পরেরটির কান্নাকে মনোযোগ দেবেন না বা উপেক্ষা করবেন না - জীবনের কুশ্রী এবং দুঃখজনক টানও।

19. পুরানোকে তুচ্ছ করবেন না বা নতুনের প্রতি পক্ষপাতিত্ব করবেন না কারণ পুরানো এবং নতুন উভয়ই প্রতিটি মানুষের জীবনের প্রতিটি মুহূর্তের জাইগোট।

20. একটি ম্যাচ যা সবেমাত্র প্রজ্বলিত হয়েছে তাকে উভয় পাশে কাপ করা হাত দিয়ে ঢাল করতে হবে - একইভাবে, ছোট বাচ্চাদের উভয় পক্ষের বাবা-মায়ের দ্বারা ঢাল করতে হবে।

21. প্যারাডাইম শিফ্টের চেয়েও আমাদের যা দরকার তা হল একটি "প্যারাডাইম সিফ্ট" যেখানে আমরা আমাদের ডিফল্ট প্যাটার্নগুলিকে চালনা করে বাছাই করি, বাধা দেয় এবং ব্যাহত করি আমাদের বিশ্বাস, মূল্যবোধ, চিন্তাভাবনা, বক্তৃতা, কর্ম এবং প্রতিক্রিয়ার স্বাভাবিক নিদর্শন।

22. ডাস্টবিনেও হীরা জ্বলে।

23. একজন মানুষ আনন্দ খোঁজে যেমন একটি স্পঞ্জ পানি খোঁজে যাতে প্রতিটি ছিদ্র থেকে আর্দ্রতা বের হয়, কিন্তু এটি শুধুমাত্র চাপ এবং এর অনেক কিছু তাকে ধনে পরিণত করতে পারে।

24. একটি সাম্রাজ্য নির্মাতা একটি ব্ল্যাক হোলের মতো - এটি মাথার উচ্চ ঘনত্বের কারণে চারপাশের সমস্ত আলো চুষে নেয়। একজন ক্ষমতায়নকারী এমন একজন তারকা যিনি রাত-দিন আলো দিয়ে থাকেন কারণ তিনি অন্যদের বিরুদ্ধে তার মাথায় কিছুই রাখেন না এবং সর্বদা সেই নরম আবেগে উপচে পড়েন যার নাম সবার প্রতি ভালবাসা।

25. ইতিবাচক চিন্তা করাই যথেষ্ট নয়। ইতিবাচক বিশ্বাস করা, ইতিবাচক স্বপ্ন দেখা, ইতিবাচক বোধ করা, ইতিবাচক কাজ করা এবং এমনকি সবচেয়ে নেতিবাচক পরিস্থিতি এবং লোকেদের প্রতি ইতিবাচক প্রতিক্রিয়া দেখা দরকার।

26. নেতিবাচকতা চিন্তার একটি পাতলা থ্রেড হিসাবে শুরু হয় কিন্তু সময়ের সাথে সাথে এটি হয়ে যায় প্রতিরোধের একটি পুরু দড়ি যা একটি হাতিকে বাঁধতে পারে। ইতিবাচকতা একটি পাতলা ইলাস্টিক স্ট্রিং যা সময়ের সাথে সাথে স্থিতিস্থাপকতার একটি বড় বল হয়ে যায় যা করতে পারে সব সময়ে আমাদের বয়ে নিয়ে যেতে পারে।

27. ধর্ম এবং মতাদর্শ আমাদের জীবনের সত্যের প্রতি অন্ধ করে না, কিন্তু এগুলি আমাদের চোখ বেঁধে দেয় এবং আমাদের দৃষ্টিকে অস্পষ্ট করে।

28. ধর্ম ঈশ্বর এবং সত্যকে আমাদের চিন্তা ও আবেগের ট্রেনের একটি শেষ বগিতে সীমাবদ্ধ রাখে যখন এটি ইঞ্জিনের পরিবর্তন এবং বৃদ্ধির চালনা হওয়া উচিত।

29. ধর্ম হল ঈশ্বর কে সে সম্পর্কে অনেক অনুমানের কাজ। কেউ আপনার নাম অনুমান করতে পারেন? আপনাকে তাদের আপনার নাম বলতে হবে। সুতরাং, আপনি যদি ঈশ্বর কে জানতে চান, আপনার সমস্ত হৃদয় দিয়ে অনুসন্ধান করুন এবং তিনি নিজেকে প্রকাশ করবেন।

30. ধর্ম আধ্যাত্মিকতার একটি দুর্বল বিকল্প।

31. ধর্ম ক্রাচ দিয়ে হাঁটার জন্য দেয়, কিন্তু বিশ্বাস ডানা দিয়ে উড়তে দেয়।

32. ধর্ম ঈশ্বরকে একটি বিচ্ছিন্ন পরিশিষ্ট হিসাবে বিবেচনা করে যখন আধ্যাত্মিকতা একটি ধ্রুবক এবং অবিচ্ছিন্ন সংযোগ স্থাপন করে। এটি ব্যাখ্যা করে যে কেন ইতিহাসের মাধ্যমে বিশ্বের বেশিরভাগ অসুস্থতা ধর্মের কারণে হয় এবং বেশিরভাগ সমাধান সত্য আধ্যাত্মিকতার সাথে থাকে।

33. ঈশ্বরের কাছে সমর্পণ হল জীবনের মুদ্রার প্রধান দিক। রেন্ডারিং মানুষের কাছে টেল হয়. যখন এইভাবে হয়, যদি এটি হেড হয়, আমরা জিতব, যদি এটি টেল হয়, তবুও আমরা জিতব।

34. আপনার কুসংস্কারগুলিকে উচ্চকথা দিয়ে প্রতিস্থাপন করুন।

35. একটি বিপ্লবের পরিবর্তে উদ্ঘাটন জাতি হিসাবে ব্যক্তিদের হৃদয়, মন এবং জীবনে স্থায়ী পরিবর্তন আনবে।

36. ঈশ্বরের প্রতি শ্রদ্ধা এবং ফলস্বরূপ প্রজ্ঞা একজন মানুষকে এমনকি ক্ষণিকের বিভ্রান্তি বা মন্দের সাথে ফ্লার্ট করা থেকে রক্ষা করে যা অনন্ত ধ্বংসের দিকে নিয়ে যেতে পারে।

37. জন্ম নেওয়ার তার প্রথম কাজ থেকেই, যীশু প্রত্যেক মানুষকে ভাল অনুভব করেছিলেন কারণ অন্য কেউ একটি খাঁড়িতে জন্ম নেয়নি। ম্যাঞ্জারটি পরিত্রাণের একটি রূপক হিসাবে রয়ে গেছে যা সমস্ত গণনা করা হয়, কেউই বাদ পড়ে না, সমস্ত অন্তর্ভুক্ত।

38. আচার-অনুষ্ঠান প্রায়ই আধ্যাত্মিক সঙ্গে সামান্য সম্পর্ক আছে।

39. অবিশ্বাসকে শিকড় দাও, বিশ্বাসে শিকড় দাও, গুলি করো, ফলকে বের করো।

40. বিজ্ঞান সবচেয়ে গুরুত্বপূর্ণ বিষয়কে সবচেয়ে বেশি গুরুত্ব দেয় যা সবচেয়ে গুরুত্বপূর্ণ আত্মার বিষয়গুলিকে উপেক্ষা করে।

41. আপনার জন্য, কিছু সময়ে জরুরী অবস্থা আছে কিন্তু পুলিশ প্রতিদিন জরুরী পরিস্থিতি মোকাবেলা করে।

42. শাস্ত্র হল নিঃশ্বাস ঈশ্বরের এটি বিশুদ্ধ এবং ভেজালহীন অক্সিজেনের আধ্যাত্মিক সমতুল্য। যখন আমরা পড়ি, চিন্তা করি, মনে করি, ধ্যান করি, বিশ্লেষণ করি, আত্মসাৎ করি, প্রয়োগ করি এবং মেনে চলি, তখন আমরা সত্যই ঈশ্বরের জীবনদানকারী নিঃশ্বাসকে অনুপ্রাণিত করি যা মানুষকে প্রথম জীবনে এনেছিল। এটা আলাদা ব্যাপার যে আজ পৃথিবীর অনেক অংশকে ভেন্টিলেটর সাপোর্টে রাখা দরকার। সত্য যে অক্সিজেনের বিকল্প নেই বলে শাস্ত্রের কোন বিকল্প নেই।

43. দাসত্বের অনেক দরজা লক করার জন্য এবং স্বাধীনতা ও আশীর্বাদের অনেক দরজা খোলার জন্য ধর্মগ্রন্থগুলি একগুচ্ছ চাবি দেয়।

44. আত্মনির্ভরতা হল আমাদের ক্ষমতার মধ্যে থাকা সমস্ত কিছু করার জন্য নিজের উপর নির্ভর করা যখন বিশ্বাস আমাদের নিয়ন্ত্রণের বাইরে থাকা সমস্ত কিছুর জন্য ঈশ্বরের উপর নির্ভর করছে।

45. বিশ্বাসের মরূদ্যানে, মানুষের যুক্তির মরুভূমিতে আপনার শিবির স্থাপন করুন।

46. জীবনকে সরল করুন - আমরা কেবল ঈশ্বরের হাতের পাত্র, সময়ের চাকায় চলছে একটি কাজে। জীবনকে জটিল করে তোলে এবং আমরা ফাটল পাত্র হয়ে যাই বা আরও খারাপ আমাদের নিজের হাতে ফাটা হাঁড়ি থেকে যায়।

47. যেহেতু ঈশ্বর আমাদেরকে তাঁর মূর্তিতে সৃষ্টি করেছেন, তাই অতিপ্রাকৃত এবং আধ্যাত্মিক হওয়া স্বাভাবিক।

48. যেহেতু আমরা ঈশ্বরের প্রতিমূর্তি তৈরি করেছি, তাই আমাদের ভালো বা 'ঈশ্বরের' গুণাবলী যেমন প্রেম, ন্যায়বিচার, করুণা, বিশ্বস্ততা, নম্রতা, শান্তি, সৃজনশীলতা, সমবেদনা অসীম ক্রমে এবং পরিমাপের বিষয় নয়। তাই আমাদের উচিত এই পরিমাপের উপাসনা থেকে পরিত্যাগ করা এমনকি অপরিমেয় যা নিয়ে আমরা আচ্ছন্ন।

49. যেহেতু আমরা যা জানি না, ব্যক্তিগতভাবে এবং সমষ্টিগতভাবে, আমরা যা জানি তার চেয়ে সর্বদা বড়, তাই বিশ্বাস বা মেটা-কগনিশন মানুষের জীবনে একটি খুব গুরুত্বপূর্ণ ভূমিকা পালন করে।

50. উন্মত্ত জনতা থেকে দূরে নিজের ছোট্ট বাগানে বসে কেউ স্বর্গে তারার সিঁড়ি বেয়ে উঠতে পারে, গভীরতম সমুদ্রের গভীরতাকে প্লাম্ব করতে পারে, চাঁদে হাঁটতে পারে, আপনার হৃদয়ে একটি চিন্তা রোপণ করতে পারে যাতে আপনি আর অনিশ্চয়তায় বিশ্বাস না করেন ভাগ্য কিন্তু শুধুমাত্র ঈশ্বরের নির্দিষ্ট অনুগ্রহ।

51. মানুষের জ্ঞান এবং বোঝার ডোমেনে এত কিছু দেওয়া হয়েছে, এবং বাকি সমস্ত বিশ্বাস এবং প্রকাশের ডোমেন।

52. সক্রেটিস বলেছিলেন যে জ্ঞানের সারমর্ম হল নিজেকে জানা, কিন্তু আমি বলি যে সর্বোচ্চ জ্ঞান হল ঈশ্বরকে জানা কারণ তাঁর প্রতিমূর্তিতে আমরা পরমাণুর সৌন্দর্য, মানব জাতির করুণা এবং মহাবিশ্বের মহিমা দেখতে পারি।

53. সক্রেটিস লিখেছেন যে "নিজেকে জানা জ্ঞানের সারমর্ম।" কিন্তু আমি বলি, "ঈশ্বরকে জানা জ্ঞানের সারমর্ম কারণ সেই জ্ঞানের আলোকে আমরা নিজেদের এবং অন্যদেরকে জানতে পারি।"

54. কেউ কেউ ঈশ্বরের আশীর্বাদের বৃষ্টি অনুভব করে আবার কেউ কেউ জীবনের সংগ্রামের বেদনা অনুভব করে।

55. আমাদের মধ্যে কেউ কেউ এমন আশ্চর্যজনকভাবে ভয়ানক অভিজ্ঞতার মধ্য দিয়ে যায় যা আমাদের মধ্যে থেকে ফুসকুড়ি বের করে দেয় এবং এমনকি একটি গাধাকে নবী বানাতে পারে, তবুও আমরা এত তাড়াতাড়ি ভুলে যাই এবং আমাদের পুরানো সেট পদ্ধতিতে ফিরে যাই।

56. কখনও কখনও আমাদের জীবনের পাথরের নীচে আঘাত করতে হবে, আবার ওঠার জন্য এবং আরও বেশি আলোকিত হওয়ার জন্য পাথরের মতো শক্তি খুঁজে পেতে হবে।

57. সর্বদা ঈশ্বরের গ্রিডে থাকুন এবং আপনি কখনই একা, অসহায় বা শক্তিহীন হবেন না।

58. আপনার পাশে ঈশ্বরের সাথে, কোন মানুষ সংখ্যালঘু নয়।

59. আধ্যাত্মিক শ্রেষ্ঠত্ব একটি ভূমিকা সামগ্রিক প্রবৃদ্ধি এবং উন্নয়ন, কোনো চিন্তাভাবনা নয়।

60. আধ্যাত্মিক উপহার এবং ঈশ্বরের চরিত্রের ফল হাতে হাতে বা একজন ব্যক্তির দুটি পায়ের মতো কাজ করতে হবে, এখন একজন একটি পদক্ষেপ নেয় এবং তারপরে অন্যটি অনুসরণ করে।

61. আধ্যাত্মিক জ্ঞান হল একমাত্র জিনিস যা একজন ব্যক্তি সম্পূর্ণরূপে সন্তুষ্ট হতে পারে এবং তবুও আরও কিছুর জন্য ক্ষুধার্ত বোধ করতে পারে।

62. ধর্মের সীমানা ছাড়িয়ে আধ্যাত্মিকতা আমাদের সকলকে সংযুক্ত করে।

63. আধ্যাত্মিকতা আমাদের জীবন্ত বাস্তবতার তপ্ত সূর্যের নীচে ঘাসের মতো শুকিয়ে যেতে বাধা দেয়। এটি পিতার সাথে, প্রকৃতির সাথে, নিজের সাথে, অন্যের সাথে একতা।

64. আধ্যাত্মিকতা সবসময় একটি শক্তিশালী সাধারণ এবং ব্যবহারিক অনুভূতি দ্বারা অনুষঙ্গী করা উচিত. আমাদের মাথা হয়তো মেঘের মধ্যে, কিন্তু আমাদের পা মাটিতে লাগানো। এমনকি ঈশ্বর জানেন দিনের শেষে আমাদের বিল পরিশোধ করতে হবে।

65. শক্তিশালী শুরু করুন, ভালভাবে শেষ করুন।

66. স্টিফেন হকিং নিজের জন্য যে জায়গাটি বেছে নিয়েছিলেন সেখানে যাওয়ার পথে ঈশ্বর জিজ্ঞাসা করেছিলেন: "আপনি কীভাবে অবৈজ্ঞানিকভাবে অবিশ্বাস করলেন এবং এমনকি মানুষকে প্ররোচিত করলেন? আমি অবিশ্বাস করি, যখন আমি আপনাকে এমন

একটি মস্তিষ্ক দিয়েছিলাম যা চারপাশের সমস্ত প্রমাণ দেখতে পারে, তখন হকিং উত্তর দিয়েছিলেন, "আমার মস্তিষ্কের সাথে মিলে যাওয়ার আত্মা ছিল না।"

67. একটি জোঁকের মত ঈশ্বরের সাথে লেগে থাকুন এবং কোন জোঁক বা লেক আপনার জীবনের রক্ত চুষতে পারবে না।

68. আপনার চারপাশে হাহাকার দেয়াল খাড়া করা বন্ধ করুন। একটি আনন্দদায়ক প্রাচীর, একটি প্রশংসা প্রাচীর এবং একটি ধন্যবাদ প্রাচীর সঙ্গে নিজেকে ঘিরে ফেলুন।

69. ঈশ্বরের অনুগ্রহ ছাড়া সফলতা ঈশ্বরের অনুগ্রহে সবচেয়ে বড় ব্যর্থতার চেয়েও খারাপ।

70. সাফল্য, অর্থ, গ্ল্যামার, আনন্দ, খ্যাতি কিন্তু রুটির টুকরো, জীবনের লাল হেরিং। আসল জিনিসটা আমাদের প্রত্যেকের মধ্যেই রয়েছে - ঈশ্বরের রাজ্য।

71. দুঃখ-কষ্ট পাথুরে মানুষের হৃদয়কে লাঙ্গল দেয় এবং এটিকে উন্মুক্ত করে, এটিকে নরম করে এবং ঈশ্বরের সত্য এবং তাঁর করুণা ও করুণার বীজ বপনের জন্য অন্য কিছুর মতো পথ ভেঙে দেয় না।

72. শ্রদ্ধা উদ্ঘাটনের আগে, উদ্ঘাটন পুনরুজ্জীবনের আগে।

73. মানুষের জীবনে পবিত্রতা ততটাই গুরুত্বপূর্ণ, যেমন একজনের ক্ষতির জন্য বিচক্ষণতা অন্যের ক্ষতির কারণ হতে পারে।

74. বীজ মাটি, না মেঘ, বৃষ্টি যথাসময়ে অনুসরণ করবে।

75. ভৃত্য নেতৃত্ব মানে "ডোর-ম্যাট নেতৃত্ব" নয়, এমনকি দৃঢ়তা মানে আগ্রাসন নয়।

76. ক্রম আপনার হৃদয় সেট. তেমনটিই থাকতে দাও. বাকি সব শুধুমাত্র সময় এবং বিস্তারিত।

77. যেকোনো ডোমেইনে একটি লিখিত লক্ষ্য নির্ধারণ করা একটি লক্ষ্যকে বাস্তবায়িত করার মতো। কেউ দেখতে পারে এমন একটি শারীরিক লক্ষ্যকে আরও ভাল এবং কঠিনভাবে আঘাত করতে পারে।

78. নীরবতা হল সেই চুল্লি যেখান থেকে প্রজ্ঞা ও বিশুদ্ধতা তৈরি হয়।

79. একটি লক্ষ্যের প্রতি এককভাবে মনোনিবেশ করা আমাদের দেহের প্রতিটি কোষ এবং মস্তিষ্ককে লক্ষ্যে আমাদের পেশী এবং স্নায়ুর স্ট্রিংয়ের উপর তীরের মতো নির্দেশ করে।

80. বিদ্রূপাত্মকভাবে ছোট একটি বড় শব্দের চেয়ে বড় শব্দ নয় কারণ ছাড়াই প্রতিটি বড় অনেকগুলি 'ছোট' দিয়ে গঠিত।

81. সোশ্যাল মিডিয়াকে মিডিয়া হিসাবে সংজ্ঞায়িত করা হয় যেখানে অনেক লোক অনেক অর্থহীন কথোপকথনে অনেক অর্থ খুঁজে পায়।

82. সোশ্যাল মিডিয়া গসিপের প্রাচীন শিল্পকে ব্যবহার করে, বড় করে এবং বাণিজ্যিকীকরণ করে।

83. কিছু মনের টুকরা আছে; কিছু মনের শান্তি আছে এবং সংখ্যাগরিষ্ঠ মনে শান্তি আছে।

84. আমাদের বৃদ্ধি, অগ্রগতি এবং পরিপূর্ণতার কিছু উল্লেখযোগ্য এবং অবিরাম বাধাগুলি আমাদের মন এবং আত্মার গভীরে রয়েছে - আমাদের অভ্যন্তরীণ সত্তা এবং আমাদের মনোভাব যেখানে কোনও সার্জনের স্ক্যাল্পেল পৌঁছতে পারে না, যেখানে কোনও মনোবিজ্ঞানী বা দার্শনিকের কথা স্পর্শ করতে পারে না, যেখানে কোনও প্রশিক্ষকের নেই পদ্ধতি প্রভাবিত করতে পারে।

85. কিছু লোক একটি পেশা বা ডোমেনের নিয়মগুলিকে অন্য পেশায় প্রয়োগ করতে পারদর্শী। এ যেন টেনিসের নিয়ম মেনে ক্রিকেট খেলা।

86. কিছু লোকের দাঁত দিয়ে পুরো কামানের মুখ থাকে সামনের সারির পাদদেশের সৈন্যরা তাদের জিভের কামান দ্বারা সমর্থিত, সর্বদা ক্ষুদ্রতম উস্কানিতে বল ছুঁড়তে প্রস্তুত থাকে।

87. কিছু লোকের শৈশব এমন সুখী হয়েছে যে তারা কখনই তা বাড়াতে ইচ্ছুক নয়।

88. যেমন পরাক্রমশালী সূর্য থেকে নৈকট্য বা দূরত্ব পৃথিবীতে বিভিন্ন ঋতু সৃষ্টি করে, তেমনি সর্বশক্তিমান থেকে নৈকট্য বা দূরত্ব আমাদের জীবনে বিভিন্ন ঋতু সৃষ্টি করে।

89. কখনও কখনও একজন ভাল শিক্ষা প্রতিষ্ঠানে যোগদান করে একটি ভাল শিক্ষা পায় কিন্তু অনেকটাই ক্লাসরুমের বাইরে ঘটে।

90. কখনও কখনও আমরা হঠাৎ ভ্রমণ করি কিন্তু জীবনের সিদ্ধান্ত, কথা, আবেগ, ক্রিয়া এবং প্রতিক্রিয়াতে আমরা কখনই হঠাৎ ভ্রমণ করি না। ট্রিপিং পয়েন্টের দিকে নিয়ে যাওয়ার সময়কাল ধরে ঘটতে থাকা বেশ কয়েকটি সংকেত, সূচক, কারণ রয়েছে। আমরা যখন ট্রিপিং পয়েন্টে ট্রিপ করি, তখন আমরা যাই করি না কেন, তারপরে আমরা কখনই পুরোপুরি পুনরুদ্ধার করব না।

91. পুরানো লক্ষ্যগুলি অর্জন করার পরেও দীর্ঘ সময় ধরে থাকা আমাদের গন্তব্যে পৌঁছানোর পরে লিফটে থাকার মতো।

92. অতিপ্রাকৃত এবং অলৌকিক নিদর্শন প্রকৃতির ক্যানভাসে ঈশ্বরের স্বাক্ষর।

93. আমাদের শত্রুদের জন্য ঈশ্বরকে ধন্যবাদ. তারা না থাকলে, আমরা এখনকার চেয়ে অনেক বেশি খারাপ হতাম এবং সম্ভবত তাদের চেয়ে অনেক খারাপ।

94. সমস্যার জন্য ঈশ্বরকে ধন্যবাদ, তাঁর প্রতিশ্রুতির জন্য ঈশ্বরের প্রশংসা করুন।

95. গসপেল বাসি পুরানো সুসংবাদ নয় যা আমাদের চকচকে করা উচিত। এটি ঈশ্বরের ব্রেকিং নিউজ যা পাপের দ্বারা কঠিন হৃদয়কে ভেঙ্গে দেয় এবং ভাঙা হৃদয়কে সুস্থ করে তোলে।

96. আমরা যা জানি তার জন্য ঈশ্বরকে ধন্যবাদ এবং যা অজানা তার জন্য ঈশ্বরকে বিশ্বাস করুন।

97. ঈশ্বরকে ধন্যবাদ সমগ্র মহাবিশ্বে অন্তত একজন ব্যক্তি আছেন যিনি কখনও ভুলে যান না কিন্তু সর্বদা ক্ষমা করেন।

98. "বড় চুড়ি" তত্ত্ব হল যে যখন মানুষ সবসময় চেষ্টা করে তাদের জীবনের বিচ্ছিন্ন অংশগুলিকে একটি সুন্দর চুড়িতে একত্রিত করতে, এটির ভাঙা অংশগুলি যা ঈশ্বরের দৃষ্টিভঙ্গির ক্যালিডোস্কোপে সৌন্দর্যের চির-পরিবর্তনশীল আশ্চর্যজনক নিদর্শনে সাজায়।

99. আমাদের জীবনের "গোলিয়াথ চ্যালেঞ্জ" হল খ্যাতি, সাক্ষ্য, বিশ্বাস, ক্ষমতা, সাহস, আত্মবিশ্বাস, আশা, উত্তরাধিকার, নেতৃত্ব এবং অনন্তকালের ক্ষেত্রে আমাদের প্রচারের জন্য ঈশ্বরের সংক্ষিপ্ত পথ।

100. অন্যরা যা দেখতে পারে তার বাইরে দেখার ক্ষমতা হল বিশ্বাস, অন্যরা যা জানতে পারে তার বাইরে জানার ক্ষমতা হ'ল প্রজ্ঞা। অধিকাংশ মানুষ যে সাধারণ স্তরে বাস করে তা অতিক্রম করার জন্য বিশ্বাস এবং প্রজ্ঞার প্রয়োজন।

101. পরমকে সংজ্ঞায়িত, পরিমার্জিত বা অস্বীকার করা যায় না। চূড়ান্ত, অনির্বচনীয়, অপরিবর্তনীয় এবং পরম নিজেকে একটি অনির্ধারিত উপায়ে সংজ্ঞায়িত করেছেন, "আমিই যা আমি।" বিবর্তন তখনই খেলায় আসে সৃষ্টি আমাদের অনির্দিষ্ট এবং পরম এর মান এবং চরিত্রের দিকে বিকশিত হতে হবে।

www.ingramcontent.com/pod-product-compliance
Lightning Source LLC
LaVergne TN
LVHW091617070526
838199LV00044B/830
9789360161996